Sun Longji

DAS UMMAUERTE ICH
Die Tiefenstruktur der chinesischen Mentalität

Herausgegeben von Prof. Dr. Thomas Heberer

DRACHENHAUS
VERLAG

Impressum

Das ummauerte Ich
Titel des Originals: 中国文化的„深层结构"
Text: SUN Longji (孙隆基) © 1983, 1990 Sun Longji
Herausgegeben von: Prof. Dr. Thomas Heberer
Deutsche Erstauflage erstmals erschienen bei: Gustav Kiepenheuer Verlag GmbH, Leipzig, 1994

Lektorat:	Martin Engelmann, Nora Frisch
Redaktion:	Nora Frisch
Covergestaltung:	Julia Hofmann
Layout:	Hermann Kienesberger
Satz:	Datagrafix GSP GmbH, Berlin

Aus dem Chinesischen übersetzt von Stephanie Claussen, Ingrid Hermann-Boumessid, Susanne Höck, Carsten Höfer, Klaus Horsten, Sabine Linder, Lucia Probst, Kai Strittmatter, Andreas Szesny, Gerlinde Wislsperger
Bibliografische Information der Deutschen Nationalbibliothek: Die Deutsche Nationalbibliothek verzeichnet diese Publikation in der Deutschen Nationalbibliografie; detaillierte bibliografische Daten sind im Internet unter http://dnb.dnb.de abrufbar.

© 2023 Drachenhaus Verlag

Gedruckt in Polen auf FSC-Papier.

ISBN: 978-3-943314-73-1

Lieferbares Programm und weitere Informationen: www.drachenhaus-verlag.com
www.facebook.com/drachenhaus
www.instagram.com/drachenhaus.verlag

INHALTSVERZEICHNIS

KRITISCHE EINFÜHRUNG ZU SUN LONGJI
(孙隆基)

VON THOMAS HEBERER

Auch nach Jahrzehnten der Öffnung und des Wandels Chinas werden dieses Land und das Denken und Handeln seiner Menschen nach wie vor nur unzureichend verstanden. Weit entfernte Kulturen erschließen sich dem Betrachter, der anders sozialisiert wurde und seine Werte für die allein gültigen ansieht, nur schwierig. Dies erkannte bereits vor über 120 Jahren der Mitbegründer und bis 1899 Herausgeber und Chefredakteur der ersten deutschsprachigen Zeitung in China, des „Ostasiatischen Lloyd", Bruno Navarra (1850–1911), als er sein 1184 Seiten langes Buch „China und die Chinesen" 1901 veröffentlichte. 20 Jahre hatte er damals bereits im „Lande der Mitte" verbracht. In seinem Vorwort schrieb er:

> Es gibt wenige Länder auf der Erde, die so hohes Interesse erwecken wie China. Aber von keinem Lande auch ist im Abendlande eine so fragwürdige Kenntnis verbreitet als von China. Der tief eingewurzelte Hang der Chinesen, von der Außenwelt abgeschlossen zu leben, ihre Eigenart in Kleidung, Sprache und Sitten hat sie von jeher in ein geheimnisvolles Dunkel gehüllt, während andersseits ihr Stolz und Eigendünkel fremde Nationen bewog, mit Verachtung auf sie herabzusehen. Und so entstanden dann in Europa starke Vorurteile gegen den „gelben" Mann. Vieles, den Europäer fremd anmutende wurde ins Lächerliche gezogen, China und seine Bewohner wurden einseitig und als Zerrbilder dargestellt.[1]

In ähnlicher Form ließe sich diese Aussage auch auf die Gegenwart beziehen. Man würde Navarra heute als „Chinaversteher" diskreditieren, als einen, der dieses Land und seine Menschen zu „verstehen" trachtet, anstatt von ihm „westliche Werte" einzufordern.

---

[1] Bruno Navarra, *China und die Chinesen*, Shanghai: Max Nössler Verlag 1901, S. VII.

SUN LONGJI UND SEIN WERDEGANG

Sun bezeichnet sich selbst als „Victory Baby", denn er erblickte am 18. September 1945 das Licht der Welt, ca. einen Monat nach der Kapitulation Japans (15. August). Geboren wurde er in der Stadt Chongqing (重庆), das während der Zeit der japanischen Aggression in China und bis zum Ende des Zweiten Weltkrieges Kriegshauptstadt Chinas war. Suns Eltern, die aus der Provinz Zhejiang (浙江) stammten, waren dorthin gezogen, um der japanischen Aggression in Shanghai (上海) zu entgehen. 1946 wanderte seine Familie in die britische Kolonie Hongkong (香港) aus, wo der Vater als Geschäftsmann tätig war. Sun wuchs dort auf. Nach dem Tod seines Vaters schickte ihn die Mutter, die zum katholischen Glauben übergetreten war, in eine katholische Mittelschule.

Wie Sun schreibt, behielt er Hongkong in eher unangenehmer Erinnerung. Für ihn war die Stadt kulturell verarmt. Seine Bewohner hätten einen Tunnelblick auf das Leben entwickelt, den er in seinem Buch als „Tendenz zur Somatisierung" bezeichnet, wobei der Einzelne lediglich als „eigensüchtiger und geistloser Leib" agiert habe, charakterisiert durch Fokussierung auf die Befriedigung oraler Bedürfnisse wie Essen, die Einnahme von Stärkungsmitteln und Fürsorge für den eigenen Körper. Die meisten Bewohner seien Migranten und Flüchtlinge aus Festlandchina gewesen, die der chinesischen Gegenwart den Rücken gekehrt und sich von der chinesischen Vergangenheit verabschiedet hätten. Das primäre Interesse der Kolonialbehörden sei es gewesen, das Bewusstsein einer chinesischen Identität möglichst gering zu halten. In seiner Kindheit hätten Erwachsene immer wieder betont, wie wichtig es sei, dass ihre Kinder Englisch lernten. Das Englisch, das im Rahmen der kolonialen Erziehung vermittelt worden sei, habe indessen lediglich für einen Job als kleiner Regierungsangestellter gereicht, nicht aber, um z.B. Shakespeare lesen zu können. Infolgedessen hätten die Menschen in Hongkong weder in Chinesisch noch in Englisch ernsthafte Gedanken fassen oder über die Grenzen des *homo oeconomicus* hinausgehen können.

Er selbst sei eher ein Außenseiter gewesen, der sich schon früh für Geschichte interessiert habe. Weniger für die Chinas als für die Historie des antiken Griechenlands, Roms sowie des Nahen Ostens, vor allem für deren

Mythologien. Seine entsprechenden Studien hätten den Grundstock für sein späteres Interesse an Weltgeschichte gebildet. Weshalb er sich gerade dafür interessierte, kann er nicht genau erklären. Möglicherweise seien ein gewisser Hang zum Eskapismus, d.h. Flucht vor der Realität, in der er lebte, und hin zu einer Scheinwirklichkeit, dafür verantwortlich: die Flucht aus einer realen in eine imaginäre, scheinbar ideale Welt, so wie der moderne Leser Zuflucht im magischen Universum von „Der Herr der Ringe" suche.

Während seines Studiums der Geschichte an der Nationalen Universität von Taiwan ab 1963 wandte er sich stärker der chinesischen Geschichte zu. Seine Magisterarbeit schrieb er über ein Thema im Kontext der alten chinesischen Mythologie, obwohl er dies thematisch zugleich auf die vergleichende Weltmythologie bezog. Besonders zog es ihn zur Geschichtsphilosophie hin, wo er sich mit den Werken von Toynbee, Spengler, Sorokin u.a. befasste. Einige seiner Schriften aus dieser Zeit, abgesehen von der Dissertation, finden sich in dem 1970 in Taibei (台北) erschienenen Sammelband 历史的鸟瞰 (*lishide niaokan*, Geschichte aus der Vogelperspektive).

Im Verlauf seiner Studienzeit besuchte Sun auch einen Kurs in russischer Geschichte. Dieses Themenfeld begeisterte ihn so, dass er sich im Rahmen eines Auslandsstudiums an der University of Minnesota u.a. auf Russischstudien spezialisierte und einen Master in russischer Geschichte erwarb. Dies hing auch mit seiner damaligen politischen Einstellung zusammen, denn während seines Studiums kam er in Kontakt mit linken Studentengruppen und wandte sich dem Marxismus-Leninismus zu. Er war sowohl von der russischen Oktoberrevolution wie auch von der chinesischen Kulturrevolution fasziniert, auch wenn ihn der damals sich zuspitzende chinesisch-sowjetische Konflikt beunruhigte.

Doch bald sah er ein, dass zwei Jahre Russisch und ein Sommer-Crash-Kurs nicht ausreichten, um eine Karriere als Slawist einzuschlagen. Slawistik blieb daher ein Nebeninteresse, und im Zuge seiner späteren Professorenlaufbahn sowohl in den USA als auch auf Taiwan (台湾) bot er zugleich Kurse über russische Geschichte und Marxismus an.

Von der University of Minnesota wechselte er an die renommierte Stanford University, wo er sich als Doktorand in deren Ostasienprogramm einschrieb. Für seine Dissertation wählte er das Thema intellektuelle

Radikalisierung in der Zeit nach der „Vierten Mai-Bewegung".[2] U.a. verbrachte er ein Jahr zu Forschungszwecken über linke Bewegungen in Shanghai.

Sun lehrte danach an verschiedenen nordamerikanischen Universitäten wie der Kansas University, der Washington University in St. Louis, der University of Memphis und der University of Alberta in Canada. Er kehrte später nach Taiwan zurück und fungierte als Professor an der National Chung Cheng University.

Während seines Studienaufenthaltes als Doktorand in Shanghai begriff er, welchen Schaden die Politik der sogenannten „Viererbande"[3] mit sich gebracht hatte, so dass er seine Begeisterung für die Kulturrevolution[4] grundsätzlich in Frage stellte. Er wandte sich vom Marxismus ab und entwickelte sich zunehmend zum Freudianer. Zugleich begann er, historisches und soziales Verhalten stärker im Rahmen psychoanalytischer Interpretation zu analysieren. Als Resultat seines Erkenntnisprozesses verfasste er sein wohl einflussreichstes Buch „The Deep Structure of Chinese Culture", dessen deutsche Ausgabe den Titel „Das ummauerte Ich" trägt. Wie Sun dem Herausgeber dieser Neuausgabe schrieb, ging ein Großteil der negativen Einschätzungen von China und das Verhalten von Chinesen in diesem Buch nicht zuletzt auf frühere Erfahrungen zurück. So flossen Suns Erfahrungen in Hongkong, Taiwan, den USA und der VR China in dieses Buch ein. Diese sehr persönliche Darstellung basiert also auf Beobachtungen, die

---

2   Der Name „Vierte Mai-Bewegung" (五四运动, *wusi yundong*) geht auf Studentenproteste gegen den Versailler Vertrag am 4. Mai 1919 zurück, da dieser Vertrag u.a. die deutsche Kolonie Qingdao (青岛) nicht an China übergab, sondern an Japan. Zugleich hatte sich China, das im Ersten Weltkrieg auf Seiten der Alliierten stand, die Aufhebung der sog. „Ungleichen Verträge" erhofft. Diese Bewegung trat ferner für eine neue Kultur in China ein. Aus ihr gingen zahlreiche politische Strömungen, u.a. auch die Kommunistische Partei Chinas, hervor.

3   Der Begriff „Viererbande" bezeichnet die linke Fraktion um Maos dritte Ehefrau Jiang Qing, mit den weiteren Mitgliedern Zhang Chunqiao, Yao Wenyuan und Wang Hongwen. Diese vier wurden 1976 gestürzt; ihnen wurden die Exzesse der „Kulturrevolution" angelastet, und sie wurden von den neuen Machthabern vor Gericht gestellt.

4   Als „Kulturrevolution" bezeichnet die offizielle chinesische Geschichtsschreibung die Ereignisse zwischen 1966 und 1976. Die heutige Führung distanziert sich von ihnen und lastet das Geschehen dieses Jahrzehnts der Viererbande an. Die Kulturrevolution richtete sich gegen die Fraktion in der Führung der Kommunistischen Partei, die eine Kritik an der Politik Maos gewagt hatte. Die Zahl ihrer Opfer ist bis heute unbekannt.

Sun dort gemacht hatte und spiegelt somit den gesellschaftlichen Geist jener Zeit wider, jedenfalls so, wie Sun diesen seinerzeit empfunden hat. Daher ist das „Ummauerte Ich" partiell auch eine Sammlung subjektiver bzw. rein journalistischer Eindrücke über das China der frühen 1980er Jahre. Der Autor erhebt gleichwohl den Anspruch, die Tiefenstruktur der chinesischen Kultur zu beschreiben, auch wenn zum Teil bedrückende Einzelheiten geschildert werden.

In China erschien das Buch erstmals 1988 unter dem Titel 中国文化的深层结构 (Die Tiefenstruktur der chinesischen Kultur) im Verlag *Huayue wenyi chubanshe* (华岳文艺出版社) in Xi'an (西安) und 2011 in einer Neuauflage im Verlag der Pädagogischen Hochschule Guangxi (广西师范大学出版社). Allerdings kursierte das Buch bereits in den 1980er Jahren als Untergrund-Raubdruck unter chinesischen Intellektuellen.

Wie Sun anmerkt, wurde das Buch unter starkem Einfluss des Freudianismus verfasst. Sein Interesse an Freud war in den 1970er Jahren zusammen mit seinem Interesse am Marxismus verbunden. Beide Perspektiven miteinander zu kombinieren, war symptomatisch für die damalige Zeit, insbesondere für die Frankfurter Schule und speziell für Herbert Marcuse, dessen Schriften Sun nachhaltig beeinflusst haben. Zwar hatte er Freud bereits in Taiwan gelesen, aber erst im stark sexualisierten amerikanischen Milieu begann er zu begreifen, was Freudianismus eigentlich bedeutet.

In späteren Werken ging Sun sowohl über die Frage der chinesischen Tiefenstruktur als auch über den Freudianismus hinaus. Sein 2002 in den USA erschienenes Buch „The Chinese National Character: From Nationhood to Individuality" (Der chinesische Nationalcharakter: Von der Nationalität zur Individualität) befasste sich mit Fragen des Nationalcharakters, der nationalen Identität und des Nationsverständnisses Chinas. 2009 veröffentlichte er das Buch 杀母的文化. 20世纪美国大众心态史 (Die Kultur des Muttermordes. Eine Geschichte des populären Geistes im Amerika des 20. Jahrhunderts). Diese Studie beschreibt, in welcher Weise der Freudianismus Teile der US-amerikanischen Populärkultur und des psychologischen Denkens beeinflusst hat. Von daher handelt es sich um eine Analyse der amerikanischen Kultur und des Zustands des US-amerikanischen Psychogramms. In den Vereinigten Staaten ist Sun zufolge der „Muttermord" zu einem wiederkehrenden klassischen Bild in der Populärkultur geworden, auch in Romanen und Filmen. Er zeichnet die Entstehung dieses

Phänomens nach und analysiert den Einfluss u.a. von Nietzsche, Freud und anderen auf dieses amerikanische Psychogramm.

Gegenwärtig arbeitet Sun an einer mehrbändigen Ausgabe der Weltgeschichte. Seine „Weltgeschichte" beinhaltet auch die Geschichte der nichtwestlichen Welt und setzt sich kritisch mit eurozentrierten historischen Lehrbüchern auseinander. Auf diese Weise kehrte er zu dem Panoramablick von Toynbee, Spengler u.a. zurück, der ihn bereits während seines Studiums begeistert hatte. 2015 erschien der erste Band seiner neuen Weltgeschichte in chinesischer Sprache (新世界史) im festländischen Verlag *Zhongxin chubanshe* (中信出版社).[5]

DAS UMMAUERTE ICH

„Das ummauerte Ich" lautet der Kerntitel dieses Buches, das das Psychogramm der chinesischen Denk- und Verhaltensstruktur zu entschlüsseln sucht. Es befasst sich – wie der Untertitel verdeutlicht – mit der „Tiefenstruktur der chinesischen Mentalität". Der Begriff der Tiefenstruktur kennzeichnet die Entwicklung eines Individuums sowie die (unbewusste) Verinnerlichung sozialer Normen und Regeln durch eine Person bzw. eine Gruppe, die das Denken und Verhalten steuern. Mentalität wiederum ist ein umstrittener, ja „schillernder Begriff".[6] Er steht für die Beschreibung kollektiver Einstellungen, Denk- und Verhaltensstrukturen einer Person, einer sozialen Gruppe oder sogar eines Volkes, d.h. kollektive Dispositionen,

---

5 Zu seiner Biographie siehe ferner: 從中國史到„新世界史": 孫隆基教授訪談錄(上) (Von der Geschichte Chinas zur „Neuen Weltgeschichte": Interview mit Professor Sun Longji, Teil 1) von Wu Yiwen (吳憶雯). https://falice7018910604.wixsite.com/lungkeesun/post/2018/04/10/e5be9ee4b8ade59c8be58fb2e588b0e3808ce696b0e4b896e7958ce58fb2e3808def bc9ae5adabe99a86e59fb2A sowie Teil 2 dieses Interviews https://falice7018910604.wixsite.com/lungkeesun/post/2019/08/21/%E5%BE%9E%E4%B8%AD%E5%9C%8B%E5%8F%B2%E5%88%B0%E3%80%8C%E6%96%B0%E4%B8%96%E7%95%8C%E5%8F%B2%E3%80%8D%EF%BC%9A%E5%AD%AB%E9%9A%86%E5%9F%BA%E6%95%99%E6%8E%88%E8%A8%AA%E8%AB%87%E9%8C%84%E4%B8%8B (Zugriff beide 08/2023). Siehe auch das Interview von Xu Linling (徐琳玲) mit Sun: 学者 „异乡人" 孙隆基 (Der „fremde" Gelehrte) in der Wochenzeitung *Nanfang Renwu Zhoukan* (南方人物周刊, Wochenzeitung Personen Südchinas), 3. Januar 2018, https://www.nfpeople.com/article/5103 (Zugriff 08/2023).

6 Siehe Stefan Haas, Mentalität, http://www.geschichtstheorie.de/3_12.html (Zugriff 08/2023).

birgt zugleich aber die Gefahr in sich, durch „Mentalitätszuschreibungen" Stereotypen, Vorurteile und Klischees über Gruppen oder Nationen zu produzieren. Sun liegt die Zuweisung von Klischees und Stereotypen indessen fern.

Mauern spielten in der chinesischen Geschichte stets eine signifikante Rolle. Nicht nur die „Große Mauer", die während der Ming-Zeit (1368– 1644) entstand, sondern auch frühere Grenzbefestigungen, die zwischen dem 3. und 7. Jahrhundert v.u.Z. gegen äußere Bedrohungen errichtet wurden. Der „erste Kaiser von China" Qin Shihuang (秦始皇, 259-210 v.u.Z.) ließ während seiner kurzen Regierungszeit die erste zusammenhängende Mauer gegen externe Feinde bauen. Grundsätzlich sollten die großen Mauerbauten im Norden Chinas als Schutzwall gegen Einfälle sog. „Barbaren" dienen, d.h. nomadischer Reitervölker. Allerdings wurden sie von diesen immer wieder überwunden, so dass sie keinen wirklich militärischen Schutz boten. Über die Schutzfunktion hinaus dienten sie auch der Abgrenzung der eigenen (chinesischen) Kultur, die als die Kultur der Menschheit „unter dem Himmel" (天下, *tianxia*) schlechthin verstanden wurde.

In neuerer Zeit dienten bzw. dienen Mauern der Abgrenzung der einzelnen Arbeitseinheiten nach außen hin und besitzen insofern symbolisch gesehen integrations- und identitätsstiftenden Charakter nach innen hin. Nur diejenigen, die innerhalb der Mauern arbeiten oder wohnen, sind Teil der jeweiligen Gemeinschaften. Das gilt heute auch für Nachbarschaftsviertel (社区, *shequ*) in den Städten, bei denen es sich in der Regel um überwachte und mit Mauern oder Zäunen umschlossene Wohneinheiten handelt.

Während meines vierjährigen Arbeitsaufenthaltes als Lektor und Übersetzer bei einem chinesischen Verlag (1977–81) machte ich erstmals Bekanntschaft mit der Mauerproblematik. Kurze Zeit nach meiner Ankunft in Peking wollte ich zu Fuß vom Gebäudekomplex für ausländische Experten auf dem Gelände des „Freundschaftshotels" in das kleine Geschäftszentrum des Stadtteils Haidian (海淀) laufen, um einzukaufen. Ich fragte unterwegs einen älteren Chinesen, wie ich dieses Zentrum am schnellsten erreichen könne. Er sagte, ich solle den kleinen Weg geradeaus weitergehen. Der Weg ende an einer Mauer, ich könne dann nur links oder rechts gehen, das sei aber mit einem relativ großen Umweg verbunden. In der Mauer hingegen befinde sich ein großes Loch. Wenn man da hindurchgehe, das

Gelände in der gleichen Richtung durchquere, gelange man zu einem Ausgang und dann wieder auf einen geraden Weg zum Stadtteilzentrum. Ich bedankte mich für seinen freundlichen Rat und schritt – wie er empfohlen hatte – durch das große Loch in der Mauer. Ich war vielleicht zwanzig Schritte auf dem Gelände vorangekommen, als zwei junge Soldaten auf mich zuschossen, ihre Gewehre auf mich richteten und mir befahlen mitzukommen. In einem Büro übergaben sie mich einem Offizier, der mich fragte, was ich hier auf dem Militärgelände zu suchen habe. Ich war verblüfft, zeigte ihm meinen Arbeitsausweis, erklärte, dass ich relativ neu sei in Peking, ins Einkaufszentrum von Haidian wolle und ein Passant mir den Tipp gegeben habe, durch das Loch in der Mauer dieses Gelände zu passieren, da dies der kürzeste Weg dorthin sei. An seiner Miene sah ich, dass er mir kein Wort glaubte. Wie ich denn auf die Idee komme, einfach durch ein Loch in der Mauer zu gehen, fragte er mich? Wenn ich gewusst hätte, dass es sich um Militärgelände handele, hätte ich das gewiss nicht gemacht, entgegnete ich. Überhaupt sei ich verwundert, dass militärisches Sperrgebiet ohne Kenntlichmachung durch ein Loch in der Mauer für jeden zugänglich sei. Für chinesische Bürger werde das geduldet, als „Erleichterung für die Massen", nicht aber in Bezug auf Ausländer, erwiderte er. Mauern besaßen auch in diesem Fall Ausgrenzungscharakter.

Über gemeinsame Identität hinaus können Mauern zugleich übergeordnete Kontrollprozesse erleichtern. Wie die Bewältigung der Covid-19-Epidemie in den Jahren 2020–22 verdeutlicht hat, spielte die Existenz von Nachbarschaftsgemeinschaften mit der Einrichtung fester, gemeinschaftsbezogener Grenzen nach außen durch hohe Mauern oder Zäune, deren Zugang durch Sicherheitspersonal kontrolliert wurde, eine entscheidende Rolle bei der Bekämpfung der Epidemie. Freiwillige organisierten Kontrollpunkte an den Eingängen für Temperaturkontrollen, lieferten Lebensmittel an Menschen in Quarantäne, boten psychologische Beratung an und forderten die Bewohner auf, soziale Distanz zu wahren, sich selbstdiszipliniert zu verhalten und die Regeln zu befolgen.

Allerdings ist Ummauerung niemals absolut, denn bei meiner Forschung über Nachbarschaftsviertel stellte ich immer wieder fest, dass an verschiedenen Stellen Löcher in die Mauern gebrochen worden waren, durch die man das Gelände betreten oder verlassen konnte. Bewohner erklärten dies damit, dass Aus- und Zugang ausschließlich über den Haupteingang oder einen der wenigen Nebeneingänge zu großen Umwegen führten, etwa um zu Haltestellen des öffentlichen Nahverkehrs oder seiner Arbeitsstelle zu gelangen. „Entmauerung" lässt sich in diesem Fall als informelles Protestverhalten gegenüber der Ummauerung interpretieren. Das gilt auch für das „ummauerte Ich", das sich immer wieder Bahn bricht, sei es bei gewaltbeladenen öffentlichen Protesten oder individueller Interessensdurchsetzung.

Schlagzeilen in den chinesischen sozialen Medien machte im Januar 2022, als im Rahmen des Lockdowns während eines Covid-19 Ausbruchs in der Millionenmetropole Xi'an (西安) ein junger Wohnungseigentümer sechsmal die um sein Nachbarschaftsviertel gezogene Mauer überkletterte, um in einem Supermarkt Nahrungsmittel zu kaufen. Denn die lokale Regierung hatte verfügt, dass die Bewohner aufgrund mehrerer Infektionsfälle das Viertel nicht mehr verlassen durften. Für Pandemiekontrolle eingesetzte Freiwillige (selbst Wohnungseigentümer in dem Viertel) stellten das Fehlverhalten des jungen Mannes über eine Überwachungskamera fest, schnappten den Missetäter und ließen ihn öffentlich Selbstkritik üben. Das entsprechende Video wurde sodann zur Abschreckung ins Netz gestellt. Eine große Zahl von Internetnutzern äußerten allerdings massive Kritik an dieser „Strafmaßnahme" und verlangten eine Bestrafung der Freiwilligen, da diese ihre Kompetenz überschritten hätten. Zugleich äußerten sie Verständnis für das Verhalten des Mauerkletterers, der ja lediglich etwas Essbares für sich und seine Familie habe kaufen wollen. Mauern zur Abschirmung werden also nicht mehr so ohne Weiteres hingenommen.[7]

Während der in China dominante Konfuzianismus (儒家, *rujia*) – wie Sun schreibt – eher auf soziale Disziplin und Selbstdisziplin setzt, bietet der Daoismus (道教, *daojiao*) einen Ausweg aus dem sozialen Regelkorsett in Form von Rebellion, Aussteigermentalität oder Kontemplation. Entsprechende

---

7   Siehe 西安一小区防疫志愿者勒令翻墙购物男子道歉, 道歉内容 (Xi'an yi xiaoqu fangyi zhiyuanzhe leling fanqiang gouwu nanzi daoqian, daoqian neirong, Ein Mann in Xi'an stieg über die Mauer, um Essen zu kaufen und wurde von Freiwilligen genötigt, Abbitte zu leisten). https://www.youtube.com/watch?v=okYC_ZI6JVM&ab_channel=404%E8%B5%84 %E6%96%99%E9%A6%86 (Zugriff 08/2023).

Tendenzen unter Jugendlichen in den letzten Jahren verdeutlichen dies. Ein aktuelles Beispiel ist das Phänomen des „Flachliegens" (躺平, *tangping*) unter jungen Menschen, das im Jahr 2021 zu einer intensiven Diskussion unter chinesischen Sozialwissenschaftlern führte, die dieses Syndrom analysierten. Der Neologismus *tangping* bezieht sich auf die zunehmende Mentalität der jüngeren Generation, sich dem so genannten „Rattenrennen" zu entziehen, d.h. einem als persönlich abträglich empfundenen beruflichen Konkurrenzdruck im postmodernen Geschäftsleben. *Tangping* und ähnliche Phänomene lassen sich als eine Art informeller Widerstand frustrierter Teile der jungen Generation gegen ein Bildungs- und Arbeitsumfeld interpretieren, das zunehmend von Konkurrenzdruck, Neid, Überarbeitung, Stress und schwindenden Aufstiegschancen im urbanen Raum geprägt ist. Dahinter steht die Überzeugung, dass sich jahrelanges Lernen und Studieren sowie ausufernde Überstunden nicht auszahlen und dass ein Ausstieg aus dem Berufsleben bzw. hartem beruflichen Wettbewerb zu mehr individueller Zufriedenheit führen könne. Werte wie Unterordnung des eigenen Lebens unter das als „Rattenrennen" verstandene Rivalisieren sowie die Aufopferung für die Gesellschaft oder das Unternehmen werden grundsätzlich hinterfragt. Der Historiker Qin Hui hat nicht ganz unrecht, wenn er das „Flachlegen" mit daoistischen Lebensentwürfen in Verbindung bringt, denn der philosophische Daoismus sah alternative Lebensformen und -weisen vor, die sich zugleich von der strengen und reglementierten konfuzianischen Ordnung und Lebensweise unterschieden.[8]

Der Anthropologe Xiang Biao definiert dieses Phänomen als einen „Sackgassen-Zyklus", aus dem man nicht entkommen könne. Er erklärt dies u.a. aus dem Verhalten vieler Mütter aus der Mittelschicht, die das Leben ihrer Kinder umfassend organisieren möchten. Solche Mütter sind ständig damit beschäftigt, den richtigen Kindergarten, die richtige Schule, die richtige Universität und den richtigen Job für ihre Kinder zu finden.[9]

---

8   Qin Hui (秦晖), 无为躺平, 绝仁弃义 (*Wuwei tangping, jueren qiyi*, „Flach liegen" ohne etwas zu tun, absolut gutmütig und Gerechtigkeit aufgebend). 爱思想(*Ai Sixiang*, Ideologie lieben), 19. Juni 2021. https://www.aisixiang.cqiyiom/data/127050.html (Zugriff 08/2023).

9   Xiang Biao (项飙), 人类学家项飙谈内卷:一种不允许失败和退出的竞争 (*Renleixuejia Xiang Biao tan neijuan: yizhong bu yunxu shibai he tuichu de jingzheng*, Der Anthropologe Xiang Biao spricht über „Involution": ein Wettbewerb, der weder Scheitern noch Rückzug

Urbane Jugendliche sind durch den elterlichen Druck in einer permanenten Konkurrenzspirale gefangen, was diesen enorme physische und psychische Energie abverlangt. Einerseits sollen sie andere übertrumpfen und erfolgreicher sein, andererseits dafür Sorge tragen, dass der soziale Status zumindest gewahrt wird.

STRUKTUR DES BUCHES

Sun analysiert die Verhaltensweisen von Chinesinnen und Chinesen aus einer stark tiefenpsychologisch geprägten Perspektive. Der große Einfluss von Siegmund Freud tritt in vielen seiner Argumentationsstränge deutlich zutage.

Das erste Kapitel befasst sich z.B. mit dem Psychogramm des Ichs in China, der Rolle von Leib und Herz, den Lehren des Herzens (Konfuzianismus) und des Leibes (Daoismus), der Logik des menschlichen Herzens, Eltern-Kind Beziehungen etc. Während Sun einen Dualismus von Leib und Herz erkennt und daraus schließt „Während das chinesische Herz uneigennützig und altruistisch sein kann, ist der Leib egoistisch", begreift z.B. die Sinologin Gudula Linck Leib und Herz in der chinesischen Geisteswelt sehr viel stärker als zwei Teile eines ganzheitlichen Verständnisses von Mensch und Welt.[10] Deshalb müssen Suns manchmal vereinfachte Schlussfolgerungen immer auch auf den Prüfstand gestellt werden.

Kapitel 2 setzt sich mit dem Verhältnis von Individuum und Gruppe auseinander, dem „Charakter" der Chinesen und den Beziehungen zwischen den Generationen. Im dritten Abschnitt geht es um das Individuum und die Unterentwicklung von Individualität, im folgenden Kapitel um das Interaktionsverhältnis von Staat und Gesellschaft auf verschiedenen Ebenen (Politik, zentrale und lokale Ebene), Egalitarismus und Privilegienwirtschaft.

---

erlaubt). 澎拜新闻 (*Pengbai Xinwen* [The Paper], 22. Oktober 2020. Interview von Wang Qianni (王芊霓) und Ge Shifan (葛诗凡). https://www.thepaper.cn/newsDetail_forward_9648585 (Zugriff 08/2023).

10 Vgl. Gudula Linck. *Leib oder Körper. Mensch, Welt und Leben in der chinesischen Philosophie*, Freiburg und München: Verlag Karl Alber 2011 (vollständig überarbeitete Neuausgabe).

Das fünfte und letzte Kapitel befasst sich mit dem chinesischen Verhältnis zur Außenwelt und dem Realitätssinn der Chinesen.

In dem in diesem Band veröffentlichten Interview mit Sun von 2022 geht dieser davon aus, dass seine Grunderkenntnisse und -erfahrungen nach wie vor Gültigkeit haben. Er nimmt zu Fragen des in dieser Einleitung angesprochenen negativen Blicks auf China und Chinesen im Hinblick auf die Volksrepublik, Taiwan und Hongkong Stellung. Er äußert sich ferner über Unterschiede im Hinblick auf die Rolle des Staates in China und in westlichen Demokratien, Veränderungen im Zuge des Modernisierungsprozesses seit dem Erscheinen seines Buches und zur Veränderung der Rolle des Individuums. Zudem spricht er über die Zukunft Chinas und zur möglichen Rolle Chinas im Hinblick auf die Erreichung der Klimaziele. Daher ist das Buch nicht mehr nur ein Zeitdokument aus den 1980er Jahren, sondern verknüpft die Grundeinsichten Suns mit der aktuellen Gegenwart.

Gleichwohl haben die von Sun beschriebenen chinesischen gesellschaftlichen Grunddispositionen, die aus der Geschichte und dem kulturellen Kontext stammen, eine gewisse Grundkonsistenz behalten. Da er sich eher aus kulturkritischer Sicht mit politischen und gesellschaftlichen Phänomenen Chinas auseinandersetzt, wollen wir im Folgenden drei Faktoren hervorheben, die aus politikwissenschaftlicher Sicht zur Einordnung von Suns Argumenten gedacht sind: (1) Die Rolle des Staates; (2) Gesellschaft und Individuum; (3) das Verhältnis von Moral und Recht.

(1) Die Rolle des Staates

Sun klassifiziert den chinesischen Staat als „mächtiger als die zur Selbstorganisation unfähige Gesellschaft", als absolute und streng hierarchisch organisiert Zentralmacht. Und weiter: Sein Zweck sei es „Chaos" zu verhindern. Die chaotische Welt habe nur über eine Vereinheitlichung des Denkens und die Durchsetzung von Ordnung und „Harmonie" diszipliniert werden können. In der Tat galt der Staat die gesamte chinesische Geschichte über als die zentrale Instanz, die die politisch-soziale Ordnung und Stabilität, die soziale Wohlfahrt der Bevölkerung sowie die territoriale Einheit dieses heterogenen Riesenreiches zu gewährleisten hatte. Die moralische Erziehung des Volkes galt als Voraussetzung für die Gewährleistung von

Ordnung und Stabilität und war somit eine weitere Kernaufgabe des Staates. Primär bestand die Grundfunktion des chinesischen Staates also darin, Stabilität sicherzustellen, das Entstehen von Unordnung (乱, *luan*) zu verhindern und für die moralische Ordnung der Gesellschaft zu sorgen. Dabei nahmen Chinesen den Staat anders wahr als in westlichen Perzeptionen. In westlichen Gesellschaften, so der Politikwissenschaftler Martin Jacques, sehen die Menschen in ihm einen Außenseiter, einen Eindringling oder sogar ein notwendiges Übel, das ständig zur Rechenschaft gezogen und gerechtfertigt werden müsse. Chinesen hingegen betrachteten den Staat als einen Vertrauten, als Teil der Familie, ja sogar als deren Oberhaupt.[11]

Das gegenwärtige China lässt sich als „Entwicklungsstaat" klassifizieren. Bei „Entwicklungsstaaten" handelt es sich um Staaten, deren politische Elite sich einer Mission verschrieben hat: der Modernisierung der Nation. Dieses Konzept wurde ursprünglich für die Analyse des Entwicklungsweges Japans angewandt, später auf die Entwicklung in Südkorea, Taiwan und Singapur. In allen Fällen handelte es sich um politische Gebilde, in denen die politische Elite auf der Basis der Herrschaft einer einheitlichen Organisation von oben nach unten und autoritär eine planmäßige und erfolgreiche Entwicklung betrieben hat, sei es auf der Basis einer einzelnen Partei (Taiwan, Singapur) oder mithilfe einer Militärdiktatur (Südkorea). Trotz aller Unterschiede und Besonderheiten der einzelnen Staaten in Ostasien bietet dieses Konzept unseres Erachtens einen geeigneten Rahmen zum Verständnis des Verhaltens und Agierens des chinesischen Staates.

Bei Entwicklungsstaaten handelt es sich um zweckorientierte und starke Staaten mit einem festen Willen und Konsens der politischen Elite, das Land ökonomisch, gesellschaftlich und politisch zu entwickeln. Diese Funktion wird in China von der KPCh und ihrem Staat wahrgenommen. Entwicklungsstaaten sind zugleich in der Lage, über alle gesellschaftlichen Partikularinteressen und Widerstände hinweg allseitige Entwicklung von oben nach unten durchzusetzen. Dies verlangt effektive Intervention in die Wirtschaft sowie Kontrolle der Arbeitskräfte und der Gewerkschaften, wobei durch staatliche Intervention Marktdefizite ausgeglichen werden sollen.

---

11 Martin Jacques, *When China Rules the World*. London: Penguin Books 2012, 618–619.

Ferner zeichnen sich Entwicklungsstaaten durch eine enge Symbiose von Regierung und Unternehmen aus. Sie müssen zudem in der Lage sein, ihre Politik landesweit durchzusetzen. Sie besitzen ein relativ hohes Maß an Unabhängigkeit gegenüber Einflüssen gesellschaftlicher Interessengruppen. Ohne eine solche Autonomie erreicht der Staat keine effektive Kontrolle über die Gesellschaft, vermag er gesellschaftliche Beziehungen nicht zu regulieren und gesellschaftliche Kräfte im Interesse nationaler Entwicklung gegebenenfalls nicht hinreichend zu disziplinieren. Teil dieses Konzeptes ist darüber hinaus striktes und repressives Vorgehen gegen potenzielle Opponenten im Hinblick auf die Entwicklungsziele des Hauptakteurs, hier der KPCh. Solche Staaten verfügen zugleich über eine effektive Bürokratie, die beständig professionalisiert wird und politische Stabilität sicherstellen soll.

2017 beschloss der 19. Parteitag der KPCh einen Fahrplan zur Erreichung „umfassender Modernisierung" bis 2050. Drei Entwicklungsetappen sind dafür vorgesehen: bis 2021 (100. Gründungstag der KPCh) Ablösung des quantitativen durch qualitatives Wachstum, Beseitigung von Armut und „Schaffung einer Gesellschaft mit bescheidenem Wohlstand" (小康, *xiaokang*); bis 2035 größte Wirtschaftsmacht der Welt werden, Erreichung „grundlegender Modernisierung" und globale Führerschaft in 10 Hochtechnologien; bis 2049/2050 (100. Gründungstag der VR China): führende Weltmacht gleichauf mit den USA werden (auch militärisch) und Realisierung einer allseits modernen Gesellschaft.

Diese Entwicklung soll sich in Form eines „Sozialismus chinesischer Prägung in der neuen Periode" vollziehen und unter Führung der KPCh, wobei dieses „Modell" auf den Spezifika und Gegebenheiten Chinas basieren und nicht „westlichen Entwicklungskonzepten" (im Sinne einer Demokratisierung und liberalen Marktwirtschaft) folgen soll.

Die Umsetzung dieses Programms stellt für das Staatswesen eine politische, ökonomische und gesellschaftliche Herausforderung dar. In solchen Neuordnungsphasen reagiert der chinesische Staat im Interesse der Stabilisierung des Systems auf jede Form von aktivem und passivem Widerstand mit repressiven Maßnahmen, die intensiver sind als in konsolidierten Phasen. Die politische Realisierung der Mission bis 2050, so das Argument der

Parteiführung, bedürfe eines zentralisierten Führungsstils und dessen Festigung. Ein starker Parteistaat und eine kompetente, ebenso starke Führung unter einem einheitlichen Führungskern seien dafür erforderlich. Deshalb rückte die politische Führung von dem Ende 1978 eingeführten Prinzip der kollektiven Führung ab und kehrte zum Prinzip eines starken Führers als „Kern" zurück.

Das Prinzip eines „starken Führers" spielte in der politischen Kultur Chinas von jeher eine herausragende Rolle, vor allem wenn es darum ging, konkurrierende Konzepte und ein mutmaßliches „Chaos" zu vermeiden sowie die Aufrechterhaltung der Ordnung durch Machtkonzentration zu gewährleisten. Im 20. Jahrhundert galten Sun Yatsen[12], Chiang Kaishek, Mao Zedong und Deng Xiaoping als starke Führungspersonen. Die Rückkehr von kollektiver zu individueller Führung und die striktere ideologische Ausrichtung der Partei seit dem Machtantritt des gegenwärtigen Partei- und Staatschefs Xi Jinping (习近平) bergen allerdings vielfältige potenzielle Probleme in sich: die Gefahr absoluter Machtkonzentration; ungenügende Informiertheit des Führers, weil Untergebene fürchten, er könne Berichte über Probleme als Kritik an seinem Führungsstil interpretieren; eine Überdehnung der sozialen Disziplinierung; ein Übermaß an Ideologisierung und damit die Demotivierung von Funktionären, Intellektuellen und Unternehmern.

(2) GESELLSCHAFT UND INDIVIDUUM

Sun spricht von einem „Kampf um Leben und Tod zwischen Staat und Gesellschaft". Und: „Um die Vormacht des Staates über die Gesellschaft zu garantieren, muss das Volk geschwächt werden". Allerdings existierte in China kein Wort für Gesellschaft im modernen Sinne. Entscheidend waren der Clan,[13] die Familie oder die Dorfgemeinschaft, nicht aber eine übergreifende

---

12 Sun Yat-sen (孙中山, Sun Zhongshan, 1866–1925) war nach dem Ende des Kaiserreiches 1912 der erste provisorische Präsident der Republik China. Nach einer Zwischenperiode wurde er 1921 Präsident der selbstproklamierten Nationalregierung in Kanton. Er hat das moderne politische Denken Chinas wesentlich mitgeprägt.

13 Ein Clan bezeichnet einen lokalen Familienverband, deren männliche Mitglieder den gleichen Nachnamen tragen, sich von gemeinsamen Vorfahren ableiten und daher als verwandt begreifen. Ein solcher Clan kann mehrere tausend Personen umfassen.

Institution wie die Gesellschaft. Schließlich war der Staat bzw. die Nation der übergreifende Bezugspunkt. Dies wird auch durch den chinesischen Begriff für Staat oder Nation (国家, *guojia*) veranschaulicht, einer Verbindung der Wörter für Land (国, *guo*) und Familie (家, *jia*). Die Gesellschaft hatte in diesem Konzept keinen Platz. Begriffe wie „Gemeinsinn", „staatsbürgerliches Bewusstsein" oder „sozialer Dienst" sind Neologismen, für die es im gesellschaftlichen und politischen Leben keine chinesischen Begriffe gab. Die Familie und der Familiensinn waren nicht nur die zentralen Bezugspunkte für den Einzelnen und sein Verhalten, sondern bildeten auch die Grundlage des Staates.[14]

Der chinesische Begriff für Gesellschaft (社会, *shehui*) unterscheidet sich vom westlichen Konzept. Im klassischen Chinesisch bezeichnete *shehui* eine jährliche „Zusammenkunft in der ländlichen Gesellschaft".[15] Im 19. und frühen 20. Jahrhundert wurde der chinesische Begriff mit Organisationen wie Geheimgesellschaften oder religiösen Sekten in Verbindung gebracht, während der westliche Begriff im Sinne einer nichtstaatlichen Sphäre aus dem Japanischen übernommen wurde und von dort Eingang in den chinesischen Wortschatz fand. Jin Guantao (金观涛) und Liu Qingfeng (刘青峰) weisen dem Begriff eine eher negative Konnotation im Sinne von etwas, das sich der staatlichen Kontrolle entzieht, „unorganisierten" und „potenziell gefährlichen" sozialen Kräften zu, die „ein Gefühl von Unordnung und Gesetzlosigkeit" vermitteln.[16] Zheng und Huang kommen zu dem Schluss, dass es sich um den Bereich handele, in dem die staatliche Macht schwach ausgeprägt oder überhaupt nicht existent ist.[17]

Das Gleiche gilt für *ge* von *geren* (个人), der Begriff für „Individuum", der ebenfalls einem japanischen Lehnwort übernommen wurde. Während in individualistischen Gesellschaften das Selbst als eine autonome Einheit angesehen wird, die losgelöst von Gemeinschaftsbeziehungen existiert und

---

14 Vgl. Lin Yutang, *Mein Land und mein Volk*. Herausgegeben und mit einer Einführung von Thomas Heberer, Esslingen: Drachenhaus Verlag, 3. Auflage 2019, 243–247.

15 Zheng Yongnian und Huang Yanjie, *Market in State: The Political Economy of Domination in China*. Cambridge: Cambridge University Press 2018, 428–429.

16 Jin Guantao und Liu Qing, 观念史研究: 中国现代重要政治术语的形成 (*Guannian shi yanjiu: Zhongguo xiandai zhongyao zhengzhi shuyu de xingcheng*, Studie zur Ideengeschichte: Die Herausbildung wichtiger Begriffe in der modernen chinesischen Politik). Beijing (北京): Falü chubanshe (法律出版社) 2009.

17 Zheng und Huang 2018, 429.

dazu neigt, der Verfolgung persönlicher Ziele Priorität einzuräumen, wurden in kollektivistischen Gesellschaften soziale Verhaltensweisen stärker durch Normen, Pflichten und traditionelle Verpflichtungen geregelt. Das Eigeninteresse blieb dort dem Gemeinwohl untergeordnet. Sun zufolge wird Individualität „als zutiefst unmoralisch angesehen". Allein das Gemeinwohl zähle, eine Privatsphäre habe in China nie existiert.

Der chinesische Schriftsteller und Philosoph Lin Yutang erklärte jedoch die Rolle des Individuums wie folgt: „Die Chinesen sind ein Volk von Individualisten. Ihre Gesinnung ist auf die Familie ausgerichtet, nicht auf die soziale Gemeinschaft, und ein solcher Familiensinn ist ja nichts anderes als eine vergrößerte Art der Selbstsucht".[18] Das chinesische Wort *geti* (个体, Individuum) bedeutet „einzelner Körper". Es bezieht sich auf eine Person als Teil einer kollektiven Einheit, z.B. der Familie. Im traditionellen Familiensystem war das Individuum die „Verneinung des Individualismus", das den „individuellen Körper" in Schach hält und sich in die persönlichsten Angelegenheiten der Individuen einmischt.[19]

Historisch gesehen existierten auch in China Formen individualistischen Verhaltens, doch waren diese nicht durch Autonomie und Einzigartigkeit der Individualität gekennzeichnet. Während in der westlichen Tradition das Individuum als unabhängiges Subjekt in einer atomisierten Welt verstanden wird, sah die chinesische Tradition das Individuum als integriertes Element innerhalb eines größeren familiären, sozialen und politischen Ganzen und nicht als autonomen Akteur eines selbstbestimmten, mit Willensfreiheit ausgestatteten Lebens. Das Individuum blieb in ein Netz sozialer Beziehungen eingebettet, aus dem es sich in der Regel nur durch Rückzug ins Eremitentum oder die innere Kontemplation befreien konnte.

Zwar macht – wie Sun – schreibt, jemand, der der Gemeinschaft keine Bedeutung beimisst aus einem „Einzelleib" noch kein Individuum, aber es wäre unzutreffend, daraus den Schluss zu ziehen, dass dem Individuum in der chinesischen Kultur grundsätzlich keine Bedeutung zukommt. Gleichwohl unterscheidet sich chinesischer Individualismus von westlichem.

---

18 Lin 2019, 243.
19 Lin 2019, 249f.

Selbst-Kultivierung, Selbst-Disziplinierung, Selbst-Vervollkommung entstammen konfuzianischer Begrifflichkeit mit der Betonung auf dem Selbst, dem Ich. In der Poesie, der Kalligraphie und der Malerei bot sich die Möglichkeit individueller Gestaltung. Die Werke des berühmten Malers und Kalligraphen Bada Shanren (Zhu Da, 朱耷, bzw. 八大山人, 1626–1705)[20] – um nur ein Beispiel zu nennen – sind Ausdruck eines expressiven Individualismus'.

Der Sinologe Wolfgang Bauer hat entsprechend darauf hingewiesen, dass in China „die Einheit von dem Ich und der Rolle in seiner Umgebung stärker empfunden wurde als im Abendland", wobei er sich primär auf autobiographische Selbstdarstellungen in der chinesischen Literatur bezog.[21] Allerdings existierte das Individuum bis in die Gegenwart hinein primär eingebettet in ein hierarchisches Gesellschaftsgeflecht.

Politisch gesehen, war in Chinas traditionellem Staatsverständnis die Rolle des Individuums dem Staat und der Nation untergeordnet. Politische Vordenker im frühen 20. Jahrhundert wie Kang Youwei, Liang Qichao[22] oder Sun Yat-sen betonten nachdrücklich, dass die Interessen des Staates Vorrang vor denen des Individuums haben müssten.[23] Insbesondere im Hinblick auf die Aufgabe des Staates, die moralische Ordnung zu wahren und die Moralvorstellungen innerhalb des Gemeinwesens durchzusetzen, bewirkte eine andere Vorstellung von der Wechselbeziehung zwischen Individuum und Gemeinschaft einerseits und Individuum und Staat andererseits. Wie Lucian Pye es ausdrückte:

---

20 Badashan soll seine Gemälde und Kalligraphien überwiegend in betrunkenem Zustand produziert haben, indem er sich mit dem Pinsel und einem Schrei auf das Papier gestürzt, kurze Striche ausgeführt und dann häufig das Produkt achtlos weggeworfen haben soll.

21 Bauer, Wolfgang, *Das Antlitz Chinas. Die Autobiographische Selbstdarstellung in der Chinesischen Literatur von Ihren Anfängen bis Heute*. München: Carl Hanser Verlag 1990, 15.

22 Kang Youwei (康有为, 1858–1927), Liang Qichao (梁启超, 1873–1929), zwei der bedeutendsten politischen Denker des 19. und 20. Jhdts.

23 Kang Youwei, zitiert in Chester C. Tan, *Chinese Political Thought in the Twentieth Century*, Garden City, New York: David & Charles 1971, 25. Siehe auch Kang Youweis zentrale Publikation *Die Große Gemeinschaft. Eine Anleitung zum Weltfrieden*. Hrsg. und mit einer Einleitung versehen von T. Heberer. Esslingen: Drachenhaus-Verlag 2021. Sun Yat-sen, zitiert in Peter Weber-Schäfer, „Von der T'ai-p'ing Rebellion zur Republik", in: E.J.M. Kroker (Hrsg.), *China. Auf dem Weg zur „Großen Harmonie"*. Stuttgart: Kohlhammer 1974, 40f.

„Kein Volk hat die Chinesen jemals darin übertroffen, dem Staat moralische Tugenden zuzuschreiben oder den Wert des Individuums herabzusetzen. Erst der Konfuzianismus und dann die chinesische Version des Leninismus haben die Bedeutung von Regeln und Gesellschaft gepriesen und die Rechte des Individuums auf ein Minimum reduziert ... Das Individuum wurde stets nur als diszipliniertes Mitglied einer größeren Gruppe betrachtet, und es wurde immer angenommen, dass die Interessen der Gruppe Vorrang vor denen des Individuums haben".[24] (Pye 1996, 16–17).

Pye verdeutlicht hier nicht nur, dass die Sorge um die Moral eine Aufgabe des chinesischen Staates ist, sondern auch, dass Moral und Selbsterziehung des Individuums eng mit kollektiven Interessen und der Hingabe und dem Engagement des Einzelnen für das Kollektiv und die Interessen des Staates verbunden sind. Politische Ordnung und soziale Ordnung wurden daher als im Wesentlichen deckungsgleich begriffen, und Macht war untrennbar mit Moral verbunden.

Diese Gegensätze in Bezug auf die Stellung des Ich in der Gesellschaft erschwerte das Verständnis chinesischer Intellektueller für den europäischen Begriff des Individuums. Doch auch wenn der Übergang zu Marktverhältnissen China individualistischer gemacht hat, so bestehen die besagten Unterschiede zwischen westlichem Individualismus und östlichem Kollektivismus bis heute fort.

(3) Das Verhältnis von Moral und Recht

Im Hinblick auf das Rechtsverständnis in der chinesischen Kultur argumentiert Sun: „In protestantischen Gesellschaften ist jeder Bürger ein Rechtssubjekt ... In China dagegen ist der Einzelne kein Rechtssubjekt, und daher kann auch der Begriff der Menschenrechte des Einzelnen nicht entstehen. Und: „In China gab es nie die Herrschaft abstrakten Rechts, sondern immer nur persönliche Herrschaft". Recht war primär mit Strafen und Strafbarkeit verbunden. Entsprechend gab es – wie Sun erklärt – anders als im Westen kein Justizministerium, sondern ein Strafministerium.

---

24 Lucian W. Pye, „The State and the Individual: An Overview Interpretation." In *The Individual and the State in China*, edited by Brian Hook. Oxford: Clarendon 1996, 16–42.

Daher gestaltete sich auch der Begriff des Rechts und der Zusammenhang zwischen Recht und Moral, den Sun in seinem Buch nicht anspricht,
anders als im Westen. Darauf weist bereits die Geschichte des entsprechenden chinesischen Schriftzeichens *fa* (法) hin, das in der Übersetzung üblicherweise als „Gesetz" im Sinne eines Rechtssystems wiedergegeben wird.
Einer chinesischen Darstellung zufolge hatte *fa* ursprünglich drei Bedeu-
tungen: (1) Es symbolisierte die Staatsmacht, die in der Lage war, jede Art
von Widerstand zu unterdrücken und durch Bestrafung und Hinrichtung
abzuschrecken; (2) die Erwartung, dass Richter gerecht urteilen, das Böse
bestrafen und das Gute unterstützen; (3) die Forderung nach einem fairen
Prozess und der Anwendung des Gesetzes auf alle an einem Fall beteiligten
Parteien gleichermaßen.[25] In einem allgemeineren Sinne stand *fa* jedoch für
„Regierungsverordnung".

Chen Yixin (陈一新), Generalsekretär des Politischen und Juristischen
Komitees des Zentralkomitees der KPCh, erläuterte 2021 die starke Ver-
flechtung von Recht und Moral in China im Gegensatz zu europäischen
Vorstellungen, wonach Recht und Moral zwar in gewisser Weise miteinan-
der verbunden sind, aber im Prinzip unabhängige Sphären darstellen.
Chen formulierte es folgendermaßen:

> „Recht ist geschriebene Moral, Moral ist inneres Recht. Sowohl Recht als auch Mo-
> ral haben die Funktion, das soziale Verhalten und die sozialen Beziehungen zu re-
> geln, um die soziale Ordnung aufrechtzuerhalten. Beide [Recht und Moral] spielen
> eine entscheidende Rolle und Funktion im Regierungssystem des Staates. Einerseits
> ist es notwendig, die unterstützende Rolle der Moral im Rahmen der Rechtsstaat-
> lichkeit zu stärken. Gesetzgebung, Rechtsdurchsetzung und Justiz müssen die An-
> forderungen der sozialistischen Moral verkörpern … Andererseits ist es notwendig,
> die Rechtsstaatlichkeit zu nutzen, um offene Probleme im ethischen Bereich zu
> lösen".[26]

---

25 Feng Yujun (冯玉军), 中国传统法律文化的形成与特点 (*Zhongguo chuantong falü wenhua de xingcheng yu tedian*", Entstehung und Besonderheiten der traditionalen chinesischen Rechtskultur). 光明日报 (*Guangming Ribao*, Tageszeitung Guangming), 20. Au-
gust 2018. http://www.xinhuanet.com/politics/2018-08/20/c_1123294913.htm (Zugriff
08/2023).

26 Chen Yixin, 学深悟透习近平法治思想，推动法治中国建设迈上新台阶 (*Xueshen wutou Xi Jinping fazhi sixiang, tuidong fazhi Zhongguo jianshe maishang xin taijie*, Tiefgehend

Anders als im Westen spielte das Recht in der chinesischen Staatsauffassung traditionell eine untergeordnete Rolle. Die Beziehungen zwischen den Menschen wurden in erster Linie durch den konfuzianischen Moralkodex geregelt. Das Strafrecht sollte Verstöße gegen die vorherrschenden moralischen Normen sanktionieren und ordnete sich daher diesen Normen unter. Soziale Gerechtigkeit sollte durch gegenseitige Verpflichtungen erreicht werden, nicht durch Gesetze. Im Gegensatz zu westlichen Ländern wurden die Beziehungen zwischen Volk und Staat nicht auf der Grundlage gegenseitiger Rechte und Pflichten definiert, sondern durch moralische Verpflichtungen, soziale Einbettung und gegenseitige Abhängigkeit. Der Rechtsprofessor Zhang Qianfan (张千帆) stellte fest, dass das chinesische Rechtsdenken von einer „Bipolarität der menschlichen Natur" ausging, d.h. von der Existenz zweier Kategorien von Menschen. Die Elite der Tugendhaften und Wissenden war dazu bestimmt, zu regieren, während die unwissende und moralisch inferiore Mehrheit regiert werden musste.[27]

Der Konfuzianismus hielt Strafen für unnötig, solange die moralischen Normen eingehalten wurden. Die Anwendung von Recht und Gesetz wurde jedoch nicht selten als Zeichen des Verfalls der Moral und der Dekadenz angesehen. Infolgedessen herrschte Misstrauen gegenüber Regeln, Gesetzen und Verträgen. Auch das Recht des Einzelnen, die rechtliche Institutionalisierung der persönlichen Freiheit, wurde im Recht weder diskutiert noch praktiziert. Während im europäischen Recht das Individuum und sein rechtlicher Schutz im Mittelpunkt standen, war dies in China – im Idealfall – die materielle Grundversorgung der Menschen und die Würde des Menschen („Gesicht").

Auch heute noch spielt die Rolle des Staates als moralische Instanz eine zentrale Rolle in der Selbstzuschreibung der Staatsfunktion. Im 19. Jahrhundert warf der Verfall der Leistungsfähigkeit des chinesischen Staates die Frage auf, was ein effektiver Staat ist, wie er beschaffen sein und was er

---

und gründlich die Gedanken Xi Jinpings in Hinblick auf Herrschaft des Rechts verstehen. Den Aufbau einer Rechtsherrschaft in China auf höheres Niveau heben). 中国长安网 (*Zhongguo Chang'an Wang*, China Chang'an Netz) 2021. https://www.chinapeace.gov.cn/chinapeace/c100007/2021-04/02/content_12470137.shtml (Zugriff 08/2023).

27 Zhang Qianfan, „Vom Verwaltungsstaat zum Verfassungsstaat?" In *Hintergrundinformationen zum 13. Symposium des Deutsch-Chinesischen Rechtsstaatsdialogs 2013*, hrsg. Heinrich Böll Foundation. Berlin 2013, 3–4.

leisten sollte. Im Gegensatz zum heutigen europäischen Rechtsstaat, der an unabhängiges Recht gebunden ist, hatte der Staat in China die Pflicht, für das Funktionieren einer (konfuzianischen) moralischen Ordnung als Grundlage eines funktionierenden Gemeinwesens zu sorgen. Das Recht spielte in diesem Staatsverständnis eine untergeordnete Rolle und sollte erst dann zum Tragen kommen, wenn der Staat nicht mehr in der Lage war, die Moral zu gewährleisten. Diese moralische Funktion des Staates und der Vorrang der Moral vor dem Recht haben bis heute Bestand. So heißt es beispielsweise in der aktuellen chinesischen Verfassung

Der Staat fördert den sozialistischen kulturell-ethischen Fortschritt durch eine weithin zugängliche Erziehung in Bezug auf Ideale, Moral, Kultur, Disziplin und Recht sowie durch die Formulierung und Einhaltung verschiedener Formen von Verhaltensregeln und öffentlichen Gelöbnissen in der städtischen und ländlichen Bevölkerung ... Der Staat tritt für die sozialistischen Grundwerte ein; er fördert die bürgerlichen Tugenden der Liebe zum Vaterland, zum Volk, zur Arbeit, zur Wissenschaft und zum Sozialismus; er erzieht das Volk zu Patriotismus und Kollektivismus (Artikel 24).[28]

WESHALB BLEIBT DAS BUCH GRUNDLEGEND FÜR DAS VERSTÄNDNIS CHINAS?

Im Prinzip spricht der Inhalt des „Ummauerten Ichs" für sich selbst, auch wenn nicht alle Phänomene und Symptome, die darin geschildert werden, heute noch zutreffen mögen. Auch wirkt so manche tiefenpsychologische Argumentation überzogen, so dass der kritische Blick des Leser gefragt ist.

Die erste chinesische Fassung wurde ursprünglich 1983 unter dem Titel „Tiefenstruktur der chinesischen Kultur" (中国文化的深层结构) in Hongkong veröffentlicht. 1986 erschien die Publikation in Taibei/Taiwan, 1990 eine revidierte Neuausgabe. Die deutsche Fassung ist 1994 erschienen,

---

28 *Constitution of the People's Republic of China* (2019). http://english.www.gov.cn/archive/lawsregulations/201911/20/content_WS5ed8856ec6d0b3f0e9499913.html (Zugriff 08/2023). Übersetzung aus dem Englischen.

übersetzt von einer Übersetzergruppe unter Leitung des Sinologieprofessors Dr. Hans Kühner.

Sun bezieht sich – wie oben geschildert – auf persönliche Erlebnisse in einer Zeit, als China gerade erst begann, einen Weg zu grundlegenden Reformen und Modernisierungsprozessen einzuschlagen. Denn 1980–81 hielt er sich zu Forschungszwecken in der Volksrepublik auf. Die Menschen in China sind mittlerweile nicht mehr Teil einer staatlichen Arbeitseinheit (单位, *danwei*), von Sun als „Mutterschoß" bezeichnet. Chinesen und Ausländer müssen nicht mehr getrennt essen, in den Großstädten gibt es Bars und Nachtleben für Chinesen und Ausländer gleichermaßen. Die von Sun geschilderten „körperlichen Symptome" wie auf den Boden spucken, sich durch die Finger schneuzen, öffentlich ungeniert in der Nase bohren, in der Öffentlichkeit zu furzen etc. sind heute weitgehend geächtet und können im urbanen Raum mit Bußgeldern belegt werden. „Zivilisierungs- und Sozialdisziplinierungskampagnen" im Erziehungswesen, aber auch Ermahnungen in den Medien und im öffentlichen Raum, haben dazu beigetragen, solche Phänomene weitgehend zu stigmatisieren. Auch Phänomene wie die Darstellung schlechter Lebensbedingungen auf dem Festland, Einheitskleidung, Unterdrückung jeglicher Form von Individualismus im Aussehen, Ausdruckslosigkeit in den Gesichtern von Passanten, das Überwiegen von Volkseigentum, geringe Löhne und Gehälter und andere Phänomene, all dies trifft so nicht mehr zu. Gleichwohl bleiben Suns Grundargumente hochaktuell und leisten einen wichtigen Beitrag zum Verständnis Chinas und seiner Menschen. Viele seiner Beobachtungen sind über die Zeitenwende hinweg aktuell geblieben und machen das Buch nach wie vor zu einem Schlüsselwerk des kulturellen Tiefenverständnisses der chinesischen Kultur über Zeit und Raum hinweg.

Eine Aktualisierung des Textes hat Sun abgelehnt mit dem Hinweis, er habe ein Zeitdokument verfasst, das primär aus Beobachtungen in den frühen 1980er Jahren zu verstehen sei und daher nicht aktualisiert werden solle. Gleichwohl haben Verlag und Herausgeber Prof. Sun gebeten, in einem Interview zu aktuellen Fragen eine Einschätzung zu geben.[29] Zudem hat der Herausgeber Schilderungen, die auf die Gegenwart nicht mehr zutreffen, durch die Vergangenheitsform als solche kenntlich gemacht.

---

29 Das Interview findet sich auf den Seiten XXX–XXX.

„Das ummauerte Ich" unterscheidet sich zugleich von ähnlichen Publikationen wie denen von Michael H. Bond, das eher wissenschaftlich angelegt ist und Lin Yutang, der in den 1930er Jahren primär die sozialen und psychologischen Verhältnisse einer tieferen Analyse unterzogen hat,[30] aber auch von chinesischen Publikationen zu dieser Thematik.[31]

Auffällig ist indessen, dass die „Mentalitäten" der Chinesen im Vergleich zu westlichen von Sun Longji eher als hinderlich und abträglich beschrieben, positive Faktoren, die sich daraus ergeben, kaum einer Analyse unterzogen werden. Es ähnelt daher argumentativ in mancher Hinsicht dem von Bo Yang (柏楊, 1920–2008) verfassten Band „Der hässliche Chinese", der 1985 in Taiwan veröffentlicht wurde und sich mit destruktiven Formen des Konkurrenzkampfes von Chinesen untereinander befasst.[32]

Die von Sun behandelten Facetten haben in der chinabezogenen Literatur eher wenig Beachtung gefunden. Sie tragen dazu bei, die Verfasstheit und das Psychogramm der Menschen in China tiefgehender zu verstehen und Verhaltensweisen, die Europäern vielfach fremd sind, besser einordnen zu können. Gerade deshalb ist sein Buch weiterhin hochaktuell, zumal Sun verdeutlicht, dass es unterschiedlich Rationalitäten und Werte gibt, die es zu entschlüsseln gilt, um „das Andere" zu verstehen und zugleich das Gemeinsame wiederzuentdecken. Aus diesen Gründen haben sich die Verlegerin Dr. Nora Frisch und der Herausgeber entschlossen, dieses Werk in neuer Auflage herauszugeben und durch ein Interview mit Prof. Sun zu aktuellen Fragen zu ergänzen.

---

30 Vgl. Michael Harris Bond (ed.), *Psychology of the Chinese People*, Hongkong: The Chinese University of Hong Kong Press 2009 sowie Lin Yutang 2019.

31 Siehe z.B. den von Qiao Jian (乔健) und Pan Naigu (潘乃谷) herausgegebenen umfangreichen Sammelband 中国人的观念与行为 (*Zhongguoren de guannian yu xingwei*, Denken und Handeln der Chinesen), Tianjin: 天津人民出版社 (*Tianjin renmin chubanshe*, Volksverlag Tianjin) 1995 oder Wen Chongyi (文崇一) und Xiao Xinhuang (蕭新煌), Hrsg., 中国人: 观念与行为 (*Zhongguoren: guannian yu xingwei*, Denken und Handeln der Chinesen), Beijing: 人民大学出版社 (*Renmin daxue chubanshe*, Verlag der Volksuniversität) 2013.

32 Vgl. Bo Yang, 丑陋的中国人 (*Chouloude Zhongguoren*, Der hässliche Chinese), Taibei: 林白出版社 (Linbai Verlag) 1985. Eine Teilübersetzung findet sich in: Bo Yang, Häßliche Chinesen, in: Helmut Martin und Christiane Hammer (Hg.), Die Auflösung der Abteilung für Haarspalterei. Texte moderner chinesischer Autoren, 中国人, Reinbek bei Hamburg: Rowohlt Verlag 1991, 16–24.

Allerdings fragt sich der Leser zuweilen: wenn Erziehung und Tiefenstrukturen die Menschen derart einengen, weshalb konnte China sich dann in nur wenigen Jahrzehnten von einem der ärmsten Länder zu einem Land mit oberem Mitteleinkommen entwickeln, Hunderte Millionen von Menschen aus der absoluten Armut führen und zur zweitgrößten Volkswirtschaft im globalen Maßstab aufsteigen? Auch wenn das „Ummauerte Ich" diese Frage nicht beantwortet so trägt es gleichwohl dazu bei, die Grundlagen chinesischen Denkens und Verhaltens in kritischer Weise offenzulegen und liefert damit Bausteine zu deren tieferem Verständnis.

Duisburg, 1. August 2023

CHINA – DIE „ARCHE NOAH"
DER MENSCHHEIT?

THOMAS HEBERER IM GESPRÄCH MIT SUN LONGJI

1. Was ist in Ihren Augen an Ihrem Buch noch aktuell? Was hat sich seither in der VR China geändert?

Wenn ich die „Tiefenstruktur" mit einer „grammatikalischen Struktur" vergleiche, ist sie immer noch aktuell. Als ich das Buch 1983 zum ersten Mal veröffentlichte, befand sich das Ansehen der VR China auf dem Tiefpunkt. Jetzt hat sich der internationale Status Chinas stark verbessert. Aber solange die Chinesen noch „Chinesen" sind, besitzt meine „Tiefenstruktur" Gültigkeit.

2. Das Psychogramm, das Sie von der chinesischen „Psyche" zeichnen, scheint im Vergleich zum Westen eher negativ und nachteilig zu sein. Gibt es auch positive Aspekte? Wenn die Sozialisation im Allgemeinen so nachteilig ist, wie lässt sich dann erklären, dass sich die VR China und Taiwan so schnell und erfolgreich entwickelt und verändert haben?

Ich vermeide den Begriff „Nationalcharakter" und bevorzuge aus guten Gründen das Konzept der „Tiefenstruktur". Der Ansatz des „Nationalcharakters" neigt dazu, eine einfache Liste von Eigenschaften zu erstellen, die in der Regel negativ und vorwurfsvoll sind. Ohne viel zu analysieren, werden die Merkmale auf der Liste als absolut behandelt. Meine „Grammatik"-Metapher impliziert, dass man mit ihr verschiedene Sätze bilden kann, von denen einige mehr, andere weniger wünschenswert sind, je nach dem historischen Kontext.

Schon 1983 habe ich gesagt, dass die chinesische Erziehungsweise für die „Individuation" nachteilig ist. Ein solcher Nachteil behindert nicht unbedingt das Wirtschaftswachstum, wenn die Chinesen sich darauf einlassen. Ein geringerer Grad an Individuation (ein weniger entwickeltes Selbst) hilft dem Wirtschaftswachstum in Ostasien im Allgemeinen. Es trägt sicherlich zur Arbeitsamkeit und zur Stabilität der sozialen Ordnung bei. In der kommenden Zeit, in der globale Katastrophen zur neuen Normalität werden könnten, wird der Raum für das „Selbst" unweigerlich schrumpfen, da eine zu große Sorge um die „individuellen Rechte" für das Überleben der Gruppe immer weniger von Bedeutung sein wird, wie die unkontrollierbare Corona-Virus-Pandemie in den USA und Europa gezeigt hat.

3 Sehen Sie in der VR China und in Taiwan einen zunehmenden Individualisierungsprozess als Teil des Modernisierungsprozesses?
„Individualisierung" und „Modernisierung" sind zwei verschiedene Dinge. Die Modernisierung könnte zum Beispiel die autoritäre Haltung der Eltern gegenüber der jüngeren Generation lockern. Da sich die Dinge in der „modernen" Gesellschaft sehr schnell ändern, könnte sich die ältere Generation gegenüber der jungen sogar unterlegen fühlen. Dies ist jedoch nicht dasselbe wie der Aufbau von Selbstvertrauen in einer Person oder das Zulassen der Auseinandersetzung mit der eigenen Sexualität als Teil der Selbstakzeptanz und Selbstbehauptung.

Erwachsene Chinesen erscheinen in Hongkong eher wie übergroße Kinder, in Taiwan indessen deutlich weniger und in Festlandchina am wenigsten. Ich vermute, dass die Persönlichkeitsentwicklung in Hongkong durch den jahrhundertelangen paternalistischen Kolonialismus gehemmt wurde, während die Chinesen auf beiden Seiten der Meeresenge das Ergebnis eines jahrhundertelangen nationalen Konflikts sind – das betrifft vor allem die Festlandchinesen, die so genannten „Söhne der Revolution".

Der Zusammenbruch der Autorität, ohne dass sie durch ein starkes Selbstbewusstsein ersetzt wird, kann sogar die Ausbildung von Ordnung und Rationalität in einer Person behindern, ganz zu schweigen von Selbstwertgefühl. In meinem Buch „Die Tiefenstruktur der chinesischen Mentalität" betrachte ich das China nach der Kulturrevolution als einen solchen Moment. Dieser Moment hat sich als vorübergehend erwiesen. Jetzt sonnen sich die Festlandchinesen in ihrem Nationalstolz, während sich das Selbstbild der Chinesen in Taiwan und Hongkong meiner Meinung nach kaum verbessert hat.

Um zu verdeutlichen, dass die „Modernisierung" die „Individuation" nur bis zu einem gewissen Grad verstärkt, aber die Grundstruktur einer

Kultur weitgehend unberührt gelassen hat, möchte ich folgendes Beispiel anführen: Japan soll unter allen ostasiatischen Ländern das „modernste" Land sein, doch überraschenderweise wurde in Japan vor nicht allzu langer Zeit eine Fernsehserie ausgestrahlt, in der drei Generationen einer Familie gezeigt wurden, denen es an Selbstvertrauen mangelt (in der Erwartung, von anderen abgelehnt zu werden, ohne sich um eine Verbesserung zu bemühen), nur um von einer der Figur der Mary Poppins-ähnlichen magischen Haushälterin „erlöst" zu werden, die unter dem gleichen Syndrom leidet, da sie die Schuldzuweisungen der japanischen Gesellschaft verinnerlicht hat. Es ist schwer vorstellbar, dass das heutige Korea ein solches Genre in der Populärkultur hervorbringt, ganz zu schweigen von China.

4. Wie würden Sie die Lebensbedingungen auf dem Festland heute beurteilen?

Es bestehen Unterschiede zwischen dem Leben in der Stadt und auf dem Land. Die modernen chinesischen Städte tendieren zur Homogenisierung. Auffällig ist, dass es keine städtischen Slums wie in Mumbai, Mexiko-Stadt oder Kairo gibt. Dies ist auf die strengen Beschränkungen des Wohnrechts durch die Regierung zurückzuführen.

5. Welche Unterschiede sehen Sie zwischen der Rolle des Staates in China und in westlichen Demokratien?

In Anlehnung an meine Antwort auf die vorherige Frage spielt der Staat in China eine stärkere Rolle. Dem chinesischen Staat ist es bisher gelungen, die Ausbreitung der städtischen Slums und die damit einhergehende hohe Kriminalitätsrate zu verhindern. Dies gilt im Vergleich zu nicht-westlichen Entwicklungsländern. Es gibt jedoch keinen einheitlichen Westen, mit dem man sich vergleichen könnte. Die Vereinigten Staaten sind anders als Europa. Die USA haben es geschafft, einen Großteil ihrer afroamerikanischen Unterschicht in den Innenstädten gefangen zu halten, und zwar durch systematische Diskriminierung und die so genannte „Automobilrevolution", die in den 1920er Jahren begann (als die große Migration der Schwarzen aus den Südstaaten in die Städte des Nordens beschleunigt wurde), mit dem Effekt, dass der größte Teil der Geschäftsbüros und Wohnhäuser in die Vororte verlegt wurde. Das ist das Ergebnis des Wirkens der Marktkräfte, und einer entsprechenden Laissez-faire-Demokratie.

Dem chinesischen Staat wiederum gelang es, unter Jugendlichen die Zeit für das Videospielen zu minimieren (was an das Kaugummiverbot in Singapur erinnert). Verständlicherweise gibt es in China auch weniger Raum für Drogensucht, die Pornoindustrie und Waffengewalt.

Die staatliche Kontrolle hat es sogar geschafft, die Verwendung verführerischer weiblicher (d.h. sexistischer) Bilder in der kommerziellen Werbung einzudämmen. Da der chinesische Staat seinen Bürgern keine Wahlfreiheit und keine Freizügigkeit zugesteht, war er einige Zeit auch in der Lage, das Corona-Virus erfolgreicher einzudämmen.

Angesichts der enormen Größe Chinas hätten sich die Katalonen, Wallonen und Schotten Chinas um das Hundertfache vermehrt, wäre ihnen das gleiche Maß an Freiheit gewährt worden wie in Europa.

Da Chinas staatliche Stärke durch eine nachgiebigere Gesellschaft ermöglicht wird, bedeutet eine selbstbewusstere Gesellschaft nicht, dass der Westen aus schwächeren Staaten besteht. Die USA besitzen nach wie vor die mächtigste Militärmaschinerie und das weitreichendste Überwachungsnetz, das die Welt je gesehen hat.

6. Der Historiker John K. Fairbank sagte einmal, der Versuch, das heutige China ohne erheblichen Bezug auf seine Geschichte verstehen zu wollen, sei wie ein Blindflug durch die Berge. Wie beurteilen Sie als Historiker diese Aussage? Welche Rolle spielen Geschichte, historische Erfahrungen und traditionelle Kultur noch immer in politischen Prozessen im heutigen China und Taiwan?

Die Geschichte ist entscheidend für das Verständnis eines jeden Landes. In Taiwan hat die jüngere Generation die chinesische Vergangenheit mehr und mehr aus den Augen verloren ... Die Auslöschung des „nationalen Gedächtnisses" als bewusste Politik verstärkt die separatistischen Gefühle auf der Insel, die sich nach einer eigenen Zukunft sehnen, indem sie die Vergangenheit auslöschen. In China selbst hat das historische Bewusstsein des nationalen Befreiungskampfes, der zu einem neuen China geführt hat, ein anderes Identitätsgefühl hervorgebracht. Ich beobachte, dass diese kämpferische Identität in den letzten Jahren dank des aufkommenden Konsumverhaltens nachgelassen hat, nur um durch die erneute Feindseligkeit der

USA, die es geschafft hat, im restlichen Westen und auch in Japan Anhänger zu finden, noch verstärkt zu werden.

7. Sie schreiben, dass die Autorität in China immer an eine bestimmte Person gebunden ist. Ist das der Grund für den zunehmenden Personenkult um Xi Jinping?

Ich habe auch gesagt, dass der charismatische Führer wie die Spitze einer Pyramide ist. Stellen Sie sich vor, Adolf Hitler hätte versucht, in Taiwan für den Antisemitismus zu agitieren, niemand hätte verstanden, wovon er spricht. Mao Zedong konnte in den 1960er Jahren die Kulturrevolution einleiten, weil es in der Partei eine tiefe Sehnsucht gab, die Revolution fortzusetzen, um den sogenannten „Revisionismus" in Schach zu halten. Auch in der heutigen KPCh gibt es eine andauernde Aversion gegen die Auswüchse des Kapitalismus, die mit der Polarisierung von Reichtum einhergehen, und solche Gefühle finden in Xi Jinping einen Wortführer. Ich bin mir nicht einmal sicher, ob sein Aufstieg zur Macht tatsächlich mit dem Begriff des Personenkultes charakterisiert werden kann oder eher mit dem Ausschlag eines Pendels (nach links) der Kommunistischen Bewegung Chinas, die ein verständnisloser Dissident in wenig liebenswürdiger Weise mit periodischen und wiederkehrenden epileptischen Anfällen verglichen hat.

8. Wie sehen Sie die Zukunft Chinas und Taiwans und der chinesischen Gesellschaft auf dem chinesischen Festland? Lin Yutang schreibt am Ende seines Buches „Mein Land und mein Volk": „Eine Zeit lang wird es [in China] noch Abscheu und Angst geben, aber dann werden die Stille, die Schönheit und die Einfachheit kommen, die Stille, die Schönheit und die Einfachheit, die China eigen sind ... Ich bitte Chinas Freunde, die Geduld nicht zu verlieren." Sehen Sie das auch so?

China hat noch einen langen Weg vor sich, und die Reise wird turbulent sein. Wenn Taiwan auf sich allein gestellt sein sollte, wird es keine große Zukunft haben. Wenn Taiwan aus dem RCEP (Regional Comprehensive Economic Partnership) ausgeschlossen wird und sehr wahrscheinlich auch nicht Mitglied der NAFTA (Nordamerikanisches Freihandelsabkommen zwischen den USA, Kanada und Mexiko) werden wird, dann sind seine Tage gezählt. Es wird als „Waisenkind Asiens" im Regen stehen gelassen.

Lins Kommentar geht noch auf die Zeit vor dem Ausbruch des Widerstandskrieges gegen Japan zurück,. Heute wird er von den Chinesen eher weniger gelesen. Bezieht er sich auf einen ästhetischen Sinn für Ruhe unter der turbulenten Oberfläche der chinesischen Realität seiner Zeit? Selbst damals war China weit davon entfernt, eine idyllische Landschaft zu sein – es war ein Land des Gemetzels und der Hungersnot. Heute existiert jenes China als Landschaftsgemälde nur noch in der Vorstellung von Filmproduzenten wie Zhang Yimou.

9. Was ist die Definition von „Menschsein" aus heutiger chinesischer Sicht? Wie hat sie sich im Laufe der Zeit verändert?

Soweit ich das beobachten kann, wird das „Menschsein" bei den Chinesen immer noch weitgehend durch die Einbettung in die menschliche Matrix definiert, d.h. horizontal – oder weltlich – definiert zu werden. Der Sinn für Transzendenz, d. h. sich über die Gesellschaft zu erheben, das Spirituelle zu erreichen, oder einen Sinn für Ironie zu entwickeln usw. ist nicht so ausgeprägt wie im westlichen Selbst. Ebenso wenig ausgeprägt ist die Tendenz, sich in das Reich der Instinkte zu begeben. Letztere werden in größerem Maße als beim westlichen Selbst domestiziert, um gesellschaftlichen Zwecken zu dienen. Das westliche Selbst neigt dazu, sich im vertikalen Sinne zu definieren.

10. Was ist die Logik des chinesischen Gewissenssystems? Seit Chinas wirtschaftlichem Aufstieg konnte man häufig eine „Ich zuerst"-Politik beobachten. Hat sich dies mit der neuen Betonung der konfuzianischen Werte geändert? Und wenn ja, wie?

Das chinesische Gewissenssystem basiert auf der „Grammatik der Zwei". Das einsame Selbst wird als unvollständig angesehen. Ein bestimmtes Phänomen, das ich als „Heiratsbelästigung" bezeichne, ist, obwohl es in „modernen" Gesellschaften wie Hongkong und Taiwan abnimmt, immer noch zu beobachten. So wird beispielsweise eine Professorin, die ein Taxi nimmt, vom Fahrer in einem lockeren Gespräch nach ihrem Familienstand gefragt. Wenn die Antwort lautet: „Ich bin ledig", muss sie oft erklären, warum. Wenn sie antwortet: „Ich habe eine Familie", folgt eine weitere Frage: „Wie viele Kinder haben Sie?" Lautet die Antwort „eins", folgt die Frage: „Warum nur eins?" Heutzutage sind derartige Unhöflichkeiten von Fremden selten, aber der Druck, „sich häuslich niederzulassen und sich fortzupflan-zen", der von älteren Familienmitgliedern ausgeübt wird, hält an. Es verrät die chronische Angst, sich unvollkommen zu fühlen, aufgrund der Fragen der Person, von der man sich belästigt fühlt.

11. Inwieweit hat sich das Verhältnis zwischen den Generationen durch die Einführung der Ein-Kind-Politik verändert? Lin Yutang schreibt, dass chinesische Kinder von klein auf gelehrt werden, ihre Gefühle zu unterdrücken, um die Harmonie in der Familie zu ge-währleisten. Wie lässt sich das mit der Erziehung von „Kleinen Kai-sern" vereinbaren?

Eine solche Politik ist ein gewaltiger Akt der Sozialtechnik, der sich jedoch nur schwer für das ganze Land verallgemeinern lässt. Von meinem theoretischen Standpunkt aus fürchte ich das anhaltende Scheitern der Individuation. Das Individuum, das von zwei Generationen und vier Paaren anhänglicher „Erst-geborener" aufgezogen wird, könnte in Selbstverliebtheit ausarten und wil-lensschwach werden. Ich weiß diesbezüglich nicht viel über Festlandchina, aber in Taiwan hat das Phänomen zugenommen, dass ein Erwachsener von der Rente seiner Eltern lebt, anstatt einer normalen Arbeit nachzugehen. Es ist die Umkehrung der kindlichen Pietät, dass ein erwachsener Mensch seine Eltern im Alter aus familiären Verpflichtungen heraus unterstützen sollte. Im umgekehrten Fall geht es nicht so sehr um die Unterdrückung von Emotio-nen, um die Harmonie zu gewährleisten, sondern um die Auszehrung der Lebenskräfte des Einzelnen, was einer Kastration gleichkommt.

Ich glaube ernsthaft, dass die Ein-Kind-Politik viele Auswirkungen ha-ben wird, die weitere Schwächung des Individuums ist nur ein Aspekt.

12. Wie stehen die Chinesen zu Altersheimen bzw. wie stehen sie zu Menschen, die ihre Eltern in Altersheimen unterbringen – ein Phä-nomen, das aufgrund der demografischen Entwicklung (u. a. durch die Ein-Kind-Politik) und der modernen Wohnsituation in den Me-tropolen durchaus zunehmen dürfte. Xi Jinpings Dekret, einmal im Jahr einen Pflichtbesuch bei den Eltern zu machen, zeigt, dass das Ideal dieser Praxis zuwiderläuft.

Die sich wandelnde Haltung gegenüber Altersheimen spiegelte sich be-reits um die Jahrhundertwende in der Populärkultur wider. Sie scheint weitgehend ein Phänomen der städtischen Mittelschicht zu sein. In der Geschichte beugt sich die jüngere Generation dem neuen Trend, Opa und Oma ins Pflegeheim zu schicken, während der Vater mittleren Alters sich darüber empört, dass man die Älteren „im Stich lässt", und sich darüber ärgert, dass er vor seiner eigenen Generation das Gesicht verliert. Dies könnte ein Klischee sein. Häufiger holt die unangenehme Realität die Familie ein, und zwar so sehr, dass der Großvater entweder auf dem Balkon der ursprünglich gekauften Wohnung schlafen oder in ein Pflegeheim gehen muss. Der Erlass von Xi ist alles andere als drakonisch, wenn man ihn zum Beispiel mit dem Gesetz in Singapur über die Verpflichtung von Kindern, ihren bedürftigen Eltern Unterhalt zu zahlen, vergleicht.

13. Hat das chinesische Bildungssystem in Bezug auf die „Unterentwicklung des Individuums" Ihrer Meinung nach durch den verstärkten Austausch auf pädagogischer Ebene zu westlichen Bildungskonzepten aufgeschlossen? (z.B. in Bezug auf die Förderung von Kreativität, ein häufig angeführtes Beispiel)?

Ich bin mir nicht sicher, ob ich die Frage richtig verstehe. Bedeutet es, dass die Chinesen das Auswendiglernen auf Kosten der Kreativität überbetonen? Ich habe diesbezüglich nicht genügend Informationen über das chinesische Festland. Sicher ist, dass ein gemeinsamer Wissensschatz im Gedächtnis verankert werden muss, sonst bleibt nichts für kreative Analysen übrig, ganz zu schweigen vom Austausch mit anderen. Meine Unterrichtserfahrung in den USA hat mir gezeigt, wie wenig Allgemeinwissen die Amerikaner besitzen. Als Präsident Bush Jr. 2001 Truppen zum Einmarsch nach Afghanistan schickte, verorteten einige meiner Schüler das Land in Afrika, indem sie den einzigen Anhaltspunkt nahmen, den sie hatten: Afghanistan und Afrika begannen beide mit denselben Buchstaben Af-! Nach der gleichen homöopathischen Logik müssten Taiwan und Thailand dasselbe Land sein. Dieses Phänomen reicht noch weiter. Eine Gastfamilie für europäische Studenten glaubte, dass Europa in Italien liege und nicht umgekehrt!

Sexualität als Teil der Persönlichkeitsentwicklung ist indessen eine ganz andere Sache, obwohl es auch hier um die Aneignung von Grundlagen geht – allerdings einer anderen Art. Man lernt sie nicht in der Schule.

Im Gegenteil: Die prüfungsorientierte Kultur Ostasiens ist dem sexuellen Erwachen nicht förderlich. Um den Erwartungen der Familie gerecht zu werden und die Aufnahmeprüfung für die höhere Bildung zu bestehen, besuchen die Schüler nach der Schule zusätzliche Kurse in den „Paukschulen" (Cram Schools),[1] für die Taiwan berüchtigt ist. Gegen diese Art von Unternehmen, die als schädlich für „Geist und Körper" der Schüler gelten, gehen die chinesischen Behörden nun vor.

In mehr als einem Fall, den ich kenne, musste man sich früher gegenüber den Eltern verpflichten, in den College-Jahren keine „Liebesbeziehungen" einzugehen. Eine eher „depressive" Emotionalität ist in einer solchen Prüfungskultur der Normalfall, im Gegensatz zum Party-, Rock-and-Roll- und Liebesleben der westlichen Jugendlichen.

14. Lin Yutang kritisiert die „Weichheit" des chinesischen Volkes. In der Zwischenzeit hat China jedoch sein militärisches Auftreten verstärkt. Was hat sich in dieser Hinsicht in Bezug auf die – geistige und körperliche – Erziehung geändert (z.B. morgendliche militärische Ausbildung in den Schulen)? Welche Folgen hat dieser Wandel für den Rest der Welt?

Das hängt vom jeweiligen Kontext ab. In „Die Tiefenstruktur der chinesischen Mentalität" bin ich auf der Grundlage meiner langjährigen persönlichen Beobachtungen in Hongkong und Taiwan zu dem Schluss gekommen, dass es chinesischen Männern an Männlichkeit mangelt und chinesische Frauen in ihren weiblichen Reizen gehemmt sind – eine Beobachtung, die durch die eingeschlechtliche, popelige Einstellung der Festlandchinesen in den Jahren 1980–1981 bestätigt wurde. Mein damaliger einjähriger Aufenthalt erwies sich als die Zeit, in der Chinas Eigenart in den Augen der Welt wie ein wunder Finger hervorstach und daher als vorübergehend begriffen werden sollte.

Lin Yutang sah ein China, das stereotyp als der „kranke Mann Ostasiens" bezeichnet wurde. Aufgrund seiner abgeschotteten sozialen Position bekam er von der sozialen Revolution und dem nationalen Befreiungskampf, der sich zu seiner Zeit abspielte, nichts mit.

---

1   Bei diesen Schulen handelt sich um spezielle, meist private Schulen, die Schüler oder Studierende auf Prüfungen vorbereiten und dafür hohe Gebühren verlangen.

Es war derselbe Kampfgeist, der es den scheinbar rückständigen Chinesen ermöglichte, die überlegenen amerikanischen Streitkräfte in Korea zu schlagen. China zeigte schon damals eine kämpferische Präsenz. Was es heute noch beeindruckender erscheinen lässt, ist seine mittlerweile erlangte nationale Stärke.

Meine Beobachtungen über Hongkong und Taiwan unter normalen Bedingungen haben sich wenig verändert.

Ich verwende den Amerikaner als Schablone in meinem chinesischsprachigen Buch „The Matricidal Culture": America's Popular Ethos in the 20th Century (2010), in dem das amerikanische Individuum sich fürchtet, in einem früheren Lebensstadium festzusitzen , und auf den chinesischen Mann herabblickt, der zwischen seiner Mutter und seiner Geliebten gefangen zu sein scheint, und den er als ein gescheitertes Wesen ansieht.

Der einzige Vorteil dieser „bedauernswerten" Persönlichkeit ist, dass das weibliche Geschlecht bei den Chinesen das männliche Geschlecht nicht als starke Kraft betrachtet, der es nachzueifern, oder als das Raubtier schlechthin, das es zu bekämpfen gilt. Die chinesischen Geschlechter sind eher homogenisiert. Um philosophisch zu werden, könnte man in Anlehnung an Laozi sogar sagen, dass die Stärke im Schwachsein liegt.

15. Die „Gleichmacherei" unter den Menschen, die heute angestrebt wird, nachdem Xi von Dengs Vorbild („einige sollen schneller reich werden können") Abstand genommen hat, erfolgt vor allem durch Überwachung und Belohnungen oder Strafpunkte, die all jene privilegieren, die sich konform verhalten. Wie sehen Sie die langfristige Perspektive einer solchen Gesellschaftsform? Hat der Kommunismus in China noch eine Chance?

Um den oben erwähnten Dissidenten zu paraphrasieren, der sich darüber aufregt, dass die KPC periodisch wiederkehrenden epileptischen Anfällen erliege: Solange solche Anfälle wiederkehren, ist die chinesische kommunistische Bewegung noch lange nicht tot. Zum jetzigen Zeitpunkt ist es noch zu früh, um zu sagen, wie die KPCh den dem Großkapital „entrissenen" Reichtum zur „Gleichstellung" der chinesischen Gesellschaft nutzen wird. Wenn die KPCh es ernst meint, was sie proklamiert, wäre dies der größte Kontrapunkt Im

Hinblick auf die Finanzkrise von 2008 an der Wall Street, bei der sich die obersten 1% auf Kosten der ganzen Nation, ja der ganzen Welt bereichert haben. Der Wagemut der KPCh liegt darin, dass sie die Marktkräfte nicht als Naturgesetz oder gar als göttliches Gesetz ansieht und daher keine Abstrafung zu befürchten hat. Gleichwohl handelt es sich um einen wagemutigen Versuch.

16. Welche Visionen hat China für die Zukunft? Neue Seidenstraße, Überflutung der Welt mit Produkten, Aufkauf von Ressourcen weltweit – nur um ein paar Stichworte zu nennen? Wo sehen sich die Chinesen in 100 Jahren?
Inwieweit spielt dabei das neue Selbstbewusstsein Chinas eine Rolle? Deng Xiaoping rief noch zur Zurückhaltung gegenüber dem Westen auf, Xi Jinping schlägt den entgegengesetzten Weg ein. Ist er, gemessen an der schlechten Presse, über das Ziel hinausgeschossen? Oder war diese Maßnahme schon längst überfällig?
Dass China Produzent von Billig-Konsumgütern bleibt, um die Welt vor einer hohen Inflation zu bewahren, ist die Rolle, die sich die Vereinigten Staaten, wenn nicht sogar der Rest der Welt, für das Land vorgestellt haben. Sobald China diese Grenze überschreitet, halten sie das für eine ernste Provokation. China hat als „Werkbank der Welt" enormen Reichtum angehäuft, und es ist nur logisch, dass es diesen Reichtum und seinen Einfluss nutzt, um den imperialen Ruhm der Vergangenheit wiederherzustellen – zumindest ist es das, was viele Menschen annehmen. Doch es geht um mehr: Als marxistischer Staat scheint es China darum zu gehen, die kapitalistisch-imperialistische Weltordnung zu untergraben, indem es der unterentwickelten Welt beim Aufbau von Infrastrukturen hilft, so wie es China intern in seinen eigenen rückständigen Regionen getan hat.

Bei dem Projekt der Neuen Seidenstraße handelt es sich von daher weniger um ein Streben nach Hegemonie als vielmehr um den Export von überschüssigem Kapital und überschüssigen Baukapazitäten, die in China einen Sättigungsgrad erreicht haben. Wenn das als Hegemonialstreben angesehen wird, dann unterscheidet es sich von der amerikanischen Art, militärische Präsenz rund um den Globus aufzubauen.

Es gibt keine Garantie für den zukünftigen Erfolg China. Meiner Einschätzung nach sind bestimmte Hindernisse, mit denen China konfrontiert ist, nur schwer zu überwinden. Der US-Dollar ist immer noch die Währung der Weltwirtschaft. Der Westen dominiert nach wie vor die Versorgung mit Erdöl. Die chinesischen Universitäten können es noch nicht mit der amerikanischen Ivy League aufnehmen, und die USA sind nach wie vor führend in Wissensproduktion und Spitzentechnologie. Schon heute haben die USA die Versorgung mit den fortschrittlichsten Mikrochips im Würgegriff. Manche sagen, es sei nur eine Frage der Zeit, bis China im Mikrochipgeschäft aufholen wird. Die Welt sieht zugleich, dass China sich bei der Entwicklung grüner Energie auf der Überholspur befindet. Nicht so bei der Lebensmittelversorgung. Das anhaltende Wachstum der chinesischen Bevölkerung, auch wenn es sich derzeit verlangsamt, wird diese Problematik nur noch verstärken. China selbst hat seine Kapazität, ein Fünftel der Menschheit zu ernähren, bereits überschritten. Bei den externen Nahrungsmittellieferanten, auf die China angewiesen ist, handelt es sich um die USA, Kanada und Australien, die „Five Eyes" Geheimdienstallianz[2], das Bollwerk der antichinesischen Allianz. Ich habe sogar die Vermutung, dass die USA versuchen werden, den chinesischen Bürgerkrieg über die Straße von Taiwan wieder zu beleben, um ein Embargo gegen China rechtfertigen zu können.

17. Wie ist die Entwicklung Chinas mit den zukunftsorientierten Klimazielen vereinbar?

Chinas halsbrecherisches Wirtschaftswachstum hat seiner natürlichen Umwelt großen Schaden zugefügt. Angesichts seiner Größe kann sich China nicht den Luxus erlauben, diesen Weg weiter zu beschreiten. Dass China die Entwicklung der Elektroautos von Elon Musk offiziell unterstützt, mag weniger auf Weitsicht als auf schiere Verzweiflung zurückzuführen sein. Es ist wohl auch kein Zufall, dass China bei den erneuerbaren Energien weltweit führend ist.

Angesichts der sich rapide verschlechternden Bedingungen auf der Erde vermute ich, dass die USA das letzte universelle Imperium in der Geschichte der Menschheit sein könnten, so kostenträchtig dies auch für die Welt sein mag. Das Beste, worauf China hoffen kann, ist, dass es zu zu einer Arche Noah der Menschheit werden wird.

---

2   Eine Allianz Australiens, Kanadas, Neuseelands, dem Vereinigten Königreich und den USA

1

DAS CHINESISCHE GEWISSEN

DIE ARCHITEKTUR DES MENSCHEN

DIE CHINESISCHE DEFINITION DES MENSCHEN

Den wohl besten Ausgangspunkt für eine Untersuchung des chinesischen „Gewissenssystems" (良知系统, *liangzhi xitong*) stellt ein Vergleich des chinesischen Menschenbildes mit der Definition des Menschen im modernen abendländischen Denken dar. Im Existentialismus beispielsweise, der mit seinen protestantischen Wurzeln in gewissem Sinn als repräsentativ gelten kann, wird der Einzelne erst dann wirklich zum Menschen, wenn er sich aus seinen sozialen Rollen löst und seine Fremdbestimmung reflektiert. Andernfalls bleibt er ein gesichtsloses und anonymes Wesen. Nach chinesischer Auffassung dagegen ist die Existenz als Mensch an gesellschaftliche Beziehungen gebunden. Wer sich aus der Bestimmung durch die Gesellschaft löst, existiert nicht.

Die chinesische Kultur kennt weder ein abstraktes menschliches Wesen jenseits der zwischenmenschlichen Beziehungen, noch eine individuelle Seele. Während im Abendland der Glaube an eine individuelle Seele die Voraussetzung dafür ist, dass das Ich sich deutlich von seiner Umwelt abgrenzen kann, löst die chinesische Definition des Menschen die Grenzen zwischen dem Ich und der Gesellschaft auf. In ihrer klassischen Formulierung lautet sie: „Der Menschliche, das ist der Mensch" (**Menzius**)[1]. Das Zeichen für „Menschlichkeit" (仁, *ren*) setzt sich aus den Zeichen für „Mensch" und „Zwei" zusammen. Jeder Mensch wird also durch soziale Beziehungen definiert, die auf Gegenseitigkeit angelegt sind. Im alten China waren es die Beziehungen zwischen Fürst und Untertan, Vater und Sohn, Mann und Frau, älterem und jüngerem Bruder sowie zwischen Freunden. In neuerer Zeit kam zu diesen „fünf Beziehungen" (五伦, *wu lun*)[2] noch das Verhältnis zwischen dem Einzelnen und der Gruppe oder dem Kollektiv hinzu.

---

1 Menzius (孟子, *Mengzi*, ca. 370–290 v.u.Z.) gilt als zweiter großer Vertreter der konfuzianischen Schule. Er glaubte an die angeborene Güte des Menschen, in dessen Wesen die Tendenz, mit dem Nächsten mitzuempfinden, angelegt sei. Das Buch *Menzius* ist eine vermutlich von seinen Schülern niedergeschriebene Sammlung seiner Aussagen und Gedanken.

2 Gemeint sind die Beziehungen zwischen Herrscher und Untertan, Vater und Sohn, Brüdern, Mann und Frau, sowie Freunden.

Der Begriff „ren" (仁, Menschlichkeit) bezeichnet einen von Sympathie getragenen emotionalen Kontakt zwischen Personen oder, mit anderen Worten, einen „Herzenstausch". Dabei soll, so die Idealvorstellung, immer der Partner den Vorrang haben. Wie dieses Prinzip wirkt, kann man am besten beobachten, wenn eine Gruppe von Chinesen ein Gebäude betritt: Das konventionelle Ritual verlangt, dass sie zuerst minutenlang diskutieren, wem der Vortritt gebührt, bis schließlich einer mit mehr oder weniger sanftem Druck überredet werden kann, als erster durch die Tür zu gehen.

Mit diesem Menschenbild ist ein starkes Empfinden für die Verpflichtungen der „Mitmenschlichkeit" (人情, *renqing*) verbunden, das es fast unmöglich macht, einem Bekannten eine Bitte abzuschlagen; gerät der andere in Not, hilft man ihm selbstlos und kümmert sich auch auf Kosten der eigenen Interessen um seine Sorgen. Die kommunistische Parole „Denke nicht an dich selbst, nur an das Wohl der anderen" hat daher wenig mit marxistischer Theorie, umso mehr aber mit der traditionellen Vorstellung zu tun, wie man „als Mensch zu agieren" (做人, *zuo ren*) hat. Sind soziale Beziehungen einmal hergestellt worden, dann sind sie meist stabil: Bekanntschaften und Freundschaften werden ein Leben lang gepflegt und Ehen haben Bestand.

Ein Einzelwesen, das außerhalb der traditionellen „fünf Beziehungen" steht und sich nicht in das Kollektiv einordnet, ist in diesem Menschenbild unvorstellbar. Auch unter Auslandschinesen, bei denen sich die sozialen Bindungen etwas gelockert haben, sind die Spuren der traditionellen Haltung immer noch deutlich zu sehen: Überseechinesen behandeln ihre erwachsenen Töchter und Söhne als unmündig, solange sie nicht verheiratet sind. Erst wenn sie eine eigene Familie gegründet haben und ihre gesellschaftliche Position bestimmt ist, werden sie als Erwachsene (成人, *cheng-ren*: „vollständige Menschen") anerkannt.

Ein vereinzeltes Individuum wirkt unvollständig. Auf dem chinesischen Festland, wo diese Tendenz am deutlichsten ist, ist der Trauschein für die Anerkennung als Erwachsener unerlässlich. Auch wem der Sinn nicht nach Ehe steht, auch wenn ein Partner nach der Hochzeit an einen anderen Ort versetzt wird und das Paar über Jahre getrennt leben muss, muss zunächst diese Formalität erledigt werden. Nicht politische Zwangsmaßnahmen sind dafür verantwortlich, sondern der umfassende gesellschaftliche Druck, der sich in der „Herzensfürsorge" (关心, *guanxin*) der Familie, der Vorgesetzten oder Kollegen äußert, und der dafür sorgt, dass alle diese Definition des Menschen verinnerlichen. Diese Haltung wurde auf dem Festland dadurch verstärkt, dass für Jahrzehnte jeder Mensch Teil einer „Einheit" (单位, *danwei*)[3] war, jeder also einen Vorgesetzten hatte, der seine Untergebenen definieren durfte

Ein einzelnes Individuum wird von Chinesen leicht als „verkommenes Subjekt" angesehen; es gilt als schlecht, sich „allein um seine Angelegenheiten zu kümmern", „eigensinnig seinen Weg zu gehen" oder „allein zu leben". Wer sich nur um sich selbst kümmert und nicht für andere sorgt, wird als „einsam und kalt" bezeichnet. Die Wahrnehmungen eines Einzelnen gelten als beschränkt, daher der Spruch: „allein und ignorant". Wer aber unfreiwillig vereinsamt ist, verdient Mitleid. Solche Menschen nennt man „arm und einsam", „heimatlose Seelen" mit einem „bitteren Waisenschicksal".

In der traditionellen chinesischen Gesellschaft gab es nur **einen** Einzelnen, der nicht von anderen definiert wurde, nämlich den Kaiser als allmächtigen Patriarchen. Zwar versuchten die Beamten-Gelehrten immer wieder, auch das Verhältnis Fürst – Untertan als eine gegenseitige und ausgewogene Beziehung zwischen Zweien zu beschreiben, doch in dem Maße, in dem sich die despotischen Züge in der chinesischen Gesellschaft verstärkten, wurde der Fürst immer mehr zum „Maßstab für die Untertanen", und es war „illoyal, sich nicht zu töten, wenn der Fürst es wünschte" (**Geschichte der Han-Dynastie**). Der Despot war daher der einzige „Einzelne" im eigentlichen Sinn des Worts; im asiatischen Despotismus ist, wie Hegel sagt, nur einer frei, nämlich der Despot. Ganz uneingeschränkt konnte aber auch der Kaiser nicht herrschen. Rief sein Verhalten den Zorn des Himmels und die Empörung seiner Untertanen hervor, dann verlor er die „Herzen der Menschen". Er wurde zum illegitimen Autokraten, und sogar ein Tyrannenmord konnte erlaubt sein.

---

3   Die Einheit, auf Chinesisch *danwei,* bildete bis in die 1990er Jahre die Kernzelle der Gesellschaft auf dem chinesischen Festland; jeder Betrieb, jede Schule, Hochschule, jedes Amt etc. stellte eine *danwei* dar.

„ZWEIERBEZIEHUNG" UND DER „EINZELNE"

Im Normalfall aber ist in China der Einzelne durch formalisierte duale Beziehungen bestimmt. Eine Existenz als Einzelner gilt nicht als legitim, und Einzelinteressen müssen hinter die Interessen des Ganzen zurücktreten. Ihren klassischen Ausdruck fand diese Haltung in der Antwort von **Menzius** auf eine Frage des Königs Hui von Liang[4]:

> „Eure Majestät! ... Welchen Wert hat es, das Wort ‚Vorteil' zu erwähnen? Das Wichtigste sind Menschlichkeit und Rechtschaffenheit. Wenn Eure Majestät sagt, ‚Wie kann ich meinem Staat nützen?' und die Beamten sagen, ‚Wie kann ich meiner Familie nützen?' und die Edelleute und die Bürger sagen, ‚Wie kann ich mir selbst nützen?', dann werden die Oberen und die Unteren versuchen, auf Kosten anderer zu profitieren und der Staat wird gefährdet."

In der chinesischen Kultur hat der Einzelne keine individuelle Seele und wird daher zunächst als unbeseelter und ungeistiger Leib gesehen. Das heißt nicht, dass es für Chinesen die Sphäre des Geistigen nicht gibt, doch werden geistige Aktivitäten als Bewegung des Herzens, als die zwischenmenschlichen Grenzen überwindende Empathie interpretiert, die „vom eigenen Leib ausgehend den Leib des anderen berührt". Anders ausgedrückt: Die Geistigkeit des Einzelnen kann sich nur im Kontakt mit dem Leib des anderen realisieren. Wenn man das chinesische Menschenbild mit dem Taiji-Diagramm[5] vergleicht, in dem das empfangende, dunkle und weibliche Prinzip *yin* (阴)und das aktive, helle und männliche Prinzip *yang* (阳)einander durchdringen und enthalten, dann entspricht der Leib als statisches Element dem *yin* und das Herz als dynamisches Element dem *yang*. Das Herz erzeugt Sympathie und überwindet im emotionalen Kontakt die isolierte Existenz des Einzelleibs.

---

4   König Hui von Liang (梁惠王, 4. Jhdt.- 319 v.u.Z.) war der dritte Herrscher des chinesischen Staates Wei zur Zeit der Streitenden Reiche (475–221 v.u.Z.)..

5   Alten daoistischen Vorstellungen zufolge bringt das *Taiji* (太极, das äußerste Extreme) das *yin* und *yang* hervor. Das *taiji*-Diagramm wiederum besteht aus fünf untereinander angeordneten Einzelgrafiken, die die Rückwendung zum ursprünglichen Zustand des Kosmos symbolisieren. Mit Hilfe von geistigen und körperlichen Techniken, so die Vorstellung, konnte man ein daoistischer Unsterblicher werden.

Der Rolle von Leib und Herz im chinesischen Gewissenssystem entsprechen auf der Ebene der Oberflächenstruktur der Gegensatz und die Komplementarität von Daoismus und Konfuzianismus. Während der Konfuzianismus als „Lehre des Herzens" bezeichnet wurde, galt der Daoismus als „Lehre des Leibs".

In jeder Kultur sind die metaphysischen höchsten Mächte Projektionen der irdischen Zustände. Der westliche Gott zum Beispiel ist eine objektivierte Projektion der Einzelseele. Er vermag die Einzelnen über die Konventionen des Diesseits zu erheben. Das konfuzianische „Himmelsprinzip" (天理, *tianli*) ist eine Projektion der irdischen „Menschlichkeit". Menzius definierte „Menschlichkeit" als eine Funktion des „menschlichen Herzens". Im Neokonfuzianismus dann wurde unter dem Einfluss der buddhistischen Metaphysik das Himmelsprinzip mal als identisch mit dem „Herzen" (新激励, *xin ji li*), mal als identisch mit der „menschlichen Natur" (性激励, *xing ji li*) definiert. Das Zeichen für „menschliche Natur" (性, *xing*) setzt sich aus den Zeichen für „Leben" und „Herz" zusammen: Nur durch die Aktivität des Herzens kann die „menschliche Natur" realisiert werden. Der chinesische „Himmel" (天, *tian*) wiederum ist ein immanenter Bestandteil der Dreiheit „Himmel-Erde-Mensch". Daher manifestiert sich das Himmelsprinzip (天下) in den irdischen Konventionen, Sitten und Umgangsformen. Die konfuzianische Maxime „das Himmelsprinzip bewahren und die menschlichen Begierden auslöschen" fordert vom Einzelnen, dass er sich in die Zweier-Matrix der sozialen Beziehungen einordnet. Er muss „sich selbst beherrschen und Anstand und gute Sitten wahren: Das ist Menschlichkeit" (**Gespräche**).

Der Konfuzianismus als Philosophie war ein Phänomen der oberen Schicht. Doch auch Chinesen, die nie mit ihr in Berührung gekommen sind, vermeiden es möglichst, ihr individuelles Ich in den Vordergrund zu stellen, und sind bemüht, sich vor anderen herabzusetzen. Vielleicht war gerade diese Charakterstruktur die Voraussetzung dafür, dass der Konfuzianismus über zweitausend Jahre lang als einigende Ideologie dominieren konnte. In der Volksrepublik wurde der Konfuzianismus zwar als organisierte Schule zerschlagen, doch wird weiter gepredigt, dass man „nicht an sich selbst, nur an das Wohl der anderen denken" (毫不利己专门利人, *haobu li ji, zhuanmen li ren*) und „weder Mühsal noch Tod scheuen" (一不怕苦二不怕死, *yi bu pa ku, er bu pa si*) darf.

Der Daoismus gilt traditionell als „Lehre des Leibes" (身学, *shenxue*), und der „Leib" verweist auf den Einzelnen. So wendet sich der Daoismus gegen die dualen Beziehungen und setzt sich für den Einzelnen ein. Der legendäre Philosoph **Laozi**[6], der als Begründer des Daoismus gilt, sagt:

> „Durch Besitzen des Einen wurde der Himmel geklärt, durch Besitzen des Einen wurde die Erde beruhigt, durch Besitzen des Einen wurden die Götter vergeistigt, durch Besitzen des Einen wurden die Täler gefüllt, durch Besitzen des Einen lebten und wuchsen alle Dinge, durch Besitzen des Einen wurden Fürsten und Herzöge die Geadelten des Volkes. – So wurde ein jedes, wie es ist." (**Laozi**)

Nach Laozis Auffassung ist das wahre *dao* (道) das Eine und alle Kreaturen leiten sich von diesem Einen ab: „Aus dem *dao* entsteht das Eins; aus dem Eins das Zwei; aus dem Zwei das Drei, aus dem Drei das geschaffene All." Tugenden wie Menschlichkeit oder Rechtlichkeit gelten ihm daher als Kennzeichen der Dekadenz:

> „Wenn das *dao* verlorengegangen ist, dann entsteht die Tugend; wenn die Tugend verlorengegangen ist, dann entsteht die Lehre von der Menschlichkeit; wenn die Menschlichkeit verlorengegangen ist, dann entsteht die Lehre von der Gerechtigkeit; wenn die Gerechtigkeit verlorengegangen ist, dann entsteht die Lehre vom Zeremoniell."

Für die Untertanen gilt es nicht als gut, allein und einsam zu sein; dennoch wird der Fürst mit diesen scheinbar negativen Adjektiven bezeichnet. Für ihn erweisen sie sich gar als vorteilhaft: „Was die Menschen am meisten hassen, ist ‚verwaist', ‚einsam' und ‚unwürdig' sein. Und doch bezeichnen sich die Fürsten und Herzöge mit solchen Namen. Die Dinge: sie mehren sich, wenn man sie verringert. Sie verringern sich, wenn man sie mehrt." (**Laozi**)

Allein der Fürst kann in der chinesischen Kultur als Einzelner bestehen. Alle anderen Menschen sind im Zustand der Vereinzelung nur Leiber, und

---

6   Laozi (老子) soll der Legende nach im 6. Jhdt. v.u.Z. gelebt haben. Er war Zeitgenosse von Konfuzius und gilt als Verfasser des *Daodejing* (道德经, Buch vom Weg und von der Tugend). Das *Daodejing* lehrt, dass der Einzelne, besonders aber der Herrscher sich von der Natur und allem Seienden innewohnenden *dao* leiten lassen und nicht aktiv in das Getriebe der Welt eingreifen soll.

für den Leib waren in der chinesischen Geistesgeschichte die Daoisten zuständig. Sie beschäftigten sich vor allem mit Liebeskunst, Naturheilkunde, Alchimie und Techniken zur Lebensverlängerung. Auf philosophischer Ebene entwickelten sie Theorien über die „Erhaltung der Gesundheit", die „Unversehrtheit des Leibs", die „Förderung der Lebenskräfte" und die „Ausschöpfung der zugemessenen Lebensspanne". Außerdem eröffnete der Daoismus einigen wenigen einen schmalen Weg, ihre Individualität in einem kontemplativen Leben in der Natur, fern von den Konventionen des Alltags, zu verwirklichen. Mit westlichen Vorstellungen von Individualität jedoch ist der Individualismus eines daoistischen Einsiedlers nicht vergleichbar. Daoisten sind vor allem an der Erhaltung der Gesundheit und der Pflege der Lebenskraft interessiert. Nicht nur die sozialen Beziehungen, die den Leib von außen bedrängen, gelten ihnen als schädlich, sondern auch der der Außenwelt gegenüberstehende Leib selbst wird zur Bedrohung. Im Buch **Zhuangzi**[7] heißt es: „Von dem Zeitpunkt an, da der Mensch eine festgeprägte Form erhält, klammert er sich an ihn (den Leib) und wartet auf das Ende; beständig reiben und ritzen wir uns an der Außenwelt, und so geht das Leben zu Ende, als flögen wir dahin, und niemand kann es aufhalten. Ist das nicht traurig?" Warum müssen sich die Menschen an der Außenwelt „ritzen und reiben"? Die „festgeprägte Form" des Leibs und das „große All" (die Natur) stehen im Gegensatz zueinander: „Das große All gibt mir Last durch die Form, Beschwerlichkeit durch das Leben, Leichtigkeit durch das Alter und die Ruhe durch den Tod." Wer daher seinen „Leib schützen und die Gesundheit bewahren" will, muss mit dem „großen All" zu einer Einheit verschmelzen und einen Zustand erreichen, in dem „Himmel und Erde und ich eins sind, die zehntausend Kreaturen und ich eins werden" und, wie Zhuangzi weiter sagt, „alle Dinge, die unvollständig und zerstört sind, zurückkehren zur Aufhebung in der Einheit."

Auch im Daoismus wird daher die äußere Welt nicht transzendiert; er strebt nach der Einheit mit dem Kosmos und hofft darauf, dass der eigene

---

7   Zhuangzi (庄子, um 365–290 v.u.Z.), der zweite bedeutende Vertreter des „philosophischen Daoismus", gilt als Verfasser des Buchs *Zhuangzi,* das aber vermutlich in großen Teilen von späteren Daoisten verfasst wurde. Zhuangzi versucht falsche Gewissheiten zu erschüttern, indem er auf die Relativität der Erfahrungen und der Wertmaßstäbe hinweist. Das Innewerden des Dao ist für ihn nur auf dem Weg einer mystischen Erkenntnis möglich, durch die der Geist Ruhe findet, so wie erst ruhiges Wasser klar wird.

Leib gleich ewig wie der Kosmos existiert. Das daoistische Himmelsprinzip als Projektion dieser Sehnsucht lautet daher, das ewige Leben zu erlangen. Damit ist er philosophischer Ausdruck des in der Tiefenstruktur angelegten Strebens nach körperlicher Unversehrtheit und Gesundheit sowie der Strategie, sich immer im Hintergrund zu halten.

Während das chinesische Herz uneigennützig und altruistisch sein kann, ist der Leib egoistisch. Es ist daher kein Zufall, dass die Daoisten auch lehren, wie der Einzelne die zwischenmenschlichen Beziehungen zu seinem Vorteil nutzen kann: Indem er sich den Anschein der Selbstlosigkeit gibt, verfolgt er am wirkungsvollsten seine eigenen Interessen. Darum sagt Laozi: „So stellt der Weise sein Selbst zurück und ist den anderen voraus; wahrt nicht sein Selbst und es bleibt ihm bewahrt. Denn ohne Eigensucht vollendet er das Eigene"; „da er mit keinem streitet, bleibt er unbestritten Sieger."

Wenn sich chinesische Beamte und Politiker „in die Einsamkeit zurückzogen", wollten sie damit meist nicht der Welt entsagen, sondern sich nach Misserfolgen darauf vorbereiten, die Macht wieder zu erobern. Dem einfachen Volk waren diese esoterischen Lehren natürlich unbekannt; sie sind systematische Formulierungen der tieferliegenden Tendenz, sich selbst herabzusetzen und Nachteile in Kauf zu nehmen, um sich bei anderen beliebt zu machen. Leiden wurde damit zu einer Methode, seine Interessen zu verfolgen. So entwickelte sich im Lauf der chinesischen Geschichte die Kunst der Intrige, die lehrt, wie man gibt, um zu bekommen, wie man loslässt, um festzuhalten, wie man erhöht, um zu erniedrigen, wie man sich zurückzieht, um anzugreifen, wie man durch Weichheit das Harte beherrscht, wie der Schwache den Starken besiegt, wie man mit geliehener Kraft zuschlägt und die anderen hinters Licht führt, um die eigenen Ziele zu erreichen. Laozi sagt: „Was man verengen will, muss man erweitern; was man schwächen will, muss man stärken; was man nehmen will, muss man geben, das wird das Erwachen des Verstandes genannt. Das Weiche besiegt das Harte."

Diese Form des Egoismus aber ist nicht Ausdruck einer entwickelten Individualität, denn auch sie muss im „Magnetfeld der zwischenmenschlichen Verpflichtungen" stattfinden. Die Daoisten unterschieden sich von den Konfuzianern nicht dadurch, dass sie die Existenz dieses Magnetfeldes abstritten, sondern durch die Betonung des eigenen Leibs innerhalb dieses Feldes. Während die Konfuzianer den Prozess des gefühlsmäßigen

Kontakts zwischen mir („meinem Leib") und dem der anderen betonten und damit das dynamische *yang*-Prinzip vertraten, tendierten die Daoisten zum statischen *yin*-Prinzip, das sie befähigte, durch Übung und Meditation die Lebensenergien zu fördern und mit machiavelli'schen Techniken „durch Ruhe die Bewegung zu beherrschen".

Wenn Individualität nicht zugelassen ist und der Einzelne nur als Leib gesehen wird, gilt ein Herz, das sich selbst bestimmt und sich nicht von anderen einschränken lässt, schnell als egoistisch. Aber auch das „egoistische Herz" (私心, *sixin*) muss seine Interessen innerhalb des sozialen Magnetfeldes verfolgen. Wer seine eigentlich legitimen Rechte und Interessen durchsetzen will, der muss sich der Intrige und Hinterlist bedienen, und häufig werden dann die Rechte und Interessen anderer beeinträchtigt. In der chinesischen Kultur besteht eine Dichotomie zwischen der Forderung nach absoluter Uneigennützigkeit auf der einen und dem von niemandem definierten „egoistischen Herzen" auf der anderen Seite. Normalerweise aber sind Chinesen weder absolut selbstlos und gut, noch absolut hinterhältig und böse. Das komplementäre Verhältnis von *yin* und *yang* äußert sich vielmehr im chinesischen Alltag in den unterschiedlichsten Mischungsverhältnissen:

- Man lässt den anderen den Vorrang, um sie sich zu Dank zu verpflichten, so dass man sie später um einen Gefallen bitten kann.
- Man erniedrigt sich und nimmt Unannehmlichkeiten auf sich, um sich in der Gruppe beliebt zu machen.
- Man tritt einem Verein oder Verband bei und opfert sich für das Kollektiv auf, sorgt sich um die anderen Mitglieder und kümmert sich um ihre Alltagsprobleme, um sie „mit Tugend gefügig zu machen" und Anführer der Gruppe zu werden.
- Die meisten aber versuchen, Bestätigung durch die Gesellschaft oder die Gruppe dadurch zu bekommen, dass sie sich „klein machen", brav und gehorsam sind, sich in widrige Umstände fügen und möglichst jede Individualität und Attraktivität vermeiden.
- Die Logik der Mitmenschlichkeit kann schließlich auch angewandt werden, um andere zu kontrollieren. Bevormundung durch die Eltern bei der Partnerwahl, durch die Betriebs- oder Hochschulleitung beispielsweise wurde und wird meist damit gerechtfertigt, dass es doch „nur um euer eigenes Wohl geht".

In der chinesischen Kultur ist das wichtigste Kriterium für die Beurteilung eines Menschen, ob er es versteht, „als guter Mensch zu agieren". Seine übrigen Fähigkeiten sind nebensächlich. Nach 1949 wurde dieses Kriterium umformuliert und lautete: „Kann er sich mit den Massen zusammenschließen?" oder „Isoliert er sich von den Massen?" Diese kulturelle Einstellung wurde auch politisch wirksam und hatte oft absurde Konsequenzen. Im Kaiserreich hieß es zum Beispiel: „lieber Tugend ohne Begabung, als Begabung ohne Tugend" (so der Song-zeitliche Historiker Sima Guang[8]); nach 1949 galt die Parole: „lieber rot (kommunistische Gesinnung) als Experte". Der linksradikale Kulturrevolutionär Zhang Chunqiao[9] forderte: „Ein Arbeiter ohne Kenntnisse ist mir lieber als ein Ausbeuter mit Kenntnissen." Damit traten die Pose der Selbstlosigkeit und die richtige Gesinnung an die Stelle wahrer Fähigkeiten und Kenntnisse und wurden zum Sprungbrett so mancher Karriere.

DER CHINESISCHE LEIB

In der chinesischen Sprache sagt man „mein Leib" (本身, *benshen*), wenn man sich selbst bezeichnen will. Das chinesische Wort für „selbst" bezeichnet also nur die fleischliche, unbeseelte und ungeistige Seite des Menschen. Das englische „self" hat die Bedeutung „die eigene Person". Wenn man etwas selbst erlebt oder unternimmt, wird das durch das Pronomen „oneself" ausgedrückt, während man im Chinesischen etwas „mit dem eigenen Leib" (亲身, *qinshen*) erlebt. Eine persönliche Beleidigung heißt im Chinesischen „Angriff auf den Leib des Anderen" (人身攻击, *renshen gongji*). All dies lässt vermuten, dass Chinesen sich selbst und andere vor allem in körperlichen Kategorien sehen und den Begriff der Person nicht kennen. „Das ganze Leben lang" heißt auf Chinesisch „bis zu seinem leiblichen Ende" (终身, *zhongshen*). Das Wort „Karriere" (career) als Bezeichnung des persönlichen

---

8   Sima Guang (司马光, 1019–1086) ist der Autor des „Durchgehenden Spiegels zur Hilfe bei der Regierung" (资治通鉴, , *zizhi tongjian*), eines Geschichtswerkes im klassischen Stil, das eine Spanne von 1326 Jahren – vom 5. Jahrhundert v.u.Z. bis ins 10. Jahrhundert u.Z. – darstellt.

9   Der Parteitheoretiker Zhang Chunqiao (张春桥, 1917–2005) stieg in der Kulturrevolution in die Parteispitze auf. Nach Maos Tod wurde er als Mitglied der „Viererbande" 1981 zum Tode verurteilt. 1983 wurde er jedoch zu lebenslanger Haft begnadigt.

Lebensziels ist abgeleitet vom „carriere" und impliziert eine dynamische Gestaltung der eigenen Zukunft. Das chinesische Lebensziel lautet „eine Heimstatt für den Leib finden und sein himmlisches Schicksal erfüllen" (安身立命, *anshen liming*). Die Lebensorientierung ist statisch; man sieht die Erfüllung in körperlicher Ruhe und Schicksalsergebenheit. Wer ängstlich darauf bedacht ist, seine Existenz zu sichern und sich scheut, „unter dem Himmel der erste zu sein", von dem sagt man, er „versteht es weise, seinen Leib zu erhalten". Weiß sich jemand nicht mehr zu helfen, heißt das „den eigenen Leib kaum schützen können". Eine Wende zum Besseren nennt man „den Leib umdrehen", und sozialer Aufstieg heißt „den Leib vorwärtsbringen", und für die Hingabe an ein höheres Ziel gibt es den Ausdruck „den Leib hingeben".

Neben dem Ich und dem Leben werden im Chinesischen auch Sachverhalte, die in anderen Kulturen nicht den Körper betreffen, mit Begriffen aus der Körpersphäre bezeichnet. Der familiäre Hintergrund oder die Herkunft heißen im chinesischen „Familie des Leibs" (身家, *shenjia*) oder „Herkunft des Leibs" (出身, *chushen*). Wird jemand zu etwas gezwungen, gehört das im Englischen (und im Deutschen) zur Sphäre des Willens (es geschieht „gegen meinen Willen"). Im Chinesischen nennt man dies einen Zustand, in dem „der Leib nicht Herr seiner selbst ist" (身不由己, *shen bu you ji*). Auch im Bereich des Wissens und der Erkenntnis „erfährt man etwas körperlich" (体验, *tiyan*) und „erfasst man etwas körperlich"(体会, *tihui*). Beispiel dafür, dass Chinesen auch die Sphäre der Moral in leiblichen Kategorien beschreiben, ist die Bemerkung in den **Gesprächen** des Konfuzius[10]: „Ich prüfe mich („meinen Leib") dreimal täglich", oder die Forderung, „mit dem eigenen Leib zu lehren" (身教, *shenjiao*), das heißt, Vorbild zu sein. Ein menschliches Wesen, das nur als Leib betrachtet wird, kann kein ganzheitliches und mit Geist begabtes Subjekt werden und muss daher in Gruppenbeziehungen eingebunden werden.

---

10 Das Denken von Konfuzius (孔子, ca. 551–479) zielt auf das praktische Leben, in dem er den angeblich alten Tugenden der Menschlichkeit, Rechtschaffenheit, Schicklichkeit, Weisheit und der Loyalität wieder zu ihrem Recht verhelfen will. Er bemühte sich vergeblich, die Fürsten seiner Zeit von seinen ethischen Grundsätzen zu überzeugen. Das ihm zugeschriebene Werk *Lunyu* (论语, Gespräche des Konfuzius) stellt eine vermutlich nach seinem Tod von seinen Schülern zusammengestellte Sammlung von Lehrgesprächen dar.

Die Tendenz der Chinesen, ihr ganzes Leben auf die Befriedigung der leiblichen Bedürfnisse hin zu orientieren, bezeichne ich als „Somatisierung". Das heißt nicht, dass es in China keine Güte, keine Gefühle und keinen Willen gibt, sondern dass diese Eigenschaften den „somatisierten" Bedürfnissen (揾食, *wenshi*) „Essen beschaffen" und *anshen* (安身) „eine Heimstatt für den Leib finden" untergeordnet sind. Die Sehnsucht nach einer „Heimstatt für Leib und Herz" lässt Chinesen einerseits als extrem pragmatisch erscheinen, andererseits verhindert sie eine Entwicklung in Richtung Individualismus. In wohl keiner anderen Kultur wird der Einzelne ausschließlich als Leib definiert. Im Westen zum Beispiel hat der Einzelne eine Seele oder ein Ich, einen Verstand, Gefühle und einen Leib. Sowohl die „Seele" als auch das „Fleisch" unterstehen dem ganzheitlichen Ich als Kontrollinstanz. Der Einzelne ist daher auch Herr seines eigenen Leibs – außer er ist zu schwach dazu und flüchtet in die Abhängigkeit. Das Bedürfnis der Chinesen nach einer „Heimstatt" verlangt, dass die anderen mich definieren. Nur durch das Herz der anderen kann das Ich („mein Leib") organisiert werden. In dieser Konzeption ist der Einzelne nicht wirklich Herr über seinen Leib, und die Konventionen werden zum einzigen Maßstab für richtiges Verhalten.

DAS CHINESISCHE HERZ

Die chinesische Psyche ist wesentlich vom Faktor „Mitmenschlichkeit" bestimmt. In der traditionellen Kosmologie waren sogar Himmel und Erde mit menschlichen Gefühlen ausgestattet. So heißt es im **Buch der Wandlungen** (易经, *yijing*): „Die große Art von Himmel und Erde ist es, Leben zu spenden." Man glaubte, dass Himmel und Erde die Menschen liebevoll umsorgten wie Eltern ihre Kinder, und die Menschen müssten diese Güte mit Dankbarkeit und Liebe vergelten. Die klassische chinesische Philosophie sah im Herzen oder in der Menschlichkeit die Substanz des Kosmos. Noch im letzten Jahrhundert verglich der Philosoph und Reformer Tan Sitong[11] die Menschlichkeit mit dem physikalischen Äther. Sein

---

11 Der Dichter und Philosoph **Tan Sitong** (譚嗣同, 1865–1898) versuchte unter dem Eindruck der zusammenstürzenden Ordnung des Kaiserreiches konfuzianische, christliche und buddhistische Elemente in einem neuen System zusammenzufassen. Tan wurde als einer der sechs Märtyrer der Reform von 1898 hingerichtet.

Zeit- und Gesinnungsgenosse Liang Qichao erklärte: „Das Gefühl ... ist die Antriebskraft aller menschlichen Handlungen." Und: „Die Kräfte des Herzens sind das Großartigste im Kosmos. Sie sind tief und geheimnisvoll. Sie sind es, die den Menschen vor allen anderen Lebewesen auszeichnen." (**Gesammelte Aufsätze,** Bde. 37 und 41)

Die wesentliche Funktion des chinesischen Herzens ist das Gefühl. Sämtliche Kategorien des Konfuzianismus, der mehr als zweitausend Jahre lang als orthodoxe Lehre galt, stammten aus der Sphäre der zwischenmenschlichen Beziehungen und Gefühle. Nie wurde zwischen dem Herzen als Sitz der Gefühle einerseits und dem Herzen als Sitz der Seele andererseits unterschieden. Die chinesischen Marxisten kritisierten die einheimische „Herzlehre" als idealistisch, gleichzeitig aber galten ihnen „proletarisches Denken und Fühlen" als Maßstab für das richtige Klassenbewusstsein. Diese Emotionalisierung des Intellekts führte zu einer Emotionalisierung von Willen und Urteilskraft. Damit verlor der Einzelne einen großen Teil seines Entscheidungsspielraums: Sind die anderen freundlich zu mir, muss ich dafür „mein Herz hergeben" (交心, *jiao xin),* denn sonst hätte ich „kein Gewissen" (没有良心, *mei you liangxin).* Im Rahmen dieser Logik muss ich „mein Herz hergeben", sobald die Gruppe oder das Kollektiv mich dazu auffordern, und da das Herz die Gefühle, das Denken, die Urteilskraft und den Willen umfasst, muss ich alle diese Kräfte und Fähigkeiten preisgeben.

Der Leib wiederum ist auf die Fürsorge des Herzens angewiesen. Diejenigen, die für die Leiber der anderen zu sorgen verstehen, können deren „Herzen gewinnen" (得仁心, *de renxin).* Daher gilt in China der „Angriff auf die Herzen" (公心, *gongxin)* als die beste politische Strategie, und der direkte Weg zum Herzen führt über den Leib. Das „Gewissen" kann daher in China leicht durch „mitmenschliche Gefühle" beeinflusst oder beschwichtigt werden.

Da Rationalität und moralisches Urteil emotionalisiert sind, gelten politische Dissidenten als „Elemente, die sich vom Herzen entfernt haben" (离心分子, *lixin fenzi).* An einer abweichenden Meinung festzuhalten, ist ein unfreundlicher, die Gefühle der anderen verletzender Akt. Man strebt daher danach, die Harmonie zu bewahren. Kommt es dennoch zu Differenzen, wird daraus schnell ein erbitterter Streit. Gilt „nicht gleich" als „unfreundlich", dann sind alle, die nicht für mich sind, gegen mich, und unterschiedliche Auffassungen werden im Nu zu „antagonistischen Widersprüchen".

Ausländer akzeptieren die chinesische Gefühlslogik nicht ohne weiteres. Besucher aus dem Ausland werden oft mit überschwenglicher Gastfreundschaft empfangen. Man will ihnen seine Sympathie (心意, *xinyi*) zeigen, doch meist sind sie nicht bereit, sich restlos, mitsamt ihren Gefühlen, ihren Gedanken, ihrer Urteilskraft und ihrem Willen, auszuliefern. Sie fügen sich nicht gehorsam, ja vielleicht halten sie nicht einmal den Anschein einer „freundschaftlichen Haltung" aufrecht. Offensichtlich ist diese Sorte von Menschen nicht zum „Herzenstausch" fähig. Auf sie trifft der Satz zu: „Wer nicht von unserer Art ist, der muss ein anderes Herz haben."

Für Chinesen gehören auch soziales Verantwortungsbewusstsein und Patriotismus zur Sphäre des Herzens. Die Rebellion der Söhne und Töchter der westlichen Mittel- und Oberschichten gegen ihre Eltern und ihre Parteinahme für die Dritte Welt und die Ausgebeuteten im Allgemeinen entsprang meist einem individuellen Schuldgefühl. Für Chinesen wäre allenfalls die Sehnsucht nach einer „Heimstatt für das Herz" ein Motiv für ein ähnliches Engagement. In dieser Sehnsucht kommt das Bedürfnis nach emotionaler Geborgenheit, nach dem Schoß der liebenden Mutter zum Ausdruck. Daher vermischen sich in China soziales Verantwortungsbewusstsein und Patriotismus häufig miteinander, und die patriotische Komponente ist meist die stärkere. In revolutionären Zeiten sind manche sogar bereit, für dieses Ideal den Märtyrertod zu sterben. Der kommunistische Revolutionär und Militärführer Fang Zhimin (方志敏, 1899–1935)[12] ist dafür ein gutes Beispiel: Seinem kurz vor seiner Hinrichtung im Gefängnis geschriebenen Testament gab er den Titel: „Geliebtes China".

Für einen Menschen, der eine „Heimstatt des Herzens" sucht, gleicht der Weg von einer Überzeugung zu einer anderen einer Wanderung von einer Art Treue, Hingabe und Loyalität zu einer anderen. Es ist eher eine „Reise des Herzens" als eine „Reise der Seele". Eine „seelische Reise" impliziert die Entfaltung des Ichs und die Selbstverwirklichung. Sie kann das Streben nach persönlicher Erfüllung ebenso umfassen wie politisches Engagement. Bei den verwestlichten Intellektuellen nach der „4.-Mai-Bewegung" war dieses persönliche Engagement noch spürbar. In der „patriotischen

---

12 Als kommunistischer Bauernführer organisierte Fang Zhimin (方志敏, 1899–1935) den Partisanenkrieg auf dem Lande, bevor er 1935 von Guomindang-Truppen gefangengenommen und hingerichtet wurde.

Bewegung" der Auslandschinesen in den 1970er Jahren dagegen ging es vor allem um emotionale Geborgenheit und die sentimentale Rückkehr in den Schoß des Vaterlands.

Das Herz ist aber auch die wichtigste Quelle des kulturellen Lebens in China. Im **Buch der Riten** (礼记, liji) heißt es:

> „Alle Veränderungen der Töne sind durch das Herz bedingt; und die Bewegungen des Herzens werden durch äußerliche Dinge hervorgerufen. Die so hervorgerufenen Bewegungen manifestieren sich im Ton. ... Musik ist die Hervorbringung der Veränderungen der Töne. Deren Ursprung liegt in der Bewegung des Herzens, das durch äußere Dinge beeinflusst wird."

So wie sich eine positive Gemütsverfassung für Chinesen nur im emotionalen Kontakt mit anderen erreichen lässt, so entsteht künstlerisches Schaffen aus dem „emotionalen Kontakt" zwischen Herz und „Dingen", wobei die „Dinge" die gesamte äußere Welt einschließlich der anderen Menschen umfassen. Künstlerisches Schaffen entspringt daher in China immer dem Gefühl, bei der Darstellung von Menschen ebenso wie bei der Beschreibung der Natur. Für andere Aspekte einer Person, sei es ihre psychische Situation oder ihre existenzielle Lage, interessierten sich chinesische Schriftsteller und Künstler kaum. Dagegen verfügt China über einen reichen Schatz an Natur- und Gefühlsdichtung; daher auch die herausragende Rolle der Lyrik in der chinesischen Literatur.

DIE EIGENARTEN DES CHINESISCHEN GEWISSENSSYSTEMS

Gefühle lassen sich nicht leicht zügeln; sie können sich nicht selbst kontrollieren und brauchen den Verstand als Kontrollinstanz. Der wesentliche Inhalt des chinesischen Herzens aber sind die Emotionen, nicht der Verstand. Das chinesische Volk müsste also zu den leidenschaftlichsten und spontansten Völkern der Welt zählen. In Wirklichkeit aber trifft eher das Gegenteil zu: Chinesen sind meist zurückhaltend und zeigen ihre Gefühle nicht offen; manchmal wirken sie gar dumpf und gleichgültig. Sie meiden extreme Gefühlsbewegungen wie Liebe oder Hass und bemühen sich immer, „Maß und Mitte" einzuhalten, denn wenn die Gefühle aus dem Gleichgewicht geraten, entsteht „große Unordnung unter dem Himmel".

Unter normalen Bedingungen versuchen sie daher, Zuneigung und Abneigung, Liebe und Hass zu mäßigen. Oft fällt es ihnen schwer, zu entscheiden (oder auch nur zu wissen), was sie wirklich begehren oder ablehnen.
Sie verspüren keinen besonderen Drang, sich um Menschen oder Dinge,
die sie mögen, zu bemühen, und umgekehrt ist auch der Impuls nicht sehr
stark, sich Menschen oder Dinge vom Leib zu halten, gegen die sie eine
Abneigung haben. Beziehungen zwischen den Geschlechtern sind riskant
für Außenstehende wie für Beteiligte, denn sie führen leicht zu extremen
Gefühlsbewegungen. Deshalb meiden chinesische Frauen und Männer alle
Kontakte mit dem anderen Geschlecht, deren gesellschaftliche Funktionen
nicht klar definiert sind. Von Spontaneität, Leidenschaft und Romantik
ist wenig zu spüren. Stattdessen träumt man von einem Leben in Ruhe, Sicherheit und Ausgeglichenheit, nicht von Abwechslung und Vielfalt, und
außenstehende Beobachter entdecken in der chinesischen Lebenswelt wenig Anzeichen von Lebensfreude und Lebensbejahung.

Wie ist dieser Widerspruch zu erklären? In einer Gesellschaft, in der das
Herz die Hauptrolle spielt, können die Zielvorstellungen und Orientierun-
gen leicht von außen beeinflusst werden. Im **Buch der Riten** heißt es: „Die
verschiedenen Bewegungen des Herzens werden durch (äußere) Dinge veranlasst." Das „menschliche Herz" aber ist sehr gefährdet:

> „Die Dinge, durch die der Mensch bewegt wird, finden kein Ende; wenn seine Zu-
> neigungen und Abneigungen nicht reguliert werden, dann verändert er sich ent-
> sprechend der Natur der Dinge, die ihm gegenübertreten; er unterdrückt das Him-
> melsprinzip in seinem Inneren und gibt den Begierden nach."

Um das Himmelsprinzip zu bewahren, müssen „die Begierden ausgelöscht"
werden. Das „menschliche Herz" muss kontrolliert und in die gesellschaftlich anerkannten Formen gegossen werden:

> „Daher haben die alten Könige die Zeremonien und die Musik gemäß den Anfor-
> derungen der Menschlichkeit reguliert. ... Gleichheit und Vereinigung ist das Wesen
> der Musik; Differenz und Trennung ist das Wesen der Zeremonie. Aus der Gleich-
> heit resultiert gegenseitige Zuneigung; aus der Differenz resultiert gegenseitiger Re-
> spekt. Überwiegt die Musik, führt das zu Überschwang; überwiegt die Zeremonie,

führt das zur Trennung. Ihre Aufgabe aber ist es, die Gefühle der Menschen zusammenzuführen und ihre äußere Erscheinung zu schmücken."

Ein Mensch muss nach chinesischer Auffassung vor allem Gefühle haben, denn sonst ist er „getrennt", das heißt, isoliert und verlassen. Gleichzeitig muss das Gefühl eine gesellschaftlich anerkannte Form haben, sonst wird es überschwänglich. Freude und Ärger, Trauer und Lust müssen sich „auf die rechte Weise äußern; das nennt man Harmonie" (**Buch von Maß und Mitte**). Mit der „rechten Weise" ist das gemeint, was im **Buch der Riten** als „Regulierung gemäß den Anforderungen der Menschlichkeit" bezeichnet wird; „Harmonie" heißt: weder „Trennung" noch „Überschwang". Das Herz steht zwar an erster Stelle, doch muss es unter Kontrolle gehalten werden. Gleichzeitig ist es ein Instrument der Kontrolle. Auf keinen Fall aber sind Leidenschaft und Spontaneität zugelassen.

Im Gewissenssystem protestantischer Kulturen besitzt jedes Individuum eine Seele und wird als selbständiges und selbstbestimmtes geistiges Subjekt und Rechtssubjekt betrachtet. Das Individuum kontrolliert mit seinem Verstand das Herz und den Leib. Das Herz ist nur für die Gefühlssphäre zuständig und wird dem Fleisch zugeordnet. Da das selbständige und einmalige Individuum seinen Grund in der Seele hat, und auch die Rationalität sich, wenn sie den Leib und die Gefühle kontrolliert, in den Dienst der Seele stellt, sind „Seele" und „Fleisch" Faktoren eines Selbstregelungsmechanismus. Das Ziel dieser Persönlichkeitsstruktur ist die Verwirklichung und Entfaltung des Ichs. Die chinesische Kultur dagegen definiert den Menschen als ein vom Herzen regiertes Lebewesen, das selbst von anderen Herzen kontrolliert und eingeschränkt wird. Es ist diese gegenseitige Kontrolle und Einschränkung der Herzen, die das chinesische Gewissenssystem auszeichnet.

DIE TENDENZ ZUR SOMATISIERUNG

DIE WAHRUNG DES LEIBES

In der Frühzeit der chinesischen Kultur glaubte man, wie in anderen Kulturen auch, an Geister und Dämonen oder „Körper- und Geistseelen", wie sie in den vor-Qin-zeitlichen[1] ‚Elegien von Chu'[2] erwähnt werden, und man opferte einem antropomorphen „höchsten Wesen" (帝, *di*). Diese magischen Glaubensvorstellungen jedoch verloren im Verlauf der Geschichte an Einfluss. Das „höchste Wesen" verwandelte sich in einen der Welt immanenten „Himmel" (天, *tian*), und die Vorstellung von Körper- und Geistseelen überlebte nur in Märchen, Legenden und Geistergeschichten. Die Seele wurde nicht als untrennbarer Teil einer individuellen Person angesehen; der Einzelne war vielmehr zunächst ein eigensüchtiger und geistloser Leib. Alle geistigen Regungen entsprangen dem verkörperlichten Herzen.

Ebenso wenig wie eine unsterbliche Seele gibt es in der chinesischen Kultur ein Leben nach dem Tode. Die Daoisten strebten nach Unsterblichkeit im Diesseits, während Konfuzianer entweder durch den Fortbestand der Familie (daher heißt es bei **Menzius**: „Es gibt drei Arten des Ungehorsams gegenüber den Eltern. Deren schlimmste ist es, keine Nachkommen zu zeugen."), oder aber durch „tugendreiches Handeln, weise Worte und verdienstvolle Taten" (**Zuo-Kommentar**)[3] Unsterblichkeit erlangen konnten. Sorgte sich das Herz des Einzelnen nicht nur um die eigene Familie, sondern auch um „das Wohlergehen des ganzen Reiches", dann blieb er der Nachwelt ewig in Erinnerung und wurde unsterblich. Doch auch diese Form von Unsterblichkeit ist auf das Magnetfeld der zwischenmenschlichen Beziehungen angewiesen, das in diesem Fall das ganze Reich umfasst. Die buddhistische Idee der Wiedergeburt hingegen, die in Indien

---

1   Gemeint ist die Zeit vor der Qin-Dynastie (秦朝, 221-207 v.u.Z.). Diese Dynastie gilt als erste des chinesischen Kaiserreichs.

2   Bei den Elegien oder Gesängen aus Chu (Chuci, 楚辞), handelt es sich um eine Sammlung von Gedichten aus Südchina. Entstanden sind sie ca. 300-150 v.u.Z. Sie gelten als das früheste schriftliche Zeugnis des chinesischen Schamanismus.

3   Das Geschichtswerk *Zuo chuan*, (左传), Kommentar von Zuo, behandelt die nach der Chronik *Chunqiu* (春秋, Frühling und Herbst) benannte Periode (770–476 v.u.Z.). Es entstand wahrscheinlich im 4. Oder 3. Jhdt. v.u.Z.

mit dem Glauben an ein Nirvana verbunden ist, d.h. an eine Möglichkeit, dem Kreislauf der Wiedergeburten zu entkommen, wurde von der chinesischen Kultur in einen Volksglauben an eine Belohnung bzw. Vergeltung für gute oder böse Taten im nächsten Leben transformiert. Gute Menschen können so ihren armen und bedürftigen Leib im nächsten Leben in einen reichen und angesehenen Leib verwandeln, schlechte Menschen müssen damit rechnen, als wilde Tiere wiedergeboren zu werden. Chinesen verwenden, wie wir schon gesehen haben, das Wort „Leib", um sich selbst zu bezeichnen. Die Verwendung bestimmter Wörter innerhalb einer Sprache ist nicht zufällig, sondern spiegelt kulturelle Präferenzen wider. Die „Somatisierung", auf die der Gebrauch des Worts „Leib" im Chinesischen verweist, wird durch weitere Symptome belegt:

Niedergeschlagenheit führt bei Chinesen selten zu Depressionen, sondern zu „Kopfweh" oder „Herzweh". Wenn Chinesen psychische Probleme haben, interpretieren sie sie als körperliches Unwohlsein und klagen über Schwindel, Rückenschmerzen oder eine allgemeine Mattigkeit. Geisteskrankheiten treten in China tatsächlich seltener auf als im Westen. Das ist einerseits eine Folge der Somatisierung von psychischen Problemen, auf der anderen Seite ist es wohl der „Ultrastabilität" des chinesischen Charakters zu verdanken: Weil der Leib der Chinesen vom Herzen (und damit von sozialen Beziehungen) – und nicht etwa vom Ich – organisiert wird, ist er eingebettet in die Wärme der zwischenmenschlichen Kontakte. Deshalb fällt es Chinesen leichter, ihr seelisches Gleichgewicht zu bewahren, als Menschen, die sich als Individuen allein in der Welt behaupten müssen.

Psychische und individuelle Probleme (wie etwa Homosexualität) werden in China gern als Fragen der Moral behandelt. Moralisch zu handeln bedeutet im Westen, dass der Einzelne seine Integrität bewahrt. In China dagegen verweist Moral auf die gesellschaftliche Moral, die durch sozialen Druck oder die „Furcht vor dem Gerede der Leute" aufrechterhalten wird. Die Tendenz, seelische Probleme als Moment der zwischenmenschlichen Verpflichtungen zu interpretieren, zeigt sich auch, wenn Chinesen ihre inneren Probleme mit anderen besprechen. Themen, die im Westen als Fragen der inneren Gemütsverfassung gelten würden, werden externalisiert und als persönliche Auseinandersetzung oder Ärger im Betrieb beschrieben. Im Grunde aber reden Chinesen ohnehin über ihre inneren Probleme nicht gerne mit anderen und halten sie selbst vor Freunden zurück. Schlechte

Laune äußert sich daher meist in Form von körperlichen Beschwerden. Depressionen sind relativ selten, Hypochondrie dafür umso häufiger: Man macht sich übertriebene Sorgen über körperliche Beschwerden und hat ständig Angst vor Schwäche, Kälte oder einer Erkältung. Daher auch das übermäßige Bedürfnis nach Tonika und Mitteln aller Art zur Stärkung des Körpers. Auch wer nicht krank ist, nimmt gerne Stärkungsmittel zu sich und braut sich Suppen und Tees aus Ginseng, Fuling,[4] Engelwurz, Mispel und anderen Pflanzen. Da diese Drogen nicht als Heilmittel, sondern nur vorbeugend oder zur Rekonvaleszenz eingesetzt werden, verwischt sich die Grenze zu den Lebensmitteln. Aber auch Lebensmittel werden unter therapeutischen Kriterien kategorisiert, und alte Volksweisheiten teilen uns zu jeder Speise mit, für welchen Körperteil sie gut ist.

ESSEN: DES VOLKES HIMMELREICH

Die Tendenz, aus Arzneimitteln Lebensmittel und aus Lebensmitteln Arzneimittel zu machen, ist eng verbunden mit einer übermäßigen Fixierung auf die Befriedigung der oralen Bedürfnisse.

Es ist sicher nicht übertrieben, die chinesische Küche als eine der verfeinertsten der Welt zu bezeichnen, mit der sich allenfalls die französische oder die italienische Küche messen können. Es ist auch kein Zufall, dass viele ausgewanderte Chinesen Restaurants betreiben. In Hongkong, wo sich dieser Aspekt der chinesischen Kultur wohl am weitesten entwickelt hat, ist die Gastronomie aller Herren Länder und sämtlicher chinesischer Provinzen vertreten. Höhepunkt eines Festtags ist es in Hongkong, wenn die ganze Familie zum „Tee trinken und Kleinigkeiten essen" (饮茶点心, *yamcha dimsum*) geht, wobei die „kleinen Delikatessen" längst zur Hauptsache und der Tee zur Nebensache geworden sind.

Obwohl die Lebensbedingungen auf dem Festland schlechter sind, ist auch dort das Essen der Lebensmittelpunkt. Trotz des niedrigen Lebensstandards wird größter Wert darauf gelegt, dass zu jeder Mahlzeit nur frische Zutaten verwandt werden und jedes Gericht frisch zubereitet wird. Weil dies auch im Zeitalter des Kühlschranks zu den Regeln gehört, muss

---

4   Bei Fuling (茯苓), Kokospilz, handelt es sich um ein Heilmittel der traditionellen chinesischen Medizin.

ein Familienmitglied um drei oder vier Uhr morgens auf den Markt gehen und um Gemüse anstehen; zuhause muss dann alles frisch zubereitet sein. So wird oft ein Fünftel jedes Tages für Gaumenfreuden aufgewandt.

Mehr als dreißig Jahre Propaganda für spartanischen Lebensstil konnten dieser Eigenart nichts anhaben. Vor mehr als fünfzig Jahren redete Chiang Kaishek[5] im Zuge der „Bewegung für ein neues Leben"[6] seinen Landsleuten zu, sich an den Japanern ein Beispiel zu nehmen, die angeblich nur einmal täglich warm essen und sich mit kaltem Wasser waschen würden, und klagte über die verwöhnten Chinesen, bei denen jede Mahlzeit und auch das Waschwasser warm sein müssten. Chiang hatte vielleicht nicht ganz unrecht, doch kann man ihnen ihren Hang zum guten Essen wirklich zum Vorwurf machen? Außer dem Essen kennt das einfache Volk in China kaum andere sinnliche Genüsse.

Im chinesischen Alltag dreht sich alles um das Essen. „Haben Sie schon gegessen?" ist der übliche Gruß. Freunde laden einander oft zum Essen ein, und auch Hochzeits- und Trauerfeiern bieten Gelegenheit, ausgiebig zu tafeln. Selbst wenn man den Ahnen, Geistern, Göttern und Bodhisattvas opfert oder die Gräber säubert, werden Festessen zubereitet. Geschäftliche Kontakte zwischen Unternehmen kommen ohne Essen nicht zustande. In der Volksrepublik wie in Taiwan und Hongkong müssen Vertreter staatlicher oder privater Unternehmen einander häufig zum Essen einladen und Geschenke verteilen, um den Weg für Geschäfte zu ebnen.

Das „Amt für auswärtige Angelegenheiten", das Außenministerium zu Ende der Qing-Zeit (清朝, 1644–1911), pflegte vor jeder diplomatischen Verhandlung zu einem Essen einzuladen. Ausländische Diplomaten beschwerten sich bald über diesen Brauch; sie begriffen nicht, dass die wesentliche Funktion eines Gastmahls für Chinesen darin besteht, eine

---

5 Chiang Kaishek (蔣介石, 1887–1975), Sohn einer verarmten Kaufmannsfamilie führte nach Sun Yatsens Tod die Guomindang. Vergeblich bekämpfte er die Kommunisten, die ihn 1949 vom Festland vertrieben. Er floh mit vielen Anhängern und Truppen nach Taiwan, das er bis zu seinem Tod 1975 als Präsident regierte.

6 1934 propagierte Chiang mit der Bewegung für ein neues Leben vor dem Hintergrund der japanischen Invasion die idealisierten Tugenden der alten Zeit wie Höflichkeit, Rechtlichkeit, Integrität, Schamgefühl und korrektes persönliches Verhalten. So sollte einerseits den Beamten die Loyalität und Hingabe an den Staat nahegebracht und andererseits die Bevölkerung militarisiert werden.

harmonische Atmosphäre zu schaffen. Nach einem gemeinsamen Mahl ist man gelöst und das Verhältnis zu den Gästen ist entspannt. Mao Zedong[7] erkannte, dass Harmonie und Klassenkampf unvereinbar sind. Daher gab er die Losung aus: „Die Revolution ist kein Gastmahl."

Wenn Chinesen jemanden zum Essen einladen und ihm gar bei Tisch mit ihren Stäbchen einen Bissen aufnötigen, so möchten sie damit ihre „Sympathie" (心意, *xinyi*) zeigen. Eine Einladung zum Essen ist auch eine beliebte und effektive Taktik in der kommunistischen Einheitsfrontpolitik. Wenn zum Beispiel ein „Patriot" aus Hongkong von einer Festlandsreise zurückkehrt, dann preist er als erstes die üppige Bewirtung, die ihm dort zuteil wurde. Zeigt er sich von der Einheitsfronttaktik weniger beeindruckt und will sich negativ über die Zustände in der Volksrepublik äußern, dann leitet er seine Rede in der Regel mit den Worten ein: „Obwohl ich ja von ihrem Reis gegessen habe, kann ich nicht verschweigen ..." Auch die Aktivisten der „patriotischen Bewegung" der chinesischen Studenten in den USA versuchten die „Herzen der Menschen" zu gewinnen, indem sie sich um die „Alltagsprobleme der Massen" kümmerten, das heißt, die Kommilitonen zum Essen einluden. Während die politisch engagierten Studenten aus anderen Ländern sich in Solidaritätskampagnen für revolutionäre Bewegungen in der Dritten Welt engagierten, hielten sich die chinesischen „Linken" lieber heraus – anstatt an Demonstrationen teilzunehmen, besuchten sie ihre „eigenen Leute", kochten abwechselnd und ließen es sich gemeinsam schmecken. Für sie war die Revolution doch zum Gastmahl geworden.

Dass die „Herzen von Ausländern anders schlagen" haben wir schon gehört. Daher ist es meist vergebliche Liebesmüh, sie mit Einladungen für sich einzunehmen zu suchen. Manchmal hat der Versuch gar den gegenteiligen Effekt. Der belgische Sinologe Simon Leys (1935–2014) beschreibt in seinem Buch **Chinese Shadows** etwas irritiert, wie er sich zur Zeit der „Viererbande" (Kulturrevolution) allein in einer chinesischen Stadt umsehen

---

7   Mao Zedong (毛泽东, 1893–1976) gehörte 1921 zu den Gründungsmitgliedern der Kommunistischen Partei Chinas. Er war davon überzeugt, dass Chinas Revolution mehr von der bäuerlichen als von der städtischen Bevölkerung getragen werden musste. Mit seiner Bauernarmee führte er die KPCh zum Sieg über die Guomindang und Japan. Seine Machtposition – Mao war Staatspräsident und Parteivorsitzender – drohte Ende der fünfziger Jahre verloren zu gehen. Erst durch die „Kulturrevolution" gelang es ihm, seine autokratische Herrschaft wieder zu festigen.

wollte. Höflich, aber bestimmt stellte sich ihm sein chinesischer Reisebegleiter in den Weg und bestellte ein üppiges Mahl, das Leys alleine in seinem Hotelzimmer zu sich nehmen musste, um zu verhindern, dass er sich ohne Begleitung die Stadt ansah. An chinesischen Hochschulen fällt auf, dass das jeweilige Auslandsamt für die ausländischen Studenten bei jedem Ausflug großartige Festessen organisiert. Die Studenten aber wussten den Aufwand selten zu schätzen. Waren sie am Ziel der Reise angekommen, besorgten sie sich lieber selbst etwas zu essen und nutzten die restliche Zeit dazu, sich ungehindert und ohne Begleitung umzusehen und Entdeckungen zu machen.

Auch im politischen Leben spielte das Essen eine zentrale Rolle. Metaphern aus der Küchensphäre wurden verwendet, um die Regierung des Reiches zu beschreiben. Laozi sagt zum Beispiel: „Ein Reich zu regieren ist wie das Kochen von kleinen Fischen." In den ‚Riten der Zhou'[8] wird als oberster Hofbeamter der *zhongzai* (冢宰) genannt, was ursprünglich „Küchenmeister" bedeutete. Bei den ihm unterstellten Beamten finden sich Titel wie „Herr des Breis", „Herr des Salzes", „Herr des Hackfleischs" oder „Herr der Küche". In der Biographie eines Kanzlers der Han-Dynastie namens Chen Ping[9], in den **Aufzeichnungen des Großhistorikers,** wird erzählt, wie dieser in seiner Jugend bei einem Fest in seinem Heimatdorf die Aufgabe hatte, zu schlachten und das Fleisch zu verteilen. Weil er alles so gleichmäßig verteilte, lobten ihn die Ältesten des Dorfes: „Wie ausgezeichnet der kleine Chen sich doch als Schlächter (宰, *zai*) macht!" und sagten voraus, dass er später bestimmt ein guter Kanzler (ebenfalls *zai*) würde.

Natürlich muss jeder Mensch Nahrung zu sich nehmen, um zu überleben. Doch die Einstellungen verschiedener Kulturen zum Essen sind nicht gleich. In den USA zum Beispiel stellt man keine hohen Ansprüche an den Wohlgeschmack einer Speise. Amerikaner scheinen ihre Nahrung als eine Art Treibstoff zu betrachten, mit dem sie ihre Körpermaschine wieder auf

---

8   Zhouli (周禮), einer der „Neun Klassiker (久经, *jiujing*). Wahrscheinlich im 1. Jhdt. v.u.Z. verfasst. Beschreibt die konfuzianischen Riten der Zhou Dynastie, besonders der Staatsführung.

9   Trotz niederer Herkunft konnte Chen Ping (陈平, gest. 179 v.u.Z.) über Umwege den Posten eines Ministers übernehmen. Er ist als einer der drei Helden, denen Liu Bang erklärtermaßen 200 v.u.Z. den Thron verdankte, bekannt für seine sechs listigen Pläne. Chen Ping starb 178 v.u.Z.

Touren bringen, um sich weiter der Hauptaufgabe, der Selbstverwirklichung, zu widmen. Sie essen, um zu leben. Bei Chinesen dagegen hat man vielfach den Eindruck, dass sie leben, um zu essen.

ORALE BEDÜRFNISSE

Das Zählwort für Personen ist in der chinesischen Sprache der „Mund" (口, *kou*). Zur Beschreibung des Durchschnittseinkommens verwendet man im Westen den Begriff „pro Kopf", bei der chinesischen Landreform dagegen sprach man von einer „Verteilung der Felder nach Mündern". Die Bevölkerung eines Landes wird im Chinesischen als „Menschenmünder" (人口, *renkou*) bezeichnet. Chinesen konfrontieren die Welt mit dem Mund: Von einem, der übervorteilt wird, heißt es, er „isst Schaden" (吃亏, *chi kui*); wer Leid erfährt, der „isst Bitternis" (吃苦, *chi ku*); wenn jemand nicht mehr weiter weiß, heißt das „Eingeschrumpftes essen" (吃瘪 *chi bie*); wer etwas nicht mehr aushalten kann, der „kann es nicht verdauen" (吃不消, *chibuxiao*); wer beliebt ist und sich von seiner Umgebung akzeptiert fühlt, der „mundet" (吃得开, *chidekai*). Hinter der Redewendung „Widrigkeiten fügsam hinnehmen" (逆来顺受, *nilai shunshou*), steckt die Vorstellung, dass man Unangenehmes hinunterschlucken, also „Schaden und Bitternis essen" muss. Erst am Tag der Volkserhebung kann das Volk alles erlittene Leid wieder ausspucken: „bitteres Wasser spucken" (吐苦水, *tu kushui*). Wenn ich einem anderen nicht gehorsam folge, dann „esse ich seine Sache nicht". Wer etwas oder jemanden begehrt, der sagt: „Am liebsten würde ich es (sie, ihn) auf einmal runterschlucken." Wer jemanden verabscheut, sagt: „Ich brenne darauf, sein Fleisch zu essen und auf seiner Haut zu schlafen." Die Helden im Roman **Die Räuber vom Liangshan-Moor**[10] rächten sich an ihren Feinden, indem sie ihnen die Innereien herausrissen und sie zum Wein verspeisten.

Die Foltermethoden des alten China suchen ihresgleichen auf der Welt, sowohl was ihre Grausamkeit, als auch ihre Vielfalt angeht. *Gua* (剐) zum

---

10 Die Autorschaft des Romans Die Räuber vom Liangshan-Moor (水浒传, *Shuihu zhuan*) ist ungewiss. Sowohl Shi Nai'an (施耐庵, ca. 1296–1370) als auch Luo Guanzhong (罗贯中, ca 1330–1400) werden als mögliche Verfasser genannt. Der Roman erzählt in vielen Episoden vom Rebellen Song Jiang und seinen 36 Mitstreitern.

Beispiel bedeutete, dass der Delinquent in feine Fleischstreifen zerschnitten wurde, während *hai* (醢) hieß, dass er zu Fleischbrei zerstampft wurde. Lautete das Urteil *zha* (炸), so wurde sein Körper in Höhe der Hüfte zertrennt. Martern wie „Braten"(烹, *peng*), „Rösten"(炮烙, *paoluo*) und „Hautabschälen"(剝皮, *bopi*) ergänzten den furchterregenden Katalog. Die ausgefeilte Kunstfertigkeit ihres Metiers scheinen sich die chinesischen Folterknechte fast ausnahmslos von der heimischen Küche abgeschaut zu haben.

Oft packt die Chinesen eine Furcht davor, „aufgefressen" zu werden. Die Antitraditionalisten der 4. Mai-Bewegung des Jahres 1919 klagten die „menschenfresserische konfuzianische Ethik" an. Auch das kommunistische Regime war ständig in Angst davor, „aufgefressen" zu werden. In der Kulturrevolution und während der „Kampagne gegen die zwei Hegemonialmächte (USA und Sowjetunion)" tauchten in den Zeitungen Sätze auf wie: „Der Imperialismus glaubte, China sei ein fettes Stück Schweinefleisch. Er rechnete nicht damit, dass er sich daran die Zähne ausbeißen würde." Die kannibalistische Metaphorik durfte vor allem dann nicht fehlen, wenn die Eingriffe ausländischer Mächte beschrieben wurden. Nachdem die Qing-Regierung das Land für Ausländer geöffnet hatte, kamen viele westliche Missionare nach China. Mit westlicher Medizin heilten sie Kranke, woraufhin Gerüchte im Volk kursierten, sie hätten zur Herstellung der Medizin die inneren Organe chinesischer Kinder benutzt. Noch in dem nach 1976 gedrehten Film „Der zweite Händedruck" kamen „imperialistische" Missionare vor, die kleine Kinder zu pharmakologischen Experimenten missbrauchten.

Aber auch die ausländischen Missionare hielten sich an den wörtlichen Sinn der Redewendung „die Religion essen" (sich bekehren), wenn sie Mehl und andere Lebensmittel verteilten, um Zuhörer in den Gottesdienst zu locken. Noch im Hongkong der fünfziger Jahre wurde mit solchen Methoden missioniert. Einen engen Zusammenhang zwischen Religion und Essen zeigen auch die Qing-zeitlichen **Aufzeichnungen über die Weiße-Lotos-Sekte**[11] wo „Bekehrung" ebenfalls als „Religion essen"

---

11 Im Rahmen ihrer „Drei-Welten-Theorie" strebte die Regierung der Volksrepublik in den siebziger Jahren ein Bündnis der Staaten der Dritten und der „Zweiten Welt" (die europäischen Staaten und Japan) gegen die als Hauptfeinde wahrgenommenen zwei Hegemonialmächte USA und Sowjetunion an.

bezeichnet wird. In der Gemeinde der Gläubigen wurden nicht nur Lebensmittel verteilt, sondern sie sorgte auch umfassend für das Alltagsleben ihrer Anhänger, die in einer urkommunistischen Gemeinschaft allen Besitz miteinander teilen sollten. Indem die Gemeinde für die Leiber ihrer Mitglieder sorgte, erreichte sie, dass sie „ihre Herzen hergaben".

CHINESISCHE FÜRSORGLICHKEIT

Im Zentrum des chinesischen Alltags steht der Begriff *yang* (养, Fürsorglichkeit): Fürsorge für den eigenen Körper (er wird mit Nahrung versorgt und mit Tonika gestärkt), Fürsorge für die Ehefrau (sie wird ernährt – *yang*), Fürsorge für die Kinder (sie werden großgezogen – *yang*) und Fürsorge für die Eltern (kindliche Pietät – *xiao*, 孝) füllen das Leben des Einzelnen restlos aus. Die ideale Welt der „großen Gleichheit" (大同, *datong*) ist dann verwirklicht, wenn „für alle gesorgt ist". Hat jeder einen Mundvoll Reis zu essen, dann herrscht höchster Friede (太平) im Reich. Daher galt jede Regierung, die für das Auskommen aller sorgt als gute Regierung. Unter den Nachfolgern des Konfuzius hat sich Menzius am intensivsten mit der Frage beschäftigt, wie eine „menschliche Regierung" (仁政, *renzheng*) aussehen sollte, und er stellte dabei die „Wohlfahrt des Volkes" (民生, *minsheng*) in den Mittelpunkt. Sun Yatsen[12] nahm diesen Begriff wieder auf und machte ihn zum Dreh- und Angelpunkt seiner Geschichtsauffassung. Er behauptete, sein „Prinzip der Volkswohlfahrt" sei identisch mit den Ideologien des Kommunismus und der „großen Gleichheit", und in der Tat waren es die chinesischen Kommunisten, die es schafften, das Reich in Gestalt eines modernen Nationalstaats wieder zu vereinigen und durch ihre Politik der Verstaatlichung und der „eisernen Reisschüssel" jedem Arbeit und „einen Mundvoll Reis" zu garantieren.

---

12 Der 1866 geborene Sun Yatsen (孙中山, Sun Zhongshan, 1866–1925) lehnte die Fremdherrschaft der Mandschu-Regierung ab und wurde zum Führer der republikanischen revolutionären Kräfte. Seine „Drei Prinzipien des Volkes" umfassten: Nationalismus (Wiederherstellung der Unabhängigkeit Chinas), Demokratie und soziale Neugestaltung (v.a. durch eine Bodenreform). Er war für kurze Zeit nach dem Sturz der Qing-Dynastie Präsident der Republik China. 1921 begann er seine Partei (die *Guomindang*) mit der Hilfe der Komintern und sowjetischer Berater nach dem Muster einer kommunistischen Kaderpartei zu organisieren. Sun Yatsen starb 1925 in Peking.

Nicht nur die Regierung, sondern das Universum als Ganzes hat die Aufgabe, liebend für alle Lebewesen zu sorgen. So heißt es im **Buch der Wandlungen:** „Himmel und Erde besitzen die Gnade zu verwandeln und zu ernähren." Diese „fleischlichen" oder „somatisierten" Vorstellungen von Religion, Unsterblichkeit und fürsorglicher Liebe sind mit verantwortlich dafür, dass China heute das bevölkerungsreichste Land der Erde ist. Eine bäuerliche Zivilisation wie die chinesische, in der die körperliche Existenz und Fortdauer der höchste Wert ist, muss zwangsläufig eine große Bevölkerungszahl hervorbringen, die ungeheuren Druck auf die beschränkten Ressourcen ausübt. Alle Aktivitäten von Staat und Gesellschaft sind deshalb darauf ausgerichtet, möglichst jedem seinen „Mundvoll Reis" zu garantieren. Die Bauernaufstände in der chinesischen Geschichte hatten alle ein Ziel, nämlich eine gleichmäßige Verteilung der gesellschaftlichen Ressourcen, und für den Staat war die Ernährung des Volkes das vordringlichste Problem (ob er in der Lage war, es zu lösen, ist eine andere Frage). Über die Jahrtausende wurden die sozialen Unterschiede immer wieder eingeebnet und das Ackerland in immer kleinere Anbauparzellen aufgesplittert. Während die Gesellschaft immer homogener wurde, nahm der ihr aufgesetzte Staat immer despotischere Züge an. Diese in sich geschlossene Struktur diente allein dem Zweck, das grundlegende Problem der Ernährung zu lösen und die „Herzen des Volkes unter Kontrolle zu halten". Zu einer Überwindung oder Veränderung war sie nie fähig.

Für westliche Augen scheint chinesisches Verhalten in allen seinen Erscheinungsformen von Lebensfeindlichkeit geprägt. Das Leben ist in formalisierte Kanäle gezwängt, die es dem Einzelnen verwehren, es in seiner ganzen Vielfalt zu erfahren, und oft verspürt er auch gar kein Verlangen, sich seelisch und körperlich zu verwirklichen. Man geht die von der Gesellschaft festgelegten Pfade, kaum jemand will von ihnen abweichen. So ist wenig Platz für individuelle, romantische Unternehmungen oder für die Neugier darauf, zu erfahren, was jenseits des Üblichen zu finden ist.

Die Gegenüberstellung von westlichem „Individualismus" und chinesischem „Kollektivismus" allein erklärt diese Distanz zwischen den beiden Kulturen nicht. Die lebensfeindliche Einstellung der chinesischen Kultur fällt wahrscheinlich denen am meisten auf, die aus einem lateinischen Land stammen. Diese Kulturen sind selbst „Herzenskulturen" und deshalb wie China stark kollektivistisch geprägt. Clan, Großfamilie und die kommunistische Bewegung spielen in allen diesen Ländern eine große Rolle, und die Verurteilung von Geburtenkontrolle und Abtreibung durch die katholische Kirche hat dort für einen erheblichen Kinderreichtum gesorgt. Trotzdem zeigt man Emotionen und Sinnlichkeit unverhüllter als irgendwo sonst auf der Welt. Die lateinischen Völker drücken ihre Gefühle und Begierden spontan aus, in den protestantischen Kulturen ist man etwas zurückhaltender, während in China die Selbstkontrolle am stärksten ist.

Lust am Leben kann nur empfinden, wer Sinnlichkeit, Erotik und Gefühle zulässt. In den lateinischen Kulturen äußert sich diese Lebenslust in der Freude an „Wein, Weib und Gesang", in der überschäumenden Fröhlichkeit beim Karneval, und in dem Versuch, sich selbst und seine Umwelt zu verschönern. Die sprudelnde Lebensenergie des Individuums und der Kollektivismus können sich gegenseitig ergänzen, sie können aber auch in Konflikt miteinander geraten. So manifestiert sich das lateinische Herz auf der einen Seite in kollektivistischen politischen Bewegungen, auf der anderen Seite im Anarchismus. Ein diktatorisches Regime kann genauso Ausdruck davon sein wie die terroristische Stadtguerilla, die diese Diktatur bekämpft, ebenso eine Demokratie, in der die Regierung ständig gestürzt wird. Auf der einen Seite manifestiert es sich im stabilen Clansystem, auf der anderen Seite darin, dass vor- und außereheliche Liebesaffären als normal angesehen werden. Den Gegensatz von Ordnung und Anarchie gibt es auch in China, doch bestanden sie nie zur gleichen Zeit. In normalen Zeiten herrschte die „große Ordnung", unter der die Entfaltung von Individualität weitgehend unterbunden wurde und niemand Anspruch auf die grundlegenden Menschenrechte erhob. Wenn sich Leid und Unmut lange genug aufgestaut hatten, brach alle ein- bis zweihundert Jahre einmal das „große Chaos" in einer Explosion von Irrationalität und Zerstörungswut aus. Für die Entfaltung der Individualität war in diesen Zeiten ebenso wenig Platz wie für Lebenslust.

Wie also kommt dieser Gegensatz zwischen der chinesischen und der lateinischen „Herzkultur" zustande? Möglicherweise spielt hier der christliche Gedanke der „individuellen Erlösung" eine Rolle, der allerdings in den lateinischen Kulturen anders als im Protestantismus definiert wird: Im Protestantismus organisiert das Individuum mit Hilfe des Verstandes sein Leben mit methodischer Präzision, um den Herausforderungen des Lebens zu begegnen und sich selbst zu verwirklichen. Das Individuum in der lateinischen Kultur dagegen sucht nach Genuss und Lebensfreude; daher die Institution der Beichte in der katholischen Kirche, in der dem Einzelnen sein sündiger Lebenswandel immer wieder vergeben wird. Weil zur Lebensfreude auch der emotionale Kontakt mit anderen Menschen gehört, sind die lateinischen Kulturen weniger kühl und gleichgültig gegenüber Gruppenbeziehungen als die protestantischen. Erst wenn sich Individualität und die Betonung des Herzens verbinden, wird der für diese Kulturen charakteristische Überschwang der Gefühle möglich, wobei die zwischenmenschlichen Beziehungen gleichzeitig zum Medium und zur Fessel der Lebensfreude werden. Verliebt sich zum Beispiel ein amerikanisches Mädchen, und die Eltern versuchen sich einzumischen, kommt es meistens zum offenen Konflikt, vielleicht zieht die Tochter sogar aus. Ein Mädchen im lateinischen Kulturkreis dagegen hätte zwar Angst, ihre Eltern zu verletzen, aber sie würde nie wie ein chinesisches Mädchen gehorchen und die Liebesbeziehung abbrechen. Sie würde vielmehr den Schein wahren, ihre Eltern anlügen, aber sich dennoch heimlich weiter mit ihrem Freund treffen.

In China war Individualität nie gesellschaftlich anerkannt. Wer das daoistische Ideal des „Einzelnen" oder des „nicht-menschlich"-Seins verwirklichen wollte, der musste sich aus dem Magnetfeld der zwischenmenschlichen Beziehungen zurückziehen. Andernfalls hätte man ihm unterstellt, dass er egoistisch seine eigenen Ziele verfolgen wolle. Die chinesische Kultur sieht den Menschen immer als Element einer Zweierbeziehung, und somit als Verkörperung ihrer Form von „Menschlichkeit"(仁, ren). Eine Beziehung zwischen zwei Menschen, denen jede Individualität abgeht, kann aber nur eine kanalisierte und hierarchische Beziehung sein. Da das Herz jedes Pols in diesen Beziehungen in gesellschaftlich sanktionierte Kanäle integriert ist, wirkt der emotionale Kontakt gleichzeitig als gegenseitige Kontrolle und wird harmonisiert. Ein Herz, das dermaßen eingebunden ist, kann keine Quelle stürmischer Leidenschaft mehr sein. Die chinesische Form der gegenseitigen Anteilnahme und Fürsorge äußert sich beispielhaft im folgenden Alltagsdialog: „Geht es Ihrem Körper gut?" (oder: „Achten Sie auf Ihren Körper!", oder: „Der Körper ist wichtig, passen Sie gut auf ihn auf!") Antwort: „Sie haben ein Herz!" In diesem Austausch von standardisierten Formeln kommt das grundlegende Muster der grammatischen Regeln zum Ausdruck, die für das Verhältnis von Herz und Leib gelten. Das in eine Zweierbeziehung eingebundene Herz hat die Pflicht, für den

Körper des Gegenpols – der Eltern, der Ehefrau, der Kinder – zu sorgen, wobei das über allem stehende Ziel ist, für die Fortsetzung der Familienlinie zu sorgen.

Im **Buch von Maß und Mitte** heißt es:

> „Wenn weder Freude noch Ärger, weder Trauer noch Glück gezeigt werden, dann wird das Mitte genannt. Wenn sie gezeigt werden, aber im rechten Maß, dann wird das Harmonie genannt … Lass' Mitte und Harmonie herrschen, und Himmel und Erde werden ihre angemessenen Plätze einnehmen, und für alle Dinge wird gesorgt werden."

Hier wird explizit gefordert, dass alle Regungen des menschlichen Herzens das rechte Maß einhalten und der Aufrechterhaltung der Ordnung im Universum und der Fürsorge für die anderen untergeordnet werden müssen.

Was Chinesen als „Lebensfeindlichkeit" angekreidet wird, ist also in Wahrheit eine ablehnende Einstellung zur Existenz von Einzelseelen, mit dem Ziel, das leibliche Dasein zu bewahren. Dadurch wurde China das Land mit der größten Bevölkerungszahl der Erde; das chinesische Volk perpetuierte seine Existenz über mehr als dreitausend Jahre. Doch in dieser mehr als dreitausendjährigen Geschichte gab es kaum Ansätze zu einer irgendwie gearteten Transzendenz. Liest man die vierundzwanzig Dynastiegeschichten oder andere Geschichtswerke, so kann man sich des Eindrucks nicht erwehren, die chinesische Kultur sei zwar tatsächlich „so ewigwährend wie Himmel, Erde und Mensch", doch gebe es in ihr kein Streben nach höheren Zielen, sondern nur eine unendliche Ausdehnung auf der gleichen Ebene. Eine Dynastie geht unter und an ihre Stelle tritt eine zwar neue, aber wesensgleiche Dynastie, ähnlich wie die alte Generation eine junge Generation aufzieht, die sich von ihren Vorfahren nicht unterscheidet und so deren physisches Weiterleben garantieren soll. Damit hat China als „ultrastabiles System" tatsächlich seinen Traum von Unsterblichkeit verwirklicht.

EINE HEIMSTATT FÜR LEIB UND HERZ

Von einer somatisierten Existenz kann man dann reden, wenn das Leben vollkommen auf die Befriedigung der oralen Bedürfnisse und das Streben nach einer Heimstatt für den Leib ausgerichtet ist. Doch eine Heimstatt für den Leib setzt eine Heimstatt des Herzens voraus. Wer seinen Körper in der Geborgenheit der zwischenmenschlichen Beziehungen unterbringen möchte, muss ihr auch sein Herz (d.h. seine Gefühle) überlassen.

Alle Menschen haben ein gewisses Bedürfnis nach Sicherheit. Bei den einen aber definiert das Ich selbst die sozialen Beziehungen, während bei anderen die sozialen Beziehungen das Ich bestimmen. So weist das oberflächlich gleiche Bedürfnis nach Sicherheit ganz verschiedene Inhalte auf. Das chinesische Ich ist statisch und meist nicht fähig zur Selbstbestimmung. Es muss von den sozialen Beziehungen und von der Gruppe organisiert, definiert und vollendet werden, und die sozialen Beziehungen wie die emotionalen Bindungen sind in China eher stabil. So steht im Magnetfeld der Beziehungen ein relativ statischer Leib einem vergleichsweise dynamischen Herzen gegenüber, das aber bestrebt ist, eine Heimstatt, d.h. Ruhe zu finden, indem es sich zu einem anderen Leib in Beziehung setzt und dadurch sowohl den anderen als auch sich selbst in einen Zustand der Ruhe bringt.

Das Bedürfnis nach Ruhe erstreckt sich nicht nur auf die Familie, sondern auch auf das ganze Reich, das „befriedet" und geeint werden soll, um die „große Ordnung" wiederherzustellen. Die moderne „Bewegung zur Rettung des Landes" folgte im Prinzip denselben grammatischen Regeln, nur erweitert um das Ziel der Modernisierung. Mit dem Marxismus-Leninismus importierte sie eine zielgerichtete Ideologie, um die Bevölkerung zu mobilisieren. Nachdem im Jahr 1949 das Reich geeint und der neue Staat gegründet war, setzte sich die traditionelle Dialektik von Statik und Dynamik wieder durch, und es kam zum „großen Chaos unter dem Himmel", zur Kulturrevolution. Heute wird wieder die „große Ordnung im Reich" gefordert, und die Parole lautet: „Ruhe, Ordnung, Einheit" (安定团结, *anding tuanjie*).

Die chinesische Gesellschaft hat nicht die Kraft zur Selbstorganisation und muss daher von der einheitsstiftenden Macht des Staates kontrolliert werden. Lockert sie die einigende Machtstruktur, dann kann in kürzester Zeit die „große Unordnung" entstehen, und daher ist sie immer darauf gerichtet, „die Volksherzen zu unterdrücken". Jeder äußere Einfluss wurde als korrumpierend und als Element der Unruhe angesehen. Für ein ultrastabiles System wie die chinesische Kultur war der Glaube an eine geographische

Begrenztheit essentiell. Da sich aber in Wirklichkeit der Raum immer weiter ausdehnte, musste eine künstliche Mauer errichtet werden, um ein umgrenztes, von der übrigen Welt abgeschlossenes Gebiet zu schaffen.

Der chinesische Leib braucht das Herz der anderen, um sich zu organisieren; ohne die Fürsorge der anderen wird er zu einem „heimatlosen Geist". So wie das Herz den Leib kontrolliert, so organisiert der Staat die Gesellschaft, beide mit dem Ziel, das jeweilige Objekt ruhigzustellen. Eine Person ebenso wie eine Gesellschaft, die fremdbestimmt ist und nicht selbstorganisiert, ist prinzipiell unfähig zu einer dynamischen Entwicklung.

Die übertriebene Betonung der Ruhe von Leib und Herz vermindert bei den Chinesen auch Risikobereitschaft und Abenteuerlust. Im **Klassiker der Kindesliebe** heißt es: „Der Leib ist dir von Vater und Mutter gegeben. Wage es nicht, ihn zu verletzen." Und Konfuzius sagte: „Leben Vater und Mutter noch, so soll man nicht reisen. Ist man dennoch von zu Hause fort, sollte man zumindest einen festen Wohnort haben" (**Gespräche**). Chinesen müssen ihren Plänen und Taten immer dadurch Legitimität verleihen, dass sie behaupten, sie täten es für andere, sei es für die Eltern, die Nation oder für das Wohl der Kinder. Wichtig aber ist in jedem Fall, dass Leib und Herz in Ruhe versetzt werden. Noch kein Chinese hat allein die Straße von Taiwan durchschwommen oder ist auf einem Floß über den Pazifik gefahren. Genauso wenig hat man von einzelnen Chinesen gehört, die in Afrika auf Jagd gehen oder eine Expedition zum Südpol unternehmen. Wenn Chinesen sich doch auf solche Unternehmungen einlassen, dann nicht für sich selbst, sondern aus anderen Motiven: Buddhistische Mönche wie Xuanzang, Faxian und Yijing[13], die in der Tang-Zeit (唐朝„ 617/18–907) und davor aus religiöser Überzeugung größte Gefahren auf sich nahmen und nach Indien reisten, sind noch Ausnahmen unter den Ausnahmen. Die Besteigung des Mount Everest wiederum erfolgte zum höheren Ruhm der

---

13 Xuanzang (玄奘, ca. 602–664), reiste als buddhistischer Mönch 629 nach Indien, um buddhistische Werke zu erwerben und an die heiligen Stätten zu pilgern. 645 kehrte er nach China zurück und widmete sich der Übersetzung der Sutren. Der buddhistische Mönch Faxian (法显, 337-ca. 422) lebte im 4./5. Jahrhundert. Er reiste 399 aus ähnlichen Beweggründen wie Xuanzang nach Indien und kehrte 414 nach China zurück. Yijing (义净, 635–713) war ein buddhistischer Mönch, der nach Indien reiste, allerdings machte er 671 einen Umweg über Sumatra, wo er Sanskrit lernte. 695 kehrte er nach China zurück.

Partei und des Vorsitzenden Mao. Auch die Heldentaten des „langen Marsches"[14] zählen zu diesen kollektiven Leistungen. Im Allgemeinen hüten die Chinesen ihren Leib wie ihren Augapfel, doch wenn sie in eine Zwangslage geraten, kommt es vor, dass sie ihr Leben für andere opfern. Weil der Leib ein Geschenk der Eltern ist, darf ihm kein Härchen gekrümmt werden. Erkranken die Eltern aber, sind manche bereit, für ihre Rettung die eigene Gesundheit zu opfern. Mit der gleichen Logik können das Kollektiv oder das Vaterland, die liebend für ihn sorgen und ihn nähren, vom Einzelnen verlangen, dass er „Leiden und Tod nicht fürchtet". Solche Fälle von Selbstlosigkeit sind jedoch Ausnahmen, und da dem Einzelnen der Antrieb zur Selbstentfaltung fehlt, gibt es kaum individuell motivierte Risikobereitschaft und Abenteuerlust.

In China brüstet man sich damit, dass die emotionalen Bindungen dort enger seien als im Westen. Dabei handelt es sich aber um eine Formalisierung und Kanalisierung von natürlichen und spontanen Gefühlsregungen. Man folgt der konfuzianischen Maxime: „Sind die Bezeichnungen nicht richtig, entspricht die Sprache nicht der Wahrheit der Dinge. Entspricht die Sprache nicht der Wahrheit der Dinge, können die Angelegenheiten nicht vollbracht werden" (**Gespräche**). Daher müssen Männer und Frauen, bevor sie eine Beziehung aufnehmen, zunächst den formalen Charakter ihrer Beziehung festlegen, anstatt sich danach zu richten, wie sich ihre gegenseitigen Gefühle spontan entwickeln. Ein solches Vertrauen auf die eigene Subjektivität setzte nämlich ein starkes Selbstbewusstsein voraus, das in China die Ausnahme darstellt. Im Extremfall kann diese Tendenz dazu führen, dass der eigene Leib nur als Mittel dient, die erstrebte Heimstatt für Leib und Herz zu erlangen. Man meidet alle Kontakte zu Männern bzw. Frauen, die nicht diesem Ziel dienen, und auch im alltäglichen Umgang vermisst man bei beiden Geschlechtern Feinfühligkeit und Unbefangenheit. Viele überspringen ihre Jugend, und die Ehe wird zu einer Pflicht, die man auf sich zu nehmen hat, wenn die Zeit dafür gekommen ist.

---

14 Der Lange Marsch war eine Absetzbewegung der kommunistischen Streitkräfte aus den zentralen Stützpunkten in der Provinz Jiangxi sowie in Mittel- und Südostchina nach Nordwestchina. Er dauerte von Oktober 1934 bis Oktober 1935 und führte über zehntausend Kilometer nach Yan'an in der Provinz Shaanxi. Nur ein Zehntel der hunderttausend kommunistischen Soldaten, die in Zentralchina aufgebrochen waren, erreichten ihr Ziel.

Wer sich selbst nur als Leib ohne individuelle Seele betrachtet, und wessen einziges Lebensziel darin besteht, für diesen Körper einen Platz im Magnetfeld der sozialen Beziehungen zu finden, für den gibt es keine romantischen Gefühle. Auch wenn er oder sie nach einem Partner fürs Leben sucht, geht es nicht um eine Synthese von seelischer und körperlicher Liebe. Man achtet vielmehr vor allem darauf, ob der Partner in materieller Hinsicht in der Lage ist, dem Leib eine Heimstatt zu bieten und ob bei ihm auch das Herz zur Ruhe kommen kann, das heißt, ob er ein „guter Mensch" ist und den anderen gut umsorgen kann. Diese Nüchternheit der Maßstäbe ist ein besonderes Merkmal der Tendenz zur Somatisierung. Natürlich sind nicht alle Chinesen so, denn das Herz kann auch ein Faktor der Spiritualität oder der Sexualität sein. In dieser Funktion kann es an die Stelle der unterentwickelten Individualität treten und so die pure Körperlichkeit transzendieren. Es ist kein Zufall, dass diese Tendenz, die ohnehin Sache einer Minderheit ist, vor allem bei Frauen auf dem Festland und auf Taiwan auftritt, wo die Kultur des Herzens noch lebendiger ist als in Hongkong.

DIE LOGIK DES MENSCHLICHEN HERZENS

DIE „ROHEN" UND DIE „GAREN" MENSCHEN

Den „eigenen Leuten" (自己人, *ziji ren*) gegenüber – Eltern, Vorgesetzten, Verwandten, Freunden, Bekannten und denjenigen, die einem von Bekannten empfohlen wurden – ist man in China immer sehr rücksichtsvoll und zuvorkommend, manchmal bis zur Selbsterniedrigung. Außerhalb dieses vertrauten Kreises wird es schwierig, sich richtig zu verhalten. Man reagiert gereizt und es kommt oft zu unkontrollierten Wutausbrüchen. Im sozialen Umgang muss daher zunächst geklärt werden, wer zum Kreis der eigenen Leute gehört. Mit Menschen, die noch nicht zu dieser Kategorie gehören, muss man zunächst „Beziehungen" und „freundschaftliche Kontakte" knüpfen (拉关系, 拉交情, *la guanxi, la jiaoqing*). Die Aufgabe der Vermittlung (介绍, *jieshao*) übernimmt dabei ein Angehöriger des eigenen Zirkels. Das Zeichen für „anknüpfen" (拉, *la*) bedeutet ursprünglich, „aus der Ferne an sich heranziehen"; das Wort „vermitteln, vorstellen" setzt sich aus dem Zeichen für „Vermittler" (介, *jie*) und einem Zeichen (绍, *shao*) zusammen, dessen alte Bedeutung „verbinden" (继, *ji*) oder „zusammenbinden" (续, *xu*) lautete. Die Zeichen für „zusammenbinden" und „verbinden" enthalten beide das Piktogramm „Seide" (丝, *si*) und legen damit die Konnotation „Seil" oder „Faden" nahe. Der Vermittler ist also jemand, der die Fäden zieht, außerdem hat ein Faden oder Seil zwei Enden, an denen man ziehen kann. Das zweite Zeichen des Wortes für „Beziehung" (系, *xi*) setzt sich zusammen aus den Piktogrammen „Mensch" (人, *ren*) und „Seide" (丝, *si*). So kann man manchmal in China das Gefühl haben, von den menschlichen Gefühlen „gefesselt" zu sein.

Der übliche Weg zu Beziehungen ist eine Einladung zum Essen. Dabei wird den zwischenmenschlichen Beziehungen ein bestimmter Geschmack zugeordnet. Die Menschen werden in „gare", das heißt vertraute, und „rohe", das heißt fremde, unterteilt. Vor jeder gemeinsamen Unternehmung muss die Beziehung „gekocht" werden, denn nur bei garen Menschen ist man bereit, Nachteile in Kauf zu nehmen. Natürlich erwartet man nach der Logik des Herzenstausches, dass du gut zu mir bist, wenn ich gut zu dir bin. Nur unter Vertrauten (garen Menschen) kann man offen reden; macht man unter Freunden den Mund nicht auf, dann gilt man als „herzloser

Eigenbrötler". Auf Chinesen, die ständig die Wärme menschlicher Kontakte brauchen, wirkt jemand, der sich nur um sich selbst kümmert, „kalt" und „sauer", wobei das chinesische Wort für „sauer" die Konnotation „es macht die Zunge taub und schmeckt nicht" hat. Was nicht schmeckt, ist meist auch nicht gekocht, und so ist in China der Unterschied zwischen einem Fremden und einem verschlossenen Freund gering. Bekannte müssen einander immer wieder „etwas Süßes geben", das heißt einander Vorteile verschaffen, damit die Beziehung „gut schmeckt" und einem der „Appetit nicht verdorben" wird.

Wenn alle sozialen Beziehungen in rohe und gare unterteilt werden, entspricht das der konfuzianischen Forderung, dass vor allem die Bezeichnungen richtiggestellt werden müssen. So wurden für ausländische Studenten in der Volksrepublik China Behörden eingerichtet, die sich um deren Bedürfnisse kümmern sollen. Verlässt man als Ausländer den Zuständigkeitsbereich dieser Behörden, dann braucht man einen Bürgen oder einen Empfehlungsbrief. Während meines Aufenthaltes auf dem Festland wollte ich einige prominente Personen treffen. Der für uns zuständigen Behörde gelang es nicht, den Kontakt herzustellen (das heißt, sie hatte nicht genug Gesicht), und so musste sie sich an Leute wenden, die diese Prominenten kannten, und sie um Vermittlung bitten. Ohne zwischenmenschliche Beziehung bleibt man „einer von draußen" (外人, *wairen*), ein Fremder. Auch wenn unsere Behörde dienstlich mit anderen Behörden zu tun hatte, hatten die offiziellen Schreiben die Form persönlicher Empfehlungsbriefe. Wenn Bürger aus Hongkong in die Volksrepublik reisen, brauchen sie anstelle eines Reisepasses ein „Empfehlungsschreiben für Heimatbesuche".

Auch im Geschäftsverkehr zwischen staatlichen Betrieben auf dem Festland müssen Geschäftspartner zuerst zum Essen eingeladen werden und Geschenke bekommen. Erst wenn das Herz den Körper versorgt hat, kann die „Herzlichkeit" oder „Sympathie" (心意, *xinyi*) des einen beim anderen ankommen, und nur so kann man Zutritt zum Kreis der eigenen Leute bekommen. Dieser Kreis wird zusammengehalten durch den Zement der zwischenmenschlichen Beziehungen, und das bedeutet, dass Außenstehende keinen Zutritt haben. Das erste Zeichen des Wortes für „Beziehung" (关, *guan*) kann sowohl heißen: „die Türe schließen", als auch: „Durchlass, Verbindungsweg". Wenn einem Bekannten, einem Mitglied des geschlossenen Zirkels, der Zugang durch die Vordertüre (zu besonders begehrten Waren, Fahrkarten, Zulassung zur Hochschule u.ä.) versperrt ist, dann lässt man ihn „durch die Hintertüre" hinein. Den eigenen Leuten öffnet man, wenn man die Macht dazu hat, alle Türen. Einflussreiche Kader finden Wege, ihren Kindern, Verwandten und Freunden die besten Arbeitsplätze zu verschaffen. Da auf dem Festland gilt: „wer die Macht hat, hat alles", will niemand in Rente gehen, bevor die Kinder erwachsen und versorgt sind, zumal jeder darüber hinaus noch in einem Netz gegenseitiger Gefälligkeiten gefangen ist. Unparteilichkeit im Dienst und gleiche Behandlung von Fremden und Freunden sind für chinesische Beamte Fremdwörter, denn richteten sie sich nach diesen Prinzipien, gäbe es keine eigenen Leute mehr.

INNEN UND AUSSEN

Für Chinesen ist die Unterscheidung von Innen und Außen äußerst wichtig. In der Familie unterscheidet man die eigene Familie (die väterliche Seite) und die „äußere Familie" (die mütterliche Seite). Verwandte mütterlicherseits werden als „äußerlich" bezeichnet: So gibt es den „äußeren Großvater" (外公, *waigong*), die „äußere Großmutter" (外婆, *waipo*) und die „äußeren Enkel" (外孙, *waisun*). Auch die Cousins und Cousinen werden in solche innerhalb des Hauses (堂兄弟, *tang xiongdi*) und außerhalb des Hauses (表兄弟, *biao xiongdi*) geschieden. China ist das Land im Inneren (中国, *zhongguo*), im Gegensatz zum Ausland (外国, *waiguo*).

Wenn schon in der Familie ein Unterschied zwischen Innen und Außen gemacht wird, dann ist das Problem beim Umgang mit wirklich Außenstehenden noch viel komplexer. Zunächst gilt die Regel: Nahestehende und Fremde sind unterschiedlich zu behandeln. Dass man die eigenen Leute bevorzugt, ist klar. Trifft man aber eine Person, die man noch nicht kennt, sei es ein entfernter Verwandter, ein „hohes Tier" oder ein Fremder, auf dessen Bekanntschaft man Wert legt, dann bringt man seine „Herzlichkeit" dadurch zum Ausdruck, dass man die eigenen Leute erniedrigt. Richtiges Benehmen heißt für die Chinesen, zuvorkommend und nicht auf die eigenen Interessen bedacht zu sein. Einem Außenstehenden gegenüber, auf den man einen guten Eindruck machen will, äußert sich das in einer noch stärker konventionalisierten Form. Wer sich gut zu benehmen weiß, setzt sich in der Öffentlichkeit nicht für die eigenen Leute ein, im Gegenteil:

Vor nicht allzu langer Zeit war es so, dass Eltern, deren Kinder sich mit den Nachbarskindern stritten, zuerst die eigenen Kinder schlugen, ohne nachzufragen, wer schuld war. Kinder, die so behandelt wurden, werden sich als Erwachsene immer zurücknehmen, um es den anderen Leuten recht zu machen; sie werden sich anzupassen versuchen, sich nach den anderen richten und immer auf Zustimmung und Harmonie bedacht sein. Besonders zeigt sich diese Erniedrigung der „eigenen Leute", wenn eine wichtige Person zuhause bewirtet wird. Zunächst jagt der Hausherr die Kinder hinaus, damit der hohe Gast nicht belästigt wird. Dann leistet er dem Gast beim Essen Gesellschaft, während die Hausfrau kocht und die Küche meist gar nicht verlässt. Nur so, meint man in China, gibt man dem Gast „Gesicht", und auch selbst kann man Gesicht gewinnen, denn man zeigt, dass man nicht kalt und unfreundlich ist. Je entfernter die Beziehung zum Gast ist, desto ausgeprägter ist dieses Verhalten. Sind aber Freunde zu Besuch, dann sind alle diese Formalitäten überflüssig.

Werden diese Verhaltensregeln auf den Umgang mit Ausländern angewandt, kommt es manchmal zu komischen Situationen. Ein Engländer, der am Ende der Kulturrevolution in den 1970er Jahren in China war, erzählte: „Wenn die chinesischen Behörden für uns Ausländer einen Ausflug an einen allgemein zugänglichen Ort (Kaufhäuser, Parks, Museen etc.) organisierten, dann wurden, bevor wir eintreten konnten, alle Chinesen verscheucht. Die eigenen Landsleute vor den Augen von Ausländern zu beleidigen, das gibt es sonst nirgends auf der Welt." Bei einer Schifffahrt auf dem Yangtse zusammen mit einigen ausländischen Studenten erlebte ich damals eine ähnliche Szene. Als das Schiffspersonal von der Anwesenheit der Ausländer erfuhr, richteten sie getrennte Essenszeiten für Chinesen und Ausländer ein, um zu vermeiden, dass das Gedränge, das Gezänke und der Schmutz der Einheimischen einen schlechten Eindruck auf die Ausländer machten. Als wir gerade aßen, kam ein etwa sechzigjähriger, chinesischer Passagier, der sich nicht auskannte, in den Speisesaal. Sofort fuhr ihn einer der Kellner an und rief: „Raus hier!" Solche Methoden erzeugten bei den Chinesen das Gefühl, einer minderwertigen Rasse anzugehören, aber auch bei den Ausländern hatten sie nicht den gewünschten Effekt, China in einem besseren Licht erscheinen zu lassen. Die Ausländer wurden auf eine höhere Stufe als die Chinesen gestellt, wodurch die Unterscheidung von Innen und Außen zu einer Frage der Rangordnung wurde.

Eine Rangordnung gibt es auch unter Chinesen. Ein Mathematiker, Auslandschinese, der auf dem Festland Gastvorlesungen hielt, machte mit einem einheimischen Kollegen eine Reise nach Hangzhou (杭州). Als „ausländischer Gast" ließ er die Reise vom Reisebüro organisieren. In Hangzhou angekommen, musste er erleben, dass er als Überseechinese im Ausländerspeisesaal des Hotels allein an einem Tisch saß, während sein Freund in einem anderen Speisesaal ebenfalls alleine aß. Von da an vermied er es, Reisen mit chinesischen Freunden vom Reisebüro organisieren zu lassen.

Solche – noch Anfang der 1990er Jahren übliche – Erlebnisse scheinen der Regel, dass die eigenen Leute bevorzugt werden müssen, zu widersprechen. In Wirklichkeit aber zeigen sie, dass auch hier klar zwischen Eigenen und Fremden unterschieden werden muss, nur wirken sich die Unterschiede hier in umgekehrter Weise aus. Normalerweise ist man denen gegenüber, die nicht zum Kreis der eigenen Leute gehören, und daher auch keine „Herzlichkeit" erwarten können, sehr unhöflich. Ein Gast aus der Ferne wird dagegen bevorzugt behandelt, weil man dadurch demonstrieren kann, dass man nicht schäbig, geizig und kleinlich ist. Deshalb werden Ausländer in China niemals mit dem einfachen Volk auf eine Stufe gestellt. Man muss ihnen vielmehr einen Teil der Privilegien zukommen lassen, die eigentlich nur der herrschenden Klasse zustehen. Aber auch innerhalb der Kategorie der ausländischen Gäste gibt es Rangstufen: Überseechinesen und Gäste aus Hongkong gelten als Verwandte, Ausländer dagegen sind Fremde. Die Regeln für den Umgang mit denen, die einem näherstehen, sind entsprechend lockerer. Unabhängig davon, wieviel Geld sie haben, werden alle Ausländer als „andersartig" und „wertvoller" als die einfache chinesische Bevölkerung angesehen. Daher war es lange Zeit gerechtfertigt, von ihnen den doppelten Preis zu verlangen. Überseechinesen waren nicht ganz so viel wert, sie bekamen einen gewissen Preisnachlass.

Die Regeln der unterschiedlichen Behandlung von Nah und Fern, von Innen und Außen, brachten nicht nur Privilegien, sondern auch Nachteile. Einerseits durften Ausländer und Überseechinesen Luxushotels und -restaurants betreten, zu denen Chinesen keinen Zutritt hatten. Andererseits war für sie das Betreten der sogenannten internen Einrichtungen, zum Beispiel interner Buchläden, verboten, und auch gewisse Publikationen waren ihnen nicht zugänglich. Außerdem galten Ausländer als Objekte, vor denen man sich in Acht nehmen muss. Die chinesischen Behörden ermahnten ihre Bürger immer wieder, sich zu Ausländern so zu verhalten, wie es Konfuzius mit den Geistern hielt: „Er achtete die Geister, hielt aber Abstand von ihnen" (**Gespräche**). Die Leitung der Universität, deren Gast ich war, gab den chinesischen Lehrern und Studenten, die zwangsläufig mit Ausländern zu tun hatten, die Anweisung: „Habt gute, aber nicht übertrieben gute Beziehungen mit den Ausländern." Eine chinesische Studentin einer anderen Universität wollte damals einmal einen Bekannten in einem Hotel für Ausländer besuchen. Im Hotel wurden ihr Name und ihre Einheit notiert und die Hochschule wurde informiert. Als sie zurückkam, ermahnte sie ihr Klassenleiter: „Du solltest nicht dorthin gehen, wo sich Ausländer aufhalten." Dahinter steckt die Auffassung, dass Kontakt mit Ausländern unmoralisch und korrumpierend wirkt. So war das bis in die 1980er Jahre hinein.

Ganz ähnlich wurden die Ausländer in Kanton vor dem Opiumkrieg[1] behandelt. Ihnen wurde von den chinesischen Behörden ein Bezirk außerhalb der Stadtmauer zugewiesen, gleichzeitig aber behandelte man sie zuvorkommend und stellte sogar Dienstmädchen und Diener zur Verfügung. Auf jeden Fall sollte verhindert werden, dass sie in die Stadt kämen.

Außenstehende werden respektiert, aber auf Abstand gehalten. Den eigenen Leuten vertraut man, doch respektiert man sie nicht. Die unterschiedlichen Praktiken der Kommunistischen Partei gegenüber Mitgliedern und Nichtmitgliedern illustrieren dieses Verhaltensmuster: Parteimitglieder haben Zugang zu geheimen Informationen, gleichzeitig müssen sie aber mehr Opfer bringen, um bei Nichtmitgliedern einen guten Eindruck zu machen. Die „Massen", die man für die Partei gewinnen will, dürfen keine Geheimnisse erfahren. Dafür werden an sie keine so strengen Anforderungen wie an die Mitglieder gestellt, im Gegenteil, man ist ihnen gegenüber besonders nachsichtig. Für die Prominenten unter den Adressaten der

---

[1] In den beiden Opiumkriegen (1840–1842 und 1856–1860) erzwang das britische Königreich die Öffnung Chinas für den Handel mit dem Ausland. Im Vertrag von Nanjing von 1842 musste das besiegte China territoriale Zugeständnisse machen, seine Flüsse für die britische Schifffahrt öffnen und die Aktivität christlicher Missionare dulden. Die Briten nahmen Hongkong in Besitz. Dem ersten der „ungleichen Verträge" folgten im Laufe des Jahrhunderts weitere mit den USA, Frankreich, Portugal u.a. Die Opiumkriege stellten eine traumatische Erfahrung für die chinesische Elite dar, da sie ihnen die militärische und technische Unterlegenheit des chinesischen Kaiserreiches vor Augen führte.

Einheitsfront gilt: je reaktionärer, desto wertvoller. Weicht dagegen ein Parteimitglied, dem man eigentlich als „einem von uns" vertrauen sollte, vom rechten Weg ab, gerät es sofort in Verdacht, auf der Seite des Feindes zu stehen, und wird bestraft.

Jeder Chinese kennt beim Spiel von Fern und Nah, Innen und Außen seine Position. Ob er als Dazugehöriger zurückgesetzt wird, oder ob er als Fremder bevorzugt wird: keiner wird sich verunsichert fühlen oder gar protestieren. Bei Ausländern aber, außer bei Japanern, stoßen die Chinesen damit auf Unverständnis. Dass das westliche Herz anders schlägt, zeigt sich daran, dass Besucher aus dem Westen für eine bevorzugte Behandlung nicht besonders dankbar sind, sich aber auch nicht von ihr einschränken lassen, denn sie meinen, dass sie, wenn sie mehr bezahlt haben, auch einen Anspruch auf mehr Leistung haben. Von ihrem Standpunkt aus ist die Zurücksetzung der eigenen Landsleute ein Zeichen für mangelnde Selbstachtung: wer sich selbst nicht achtet, kann auch andere nicht achten, und so vermuten sie hinter der Vorzugsbehandlung böse Absichten. Die Behandlung als „Andersartige", vor denen es sich zu hüten gilt, empfinden sie nicht als Auszeichnung, sondern als Missachtung. Daher lehnen sie die Regeln von Innen und Außen ab und ziehen es vor, selbst zu entscheiden, wen sie kennenlernen möchten. Die Kader, die für die Betreuung der Ausländer zuständig sind, bestärkt das nur in ihrer Ansicht, dass Ausländer wenig Wert auf das „Gesicht" legen.

WOHIN DIE „HERZLICHKEIT" NICHT REICHT

Auf die Frage nach einem Leben nach dem Tod antwortete Konfuzius: „Wie kann man den Tod kennen, wenn man das Leben nicht kennt?" Er sprach nicht „über außergewöhnliche Erscheinungen und Heldentaten, über Unordnung und Geister", und sagte: „Wer nicht den Menschen zu dienen versteht, wie kann der den Geistern dienen?" Man solle „die Geister achten, aber Abstand von ihnen halten" (**Gespräche**). Alle diese Bereiche interessierten ihn nicht, weil sie weder mit konkreten Empfindungen noch mit zwischenmenschlichen Verpflichtungen zu tun haben. Ausländer zählen eher zur Klasse der Geister und Dämonen, die sich jenseits der zivilisierten Welt bewegen, weil sie andersartig und daher unfähig zum Herzensaustausch sind.

Im Allgemeinen beschränkt sich der Bereich der „Herzlichkeit" (心意, *xinyi*) auf den Kreis der eigenen Leute. Hier ist man rücksichtsvoll bis zur Selbstverleugnung und außerordentlich höflich. Wenn man auf dem chinesischen Festland, wo diese Tradition ungebrochen ist, von einer befreundeten Familie zum Essen eingeladen wird, dann werden einem die besten Stücke angeboten; am liebsten würden die Gastgeber auch ihre Portion noch hergeben. Im Restaurant streiten Bekannte erbittert darum, wer bezahlen darf, und im Bus reißt sich jeder darum, den Fahrschein für den anderen zu kaufen. Sind Sie von einem Bekannten versehentlich gestoßen worden oder ist er ihnen auf den Fuß getreten, gibt es unzählige Entschuldigungen. So zeigt man, dass die Herzen tatsächlich miteinander kommunizieren. Die übliche Entschuldigungsformel in solchen Fällen lautet: „Ich habe wirklich kein Herz!" (我是无心的, *wo shi wuxin de*).

Außerhalb dieses Kreises ist es nicht nötig, sich als „Mensch mit Herz" zu benehmen. Wer einen anderen anrempelt, entschuldigt sich nicht. Das Wort „Verzeihung" (对不起, *dui bu qi*) hat wörtlich die Bedeutung „ich kann mich mit dir (in unserer Beziehung) nicht messen", und das ist nur möglich, wenn eine formalisierte Beziehung zwischen den Beteiligten etabliert ist. Trägt ein Freund einen Koffer, dann versucht man, ihm diesen aus der Hand zu reißen und für ihn zu tragen. Stößt man aber mit seinem Koffer einen Fremden an, entschuldigt man sich nur in Ausnahmefällen. Manchmal kann man auch beobachten, wie ein Radfahrer einen Fußgänger anfährt. Während sich der eine noch vor Schmerzen krümmt, beschimpft ihn schon der andere, um sein Gesicht zu wahren, und erklärt mit einem Schwall von Worten, was der Fußgänger falsch gemacht hat. Daraus entwickeln sich dann oft die heftigsten Wortwechsel. Trifft man auf dem Festland einen Bekannten in einer Schlange, dann bietet man ihm den Platz vor sich an. Steht aber ein Fremder vor einem in der Schlange, versucht man mit allen Mitteln, sich vorzudrängen. Beim Einsteigen in den Bus stellt sich normalerweise niemand an, und selbst innerhalb der Barrieren wird gedrängelt und geschoben. Versucht man, einen Drängler zurückzuhalten, findet er immer wieder einen Vorwand, um an die Spitze der Schlange zu kommen. Dass jemand tatsächlich stehenbleibt, ist eine seltene Ausnahme. Wenn aber ein Ausländer in der Schlange steht und versucht, die Drängler aufzuhalten, dann hat er gewiss Erfolg. Anscheinend ist im Unterbewusstsein ein Bedürfnis nach einer äußeren Autorität vorhanden, die die Ordnung durchsetzt und so jedem gibt, was ihm zusteht. An jeder Bushaltestelle müssen Ordner dafür sorgen, dass es keine Drängelei gibt. Fehlt die äußere Kontrolle, entsteht totales Chaos. Auch in Läden versuchen manche, sich unter Körpereinsatz nach vorne zu drängen. Die hohe Bevölkerungszahl allein vermag dieses Phänomen jedoch nicht zu erklären, denn selbst wenn nur zwei Personen da sind, streiten sie sich um den besten Platz.

Ruft man auf dem Festland eine Behörde an, antwortet meistens eine unfreundlich keifende Stimme, und manchmal ist der Hörer schon eingehängt, bevor man überhaupt zu Ende gesprochen hat. Meistens ist das keine absichtliche Unfreundlichkeit aus Ärger über die Störung; es ist vielmehr der übliche Tonfall für Situationen, in denen keine Kommunikation auf der Ebene der Herzen stattfindet. In solchen Situationen sind Chinesen schroff und verkrampft. Selbst wenn sie Sympathie zeigen wollen, wissen sie nicht, wie, so dass sie sich oft gegen ihren eigenen Willen falsch oder schlecht benehmen.

Auch in Hongkong ist es üblich, wenn man versehentlich eine falsche Nummer gewählt hat, ohne Entschuldigung den Hörer einzuhängen. Manchmal kann man spüren, dass der Anrufer sich eigentlich entschuldigen möchte, doch dann fehlen ihm plötzlich die Worte, und er hängt auf. Doch muss ich einräumen, dass sich die Situation in Hongkong gebessert hat: noch vor zehn Jahren wurde in solchen Fällen der Anrufer mit den übelsten Flüchen bedacht.

Wird man in China auf der Straße von einem anderen Passanten angerempelt, so dass eine Tasche oder ein Gepäckstück auf den Boden fällt, bückt sich normalerweise niemand danach, vielleicht, weil es keiner bemerkt hat, vielleicht auch, weil man einem Fremden kein missverständliches Signal geben will. In den meisten Fällen aber ist man nicht absichtlich unhöflich, sondern man weiß nicht, wie man sich einem Fremden gegenüber zu benehmen hat, so dass einem nichts anderes übrigbleibt, als weiterzugehen. Zwischen jüngeren Frauen und Männern kommt das besonders häufig vor. Auf einer Fußgängerüberführung in Hongkong sah ich, wie ein Mädchen einen jungen Mann anstieß, der einen Stapel Schachteln trug. Sie drehte sich kurz um, sah die am Boden verstreuten Schachteln und lief eilig weiter. Solche Situationen könnten eine Gelegenheit zur Kontaktaufnahme oder zu einem Flirt sein. In einer Kultur aber, in der die Maxime gilt, dass es „zwischen Mann und Frau keine Nähe gibt", wird man instinktiv dem Kontakt aus dem Weg gehen, und sich stattdessen, vielleicht gegen den eigenen Willen, unnatürlich und verkrampft verhalten. Hätte sich dasselbe zwischen einem Mädchen und einem alten Mann ereignet, so hätte es, da der Respekt vor dem Alter in China als Tugend gilt, die Schachteln aufgehoben. In Hongkong kann es auch passieren, dass ein Mädchen im Bus einem Fremden auf den Fuß tritt und sich eigentlich entschuldigen möchte, aber kein Wort herausbringt und so tut, als hätte sie nichts bemerkt.

Es gibt zwei Bereiche, wohin die „Herzlichkeit" nicht reicht: erstens die Sphäre, in der das Herz von vornherein keine Rolle spielt, und zweitens die Sphäre, wo die „Herzlosigkeit" erzwungen ist. Erzwungene „Herzlosigkeit" liegt meistens dann vor, wenn Frauen und Männer Verdächtigungen vermeiden wollen. Ich kenne ein paar schüchterne Hongkonger, die, wenn sie Freunde anrufen und deren Frauen am Apparat sind, unwillkürlich und ohne ein Wort des Grußes, ja ohne die Frauen überhaupt wahrzunehmen, den Mann ans Telefon holen lassen. Es wäre ein Missverständnis zu glauben, dass der Anrufer etwas gegen die Frau hat. Wenn gar ein Gast die weiblichen Familienmitglieder seines Gastgebers überhaupt nicht beachtet, weil er jeglichen Verdacht unlauterer Absichten vermeiden will, dann kann dies leicht als absichtliche Unhöflichkeit ausgelegt werden. Noch deutlicher zeigt sich die erzwungene „Herzlosigkeit" beim Kontakt zwischen Hongkonger Verkäuferinnen und fremden Kunden: Wenn sie junge Männer bedienen, lächeln sie nicht und sind manchmal sogar besonders mürrisch. Man hat den Eindruck, als seien sie absichtlich unfreundlich. In Wirklichkeit aber handelt es sich um ein instinktives Bemühen, sich unattraktiv zu machen, um dem geringsten Verdacht zu entgehen, sie hätten es auf einen Mann abgesehen. In den Vereinigten Staaten ist es nach meinen Eindrücken genau umgekehrt. Auf absichtliche Unfreundlichkeit stößt man nur bei Verkäuferinnen in Slumgegenden, weil Frauen dort häufig von männlichen Kunden belästigt werden und deshalb auf der Hut sein müssen. Normalerweise aber haben Verkäuferinnen immer ein Lächeln parat, sind herzlich und liebenswert. Das heißt nicht, dass sie sich besonders für einen Kunden interessieren würden. Sie sind einfach nur höflich und möchten gefallen.

Mut zur Attraktivität kann auch ein Maßstab für die Stärke des Selbstbewusstseins sein. In der Volksrepublik und auf Taiwan sind Frauen, die sich wie die Hongkonger Verkäuferinnen verhalten, eher selten. Gerade jüngeren Männern gegenüber sind Verkäuferinnen dort oft besonders freundlich. Das hat wenig zu tun mit der „herzlosen" Selbstdarstellung amerikanischer Verkäuferinnen, sondern hängt damit zusammen, dass der Faktor der zwischenmenschlichen Beziehungen weiter entwickelt ist.In all dem kommt die Komplexität und Widersprüchlichkeit der chinesischen Logik des Herzens zum Ausdruck: Da auf dem Festland alles der „Mitmenschlichkeit" untergeordnet ist, herrscht dort, wo die „Herzlichkeit" nicht hinreicht, totale Unordnung. Andererseits erzeugt die Stärke dieser zwischenmenschlichen Bindungen eine alles durchflutende Atmosphäre der Wärme und Geborgenheit. In Hongkong ist einerseits die rationale Kontrolle stärker entwickelt, andererseits spielt das Herz eine immer geringere Rolle; die chinesische Tiefenstruktur äußert sich dort vor allem in Gestalt einer unverhüllten Somatisierung und erzeugt bei Frauen häufig jene eben beschriebenen zwanghaften Verhaltensweisen.

DAS EGOISTISCHE HERZ

Die klassische chinesische Philosophie identifiziert das „selbstsüchtige Herz" (私心, *si xin*) mit den menschlichen Begierden und fordert, das „Himmelsprinzip zu bewahren und die menschlichen Begierden auszulöschen" (存天理灭人欲, *cun tianli mie renyu*). Wer die Begierden überwindet und sich vom Himmelsprinzip leiten lässt, erlangt das „moralische Herz" (道心, *dao xin*). Das Herz wird zum Schlachtfeld, auf dem Begierden und Moral aufeinanderstoßen. Unterliegt die Moral, dann versinkt der Mensch in Selbstsucht.

Das chinesische „Himmelsprinzip" ist eine Projektion der Regeln der zwischenmenschlichen Beziehungen: Die philosophische Forderung, das Himmelsprinzip zu bewahren und die menschlichen Begierden auszulöschen, spiegelt die Normen des richtigen Verhaltens im Alltag wider. Durch „Selbstkultivierung", die darin besteht, „das Herz rechtschaffen und den Sinn ehrlich" zu machen (**Große Lehre**), soll im Konfuzianismus die äußere Kontrolle verinnerlicht werden. Sie vollzieht sich innerhalb der zwischenmenschlichen Beziehungen und stellt damit eine Reaktion des „Herzens" auf die Verpflichtungen der Mitmenschlichkeit dar. Die Grundregel gesellschaftlichen Umgangs in China besagt: Nur wo alle ihre Begierden unterdrücken, kann ihre Beziehung zueinander menschlich sein.

Konfuzius sagt: „Sich selbst beherrschen und Anstand und gute Sitten wahren, das ist Menschlichkeit" (**Gespräche**). Die Transzendenz im chinesischen Denken unterscheidet sich von den Transzendenzvorstellungen anderer Kulturen darin, dass es nicht darum geht, sein Ich zu transzendieren und eine höhere Art der Existenz jenseits der Konventionen zu erreichen, sondern darum, die Selbstsucht zu überwinden und einen Zustand der inneren Übereinstimmung mit den Regeln des sozialen Umgangs, mit der Gruppe oder dem Kollektiv zu erlangen. Eine moderne Formulierung des Gebots, das Himmelsprinzip zu bewahren und die menschlichen Begierden auszulöschen, lautet: Jeder soll wie das Vorbild Lei Feng[2] „nicht an sich selbst, nur an die anderen denken" und „weder Mühsal noch Tod scheuen". Wer sich daran nicht hält, läuft Gefahr, als „Individualist", „Liberalist" oder „Anarchist" bezeichnet zu werden. Ziel solcher Denunzierungen sind im heutigen China mit Vorliebe Schriftsteller, Künstler und alle, die nach „Befreiung ihrer Individualität" streben. So sind die „menschenfresserischen" (Lu Xun[3]) Eigenschaften der alten Konfuzianer heute in einem neuen Gewand wiedererstanden.

Dennoch gibt es eine Minderheit, die weiter versucht, ihre Individualität zu entfalten. Ihr Streben verdankt sie zwei Quellen: entweder dem Einfluss des westlichen Individualismus oder den Wirkungen des chinesischen Herzens. Das Herz, das in China üblicherweise vor allem die Aufgabe hat, die formalisierten Bahnen des gegenseitigen Umgangs zu festigen, kann ausnahmsweise auch der Ursprung einer affektiven Hinwendung zu einem anderen Menschen sein. Meistens werden diese Empfindungen unterdrückt, doch für manche bilden Liebe und Zuneigung ein Medium des Ausbruchs aus den formalisierten zwischenmenschlichen Beziehungen. Ein klassisches Beispiel dafür ist die Liebe zwischen Cui Yingying und Zhang Sheng im Schauspiel **Der Westpavillon**.

---

2   1963 wurde in der Volksbefreiungsarmee die Kampagne „Lernt von Lei Feng" lanciert. Lei Feng (学雷锋, 1940–1962) war ein einfacher Soldat, der sein Leben für das Wohl von Partei und Staat geopfert hatte. Noch heute wird sein Verhalten als beispielhaft propagiert.
3   Der Schriftsteller und Kulturkritiker Lu Xun (鲁迅, 1881–1936) war 1930 Mitbegründer der „Liga linker Schriftsteller". Obwohl er erst spät zu schreiben begann, beeinflusste er die junge chinesische Intelligenz der zwanziger und dreißiger Jahre. Auf Deutsch sind von ihm u.a. erschienen: *Der Einsturz der Leifeng-Pagode* und *Die Methode wilde Tiere abzurichten*.

Oft ist das Herz in China auch die Quelle künstlerischer Kreativität, denn seine Empfänglichkeit für äußere Eindrücke ist eine Voraussetzung für künstlerische Inspiration. Äußert sich das Herz auf diese Weise, kann es zu einem Faktor der Lebensbejahung und des Widerstands gegen soziale Kontrolle werden. In einer Gesellschaft, die die Individualität erstickt, wird es zu einer Art Ersatzindividualität. Aus demselben Grund ist diese Minderheit auch am empfänglichsten für den aus dem Ausland importierten Gedanken einer „Befreiung des Individuums".

Im alten China wurden Liebe und Leidenschaft als Begierden bezeichnet und waren damit Verstöße gegen das Himmelsprinzip. Bis in die 1990er Jahre hinein galten sie als „antisozialistisch" und „unmoralisch". Gab es früher noch einen gewissen Freiraum für die Kreativität Einzelner, wurden diejenigen, die heute diesen Freiraum zu nutzen versuchen, als „kleinbürgerliche Elemente, die das Gemeinwohl missachten", abgestempelt. Ganz und gar absurd wird der Gebrauch von Etiketten wie „Individualismus" oder „Liberalismus" in der Volksrepublik, wenn damit nicht das Streben nach individueller Befreiung, sondern der Mangel an Gemeinsinn, die Gleichgültigkeit gegenüber öffentlichem Eigentum und ähnliche Phänomene gemeint sind. Wie für Korruption, Rechtsbeugung und das Streben der Herrschenden nach privater Bereicherung ist für diese Eigenschaften eher das „egoistische Herz" chinesischer Prägung als der korrumpierende Einfluss „bürgerlicher" Ideologie verantwortlich.

Die chinesische Kultur hat zwei gegensätzliche Charaktertypen geschaffen: einmal diejenigen, die sich im Dienst der Gruppe oder des Kollektivs aufopfern, zweitens diejenigen, die sich nur von ihrem egoistischen Interesse leiten lassen, das Gemeinwohl schädigen und staatliche Gelder für private Zwecke verwenden. Manchmal finden sich beide Typen in einer Person vereint: Während der Revolution waren viele Kommunisten bereit, ihr Leben für höhere Ziele zu opfern. Einige von ihnen überlebten und wurden Generäle und Marschälle, doch nun lautete ihr Prinzip: „Wir, die Alten, haben das Reich in Ordnung gebracht, warum sollten ausgerechnet wir nichts davon haben?" So verwandelten sich die früheren Revolutionshelden in eine neue Klasse skrupelloser Privilegierter.

Auch das wurde vom „Magnetfeld menschlicher Gefühle" bewirkt. Innerhalb seines Kraftfeldes hält es den Einzelnen unter Kontrolle und bringt ihn dazu, sein Ich aufzugeben und sein Leben zu opfern. Verliert es an

Kraft – beispielsweise in einer Autoritätskrise –, dreht sich alles nur noch um die Interessen des eigenen Leibs, und da die Grenzen zwischen dem Ich und den anderen, zwischen dem Bereich des Privaten und des Öffentlichen unklar sind, herrscht schrankenloser Egoismus. Jeder versucht, sich auf Kosten der anderen zu bereichern, und mancher meint gar, er habe im Rahmen der „zwischenmenschlichen Verpflichtungen" einen Anspruch darauf, dass die Gemeinschaft seine Betrügereien dulde.

DIE SORGE DES HERZENS FÜR DEN LEIB

ELTERN UND KINDER

Die Fürsorge des Herzens für den Leib beginnt in der Familie. Eltern und Kinder drücken einander ihre Zuneigung aus, indem sie füreinander sorgen, einander nähren und sich nähren lassen. Als wesentlichen Unterschied zwischen den Menschen und den Tieren, die auch für ihre Jungen sorgen, entdeckte die orthodoxe Tradition die Faktoren „Liebe" (慈, *ci*) und „Achtung" (敬, *jing*) im Verhältnis zwischen den Generationen. Die Eltern ziehen die Kinder liebevoll auf, die Kinder kümmern sich respektvoll um den Leib der Eltern, indem sie sie bedienen und sich nach ihrem Befinden erkundigen. Wenn die Kinder groß sind, sorgen sich die Eltern weiter um alle ihre Bedürfnisse: Man kocht eine Kleinigkeit, warnt sie vor Rauchen und Trinken, rät ihnen, früh zu Bett zu gehen, sich warm anzuziehen und überhaupt die Gesundheit als höchstes Gut zu achten.

Die Fürsorge für die körperlichen Bedürfnisse bildet überall auf der Welt ein wesentliches Element der Beziehung zwischen den Generationen. Wenn aber der Einzelne wie in China nur als Leib gesehen wird, dann ist dessen Pflege der wichtigste Inhalt des Familienlebens. Nimmt man dagegen an, dass jeder außer seinem Leib noch ein individuelles Ich hat, dann kommt zur Sorge um den Körper das Interesse an der Entwicklung der Persönlichkeit hinzu.

Wenn chinesische Eltern in erster Linie an die körperlichen Bedürfnisse ihrer Kinder denken, dann sorgen sie damit auch für das Alter vor, denn die Pietät und der Respekt der Kinder gegenüber den Eltern sollen sich auch materiell äußern. Neben die körperliche Fürsorge für die Kinder tritt selbstverständlich die Erziehung, allerdings nicht um ihre Selbständigkeit zu fördern, sondern um ihnen beizubringen, wie man „als guter Mensch agiert", d.h. wie man die zwischenmenschlichen Beziehungen pflegt.

Im Westen, vor allem in protestantischen Kulturen, wird neben den körperlichen Aspekten besonderer Wert auf die Entfaltung der Persönlichkeit gelegt. Sehr früh schon müssen die Kinder allein schlafen, damit sie sich in Selbständigkeit üben und ihnen die spätere Trennung von den Eltern leichter fällt. So können die Jüngeren, wenn sie erwachsen sind, eine auf Gleichberechtigung basierende Zuneigung für ihre Eltern empfinden, unbelastet von der Bürde der kindlichen Pietät. Die Eltern wiederum würden Geldgeschenke von ihren Kindern als kränkend empfinden. Die Art, wie die verschiedenen Generationen in China einander erziehen und umsorgen, verhindert die allseitige Entwicklung eines Menschen im eigentlichen Sinn. Im Grunde ist eine Fürsorge, die sich nur auf die körperlichen Bedürfnisse richtet, nur bei Säuglingen möglich, denn nur in der frühen Kindheit ist das Ich so wenig entwickelt, dass man es durch Nahrung zufrieden stellen kann, und darüber hinaus nur dafür zu sorgen braucht, dass das Kind genug Schlaf bekommt und auch keinen sonstigen Schaden an seiner Gesundheit nimmt.

In keinem anderen Land wird man so häufig wie in China die Aufforderung hören, sich warm anzuziehen. Da sich die Sorge der Eltern nur auf den Leib und nicht auf die Seele der Kinder richtet, konzentriert sich auch in späteren Lebensphasen, beispielsweise in der Ehe, alle Aufmerksamkeit auf die körperlichen Aspekte. Über Generationen tradiert kann diese Haltung suggestive Kraft bekommen: Man kann selbst nicht mehr beurteilen, ob es kalt oder warm ist, und muss daher immer aufs Neue von anderen gewarnt werden.

Ein weiteres Element der Fürsorge der Eltern für die Kinder sind die Warnungen vor den Gefahren des Rauchens und Trinkens. Beides ist zweifellos gesundheitsschädlich, doch ist das nicht das Hauptmotiv für die Enthaltsamkeit „anständiger" Chinesen. Sie wollen vielmehr zeigen, wie „brav" (乖, *guai*) und „gehorsam" (听话, *tinghua*) sie sind. Mädchen, die als „anständig" gelten wollen, dürfen auf keinen Fall in der Öffentlichkeit rauchen, ja, sie müssen sich demonstrativ vor Zigarettenrauch ekeln. Im Westen dagegen ist Rauchen und Trinken weniger eine Frage der Moral, und es liegt im Ermessen des Einzelnen, wie er sich um seine Gesundheit kümmert.

Eltern sorgen für ihre Kinder auch durch die häufige Ermahnung, zeitig schlafen zu gehen. Ob es gesundheitsschädlich ist, spät ins Bett zu gehen, ist nicht erwiesen, doch darum geht es nicht, denn das Interesse am körperlichen Wohlbefinden des anderen, das sich in dieser Ermahnung ausdrückt, ist inzwischen zu einer Art bedingtem Reflex geworden, im Umgang von Eltern und Kindern miteinander ebenso wie unter Eheleuten und (besonders auf dem Festland) unter allen Angehörigen des eigenen Zirkels. In unserem Studentenwohnheim auf dem Festland beispielsweise war die

Stromversorgung für Ausländer nicht rationiert, und daher konnte man bis spät in die Nacht lesen. Um ihre Sorge um die ausländischen Gäste zu demonstrieren, gab uns die Universitätsverwaltung immer wieder den Rat: „Geht zeitig schlafen, schadet eurem Körper nicht." Das war zweifellos gut gemeint, doch einige amerikanische Studenten waren empört über die vermeintliche Bevormundung. Die japanischen Studenten dagegen lächelten höflich, bedankten sich für die nette Absicht, änderten aber nichts an ihrem Verhalten.

Auf dem chinesischen Festland geht man früh schlafen. In größeren Städten liegt man spätestens um neun oder zehn Uhr im Bett, in Kleinstädten und Dörfern noch früher. Bis in die 1980er Jahre hinein waren die Straßen – wenn überhaupt – nur schwach beleuchtet, und es gab kaum Lokale, in denen man sich am Abend aufhalten konnte. In der Kulturrevolution pflegten die Arbeiterwachmannschaften alle nächtlichen Passanten mit folgenden Worten aufzufordern, nach Hause zu gehen: „Morgen heißt es wieder: Die Revolution anpacken, die Produktion fördern!"

Seitdem sieht man abends mehr Menschen auf den Straßen, doch wer spät in der Nacht unterwegs ist, wurde lange Zeit als „schlechtes Element" verdächtigt, das etwas auf dem Kerbholz hat. Als ich auf dem Campus wohnte, wurden Studenten, die nach zehn Uhr unterwegs waren, vom Wachdienst angehalten und in barschem Ton verhört.

Die frühere schlechte Straßenbeleuchtung konnte mit der unterentwickelten Wirtschaft erklärt werden, das Fehlen von Lokalen, in denen man sich am Abend treffen könnte, weniger, wie der Vergleich mit anderen armen Ländern zeigt. Die Meinung, dass ein guter Mensch früh schlafen geht, ist typisch für die Tendenz zur „Infantilisierung": Ein Kind, das lange aufbleibt, ist nicht brav, und wenn die Erwachsenen früh schlafen gehen, dann können sie nicht in schlechte Gesellschaft geraten. Da in China Lasterhaftigkeit am helllichten Tag undenkbar ist, kann sich Unmoral nur bei Nacht und draußen abspielen. Der weit verbreitete Glaube an die heilsame Wirkung des frühen Schlafengehens findet zudem eine Entsprechung in der traditionellen Vorstellung, dass Sexualverkehr den Körper schwächt.

Ob nun die Fürsorge des Herzens für den Leib diese Infantilisierung bewirkt, oder ob umgekehrt die unvollständige Persönlichkeitsentwicklung erst diese Struktur erforderlich macht, ist nebensächlich. Fest steht aber, dass ein Mensch, der immer und ausschließlich als Körper umsorgt wird, keine eigene Seele ausbilden kann. Natürlich muss man sich um seinen Leib und seine Gesundheit kümmern, doch tendiert diese Sorge bei den Chinesen zur Ausschließlichkeit. Die körperlichen Bedürfnisse sind bei allen Menschen mehr oder weniger gleich. Bezieht sich nun die Fürsorge allein auf deren Befriedigung, dann fallen alle Bedürfnisse unter den Tisch, die sich von denen der anderen unterscheiden.

Bei der Fürsorge des Herzens für den Leib geht es nicht um die Existenz eines Menschen als Einzelwesen, sondern darum, durch das Medium der Zweierbeziehung die unbegrenzte Fortdauer der leiblichen Existenz der Familie oder der Nation zu garantieren. In einer Kultur, in der nicht die Seele unsterblich ist, sondern Unsterblichkeit auf der lückenlosen Ablösung eines Leibs durch einen anderen beruht, ist jeder deshalb verpflichtet, auf seine Gesundheit zu achten, weil er sich eines Tages seinen Eltern dankbar erweisen, Kinder zeugen und die Familie fortführen soll. Vorbildlich ist es, sich ganz diesem Ziel unterzuordnen. Wer nicht auf seine Gesundheit achtet und krank wird, wird von den Eltern getadelt. So wird ein physisches Problem zu einer Frage der Moral, d.h. des Ungehorsams und der schlechten Erziehung. Im Westen, wo man nicht dauernd an die Gesundheit denkt und sogar bereit ist, sie in riskanten Unternehmungen zu gefährden, haben die Menschen eine kräftigere körperliche Konstitution als in China. Dort ist die körperliche Entwicklung, einschließlich der Bereitschaft zum Risiko, Teil der Persönlichkeitsentwicklung, und man hört nicht die dauernden Ermahnungen, auf die Gesundheit zu achten. Die permanenten Warnungen dagegen fördern auf die Dauer die Furcht vor Schwäche und Krankheit, und führen dazu, dass man am Ende selbst von seiner Schwäche überzeugt ist.

Für Chinesen genauso unverständlich wie die fehlende Rücksicht auf den eigenen Körper ist das westliche Erziehungsprinzip, das die Vorbereitung der Kinder auf ihre Trennung von den Eltern, also auf „pietätloses" Verhalten, verlangt. Auch dies ist unbewusstes Ergebnis der Architektur des Menschen im Westen. Da dort Individualität und Unabhängigkeit als Werte gelten, wird jemand, der von anderen abhängig ist, als Versager betrachtet, und sein Versagen ist die Folge des Egoismus seiner Eltern. Ein amerikanisches Ehepaar erklärte mir: „Wir betrachten unsere Kinder nicht als unseren Besitz, sondern als etwas, das uns Gott vorübergehend anvertraut hat."

In China ist es die religiöse Pflicht jeder Generation, Nachkommen zu zeugen, um die leibliche Unsterblichkeit zu erlangen. Gleichzeitig muss jede Generation ihre Eltern versorgen, so wie sie später selbst von ihren Kindern versorgt wird. Diese gegenseitige Fürsorge der Generationen ist einerseits eine Form der Altersversorgung, andererseits aber auch ein Mittel, um den Charakter der nachfolgenden Generation zu beeinflussen. Wenn früher Kinder nicht hören wollten und Anstalten zur Selbständigkeit machten, pflegten die Eltern ihnen die Frage zu stellen: „Wer hat dich großgezogen? Wer hat sich von klein auf immer um dich gekümmert?" Wenn nun die Kinder die vorgeschriebene Antwort gaben, dann gaben sie damit zu verstehen, dass sie in Zukunft gehorchen wollten. Auch heute wird unter Überseechinesen von den Kindern erwartet, dass sie für ihre Eltern sorgen. Allerdings lassen sich nicht mehr alle Erwachsenen durch den Bann der Fürsorge kontrollieren.

In China selbst ist das Regelsystem, in dem die eine Seite „das Volk lieben" und die andere Seite ihre „Herzen herausgeben" muss, im Bereich der dualen Beziehung zwischen Staat und Gesellschaft perfektioniert worden.

„DEM VOLKE DIENEN"
Die Logik der Fürsorge des Herzens für den Leib bestimmt auch das Verhältnis zwischen Staat und Gesellschaft in China und das Wesen des auf „Volksliebe" (亲民, *qinmin*) beruhenden chinesischen Despotismus. Der wesentliche Inhalt des Sozialismus à la Chinoise besteht darin, dass sich die politische Führung um die Alltagsprobleme der Massen kümmert und „dem Volk dient". Für den Erfolg der Revolution war diese Orientierung ausschlaggebend, denn für die breite Masse des Volkes waren abstrakte revolutionäre Prinzipien metaphysischer Unsinn. Nur durch konkrete Beweise der Sympathie und Anteilnahme konnte es dazu gebracht werden, im Gegenzug den Kommunisten ihr Herz, d.h. ihre Sympathie zu schenken. Dieser Effekt war vorprogrammiert durch die Architektur der chinesischen Gewissensstruktur, für die Menschlichkeit nur in der Beziehung zwischen zwei Personen existiert. In der Tat gilt in der chinesischen Kultur der „Menschliche" als „unbesiegbar" (仁者无敌, *renzhe wu di*). Die Rote Armee und später die Volksbefreiungsarmee legte größten Wert darauf, dass ihre Soldaten in den alltäglichsten Verrichtungen demonstrierten,

dass sie „gute Menschen" waren. Sie kochten für die Bevölkerung Wasser, kehrten die Straßen, bebauten die Felder und erkundigten sich nach den Alltagsproblemen der „Massen". Die Fürsorge der Revolutionäre für die einfachen Leute wurde auch Gegenstand unzähliger glorifizierender Darstellungen. In Filmen werden die Leiden der Bevölkerung unter der Herrschaft der Warlords[1], der *Guomindang*[2], der despotischen Grundherren oder der Japaner beschrieben, aus denen sie unweigerlich die Rote Armee oder Volksbefreiungsarmee retteten. Filme und Erzählungen zeigen, wie Arbeiter, die in der alten Gesellschaft noch als Greise keine „Heimstätte für ihren Leib" gefunden hatten und bis aufs Blut ausgebeutet wurden, von der Kommunistischen Partei aus ihrer Not erlöst werden. Besonders sinnfällig ist eine Szene, in der ein barmherziger kommunistischer Kämpfer einem alten Mann, der von den Kräften des Bösen zu Boden gestoßen und verletzt wurde, wieder auf die Beine hilft. Durch dieses Verhalten konnten die Kommunisten erreichen, dass die Massen sie als Vertraute bzw. als „eigene Leute" akzeptierte. Manchmal ging der „Dienst am Volk" so weit, dass Kommunisten Märtyrer wurden; diese völlige Hingabe eines Einzelnen erhöhte in den Augen der Bevölkerung noch das Ansehen der ganzen Partei und brachte ihr Verehrung und Liebe ein. Antikommunisten werden natürlich einwenden, dass all dies nur Propaganda sei. Wie aber wäre dann zu erklären, dass den Propagandisten der *Guomindang* ähnliche Szenen nicht einmal im Traum einfielen! Filme aus Taiwan über den Widerstand gegen die Japaner erzählen meistens, wie das „dumme Volk" zunächst die taktischen Winkelzüge seines Führers Chiang Kaishek zur Rettung des Landes nicht versteht und sich gar gegen ihn empört, wie es schließlich seine Weisheit erkennt und tränenreich bereut. Andere handeln von heldenmütigen nationalistischen Agentinnen, die als Kollaborateure auftreten und sich sogar ins Bordell wagen, um dort den Feind zu treffen. Die Unterschiede der Propagandamotive enthüllen den Gegensatz der ihnen zugrundeliegenden Bewusstseinsstrukturen.

---

1 Als Warlords werden üblicherweise die Militärführer bezeichnet, die im zweiten und dritten Jahrzehnt dieses Jahrhunderts im größten Teil Chinas faktisch die Macht hatten. Durch seinen erfolgreichen Nordfeldzug (1926 bis 28) konnte Chiang Kaishek ihren Einfluss einschränken.

2 Die Guomindang (国民党, deutsch: Nationale Volkspartei) war die Partei Sun Yatsens und ist heute Regierungspartei auf Taiwan.

Die Studenten aus Taiwan und Hongkong, die in den 1970er Jahren in den USA eine „patriotische Bewegung" ins Leben riefen, kannten die kommunistische Strategie nicht, und doch wandten sie spontan die Strategie des „Dienstes am Volk" an, um Anhänger zu werben. Auch für sie bestand politisches Engagement darin, sich um die Alltagssorgen ihrer Kommilitonen zu kümmern. Die Anhänger der *Guomindang* an den nordamerikanischen Universitäten dagegen arbeiteten mit den Methoden der Einschüchterung und der Prügel. Die eine Strategie versucht, die Massen als „eigene Leute" zu behandeln, vor denen man „als Mensch agieren" muss. Die zweite versucht gar nicht, die Massen zu gewinnen, daher muss auch niemand „als Mensch agieren". Beide Strategien aber leiten sich aus denselben grammatischen Regeln der Tiefenstruktur der chinesischen Kultur ab.

Der Marxismus-Leninismus selbst hat gewisse populistische Elemente. Transformiert durch das chinesische Gewissenssystem wandte er das Prinzip der Menschlichkeit auf die Masse der einfachen Leute an, zum ersten und vermutlich zum letzten Mal in der chinesischen Geschichte. Doch diese umfassendste Verwirklichung des traditionellen Ideals der „menschlichen Regierung" (仁政, *renzheng*) ist den Beschränkungen durch die kulturell vermittelte Tiefenstruktur unterworfen: Sie lässt einheitliche Bewegungen zu, in denen sich „die Herzen verbinden", verhindert aber eine Bewegung für Demokratie, die Rechte für den Einzelnen fordert.

Auch im kaiserlichen China hatte die Herrschaft gewisse populistische Züge. Ihr Ideal war die menschliche Regierung, die „das Reich befrieden" und gleichzeitig „das Reich gleichmachen" (beides: 平天下, *ping tianxia*) sollte. Wenn alle gleich sind und „jeder einen Mundvoll zu Essen hat", dann würde, so nahm man an, der „große Friede im Reich" (天下太平, *tianxia taiping*) herrschen. In Zeiten der Ordnung und des Wohlstands sollte eine gute Regierung Frondienste verringern und Steuern senken, die Landwirtschaft fördern und die Untertanen im Übrigen möglichst unbehelligt lassen. Wenn jedoch in Zeiten der Unordnung, der Aufstände und Bürgerkriege „die Herzen sich nach Ordnung sehnten", dann musste jeder, der die Macht ergreifen wollte, sich zunächst als „guter Mensch" beweisen und durch Demut und Anteilnahme am Schicksal der Alten und Armen versuchen, die Herzen der Bevölkerung zu gewinnen, um das Reich einen zu können.

Allerdings war damals die Fähigkeit, das Reich organisatorisch zu durchdringen, sehr viel geringer als nach 1949, und der innere Zusammenhalt erreichte nie das Maß an „Einmütigkeit von oben und unten", das auf dem Festland in den fünfziger Jahren beobachtet werden konnte.

Unter Chiang Chingkuo[3], dem Sohn Chiang Kaisheks, wurde auch auf Taiwan die Parole „den Volksmassen dienen" propagiert. Der Präsident persönlich besuchte kleine Imbissbuden und trank Sojabohnenmilch. Doch diese Gesten der Volksnähe können sich mit ihrer Systematisierung auf dem Festland nicht messen. In mancherlei Hinsicht ist Taiwan heute weiter fortgeschritten als das Festland (hohes Wirtschaftswachstum unter einem kapitalistischen System, lokale Wahlen etc.), doch all dies liegt schon jenseits des traditionellen Rahmens und geht zurück auf ausländische Einflüsse. Die reinste und umfassendste Verkörperung der orthodoxen chinesischen Tradition dagegen kann man auf dem chinesischen Festland erleben.

In Wirklichkeit blieben die vielgepriesene Gleichheit und der Zustand, wo jeder etwas zu essen hatte, natürlich immer eine Utopie. Die Fürsorge der Regierung für das Volk beschränkte sich im besten Fall darauf, für Ordnung zu sorgen, so dass jeder seiner Beschäftigung nachgehen konnte. Erst mit der Einführung des Staatseigentums konnte das Ideal der Gleichheit in der Form der „eisernen Reisschale", d.h. des garantierten Einkommens und des sicheren Arbeitsplatzes für alle beim Staat Beschäftigten, realisiert werden. Das kommunistische Regime stellte sich der Herausforderung, einer Milliarde Chinesen Nahrung und Arbeit zu geben und die absolute Armut zu beseitigen und unternahm damit den bisher umfassendsten Versuch, die traditionellen Ideale einer Agrargesellschaft vom „Höchsten Frieden" (太平, *taiping*) und von der „Großen Gleichheit" (大同, *datong*) zu verwirklichen.

Das populistische Ideal der Volksnähe oder „Liebe zum Volk" ist von vornherein auf Gegenseitigkeit angelegt. Die „Liebe" (亲, *qin*) geht von einer Regierung aus, die den Platz der Eltern einnimmt, und das Volk (民, *min*) stellt die „kindlichen Untertanen" (子民, *zimin*). Die Regierung zeigt den Untertanen Sympathie und Anteilnahme, indem sie für sie sorgt, und

---

3   Chiang Kaisheks Sohn Chiang Chingkuo (蒋经国, 1910–1988) verbrachte mehrere Jahre in der Sowjetunion, stieg danach in der Hierarchie der Guomindang auf und wurde schließlich 1978 Nachfolger seines Vaters als Präsident der Republik China (Taiwan).

die Untertanen müssen sich dafür erkenntlich zeigen, indem sie „ihre Herzen herausgeben". Wenn es früher hieß, die Regierung solle die Untertanen wie die eigenen Kinder lieben, waren das leere Worte, denn im besten Fall bestand diese Liebe darin, die Untertanen in Ruhe zu lassen. Von den Untertanen konnte daher als Gegenleistung nur erwartet werden, dass sie nicht rebellierten. Unter dem modernen System des Staatseigentums dagegen versucht die Regierung aktiv, für alle zu sorgen. Folglich kann sie ihren Anspruch auf die Herzen der Untertanen mit Nachdruck durchsetzen. Das Herz umfasst in China die Gedanken, die Gefühle, die Urteile und den Willen, und vom Volk wird verlangt, dass es all dies herausgibt.

In den ersten Jahren nach 1949 war die Lage stabil, der Lebensstandard verbesserte sich, und zum ersten Mal seit fast hundert Jahren war China geeint. Man war zuversichtlich, dass die Nation endlich das Ideal des „Wohlstands und der Stärke" (富强, *fu qiang*) erreichen würde. In dieser kurzen Phase waren „oben und unten" tatsächlich „eines Herzens" (上下一心, *shang xia yi xin*), und es gelang, die Herzen der Untertanen ohne materielle Anreize zur Arbeit zu bewegen. Was die Regierung sagte, war richtig, und kaum jemand hatte eine eigene Meinung. Heute ist der anfängliche Enthusiasmus verschwunden, und niemand arbeitet mehr ohne materielle Anreize. In der Bevölkerung wächst die Kritik, und die Zahl der Unzufriedenen nimmt zu. Dennoch hört man lange Zeit die Meinung: „Früher hatte ich keine Arbeit und keine Heimstätte für meinen Leib. Heute habe ich Arbeit und eine Familie. Dafür bin ich der Partei aufrichtig dankbar."

Der „Herzenstausch" impliziert die Verpflichtung der Untertanen, sich belehren zu lassen. Wie die Eltern, die für ihre Kinder sorgen, einen Anspruch darauf haben, dass die Kinder sich belehren lassen und gehorsam sind, so hat der traditionelle Staat neben der Versorgung der Untertanen auch die Aufgabe, sie zu erziehen. Lassen Kinder sich nicht belehren, dann können die Eltern sie züchtigen. Nicht umsonst bezeichnet man in China den Staat als „Staatsfamilie" (国家, *guojia*).

Früher bestand die erzieherische Rolle der Obrigkeit darin, die kaiserlichen Edikte bekanntzumachen, in denen die Untertanen zu Keuschheit, kindlicher Pietät, Anstand und Eintracht ermahnt wurden. Störenfriede bekamen in aller Öffentlichkeit Prügel auf das entblößte Hinterteil, und schwerere Vergehen wurden mit grausamen körperlichen Züchtigungen bestraft. Von alters her galten Riten und Musik auf der einen, Strafen auf der anderen Seite als wichtigste Herrschaftsmittel. Die Riten und die Musik sollten die Harmonie fördern und das Volk gefügig machen, um Aufständen vorzubeugen. Blieben sie wirkungslos und schlugen die Untertanen über die Stränge, dann griff man zur „Herrschaft durch Strafen". Es ist kein Zufall, dass das chinesische Äquivalent des westlichen Justizministeriums „Strafenministerium" (刑部, *xingbu*) hieß. „Rechtspflege" bestand in China vor allem aus Bestrafung.

Spuren der traditionellen erzieherischen Rolle des Staates sind auch im heutigen Taiwan zu finden. Es gibt Preise für „gute Menschen" und jährlich werden zehn „vorbildliche Jugendliche" ausgezeichnet. Chiang Kai-shek ließ die „Grundregeln für Staatsbürger" propagieren und belehrte seine „Landeskinder", wie sie leben, sich ernähren und mit den Mitmenschen umgehen sollten. Die Leistung, die ihn mit dem größten Stolz erfüllte, war die Bewegung „Neues Leben", in der der Bevölkerung Sauberkeit, Tatkraft und spartanischer Geist beigebracht werden sollten. Im Grunde aber praktizierte die *Guomindang-Regierung* eine durch populistische Elemente kaum gemilderte Form von Despotismus. Die herrschende Elite stammte überwiegend aus der verwestlichten Oberschicht der großen Hafenstädte (also der – wie es die Kommunisten nennen – „Kompradoren-Bourgeoisie"). Ihre Erziehung der Untertanen war daher allenfalls eine Imitation des volkserzieherischen Gebarens früherer Dynastien.

Wirklich eingelöst wurde der traditionelle Anspruch erst von der „Volksregierung" auf dem Festland. Dort wurde die „politische Erziehung" systematisiert. Die Bevölkerung musste regelmäßig die offizielle Ideologie, die Dokumente wichtiger Parteiversammlungen, neue „Weisungen" und neue „Ideen" des „Zentrums", d.h. der höchsten Parteiführung, studieren. Turnusmäßig wurde zu Massenbewegungen mobilisiert, zum Beispiel der Bewegung „Lernt von Lei Feng" oder der Bewegung „Zivilisation und Höflichkeit"[4]. Die Kulturrevolution war in mancher Hinsicht eine Kampagne zur Erziehung der Massen; da sie zeitweise marxistische Inhalte hatte, wurde sie zwar vorübergehend zu einer Revolte, aber am Ende diente auch sie vor allem dazu, „die Worte des Heiligen" (圣语, *shengyu*) zu verkünden.

---

4   In der in den achtziger Jahren von der kommunistischen Führung initiierten Bewegung Zivilisation und Höflichkeit sollten beispielsweise die Unsitten, auf den Boden zu spucken oder Abfälle nach Belieben auf der Straße zu verstreuen, ausgerottet werden.

Erziehung und Züchtigung gehörten in China immer zusammen. Wer sich nicht an die Regeln hält, wie beispielsweise die Malerin Li Shuang (李爽, *1957), die mit einem Ausländer zusammenwohnte und deshalb als verdorben galt, muss daher zu „Erziehung durch körperliche Arbeit", mit anderen Worten Zwangsarbeit, verurteilt werden.

DIE ORGANISATION DES LEIBES DURCH DAS HERZ

DAS BEDÜRFNIS NACH SÄTTIGUNG

Für sich selbst Reichtümer zu erwerben, galt im traditionellen China als egoistisch. Legitim war Bereicherung nur, wenn man vorgab, man wolle damit den Vorfahren Ehre machen, den sozialen Status der Familie heben und für das Wohlergehen der nachfolgenden Generation sorgen. Im kommunistischen China müssen alle so tun, als ginge es ihnen um das Wohl der Gemeinschaft, d.h. des Staates als erweiterter Familie. Diese Haltung ergibt sich aus der allgemeinen Regel für die zwischenmenschlichen Beziehungen, nach der man „nie an sich selbst, nur an die anderen denken" darf und immer die anderen als wichtiger erachten muss. Für denjenigen aber, der den Sinn seiner Existenz nicht im Dienst an der Gemeinschaft sieht und offen und ohne Skrupel seine eigenen Interessen verfolgt, reduzierten sich seine Lebensziele bis in die frühen 1980er Jahre in der Regel darauf, „satt zu werden" und „täglich drei Mahlzeiten zu haben". In dieser reinen Form war die Somatisierung allerdings nur in einer kapitalistischen Gesellschaft wie in Hongkong möglich, die nicht von Chinesen regiert wurde, keine Kollektivzugehörigkeit kannte, in der die Großfamilie verschwunden ist und sich jeder nur um seine eigenen Angelegenheiten kümmert.

Das einfache Volk hielt sich zwar seit alters her an die Lebensregel „nichts anderes im Sinn haben, als einen Mundvoll Reis zu essen zu haben", doch durfte sich niemand offen dazu bekennen. Allein die Tatsache, dass einer der Gemeinschaft keine Bedeutung beimisst, macht aus einem „Einzelleib" (个体, geti) noch kein Individuum; auch wer offensichtlich im „egoistischen" Interesse handelt, hat außer dem Bedürfnis nach Nahrung noch das Bedürfnis, „eine Heimstatt für seinen Leib" zu finden; mit anderen Worten, er hat immer noch das Bedürfnis nach Geborgenheit in einem, wenn auch verkleinerten Magnetfeld menschlicher Gefühle. Daher muss er nicht nur sich selbst, sondern die „Münder" der ganzen Familie mit Nahrung versorgen. Die unterschiedlich großen Magnetfelder menschlicher Gefühle haben die Aufgabe, die Leiber zu organisieren. Sie verleihen ihrer Existenz eine Richtung und sind gleichzeitig ihre treibende Kraft. Der Leib muss also durch das eigene Herz, das sich mit anderen Herzen austauscht, gelenkt und durch das Herz der Mitmenschen organisiert werden.

Wie ist die Tendenz, das körperliche Bedürfnis nach Sättigung zum vorrangigen Lebensinhalt zu machen, entstanden? Woher kommt das ständige Bedürfnis nach Geborgenheit im Magnetfeld menschlicher Gefühle, woher kommt die Bereitschaft, das eigene Ich auszulöschen, den anderen in jeder Beziehung als wichtiger anzusehen, äußere Einschränkungen hinzunehmen und die eigene Sexualität völlig abzutöten?

Ich will versuchen, diese Tendenzen mit Hilfe der Freud'schen Theorie zu erklären, die den Prozess der Persönlichkeitsentwicklung in mehrere Stadien (die „orale", „anale", „phallische" und „genitale" Phase) unterteilt. Dabei will ich keineswegs die Entwicklung der gesamten chinesischen Kultur auf den Prozess der Persönlichkeitsentwicklung zurückführen, denn hier bestehen keine kausalen Zusammenhänge; allenfalls kann man sagen, dass die spezifisch chinesische Art der Persönlichkeitsentwicklung Ausdruck der Programmierung des Menschen durch die gesamte Kultur ist.

DIE ORALE PHASE

Im Prozess der Entwicklung seiner Persönlichkeit durchlebt das neugeborene Kind als erstes die „orale Phase". Sein gesamter Lebenswille konzentriert sich auf die Befriedigung der oralen Triebansprüche. Für das Kind ist das erste Objekt, mit dem es in Berührung kommt, die Brust der Mutter. Wenn es Hunger verspürt, schreit es, und sobald man ihm Essen in den Mund stopft, beruhigt es sich; seine Konfrontation mit der Außenwelt erfolgt im Grunde über den Mund. Von der Warte der Eltern aus gesehen ist es ein kleines, zartes Lebewesen, das ständig Nahrung zur Stärkung benötigt; es ist ein kleines „Schätzchen", dem man seine Liebe dadurch zeigen kann, dass man es mit Essen vollstopft. Diese Wechselbeziehung zwischen Eltern und dem Kleinkind in der oralen Phase ist in allen Kulturen ähnlich.

Reste oraler Fixierungen haben wohl die meisten Menschen in unterschiedlichem Ausmaß. Ich möchte nicht behaupten, die Chinesen seien in ihrer Persönlichkeitsentwicklung auf dieser Stufe stehengeblieben, doch sind bei vielen Angehörigen der chinesischen Kultur noch besonders starke Fixierungen an die orale Phase erhalten. Wenn Chinesen sich, auch wenn sie schon erwachsen sind, gern weiterhin der Fürsorge des Magnetfelds menschlicher Beziehungen anvertrauen und daraus Mitmenschlichkeit „saugen", kann das als Ausdruck ihrer immer noch gehegten Sehnsucht nach dem warmen Mutterschoß interpretiert werden. Das Bedürfnis nach einer Heimstatt, die „Herzensfürsorge", die man ständig benötigt, die gegenseitige Abhängigkeit der Menschen, der Austausch von Geschenken (meist Lebensmitteln), der bei zwischenmenschlichen Kontakten nie fehlen darf, sind alle Ausdruck oraler Fixierungen.

Die ältere Generation in China neigt dazu, die orale Entwicklungsstufe ihrer Kinder zu perpetuieren. So zeigen die Eltern, vor allem die Mütter, ihren erwachsenen Kindern ihre Zuneigung dadurch, dass sie sich um ihren Schlaf und ihre Kleidung, also den Leib kümmern. „Bist du aber dünn geworden!" ist eine häufige mitfühlende Bemerkung mancher Mütter beim Wiedersehen mit ihren Kindern nach längerer Zeit. Diese Reaktion ist unterbewusst, denn sie wissen auch, dass Übergewicht zu Bluthochdruck führt und nicht schön ist. Doch zeugt diese Reaktion von der spontanen Neigung, den Erwachsenen zum Säugling zu machen.

Da die ältere Generation die Angehörigen der jüngeren ewig als Babys ansieht, deren Babyspeck man durch ständiges Füttern erhalten muss, behandelt sie sie natürlich auch wie Kinder, deren Sexualität noch nicht aufgekeimt ist. Über Sexualität reden die Eltern nicht und lassen damit die heranwachsende jüngere Generation in einem Zustand der Unwissenheit und Verunsicherung. Sieht man erwachsene Menschen als Kinder an, deren Sexualität noch nicht erwacht ist, dann rechnet man natürlich auch nicht damit, dass sie sexuelle Beziehungen zum anderen Geschlecht aufnehmen. So beharren chinesische Eltern immer auf der Meinung, dass ihre Kinder noch zu klein für Kontakte zum anderen Geschlecht sind. In der Volksrepublik kommt es oft vor, dass Schüler, die eine Liebesbeziehung haben, von der Schulleitung auseinandergerissen werden oder dass eine fast dreißigjährige Frau, die freundschaftlichen Umgang mit einem Mann hat, von ihren Eltern ermahnt wird, „ja aufzupassen, dass nichts passiert". Die Auffassung, dass „von allen Übeln Unzucht das schlimmste" sei, dient in der chinesischen Kultur zur Aufrechterhaltung des harmonischen Zusammenlebens in der sozialen Gemeinschaft, und als desexualisierende Maßnahme hilft sie auch, die Harmonie zwischen den Generationen zu bewahren.

Wenn ein Mensch sich ungehindert entwickeln kann, kann er ein selbständiges Individuum werden und sich schließlich von der älteren Generation distanzieren. Während dieses Prozesses der Herausbildung des eigenen Ichs gerät er aber in einen dauernden Konflikt mit den Eltern. Der sogenannte Ödipuskomplex umschreibt dieses Verhalten eines Individuums, dessen Sexualität auch psychisch voll ausgebildet ist. Der die Autorität verkörpernde Vater wird zu einem Objekt, gegen das sich der heranwachsende und sexuell entwickelte Mensch auflehnt. Wenn er in seiner Beziehung zur Mutter nicht im Zustand der oralen Fixierung verharren und sich nicht ständig von ihr mit Essen vollstopfen lassen will, wird er sie mit sexuellen Inhalten besetzen. Natürlich ist der Freud'sche „Inzest mit der Mutter" nur eine Metapher; in der Realität löst sich die Mutterbindung meist, sobald die Sexualität eines Menschen auch psychisch ausgereift ist, und schlägt um in bewusste Distanz, wenn nicht gar Ablehnung. In den USA konnte ich beobachten, dass Erwachsene ungehalten reagieren, wenn ihre Mutter sie weiterhin füttern will, und protestieren, sie seien doch keine kleinen Kinder mehr. Bei anderen spürt man die Abneigung der Mutter gegenüber, weil sie nicht mehr als ein sexuell anziehendes Objekt betrachtet wird. In den USA, wo geradezu ein Kult um Jugendlichkeit betrieben wird, ist diese Tendenz besonders stark ausgeprägt. Einmal konnte ich mitanhören, wie ein Jugendlicher im schrillen Tonfall einer Frau in den Wechseljahren vor anderen Leuten die Tiraden seiner Mutter wiedergab. Eine ähnliche Szene findet sich auch im Musical ‚Hair'. Ich befürworte diese Haltung nicht, sondern schildere lediglich Beobachtungen, die zeigen, wie ein Erwachsener mit hoher Sensibilisierung für Sexualität die Mutter-Kind-Beziehung wahrnehmen kann. Es ist auch nicht so, dass alle Amerikaner diese Einstellung teilen. Tatsächlich unterhalten viele Erwachsene zu ihren Eltern eine gleichberechtigte freundschaftliche Beziehung. Wenn ihr Verhältnis zueinander sehr eng ist, können sie sogar über ihre persönlichen Probleme und ihr Sexualleben sprechen.

Obwohl die Generationen in China einander „näherstehen" (亲, *qin*) als im Westen, vermeiden sie dieses Thema. Dass Sexualität für die Elterngeneration ein Tabu ist, versteht sich von selbst. Aber auch andere Erfahrungen oder Probleme sprechen sie sehr selten an, einerseits deshalb, weil sie über ihr eigenes Ich nichts zu sagen wissen, andererseits, weil sie die Vertreter der jüngeren Generation ewig als kleine Kinder ansehen und es für unangemessen halten, mit ihnen solche Fragen zu diskutieren.

Diese Haltung der älteren Generation bringt viele junge Leute soweit, dass sie auch nicht über sich selbst reden können und nicht wissen, wie sie ihre Gefühle ausdrücken sollen: Sie beginnen sogar zu argwöhnen, dass es verkehrt sein könnte, Gefühle zu zeigen. Wer aber als erwachsener Mensch den Bezug zu seiner eigenen Sexualität verloren hat, kann leicht den Zugang zu seiner gesamten Persönlichkeit verlieren. In China wird diese Unfähigkeit des Individuums, über das eigene Ich zu sprechen, in endloser Folge von einer Generation auf die andere übertragen. So beschränkt sich die Nähe zwischen den Generationen im Großen und Ganzen auf die leibliche Fürsorge. Die ältere Generation bereitet dauernd etwas zu essen für die jüngere und sorgt sich um ihre körperliche Verfassung. Die jüngere Generation vergilt ihr das, indem sie sie im Alter versorgt, ihr Zuneigung und Anteilnahme zeigt und sich regelmäßig nach ihrem körperlichen Befinden erkundigt.

Der chinesische Einzelne kann keinen inneren dynamischen Entwicklungsprozess durchlaufen, sondern nur statisch, als dauernd gehätschelter Leib existieren. Er entwickelt sich nicht durch inneres Wachstum, sondern durch einen rein physischen Alterungsprozess und das Aneinanderfügen von äußeren, durch die traditionelle Ethik verbindlich festgelegten Beziehungen. Diese Beziehungen können zwar einerseits die Reife fördern, andererseits aber auch als Katalysator einer frühzeitigen Vergreisung wirken. So wird die Jugend in China in der Umklammerung durch Vergreisung und Infantilisierung völlig aufgerieben. Diese Auslöschung der Jugend steht natürlich in direktem Zusammenhang mit der Tendenz zur Desexualisierung. Eine Reife, die durch das Ansammeln von äußeren, traditionell definierten Beziehungen zustande kommt, kann die Wirkung der Desexualisierung nicht neutralisieren. Die Funktion der Ehe in China erschöpft sich oft darin, die leibliche Unsterblichkeit durch Nachkommen zu garantieren, eine Heimstatt für den Leib zu finden und Kinder zum Zwecke der Altersversorgung großzuziehen. Mit Lust und Sexualität hat sie wenig zu tun. In vielen Fällen verlieren die Ehepartner das sexuelle Interesse füreinander, sobald sie Nachkommen produziert haben.

In der Volksrepublik spielte die Sexualität oft aus einem weiteren Grund in der Ehe keine Rolle: Bis in die 1980er Jahre hinein fragte der Staat bei der Zuteilung von Arbeitsplätzen nicht danach, ob jemand verheiratet war oder nicht. So kam es, dass manche Ehepartner viele Jahre getrennt lebten und sich im Jahr nur einmal sahen. In einer solchen Ehe gab es natürlich kein befriedigendes Sexualleben. Auch die Funktion, eine Heimstatt für den Leib zu schaffen, wurde von der „Einheit", der Partei oder anderen Organisationen übernommen. Für die Ehe blieb nur noch die Aufgabe, Menschen zu produzieren.

Sexualität wird in China oralisiert, das heißt, mit dem Verzehr von Nahrungsmitteln gleichgesetzt. Nach daoistischer Auffassung regeneriert sich das männliche Prinzip *yang* durch das weibliche Prinzip *yin,* und *yin* regeneriert sich wiederum durch *yang.* Ein Zweig der daoistischen Tradition entwickelte Techniken und verfasste Lehrbücher darüber, wie der Mann sich beim Geschlechtsverkehr die weiblichen *yin*-Kräfte zur Regeneration seiner eigenen *yang*-Kräfte einverleiben und damit seinen Leib stärken könne. Weiter verbreitet jedoch ist die Furcht vor einer Schwächung durch Sex. In der chinesischen Kultur gelten Frauen auch als „Unglückswasser"; die Hoden werden dem Element „Wasser" zugerechnet, und man fürchtet, Frauen könnten die Männer ihrer Potenz berauben. In der Volksrepublik hörte ich, wie Jugendliche behaupteten, Geschlechtsverkehr schade der Gesundheit, und in Taiwan sah ich, wie ein Mann nach dem Geschlechtsverkehr drei rohe Eier aß, um den erlittenen Kräfteverlust wieder wettzumachen. In Hongkong ist der Glaube, dass „Gleiches durch Gleiches gestärkt wird" noch weiter verbreitet, und man nimmt Präparate aus Hörnern und Genitalien von Tieren ein, um die Potenz zu fördern.

Die Tendenz, einerseits den eigenen Leib als den schwachen Leib eines Kindes zu betrachten und andererseits die Sexualität als Element des Erwachsenendaseins abzulehnen, weil sie „nichts für Kinder ist", schließlich die Furcht vor einer Schwächung der Lebenskräfte durch Sexualverkehr – all dies hemmt und beeinträchtigt die vollständige Entfaltung der Sexualität eines Menschen; von einem Menschen aber, der selbst noch nicht völlig entfaltet ist, zu erwarten, dass er wirkliche Menschen produzieren könne, wäre absurd. Daher meinte Lu Xun: „[Chinesen] sind in der Regel Kerle, die Kinder zeugen, und nicht Väter von wirklichen Menschen, und ihre Kinder sind nicht die Keime zukünftiger wirklicher Menschen." (**Suiganlu**)

DIE ANALE PHASE

Obwohl der chinesischen Kultur der Gedanke der Entwicklung und Entfaltung der Persönlichkeit fremd ist, wird jeder Chinese zumindest in physischer Hinsicht erwachsen. Dabei trägt er aber noch viele ungelöste

Probleme aus der frühen Kindheit in sich. Dazu zählten zum Beispiel folgende in der Volksrepublik weit verbreitete und auch in Hongkong und Taiwan immer noch feststellbare Phänomene: auf den Boden spucken, in die Finger schneuzen, in der Öffentlichkeit in der Nase bohren, sich kratzen, in Gesellschaft ungeniert furzen, beim Essen Knochen auf den Tisch spucken, Abfall auf die Straße werfen, Schmutzwasser auf die Straße schütten, unpünktlich sein, sich nicht an Vorschriften halten, sich weigern, Schlange zu stehen, nicht in der Lage sein, seine Körperbewegungen zu kontrollieren.[1]

Im frühkindlichen Entwicklungsprozess folgt auf die orale die anale Phase, in der die Aufmerksamkeit des Kleinkindes auf die Kontrolle der Ausscheidungsfunktionen gelenkt wird. Im Vergleich zu westlichen Eltern sind chinesische Eltern sehr nachlässig, was die Sauberkeitserziehung des Kindes betrifft. Sinnfällig wird der Unterschied in dem chinesischen Brauch, kleine Kinder in Hosen mit offener Schrittnaht zu stecken, so dass sie jederzeit und überall ihre Notdurft verrichten können; im Westen dagegen drillt man die Kinder, ihre Ausscheidungen selbst zu kontrollieren, zu einer bestimmten Zeit und am richtigen Ort aufs „Töpfchen" zu gehen, und erzieht sie so zu geregelten Ausscheidungsgewohnheiten. Die chinesische Erziehung verhindert nicht nur, dass das Kind lernt, Herr über sich selbst zu werden, sondern erzieht es auch zur Folgsamkeit gegenüber Fremdbestimmung, indem eine „Ama" (阿妈, Kindermädchen, Amme) dem Kind beibringt, seine Notdurft immer dann zu verrichten, wenn sie pfeift – Zeit und Ort der Ausscheidungen hängen offensichtlich weder von den inneren Bedürfnissen des Individuums noch von seiner persönlichen Entscheidung ab. Diese Erziehung produziert einerseits Menschen, die empfänglich für Fremdbestimmung sind, andererseits fördert sie noch im Erwachsenenstadium eine Verwischung der Grenzen zwischen öffentlichen und privaten Angelegenheiten. Wenn man sogar bei den privatesten Dingen auf die Bestimmung durch andere Leute angewiesen ist, dann verlässt man sich auch sonst auf andere, das Kollektiv, die Masse oder die Organisation.

Die Zeit, in der das Kind lernt, seine Muskelbewegungen zu kontrollieren, ist im Allgemeinen auch die Zeit, in der sich das Ich deutlich von

---

1   Hier beschreibt Sun die Situation aus den 1980er Jahren. Mittlerweile hat sich dies durch verschiedene „Erziehungskampagnen" signifikant verändert,

der Umwelt abzugrenzen beginnt. In dieser Phase jedoch bildet sich bei Chinesen die Gewohnheit, ihre Exkremente beliebig in die Umgebung auszuscheiden und sich von einem äußeren Willen bestimmen zu lassen; so wird die Unschärfe der Grenze zwischen Ich und Außenwelt, wie sie in der analen Phase besteht, weiterhin aufrechterhalten. In der Phase, in der beim westlichen Kind das Ich sich abzugrenzen beginnt, wird das chinesische Kind dazu erzogen, nicht nach Individualität zu streben. So ist schon in der Kindheit die Struktur der Definition des Einen durch die Zweierbeziehung programmiert. In China wird vom Kind in dieser Entwicklungsstufe nicht etwa gefordert zu lernen, wie man sich selbst bestimmt und kontrolliert, sondern wie man die Harmonie im Zusammenleben mit anderen Menschen bewahrt. Chinesische Kinder brauchen sich also nicht an Vorschriften zu halten und müssen ihre Ausscheidungen nicht beherrschen; stattdessen werden sie dazu abgerichtet, sich in der Beziehung zu anderen Menschen richtig, das heißt, dem Alter, dem Rang und dem Verwandtschaftsgrad des Partners entsprechend zu benehmen. Auf die Einhaltung von Regeln und Vorschriften wird also auch in China Wert gelegt, aber nicht in Bezug auf den einzelnen Menschen, der pünktlich sein und sich an die Vorschriften und Regeln der Sauberkeit halten soll, sondern nur in Bezug auf Rangordnung und Zugehörigkeit.

Den Kindern wird auch beigebracht, ihre Emotionen zu kanalisieren, und darüber hinaus verlangt man von ihnen in dieser Entwicklungsphase, dass sie nicht laut schreien oder laut lachen. So erzieht man sie dazu, keine Gefühlsregungen nach außen dringen zu lassen, und vor allem verbietet man ihnen, öffentlich Zuneigung zu zeigen.

Durch all dies wird einerseits die Tendenz gefördert, das eigene Ich auszulöschen: In Situationen, in denen man „als Mensch agieren muss", kehrt man Tugenden wie Bescheidenheit, Verzicht, Rücksicht und selbstlose Hilfsbereitschaft hervor. Andererseits wird ein konturenloser Charakter erzeugt, und so erwächst „Tugend" nicht aus menschlichen Gefühlsregungen, sondern aus Ignoranz und Indifferenz. Solche Menschen wissen oft nicht, wie sie sich gegenüber einem Vertreter des anderen Geschlechts, den sie sympathisch finden, offen und herzlich verhalten sollen. Weder können sie, wenn sie sich freuen, ihre Freude zeigen, jubeln, schreien oder herumhüpfen, noch können sie klar unterscheiden, wen oder was sie mögen oder ablehnen. Man nimmt die Dinge, wie sie kommen, und kann weder sich selbst noch den anderen klar und deutlich sagen, welche Bedingungen man bereit ist zu akzeptieren, und welche nicht. Wer aber den eigenen Rechten gegenüber indifferent geworden ist, der neigt auch dazu, die Rechte der anderen nicht zu achten.

Obwohl chinesische Eltern die Sauberkeitserziehung ihrer Kinder nicht mit Nachdruck verfolgen und auch von den Kindern nicht ernsthaft fordern, die Bewegungen ihres Körpers zu kontrollieren, legen sie doch großen Wert darauf, durch äußere Einwirkung die Motorik der Kinder zu hemmen; man gestattet ihnen nicht, „sich wie wild zu bewegen" (乱动, *luandong*), um zu verhindern, dass sie später ungezogen werden. Früher war es sogar üblich, Säuglingen die Arme und Beine festzubinden. Diese Praktiken begünstigen die Entstehung eines ruhigen Charakters. Sie sind Ausdruck der Überzeugung, dass Bewegung an sich etwas Schlechtes sei. So benutzen die Chinesen zum Beispiel ein Binom aus den Schriftzeichen für „Bewegung" und „Unordnung", um den Begriff „Aufruhr" (动乱, *dongluan*) auszudrücken. Auch Mao Zedong, der den „Aufruhr" eigentlich guthieß, meinte, dass man „Reaktionären", ähnlich wie ungezogenen Kindern, nicht gestatten dürfe, sich „wild zu bewegen" (乱动, *luandong*) oder „wild zu reden" (乱说, *luanshuo*). Junge Menschen gelten dann als brav und folgsam, wenn sie sich den ganzen Tag hinter dem Schreibtisch verschanzen; wenn sie sich zu viel bewegen, hält man sie für böse.

Lange Zeit wurden die Auswirkungen dieser Einstellung offensichtlich: Viele junge Leute waren apathisch wie Greise und glichen einem „stehenden Gewässer"; auf Menschen, die nicht zum eigenen „Zirkel" gehörten, wurde kaum Rücksicht genommen, Exkremente und Abfall lud man wahllos in seine Umgebung ab, man rempelte andere Leute an oder schob sie weg, drängelte sich beim Schlangestehen vor und stieß den neben einem sitzenden Menschen mit den Füßen an. Auch die Tendenz, in der Öffentlichkeit (beim Schlangestehen, auf der Straße, im Bus) beim kleinsten Anlass seine Wut oder schlechte Laune hemmungslos an anderen abzureagieren, und der unbezwingliche Drang, andere zu erniedrigen, konnten und können als Ausdruck eines Charakters interpretiert werden, der gern den Inhalt seines Nachttopfs anderen vor die Füße kippt.

Dieses Verhalten war in den fünfziger Jahren auch in Hongkong üblich. Heute ist es dort selten geworden, aber immer noch wird sich kaum jemand entschuldigen, der einen anderen angerempelt hat. Hat jemand etwas fallen lassen, wird sich niemand bücken, und will man sich einen Weg durch dichtes Gedränge bahnen, bittet man nicht darum, durchgelassen zu werden, sondern drängelt sich gewaltsam durch.

Normalerweise zeigen Chinesen nicht gern ihre Gefühle. Paradoxerweise aber sind manche Hongkonger Verkäufer(innen) und Behördenangestellte unhöflich oder gar unverschämt zu Kunden und Petenten, geraten beim geringsten Anlass in Wut und lassen diese gern an ihren Opfern aus. Im Postamt oder auf einer Behörde knallen die Angestellten mit Vorliebe das Wechselgeld oder die Quittung mit großer Wucht vor einem auf den Tisch.

Wenn ein Angehöriger einer westlichen Kultur in seiner Persönlichkeitsstruktur besonders viele Überreste analer Fixierungen aufweist, drückt sich das meist in einer Sauberkeitsmanie aus. Da Chinesen in der analen Phase anders erzogen wurden, haben bei ihnen anale Regressionen andere Symptome. Und da auch ihre Persönlichkeitsentwicklung gehemmt wurde, und man einem Menschen nicht zugesteht, sich zu einem sich zu seiner Sexualität bekennenden Erwachsenen zu entwickeln, sind Regressionen auf orale und anale Mechanismen keine Einzelfälle, sondern tendenziell bei allen vorhanden. Die oralen Komponenten dieser Fixierung zeigen sich in einem Gefühl der Schwäche des einzelnen und dem Bedürfnis, ständig die Fürsorge anderer „einsaugen" zu müssen; daher offenbart sich Chinesen die Atmosphäre von „Mitmenschlichkeit" als „Geschmack" (味, wei). Die anale Fixierung manifestiert sich einerseits darin, dass man zu den Menschen, unter deren Einfluss man steht, sehr zuvorkommend ist, es ausgezeichnet versteht, sich ihnen gegenüber angemessen zu verhalten, immer gute Miene zum bösen Spiel macht und die eigene Identität zurücknimmt. Andererseits zeigt sie sich in unkontrollierten Körperbewegungen und launischen Reaktionen, ähnlich wie bei Kindern, die überhaupt keine Rücksicht auf fremde Leute nehmen. Das gehäufte Auftreten von oralen und analen Tendenzen bewirkt eine chinesische Form von „Kollektivismus", der sich einerseits in gegenseitiger Fürsorge äußert, zum anderen in einem unkontrollierbaren Egoismus, einerseits in Gehorsam und Fügsamkeit, andererseits in Gleichgültigkeit gegenüber den Regeln der öffentlichen Ordnung.

Diese Tendenzen sind latent in der Tiefenstruktur der chinesischen Kultur vorhanden; sie sind zwar nicht immer gleich stark ausgeprägt, doch nie fehlen sie ganz. In Zeiten nationalen Notstands und in den ersten Jahren der Volksrepublik zum Beispiel wurde der Kreis der „eigenen Leute" auf das ganze Volk ausgedehnt. So wurde bei Kadern und Volksmassen der Aspekt der Selbstlosigkeit im „Gewissenssystem" mobilisiert. Die negativen Angewohnheiten konnten jedoch nicht ausgerottet, sondern nur verdeckt werden, weil sie ebenso wie die Selbstlosigkeit ein Bestandteil derselben Tiefenstruktur sind. Daher kommen sie im heutigen China wieder in vollem Umfang zum Vorschein.

Zurzeit versucht die chinesische Führung, die Zeit des nationalen Aufstiegs wieder heraufzubeschwören und propagiert die Bewegung „von Lei Feng lernen". Indem man von einer ganzen Nation verlangt, einen geschlechtslosen und noch nicht erwachsenen Menschen als Vorbild zu betrachten, versucht man, den Aspekt der Selbstlosigkeit im chinesischen Charakter herauszufiltern, und hofft, dass sie zum Allgemeingut wird. Dieser Versuch der Indoktrinierung ist ebenso zum Scheitern verurteilt wie die Erziehungsmethoden chinesischer Eltern, die ihren Kindern beibringen, immer sich selbst zurückzustellen, aber dabei gleichzeitig die Bildung ihres Selbstbewusstseins verhindern. Sie bewirkt höchstens, dass die Bevölkerung gehorsam die geforderte Selbstlosigkeit zeigt, aber gleichzeitig im Zustand fehlender Selbstorganisation gehalten wird. Die Regierung propagiert „absolute Selbstlosigkeit und Hingabe für andere" und mobilisiert immer wieder zu Kampagnen gegen Spucken, gegen das Wegwerfen von Müll und gegen unhöfliches Benehmen. Wenn aber ein Volk es zulässt, von der eigenen Regierung in dieser Weise „zivilisiert" zu werden, so zeigt dies, dass bei der Charakterentwicklung etwas schiefgelaufen ist. Ein voll entwickelter Mensch beansprucht gewisse Grundrechte, und die Hauptaufgabe der von ihm gewählten Regierung soll es sein, diese Rechte zu garantieren. Er wird es nicht zulassen, dass diese Regierung ihm die Anweisung gibt, „nur für andere dazu sein", auf seine Grundrechte zu verzichten, oder gar „weder Leiden zu scheuen noch den Tod".

Eine Erziehung gegen Ausspucken und anderes unzivilisiertes Verhalten müsste in der Kindheit ansetzen, nicht erst im Erwachsenenalter durch eine Regierung, die sich diese Erziehungsaufgabe anmaßt. So kann die von den Eltern in der Phase der frühen Kindheit vernachlässigte Aufgabe nicht erledigt werden; vielmehr wird dadurch die Infantilisierung des erwachsenen Menschen noch verstärkt, und es entsteht ein wirklicher Teufelskreis.

Mit den Gedanken von Marx hat das gegenwärtige System in China nichts zu tun. Nach Marx sollte der Kommunismus in einer „Assoziation freier Arbeiter" die allseitige Entfaltung des Individuums ermöglichen. Sein Ziel war die Autonomie der Gesellschaft und das Absterben des Staates. In China herrscht heute eine Situation, in der niemand mehr weiß, wo seine Grundrechte liegen, und in der man ungerechte Behandlung widerspruchslos hinnimmt oder Ungerechtigkeiten gar nicht wahrnimmt. Andererseits verhält man sich seiner Umwelt gegenüber verantwortungslos und folgt dem Motto, „Das Feld des Nachbarn als Abwassergraben betrachten", oder „den Teich trockenlegen, um an die Fische zu kommen". So wird die Welt außerhalb der eigenen Person und des Kreises der „eigenen Leute" zum Ort, an dem man seinen Müll abladen kann, und die Gesellschaft, unfähig zur Selbstorganisation, gleicht einem Haufen von Sandkörnern. Daher muss sie vom Staat organisiert und das Meer von „Egoismus" muss unter einer Schicht „Gemeinschaftsgeist" verdeckt werden.

Viele Chinesen glauben an das Märchen, sie selbst seien selbstlos, die Angehörigen westlicher Kulturen dagegen selbstsüchtig. Dieses Märchen hat seinen Ursprung in der semantischen Unklarheit, die durch die unterschiedlichen Definitionen des Menschen verursacht wird. In China wird der Einzelne durch seine Eingebundenheit in eine Zweierbeziehung definiert. Jedes durch sich selbst definierte Individuum erscheint daher als selbstsüchtig. Das chinesische Einzelwesen ist schwach und braucht ständig die Geborgenheit in der Gemeinschaft; wenn nun Menschen aus dem Westen fordern, dass sich jeder um seine eigenen Angelegenheiten kümmern solle, ist das für Chinesen, die häufiger „emotionalen Kontakt" (感动, *gandong*) brauchen, egoistisch.

Der Begriff „Gemeinschaftssinn" ist in China und im Westen unterschiedlich konzipiert. Für Menschen aus westlichen, insbesondere protestantischen Kulturen bedeutet Gemeinschaftssinn, die Rechte des anderen zu respektieren und die öffentliche Ordnung einzuhalten. Für Chinesen dagegen heißt Gemeinschaftssinn, unter den „eigenen Leuten" nicht kleinlich zu sein, während man sich unter Fremden nicht als „guter Mensch" zu benehmen braucht. Deshalb sind sie nur dort selbstlos, wo sie auf das korrekte Verhalten als „guter Mensch" achten müssen, während man im Westen auch den eigenen Leuten alles in Rechnung stellt. Dieses für Chinesen „hässliche" Verhalten beweist, wie „egoistisch" bzw. „individualistisch" (die beiden Begriffe sind in China fast synonym) die Menschen im Westen sind.

In der Volksrepublik China wird aber auch als „individualistisch" kritisiert, wer auf den Boden spuckt, seinen Abfall auf die Straße wirft und sich
rücksichtslos benimmt: Individualismus, so heißt es, sei mit Sozialismus
unvereinbar. Die Kampagne gegen diese schlechten Angewohnheiten, die
auf feudale und bürgerliche Einflüsse zurückzuführen seien, soll dazu beitragen, eine neue sozialistische Zivilisation zu schaffen. Aber auch Chiang
Kaisheks Bewegung für ein „Neues Leben" richtete sich gegen diese Übel,
und sie wurde damit begründet, die alten chinesischen Tugenden Höflichkeit, Rechtlichkeit, Integrität und Schamgefühl, die heute schon vergessen
seien, müssten wiederhergestellt werden. Bei der einen Kampagne sollte
eine neue Zivilisation aufgebaut werden, bei der anderen sollten die alten
Tugenden restauriert werden. Beide aber gingen am eigentlichen Problem
vorbei: der Unterentwicklung des Individuums und der Selbstlosigkeit des
offenen Hosenschlitzes.

In moderneren chinesischen Gemeinschaften im Ausland ist die Situation natürlich nicht so krass wie in der Volksrepublik nach der Kulturrevolution, aber auch dort äußert sich der orale Aspekt der Tiefenstruktur
zum Beispiel darin, dass es niemanden stört, wenn er keine demokratischen
Rechte hat und von Ausländern regiert wird, solange er einen Mundvoll
Reis zu essen hat. Anale Tendenzen manifestieren sich darin, dass man sich
nur um die „eigenen Leute" kümmert und sich weder um die Umwelt noch
um die Regierung schert. Das Interesse an Politik und soziales Engagement
sind selten. Diese chinesischen Gemeinschaften gleichen einem Haufen
Sand ohne inneren Zusammenhalt; es gelingt ihnen nur sehr selten, sich
zu organisieren, um sich gemeinsam für demokratische Rechte einzusetzen
oder für Menschenrechte zu kämpfen.

In Hongkong haben sich die Manieren seit den sechziger Jahren gebessert. Grobheit, Unhöflichkeit und die Gewohnheit, sich vorzudrängeln,
sind seltener geworden, aber immer noch kann man erleben, dass Abfall
auf die Straße geworfen wird, Wasser von der Wäscheleine auf die Köpfe
von Passanten tropft oder aus den oberen Stockwerken Limonadeflaschen
geworfen werden. Auch die Chinesen in Südostasien kümmern sich wenig um die lokale Politik, solange sie satt werden. Innerhalb der chinesischen Minderheit spalten sie sich je nach Herkunftsort in noch kleinere
Kreise „eigener Leute" auf und sind als einzelne Sandkörner schutzlos den
Gewalttätigkeiten anti-chinesischer Bewegungen ausgesetzt. Dass in den

USA, der Hochburg des Individualismus bzw. Egoismus, während des Vietnam-Krieges eine Million Menschen in Washington gegen die Aggression der eigenen Regierung in Vietnam demonstrierten, können Chinesen, die die Menschen im Westen für „selbstsüchtig" halten, nicht begreifen.

DESEXUALISIERUNG UND EROTOMANIE

Nach der Freud'schen Theorie folgen auf die orale die anale, die phallische und die genitale Phase. In den ersten beiden Phasen entwickeln sich die kindlichen Triebe bis zum Auftreten des Ödipuskonflikts; dann werden sie durch väterliche Repression verdrängt. Unter der von der väterlichen Autorität ausgehenden Kastrationsdrohung tritt die kindliche Persönlichkeitsentwicklung in die Latenzzeit ein; mit elf bis zwölf Jahren beginnt das Kind frühere Libidobesetzungen wiederaufzunehmen, und in der Pubertät setzt die Entwicklung der Sexualität in vollem Umfang ein. In dieser Zeit aber muss der Sexualtrieb aus der Familie nach außen gelenkt werden, damit sich der Mensch voll entfalten kann.

Vom Standpunkt der westlichen Kultur aus muss ein vollständig entwickelter Mensch bis zur genitalen Phase fortgeschritten sein und sich zu seiner Sexualität bekennen. Meine These lautet nicht, dass erwachsenen Chines(inn)en die physiologischen Aspekte der Sexualität fremd seien, doch die Programmierung des Menschen in der chinesischen Kultur hat die genitale Phase in der psychischen Entwicklung fast völlig eliminiert. Sexualität wird allein als Reproduktionsmittel gesehen, und es ist bis heute strukturell unmöglich, Sexualität als Bestandteil einer voll entfalteten Persönlichkeit zu begreifen. Deshalb manifestiert sich Sexualität bei Chinesen auf der einen Seite in halberstickter Form, auf der anderen Seite erscheint sie, weil sie nicht eindeutig fokussiert werden und sich nicht deutlich äußern kann, ausufernder und unkontrollierter als bei Angehörigen westlicher Kulturen.

Die Triebansprüche der oralen, analen und phallischen Phase sind alle auf bestimmte Körperzonen fixiert. Die Entfaltung der Sexualität in der genitalen Phase kann als eine Art Organisationsprozess begriffen werden, der es dem Menschen ermöglicht, sich seiner Individualität bewusst zu werden, und der ihm gleichzeitig ein Organisationsprinzip liefert, mit dem er die voneinander unabhängigen Ansprüche der an einzelne Körperzonen fixierten Partialtriebe koordinieren kann. Diese Phase ist die Voraussetzung für ein starkes Ich-Bewusstsein, das zum Herrscher über die einzelnen Körperzonen wird, sie kontrolliert und entsprechend dem eigenen ganzheitlichen Organisationsbedürfnis aufeinander abstimmt. Im Sexualverhalten können zwar orale, anale und manuelle Praktiken vorkommen, die Befriedigung solcher an bestimmte Körperzonen gebundener Partialtriebe ist jedoch nur ein untergeordneter Bestandteil der gesamten geschlechtlichen Aktivität. Die Vollendung des Sexualakts ist an die Teilnahme einer anderen Person gebunden. Das Bemühen, anziehend zu wirken, der Flirt, das Eingehen auf den Partner, bis hin zum eigentlichen Sexualakt sind Phasen eines komplizierten wechselseitigen Prozesses, der mit hinreichender Intensität vorangetrieben und durch genügend Selbstvertrauen und Willenskraft organisiert werden muss. Diese Leistung kann einem niemand abnehmen. Orale oder anale Bedürfnisse dagegen können im Vergleich dazu leicht auch von einer Person allein befriedigt werden; ähnlich verhält es sich mit Onanie. Wenn jemand nicht weiß, wie er für die körpereigenen Triebe einen Abfuhrkanal suchen und den gesamten Prozess des Sexualakts organisieren soll, rührt das meist von einer Desorganisation des Ichs während des Prozesses der Charakterbildung her. Weil Chinesen von der oralen bis zur analen Phase ein Gefühl der Abhängigkeit anerzogen wird, und sie der Einschränkung durch die Matrix der dualen Beziehungen unterworfen sind, ist ihre Charakterstruktur von Anomie bzw. Heteronomie gekennzeichnet. Mit den Aufgaben eines Erwachsenen konfrontiert, neigen solche Charaktere dazu, beim geringsten Widerstand Rückzieher zu machen; sie geben sich narzisstischen Phantasien hin, in denen sie ihre Umwelt beherrschen; sie sehnen sich nach einem idealen Partner, der automatisch alle Bedürfnisse befriedigt, ohne dass sie selbst einen Finger zu rühren brauchen. In der Realität aber lassen sie sich oft in übertriebenem Maße von der Furcht einschränken, die Leute könnten über sie reden, und werden zaghaft und entscheidungsunfähig.

All dies wird noch dadurch verschlimmert, dass Chinesen ihre Eltern mythisieren. Die Menschen im Westen, die ihre Eltern entmythisiert haben, sehen sie als zwar etwas ältere, aber gleichberechtigte Personen an. Da alle in ihrer Persönlichkeit eine eindeutige sexuelle Komponente haben, darf das Verhältnis zwischen Mutter und Sohn nicht zu intim sein. Die übertriebene Angst vor Inzest in westlichen Gesellschaften hängt mit den „ödipalen Neigungen" des Sohnes zusammen, der, sobald er auf eigenen Beinen steht, mit der „väterlichen Autorität" konkurrieren und sie sogar ersetzen könnte. Umgekehrt bewirkt die Mythisierung der Eltern in China, das heißt die Verkleinerung der eigenen Person vor dem ins Riesenhafte aufgeblasenen Bild der Eltern, dass man selbst ewig die Gestalt eines Kindes beibehält. Auf diese Weise wird der ödipale Konflikt vermieden. Männliche Chinesen können sich ein Leben lang der Mutter in der Haltung eines Kindes nähern, und die Frauen ebenso dem Vater, wobei keine Besorgnis entsteht, dies könnte zu Inzest führen. Da alle auf sexuellem Gebiet nicht völlig entfaltet sind, können sie unter dem Aushängeschild der „Heiligen Familie" weiter die Wärme und Harmonie der frühen Kindheitsphasen genießen.

Wenn im Verlauf der Charakterbildung das Gewicht der Inhalte frühkindlicher Entwicklungsphasen zu groß wird, führt das oft zu einer ignoranten Haltung gegenüber Sexualität, und die ersten sexuellen Erfahrungen werden erst spät gemacht. Apologeten der chinesischen Kultur führen als Beweis ihrer These von der moralischen Dekadenz des Westens gern das Beispiel minderjähriger Mädchen an, die mit dreizehn oder vierzehn schwanger würden. Ich befürworte das keineswegs, doch sollte in diesem Zusammenhang auch darauf hingewiesen werden, dass zahlreiche Chinesinnen mit dreißig Jahren noch nicht so weit entwickelt sind. Ein Ehepaar aus Hongkong erzählte mir, dass sie etliche Paare aus Taiwan, die ebenfalls in den USA studierten, vor der Hochzeitsnacht aufklären mussten. Einer Zeitungsmeldung zufolge suchte vor einiger Zeit ein junges Dozentenehepaar in Shanghai einen Arzt auf, nachdem die Frau nach zwei Jahren Ehe immer noch nicht schwanger geworden war, und erfuhr erst dort, dass ihre Methode, ein Kind zu zeugen – nebeneinander zu liegen und die Elektronen der Partner hin und her fliegen zu lassen – ziemlich weit von der Realität abwich.

Die psychische Defokussierung der Sexualität bedeutet nicht, dass jungen Chinesen in physischer Hinsicht der Sexualtrieb abhandengekommen wäre. Er kann nur keine Abfuhrkanäle finden und zeigt sich infolgedessen in exzessiver Form. Lu Xun bemerkte zu den sexuellen Phantasien seiner Landsleute, dass sie beim Anblick einer Frau in einem ärmellosen *qipao* (旗袍)[2] sofort an ihre nackten Schultern denken und sie dann Stück für

---

2   Der Qipao (旗袍) ist ein modisches, eng am Körper anliegendes Frauenkleid mit hohem seitlichem Beinschlitz, das vor allem in der Zeit zwischen den beiden Weltkriegen in den städtischen Kreisen in China populär war.

Stück in ihrer Phantasie ausziehen, bis sie schließlich völlig nackt vor ihnen steht. Noch heute kommt es vor, dass Studenten aus der Volksrepublik oder Taiwan schlecht über Amerikanerinnen reden, die im Sommer kurze Hosen tragen. In Wirklichkeit verschaffen sie sich durch die Bemerkung, „die hat ja nicht einmal eine Hose an!" eine geistige Ersatzbefriedigung.

Wenn an einer amerikanischen Universität eine Frau im Bikini allein am Swimmingpool des Campus sitzt, wird sich ihr bald ein Schwarzer oder Araber nähern und ohne Umschweife auf das Thema „Sex" zu sprechen kommen. Ein Chinese würde in einer entsprechenden Situation einen sicheren Abstand wahren und vom siebten Stockwerk des Wohnheims mit dem Fernglas aus dem Fenster schauen.

Kommt eine Frau mit nackten Beinen die Treppe herunter, verdrehen chinesische Männer den Hals, um nach oben zu sehen; aber nur, solange sie sich unbemerkt glauben. Sobald sie jedoch ins Blickfeld geraten und keinen Sicherheitsabstand mehr haben, setzen sie sofort eine Unschuldsmiene auf und riskieren keinen Blick mehr.

Von einem Mann, der unfähig zu einer Liebesbeziehung ist, nimmt man in der chinesischen Gesellschaft gewöhnlich an, dass er zu hohe Ansprüche stellt. Er selbst modelliert sich in seiner Phantasie ein ideales weibliches Wesen. Von außen sieht es so aus, als warte er nur auf dieses Objekt, um aktiv zu werden. In Wirklichkeit aber sind seine „hohen Ansprüche" nur die Unfähigkeit, Gefühle nach außen zu projizieren. In narzisstischer Weise projiziert er alle Gefühle auf sich selbst und ist nicht bereit, reale sexuelle Beziehungen anzuknüpfen und auszuleben. Er behält lieber seine infantilen, größenwahnsinnigen sexuellen Phantasien bei, die von einer Regression zu Mechanismen frühkindlicher Entwicklungsstufen zeugen, in denen man sich nicht abmühen musste und sich völlig passiv von einer allmächtigen Mutter bedienen lassen konnte.

Die chinesische Sexualität lässt aber auch Inhalte evident werden, die in den westlichen – besonders protestantischen Kulturen – verdrängt wurden. Die abendländische Angst vor einer erotischen Beziehung zur Mutter rührt unter anderem daher, dass man sexuell nicht in eine frühkindliche Entwicklungsphase regredieren möchte. Gleichzeitig führt sie zu Verdrängungen in einem anderen Bereich. In der Theorie Freuds gelten die Unterdrückung der ödipalen Neigungen in der Kindheit durch die Kastrationsdrohung und der dadurch verursachte Eintritt der Charakterentwicklung in die Latenzphase als die Voraussetzung der Kultur überhaupt; aber auch als Ursache der in ihr bestehenden Entfremdung.

Die Desexualisierung schwächt den Generationskonflikt ab, den Freud im Ödipusmythos symbolisiert sah. So kann die „Liebe zur Mutter" fortbestehen, ohne dass sie als krankhaft angesehen würde, und dies wiederum scheint die durch das Erwachsenwerden, die Ablösung und Individualisierung verursachte Entfremdung zu mildern. Für eine chinesische „Mama" ist ihr Sohn im Grunde ihr zweiter Mann; wenn sie den ersten verloren hat, kann sie wie selbstverständlich die Zuwendung des zweiten fordern, sie kann sogar mit der Schwiegertochter um denselben Mann rivalisieren. In protestantischen Kulturen wäre all dies skandalös.

Die Menschen im Westen haben nicht nur größere Angst als Chinesen, von ihrer „Mama" verschlungen zu werden, sie fürchten sich auch mehr vor homosexuellen Neigungen. Dass öffentlich zur Schau gestellte Homosexualität im Westen häufiger ist als in China, liegt daran, dass man es eher wagt, sich öffentlich dazu zu bekennen. Aber während Chinesen Homosexuelle höchstens lächerlich finden, kommt es im Westen, besonders in den USA, zu Gewalttaten gegen Homosexuelle. Wenn jemand so heftig auf die sexuellen Neigungen eines Fremden reagiert, lässt dies auf die strikte Verdrängung eigener homosexueller Neigungen und die nach außen projizierte Furcht davor schließen.

Die Diskriminierung von Homosexualität in der westlichen Kultur (vor allem in den USA, wo die Sexualität des Menschen unter dem „Primat des Genitalen" steht) ist ein weiterer Ausdruck der Furcht vor einer unvollständigen Persönlichkeitsentwicklung. Ältere westliche psychologische Theorien sehen die Ursache für Homosexualität entweder in einer übermäßigen Identifizierung des Knaben mit dem Mutterbild oder darin, dass man auf einer prägenitalen Entwicklungsstufe stehengeblieben sei. Daher rühre die Unfähigkeit, heterosexuelle Beziehungen aufnehmen zu können, die einen beim eigenen Geschlecht Trost suchen lasse. Wie dem auch sei, die übertrieben heftige Reaktion der Menschen im Westen gegenüber Homosexualität steht jedenfalls in Zusammenhang mit der Festlegung ihrer Geschlechterrollen nach kulturellen Normen, die vom Mann verlangen, dass er tapfer und stark ist.

In China existiert weder eine so deutliche Generationentrennung noch eine so starke Geschlechterdifferenzierung wie im Westen. Das gängige Bild

vom Mann als eines weibischen milchgesichtigen Gelehrten und die Unklarheit in vielen Volksopern über das Geschlecht der Personen machen
die Neigung der Chinesen deutlich, die Geschlechtsunterschiede zu verwischen. Wenn das vorherrschende Bild vom Mann in einer Kultur verweiblicht ist, so zeigt das, dass die Bilder vom jeweils anderen Geschlecht
nicht mehr eindeutig sind: In der äußeren Gestalt des anderen Geschlechts
finden sich viele Elemente des eigenen Geschlechts und umgekehrt.

Wenn Chinesen einen Mann und eine Frau sehen, die sich etwas länger
unterhalten, ziehen sie sofort voreilige Schlüsse, spionieren den beiden hinterher und meinen sogar, ein unerlaubtes Verhältnis aufdecken zu müssen;
gehen aber Männer Hand in Hand oder haben Frauen sich untergehakt
und legen einander den Arm um die Schultern, so ist das für sie etwas ganz
Normales. Westler dagegen, für die vertraute Berührungen zwischen Frauen und Männern etwas Selbstverständliches sind, sehen so etwas mit großer
Verwunderung. Ein amerikanischer Gastdozent, der am Ufer des West-Sees
in Hangzhou zwei Soldaten der Volksbefreiungsarmee Hand in Hand gehen sah, wollte sofort ein Foto davon machen. Ein Deutscher meinte nach
einem Spaziergang auf dem Tiananmen-Platz in Peking, alle Chinesen seien
homosexuell.

Desexualisierung in der chinesischen Kultur und Repression von Sexualität in der westlichen Kultur sind nicht dasselbe. Die meisten Chinesen
können bis zu ihrem Hochzeitstag ihre Jugend, in der der Sexualtrieb am
stärksten ist, ungenützt vorübergehen lassen. Obwohl sie ihrer Sexualität
beraubt sind, erkranken sie äußerst selten an Hysterie, wie sie im viktorianischen Zeitalter im Westen verbreitet war. Das zeigt, dass das Problem eher
in der Desexualisierung als in der Repression von Sexualität liegt. Weil ihre
Ich-Struktur geschwächt und der Ausdruck ihrer Sexualität defokussiert
ist, ist es ihnen nicht möglich, Abfuhrkanäle in den Griff zu bekommen.
Was nicht verdrängt werden muss, ist aber auch nicht leicht zu kontrollieren, wenn es zum Ausbruch kommt. Wenn die These von der Verdrängung der Inzestwünsche im Prozess der sexuellen Reifung auf Chinesen
nicht übertragbar ist, so ist es auch sehr fraglich, ob es in der chinesischen
Kultur die Freud'sche Latenzperiode gibt. Chinesen können in der oralen
und analen Phase entspannter sein als Menschen aus westlichen protestantischen Kulturen. Das Kleinkind wird in diesen Phasen in China nicht
so nachdrücklich diszipliniert, und das lässt vermuten, dass eine gewisse

Undiszipliniertheit auch später beibehalten wird. Ein konturenloser und passiver Charakter, wie ihn diese frühkindliche Erziehung hervorbringt, ist im Umgang mit Sexualität eher unreif und bewahrt besonders viele Phantasien aus frühkindlichen Entwicklungsstufen. Doch gerade weil er keine Verdrängungsarbeit leisten musste, neigt er eher zu unkontrollierten Ausbrüchen. Eine Sexualerziehung, die ein gesundes Wachstum der Persönlichkeit unterstützen würde, wird in der chinesischen Gesellschaft völlig vernachlässigt, Orte und Medien dagegen, die es ermöglichen, Sexualität bequem abzureagieren (Schriften, Bilder und Videos) gibt es im Übermaß. In den USA ist Sexualität ein wichtiger Faktor im Alltagsleben jedes Menschen. Dafür fehlt in der gesamten kulturellen Lebenswelt jene für den fernen Osten typische pornographische Atmosphäre, wo, wie in Taiwan, Cafés, Diskotheken, Friseursalons, physiotherapeutische Praxen, Saunen und sogar Krankenhäuser und Tankstellen als Tarnung für Prostitution dienen können.

Während im Westen pornographische Blätter und sogenannte seriöse Zeitungen deutlich voneinander zu unterscheiden sind, enthalten auch die großen und etablierten chinesischen Zeitungen, sofern sie nicht, wie in der Volksrepublik, der Zensur durch die Regierung unterliegen, immer ein paar pornographische Spalten.

In China werden Seele und Körper nicht so deutlich voneinander unterschieden wie in der protestantischen Kultur. Die Vernunft wird nicht zum Herrn über die Emotionen erhoben, und auch die Natur wird nicht als ein Objekt angesehen, das der Mensch kontrollieren und sich untertan machen soll. Der dem Primat des Genitalen unterworfene westliche Charakter muss vor allem den Sexualtrieb kontrollieren. Der dem Primat der Harmonie unterworfene chinesische Charakter dagegen muss die Aggressionen im Allgemeinen kontrollieren.

Im Westen gilt die Ablösung als ein notwendiger Schritt im Prozess des Erwachsenwerdens. Sie gewährleistet, dass ein Erwachsener die Fähigkeit gewinnt, seine Sexualität selbständig zu organisieren, und nicht wie in Ostasien auf Heiratsvermittler angewiesen ist. Doch leider ist die Loslösung von den Eltern gleichzeitig ein Faktor, der der Sexualität schadet. Besonders in den USA von heute, wo eine eher liberale Einstellung zur Sexualität herrscht und man versucht, mit seinem Körper eindeutige Signale auszusenden, und eine geradezu sportliche Bettgymnastik betreibt, hat der

Umgang mit intimen Beziehungen, in denen sich die Grenzen des eigenen Ich auflösen, oft etwas Neurotisches an sich. In dem Augenblick, in dem man sich auf eine enge Beziehung einlässt, geht man in eine Abwehrhaltung, die sich sogar in Ekel und Angstvorstellungen verwandeln kann. So bleiben Partner selten länger zusammen, und diejenigen, die zusammenbleiben, gehen fremd. Sexualität beinhaltet in der Tat einen Aspekt der Regression auf eine frühkindliche Entwicklungsstufe. Im Orgasmus lösen sich die Grenzen des rationalen Ich auf, er ist ein Moment, in dem man die Kontrolle über sich aufgeben muss. So sind auch die Ansichten über Sexualität im Westen widersprüchlich. Einerseits ist die Fähigkeit eines Menschen, sich sexuell zu betätigen, das Kriterium dafür, ob er erwachsen ist oder nicht. Andererseits aber gilt eine Schwäche der Fähigkeit zur rationalen Kontrolle als Tendenz zur Infantilisierung. Auch in Freuds Theorie gilt einerseits die genitale Phase nach der Latenzzeit als die Stufe der vollständigen Charakterentwicklung; andererseits trauert man dem verlorenen Paradies der Kindheit nach und sieht in der Verdrängung der kindlichen Liebe zur Mutter die schlimmste Form von Entfremdung.

Viele Angehörige protestantischer Kulturen, vor allem männlichen Geschlechts, geben sich Illusionen über die Erotik Ostasiens hin. Über die Idealisierung des Fernen Ostens rufen sie sich das Paradies in Erinnerung, das sie im Prozess der Persönlichkeitsentwicklung verdrängen mussten.

DIE DESORGANISATION DES ICH

Erwachsenwerden umfasst in China nur zwei Aspekte: erstens das leibliche Wachstum des Einzelnen und zweitens die Fähigkeit, sich in den dualen Beziehungen richtig zu benehmen. Das physische Wachstum führt zwar unvermeidlich in Richtung Erwachsensein, aber weil die kulturelle Programmierung diesen Prozess behindert, kommt es zu ernsthaften oralen Fixierungen. Auch lernt man in der analen Phase nicht, seine Ausscheidungen und Bewegungen zu kontrollieren. Die sexuellen Inhalte, die im Körper eines Erwachsenen vorhanden sein sollten, befinden sich in einem mehr oder weniger erstickten oder diffusen und gleichzeitig ungezügelten Zustand.

Nichts könnte die Tatsache, dass Chinesen nur über einzelne Körperteile Befriedigung erfahren können, besser illustrieren, als die übertriebene

Betonung des Essens. Man könnte sagen, dass Essen in der chinesischen Kultur die einzig legitime Triebbefriedigung darstellt.

Für einen selbstorganisierten Charakter ist eine übermäßige Betonung des Essens ein Anzeichen des Zusammenbruchs dieser Selbstorganisation. Im kulturellen Unterbewusstsein der Amerikaner herrscht ein Gefühl der Furcht gegenüber der Überbetonung des Essens. Vage scheint man zu spüren, dass Essgier ein im äußeren Verhalten niedergelegter Code dafür ist, dass ein Mensch die Seligkeit nicht erlangen kann. Die puritanische Kultur gründet auf der calvinistischen Prämisse, dass jeder Mensch den Weg zur Seligkeit für sich selbst finden müsse und sich dabei weder auf äußere Einwirkungen verlassen, noch einem anderen Menschen die Suche abnehmen könne. Weil der Weg der individuellen Erlösung für jeden unterschiedlich sei, müsse jeder Mensch sein Leben durch eigene Willenskraft organisieren.

Das soll nicht heißen, dass es allen Amerikanern gelingt, sich selbst zu organisieren; in den USA gibt es viele Personen mit Übergewicht, und nicht wenige stehen dauernd unter dem Zwang, sich etwas aus dem Kühlschrank zu holen und in den Mund zu schieben. Meistens aber erkennen sie selbst, dass dies ein Anzeichen von Willensschwäche ist und versuchen, diesen Zwängen zu entkommen, ja sie suchen sogar Hilfe durch psychologische Beratung.

Für Chinesen gilt es jedoch keineswegs als abartig, den ganzen Tag zu essen, sondern es entspricht der allgemeinen Gewohnheit. Neben den aufwendig zubereiteten drei Mahlzeiten isst man gerne zwischendurch eine Kleinigkeit, so dass manche Hausfrauen den ganzen Tag damit beschäftigt sind, Suppen zu kochen oder Süßspeisen zuzubereiten.

Für genitale Charaktere scheint Essgier ein Symptom von Frustration und Stress zu sein, ausgelöst durch den Zusammenbruch der Selbstorganisation. Für orale Charaktere dagegen ist Essen ein Ersatz für Sexualität und nicht auf Frustration und Stress zurückzuführen. Zudem wird von Chinesen nie erwartet, dass sie allein und ohne jeglichen Beistand ihre Angelegenheiten erledigen. So ist auch der Druck, sich selbständig zu bewähren, gering, und das Gefühl von Stress und Frustration, das dadurch hervorgerufen wird, dass jeder sich selbst organisieren und Herausforderungen entgegentreten muss, wird nicht derart überwältigend.

Wenn eine Person innerlich desorganisiert und ihr Ich nicht ausgebildet ist, fällt es ihr schwer, Gefühlsregungen zum Ausdruck zu bringen. Ihre

Vitalität kann so verstümmelt werden, dass sie weder spontane Sympathie für andere empfinden noch die Sympathie, die ihr von anderen entgegengebracht wird, akzeptieren kann. All dies ist natürlich der Sexualität nicht förderlich. Da Chinesen nur aus Ich-Schwäche „brav" oder „anständig" sind, beruht ihre „Anständigkeit" nicht auf einer eigenen Entscheidung, sondern auf Unwissenheit und Gleichgültigkeit oder aber auf Zwang.

Diese Desorganisation des Ich ist die Voraussetzung für den Idealzustand der „großen Ordnung". Noch deutlicher aber wird die Desorganisation in „chaotischen" Situationen, in denen sie sich in weniger „anständigen" Verhaltensweisen manifestieren kann. Wenn man zum Beispiel den Sexualtrieb befriedigen will, aber keinen festen Partner hat, weiß man nicht, wie man diesen Prozess bis zum angestrebten Ziel organisieren soll. Die Figur des Ah Q in Lu Xuns gleichnamiger Erzählung[3] ist ein typisches Beispiel dafür: Nachdem er eine kleine Nonne geneckt hat, ist er sexuell erregt und stürzt sich völlig unvermutet auf die Dienerin des Hauses Zhao. Dann fällt er vor ihr auf die Knie und fleht sie an, mit ihm zu schlafen.

Da viele Chinesen glauben, westliche Frauen gingen mit jedem ins Bett, kommt es oft zu peinlichen Szenen. Westliche Frauen sind in der Tat sexuell aufgeschlossener als Chinesinnen, doch muss der Partner auch attraktiv sein und die Frau umwerben können. Chinesische Männer, wie ich sie oben beschrieben habe, sind unfähig dazu, und so wirkt ihr Verhalten manchmal wie das eines Erotomanen. Sie legen zum Beispiel auf einer öffentlichen Veranstaltung plötzlich ihre Hand auf die einer Fremden und bitten sie errötend um eine Verabredung, oder sie greifen einer Unbekannten von hinten an die Brüste. Als ein taiwanesischer Student unvermutet eine im Labor arbeitende amerikanische Kommilitonin betatschte, und sie anfing zu schreien, flüchtete er auf die Toilette, wo er sich einschloss.

An den Nöten dieser Chinesen wird auch die Tendenz deutlich, Sexualität zu analysieren, also Sexualität zu etwas so Schmutzigem wie Fäkalien zu machen. Häufiger jedoch zeigt sich die Fixierung ihres Charakters auf der analen Entwicklungsphase in Form eines allgemeinen Moralismus. Sexualität wird als schmutzig angesehen und öffentlich verurteilt. Während

---

3   In „Die wahre Geschichte des Ah Q" beschreibt Lu Xun einen bäuerlichen Hilfsarbeiter, der glaubt, die Kunst entdeckt zu haben, wie sich jede Niederlage in einen Sieg ummünzen lässt.

sie selbst dauernd an Sex denken, der aber für sie etwas Unanständiges ist, unterstellen sie anderen Leuten ihre eigenen Obsessionen. Auch wenn ein Mann und eine Frau keine intimen Beziehungen hatten, malen sie sich in ihrer Phantasie solche Szenen aus und versuchen, ihnen nachzuspionieren, klagen sie an und halten es gar für ihre Pflicht, ihr illegitimes Verhältnis aufdecken zu müssen. Lieber onanieren sie heimlich, als sich offen zu ihren „schmutzigen" Trieben zu bekennen. Solche Menschen gibt es wohl überall, aber in China, wo alles im Rahmen eines moralischen Dualismus von „gut" und „böse" gemessen wird, sind sie besonders häufig.

Die Desorganisation des Ich drückt sich auch in seiner Fragilität und Anfälligkeit für irrationales Verhalten aus. Manchmal können Chinesen, die in sexuellen Nöten sind, sich ausgesprochen zudringlich und widerwärtig verhalten; bei den geringsten Widrigkeiten aber brechen sie zusammen, begehen Selbstmord oder töten andere. Zu Anfang der achtziger Jahre glaubte ein Student an einer Shanghaier Universität, eine Kommilitonin sei schon „die Seine" geworden, nachdem er gerade ein paar Worte mit ihr gewechselt hatte. Als er später sah, wie sie sich vor der Bibliothek mit einem anderen Mann unterhielt, ging er mit zwei Küchenmessern in das Zimmer seines Konkurrenten, um sich mit ihm zu duellieren. Als der andere durch das Fenster floh, stürzte er auf die Straße und tobte dort mit den Messern in den Händen, bis er von Ärzten abgeholt wurde.

Solche Fälle sind vielleicht dadurch zu erklären, dass in der Volksrepublik Männer und Frauen wenig Gelegenheit haben, in Kontakt zu kommen. Aber ähnliche Fälle gab es auch bei Taiwanesen, die in den USA lebten. Einer folgte seiner ehemaligen Verlobten zurück nach Taiwan, verabredete sich mit ihr, übergoss sie mit Benzin und zündete sie an. Ein anderer, der in New York eine höhere Position bekleidete, verliebte sich in eine Studentin, die jüngere Schwester eines guten Freundes, die dieser seiner Fürsorge anvertraut hatte. Er opferte sich für sie auf und überließ ihr sogar sein eigenes teures Appartement in der Innenstadt als Wohnung. Aber als das Mädchen sich undankbar zeigte und seinen Heiratsantrag ablehnte, tötete er es mit einem Messerstich in den Rücken und beging anschließend Selbstmord. Ein anderer Taiwanese in Kansas hatte sich mit einem amerikanischen Mädchen verabredet und meinte, dass es ihm damit schon das Jawort gegeben habe. Als er später zurückgewiesen wurde, ging er enttäuscht nach Kalifornien. Auch fünf Jahre danach war die Kränkung noch nicht abgeklungen. In seinen Augen war damals die Kirchengemeinde, der das Mädchen angehörte, schuld daran gewesen, dass es ihn nicht geheiratet hatte. Eines Tages kaufte er einen Revolver, reiste zurück nach Kansas und lief während der Messe in der betreffenden Kirche Amok. Zwei Menschen starben, viele andere wurden verletzt.

Dies sind sicher extreme Beispiele. Doch kann man häufig beobachten, dass Chinesen im Umgang mit dem anderen Geschlecht Taktgefühl vermissen lassen und sofort in Wut geraten, jeglichen Kontakt mit der betreffenden Person abbrechen oder sie beleidigen, wenn sie abgewiesen werden. Wo Chinesen sich selbst als „züchtig" und anständig rühmen, sehen westliche Psychologen eher verzogene Charaktere, die von sich aus kein Abenteuer suchen und mit Widerständen nicht rational umgehen können, sich dafür in der Phantasie Partner ausmalen, die uneingeschränkt auf sie eingehen. Wenn die Realität aber nur geringfügig von ihren Vorstellungen abweicht, geraten sie in Wut und lassen sie am unschuldigen Partner aus.

Wie man an den normalen, „anständigen", in „geregelten Bahnen verlaufenden" Beziehungen zwischen den Geschlechtern sieht, wird bei Chinesen eine Partner-Beziehung zwischen Erwachsenen oft zu einer Mutter-Sohn- bzw. Vater-Tochter-Beziehung. Viele chinesische Männer behandeln ihre Frau oder Freundin, als ob sie ihre Mutter wäre, die ihnen immer zu Diensten ist. Auf sie wälzen sie ihre chaotische Desorganisation ab und stellen maßlose Forderungen an sie, ohne sich jemals bedanken zu müssen; denn sich bei der eigenen Mutter zu bedanken wäre undenkbar. Ein Mann braucht auch nicht allzu viel Leidenschaft an den Tag zu legen, um eine Frau zu gewinnen, ja er kann sich sogar völlig unbeteiligt geben.

Von einer Beziehung, in der der Mann die Vaterrolle übernimmt, erhofft sich die Frau dagegen, dass er ihr alles abnimmt und sie wie eine Prinzessin behandelt, zu allem Ja und Amen sagt und Wunder wirken kann. Diese Wünsche gehen nur selten in Erfüllung. Dennoch trauern viele chinesische Frauen, die vielleicht im realen Leben auf einen Mann getroffen sind, bei dem sie die Mutterrolle spielen müssen, tief im Inneren einem paradiesischen Zustand nach, in dem der Partner sich um alles kümmert.

Diese Sehnsucht nach dem Paradies der frühen Kindheit ist vielleicht allen Menschen gemeinsam, gewiss aber hat sie in verschiedenen Kulturen unterschiedlichen Stellenwert. Von der kulturellen Symbolik her gesehen, tendieren Amerikaner eher dazu, die Trauer um den Verlust dieses

Paradieses zu verdrängen. Ihre Sehnsucht richtet sich auf die Wildnis: der Mensch muss sich so schnell wie möglich aus dem Zustand frühkindlicher Abhängigkeit befreien und von einer Loslösung zur anderen fortschreiten, bis er zuletzt allein auf weiter Flur steht. Dies geschieht vielleicht aus dem Anspruch heraus, dass der Mensch, bevor er seine Umwelt beherrschen kann, zuerst lernen muss, sich selbst zu beherrschen. Wo westliche Frauen Unterdrückung durch den Partner sehen, empfinden es Frauen aus Ost-asien als Glück, wenn sie ihrem väterlichen Partner alle Entscheidungen überlassen können.

Das daoistische Motiv von der Rückkehr in den Zustand eines Klein-kindes ist das genaue Gegenteil der alttestamentarischen Forderung, sich die Natur untertan zu machen, zu unterwerfen. Der Daoismus lehrt, mit der Natur zu einer Einheit zu verschmelzen. Diese Sehnsucht wird auch in der chinesischen Zweierbeziehung evident, in der man sich gegenseitig stützt und die Kontrolle über die Umwelt ebenso wie das Recht der Be-stimmung über das eigene Leben an andere abtritt. Verspürt man ein Be-dürfnis, dann kann man sich alle Mühe, die seine Befriedigung kostet, vom Partner abnehmen lassen. Diese Beziehung gegenseitiger Fürsorge hilft mit, die Selbstlosigkeit und Willfährigkeit des Partners zu bewahren. Wenn die Forderungen des Gegenübers den eigenen Vorteil beeinträchtigen, sind Chinesen im Allgemeinen nachgiebiger und toleranter als die Menschen im Westen. Das ist der Preis, den sie für die Fürsorge bezahlen müssen. Wenn sie aber einmal nicht nachgeben wollen, können sie die Forderung nicht of-fen ablehnen, sondern hoffen, dass der andere die eigenen Absichten errät und seine Ansprüche zurückstellt; geht er nicht darauf ein, so spricht man nicht darüber, gerät aber innerlich in Wut. Sie haben die Kontrolle über ihre Umwelt aus der Hand gegeben und erwarten dafür, dass diese Umwelt von sich aus mit ihren Vorstellungen in Einklang kommt. Tritt das nicht ein, schieben sie sofort die Schuld den anderen zu, um sich nicht selbst damit auseinandersetzen zu müssen.

Unter Übersee-Chinesen ist diese Desorganisation besonders deutlich erkennbar. In chinesischen Territorien ist gegenseitige Hilfe innerhalb des eigenen Zirkels noch etwas Selbstverständliches. In Nordamerika dagegen spielt sich das Leben wie auf den Bahnen eines Leichtathletik-Wettkampfs ab. Die halb verwestlichten Chinesen möchten dabei zwar gern mithal-ten, sind jedoch dazu erzogen worden, ihr Ich als Gemeineigentum zu betrachten. Wenn sie etwas haben wollen, sei es ein Mensch oder ein Ding, dann scheuen sie häufig die Mühen des damit verbundenen Wettbewerbs. Die Forderungen von Landsleuten dagegen, die neu aus China gekommen und deshalb nur von einer einzigen Kultur geprägt sind, erfüllen sie, wenn auch oft widerstrebend. Diese widersprüchlichen Verhaltensweisen sind vielleicht damit zu erklären, dass die Verteidigungslinien des nur halb verwestlichten Ich zum Teil zusammengebrochen sind; zweifellos hängen sie aber auch mit einer eher indifferenten Haltung zur eigenen Lebensbewältigung und zum eigenen Glück zusammen.

Als ich Anfang der achtziger Jahre einmal in Hongkong mit einem Bus fuhr, wurde ich Zeuge, wie ein Busfahrer in mittleren Jahren, weil er schlechter Laune war oder weil gerade glühende Hitze herrschte, gegen die Fahrgäste wüste Beschimpfungen ausstieß und alle es sich widerspruchslos gefallen ließen. Als ich bei einer Behörde die Stromgebühren einzahlte, knallte der Kassierer, ein alter Mann, in unverschämter Weise das Wechselgeld mit großer Wucht jedem Kunden vor die Nase.

Derartige Verhaltensweisen sind inzwischen in Hongkong seltener geworden. In der Volksrepublik waren sie lange Zeit weit verbreitet. Kultivierte Japaner erschreckten meistens zu Tode, wenn sie zum ersten Mal dorthin kamen. Als einmal ein japanischer Professor an der Garderobe einer Shanghaier Bibliothek seine Tasche abholen wollte, warf der Angestellte einfach damit nach ihm. In der ganzen Welt war lange Zeit wahrscheinlich keine Fluggesellschaft so berüchtigt für ihren schlechten Service wie die volksrepublikanische. Die Imbissbehälter wurden beim Austeilen unachtsam vor die Passagiere geschleudert, das Dienstpersonal konnte die Passagiere nach Belieben beschimpfen; einmal traf so ein Wutausbruch den Bürgermeister von Guangzhou (广州), ein anderes Mal wurde Xu Jiatun[4], ein in Hongkong residierender hoher Parteifunktionär veranlasst, sein Ticket zurückzugeben. Ein Angestellter des Shanghaier Vier-Sterne-Hotels Hilton gab einmal einem Gast eine Ohrfeige. Bei jedem Gang in ein Geschäft oder eine Behörde musste man auf Beleidigungen gefasst sein.

---

4   Xu Jiatun (许家屯, 1916–2016) war im betreffenden Zeitraum Direktor der Xinhua-Nachrichtenagentur in Hongkong und damit inoffizieller Vertreter der Pekinger Regierung.

Derartige Ausbrüche konnte man wahrscheinlich nicht nur der wirtschaftlichen Rückständigkeit und dem System des Staatseigentums zur Last legen. Die wesentliche Ursache lad darin, dass in China bei der Konstruktion des Menschen „gepfuscht" wurde. Der heutige Entwicklungsstand Hongkongs ist keineswegs niedriger als der Japans, die U-Bahn in Tokyo ist ebenso überfüllt wie die in Hongkong, aber die Menschen, die auf die Bahn warten, stellen sich von selbst an; wenn sich die Türen des Zuges öffnen, lassen sie zuerst die anderen Fahrgäste aussteigen. Sitzplätze bekommt, wer zuerst da ist. So etwas wäre in Hongkong unvorstellbar; sogar in den leeren Abteilen an der Endhaltestelle balgt man sich noch um die besten Plätze.

Der Bereich der Körperbewegungen war bei Chinesen anscheinend noch nie ganz unter Kontrolle. Auch im heutigen Hongkong, wo die Manieren im Allgemeinen schon recht zivilisiert sind, haben sich ein paar Relikte des alten Verhaltens bewahrt. Zum Beispiel richtet man sich beim Überqueren einer Straße nicht nach der Ampel, sondern achtet nur auf Autos oder darauf, ob ein Polizist in der Nähe ist. Leute aus Hongkong reden immer in höchster Lautstärke. An diesem physischen Code sind sie im Ausland zu erkennen. In Japan zum Beispiel sind Hongkonger Touristen äußerlich kaum von den Einheimischen zu unterscheiden. Achtet man aber darauf, wie beim Reden ihr ganzer Körper vor Erregung zuckt, dann kann man sie schnell identifizieren. Ein amerikanischer Student, der auf der Fahrt nach Turfan (吐鲁番) eine Gruppe lärmender Jugendlicher aus Hongkong im Bus erlebt hatte, konnte später in Tokyo jede durch ihren Lärm unangenehm auffallende Gruppe als Touristen aus Hongkong identifizieren.

Die Desorganisation des Individuums spiegelte sich natürlich auch in der Ordnung und Einrichtung der Lebenswelt. Sieht man vom Luxus in den Häusern der Oberschicht ab und zieht nur die einfachen Menschen in Betracht, gab es kaum ein Volk auf der Welt, das in einer so chaotischen Umgebung leben konnte wie das chinesische, und das so wenig Wert auf Schönheit gelegt hat.

Als ich einmal mit einer norwegischen Bekannten in der Historischen Fakultät einer amerikanischen Universität am Büro eines Gast-Wissenschaftlers aus der Volksrepublik vorbeikam, fiel uns auf, dass die Glasscheibe seiner Tür mit altem Zeitungspapier zugeklebt war. Die Scheiben der anderen Türen waren mit Plakaten, Stoff, Geschenkpapier oder Ansichtskarten tapeziert. Meine Bekannte, die zwei Jahre in der Volksrepublik gelebt hatte, bemerkte seufzend: „Die Chinesen sind so praktisch! Die paar Pfennige für schöneres Papier zu sparen, ist ihnen das Wichtigste!" Apologeten der chinesischen Kultur erklärten ähnliche Phänomene gern mit der Armut in der Volksrepublik, nicht mit einer allgemeinen kulturellen Disposition. Aber auch der Distrikt Wan Chai, direkt dem modernen verwestlichten Bankenviertel von Hongkong benachbart, ist sehr schmutzig und chaotisch; die Nathan Road in Kowloon, auf der viele ausländische Touristen unterwegs sind, ist sauber und ordentlich, aber in Seitenstraßen wie der Canton Road liegt der Abfall auf der Straße. Es scheint fast, als legten Chinesen in ihrer eigenen Umgebung, wo sie keine Fassade für Ausländer aufbauen müssen, überhaupt keinen Wert auf Lebensqualität.

In den Chinesenvierteln in amerikanischen Großstädten finden wir denselben Schmutz, denselben Gestank und dieselbe Unordnung wie früher im „richtigen China". Der Müll, der sich auf den Straßen türmt, der Gestank der Abwässer, das Fett, das von dem an den Ladenfronten aufgehängten Pökelfleisch trieft, all dies symbolisiert die unkontrollierten oralen und analen Tendenzen der Chinesen. Gleichzeitig zeigt es, dass Chinesen ihr Sinnen und Trachten restlos auf das Essen konzentrieren, egal wie schmutzig, stinkend und verkommen die Umgebung auch sein mag, und dass sich Lebensqualität für sie auf diesen einen Punkt reduziert.

Einem Chinesen, der in den USA Chinesisch unterrichtete, fiel in San Francisco besonders auf, dass in den Geschäften im japanischen Viertel großer Wert auf Dekoration und Einrichtung gelegt würde. Durch ein ausgewogenes Arrangement der Waren im Raum entstehe eine ästhetische Wirkung. Die Geschäfte in Chinatown dagegen seien nichts anderes als Lagerhäuser, die bis auf den Bürgersteig überquellen würden; es sei so eng, dass sich der Kunde kaum umdrehen könne, und man Platzangst bekomme.

Manchmal wird eingewandt, dies sei eine notwendige Folge der Tatsache, dass in China zu viele Menschen auf zu engem Raum lebten. Doch Japan ist ebenso dicht bevölkert, und dennoch versteht man dort mit dem beschränkten Raum sehr viel effektiver umzugehen.

DIE EMBRYONALISIERUNGSTENDENZ

Die protestantische Kultur des Westens fordert, dass jeder Einzelne auf dem Wege vernunftbegründeter Selbstorganisation die „Erlösung" finde.

Niemand kann ihm diese Aufgabe abnehmen, niemand kann ihm dabei helfen. Um diese Stärke auszubilden, wird jeder Mensch dazu erzogen, sich vom warmen Mutterschoß und vom Stadium der frühen Kindheit loszurei-ßen, und darauf vorbereitet, auf sich allein gestellt der Welt gegenüberzu-treten; aber die Welt, mit der er sich konfrontiert sieht, ist durch eben diese kulturelle Prägung eiskalt geworden. So kann sich das Individuum zwar verwirklichen, aber der Mensch, der dennoch die Wärme menschlicher Ge-fühle benötigt, kann die Konfrontation nicht verkraften. Daher gibt es in der heutigen westlichen Welt an die zweitausendfünfhundert psychothe-rapeutische Verfahren und Sekten; die einen verhelfen lebensuntüchtigen Menschen, sich selbst beherrschen zu lernen, die anderen könnte man als künstlichen Mutterschoß bezeichnen, der wärmesuchenden Menschen eine Zuflucht gewährt.

Das chinesische Individuum ist nur ein von außen kontrollierter Leib. Da keine Notwendigkeit besteht, sich zu entfalten oder zu verwirklichen, gilt für ihn das daoistische Ideal der „Rückkehr in die Kindlichkeit" (**Laozi**). Das Endziel der daoistischen Körperübungen ist es, wieder zum Embryo zu werden. Den schon geborenen Menschen preist Laozi eine To-desverehrung an, die sie im Zustand von „lebenden Toten" hält. So heißt es zum Beispiel im Buch Laozi: „Wer den Mut hat zu Wagnis, stirbt, wer Mut hat, nichts zu wagen, lebt", und: „So sind das Starre und Harte Gefährten des Todes, das Zarte und Schwache Gefährten des Lebens". Man soll sich nicht entfalten, sich nicht leidenschaftlich dem Leben zuwenden, sondern seinen Lebenswillen allein auf die Erhaltung des Leibs richten. Dies ist in Wirklichkeit der Tod in lebendem Zustand; die Rückkehr in den Mutter-schoß ist folglich ein Eingehen in das Grab.

Der Daoismus als „Leiblehre" sorgt sich nur um den Leib des Einzelnen. Er wird durch die „Herzlehre" der Konfuzianer, die die zwischenmensch-liche Interaktion betont, ergänzt. Der „einzelne Leib" des chinesischen Menschen wird durch das „Herz" des anderen organisiert. Daher verfügt das Individuum, das sich nach der Geburt schwach und kalt fühlt, über eine Alternative zur daoistischen Rückkehr in den Mutterschoß. Dessen Rolle nämlich kann auch vom „Magnetfeld zwischenmenschlicher Gefüh-le" übernommen werden. Auf der Ebene des Alltagslebens wird die oben erwähnte Arbeitseinheit (*danwei*) zum Mutterschoß eines jeden Men-schen bis in die 1980er Jahre hinein. Wenn der Einzelne einer „Einheit" zugewiesen worden war, blieb er dort bis zu seinem Lebensende. Sie nahm den Einzelnen in sich auf, sie wählte seine Arbeit aus, teilte ihm die Wohnung zu, legte den Lohn fest, zog Gewerkschaftsbeiträge ein, führte politische Erziehung durch, verteilte Getreide- und Textilmarken, Speiseöl und Kohle und stellte Bescheinigungen für den Kauf von Fahrrädern, Fernsehgeräten und landwirtschaftlichen Nutzfahrzeugen aus, stellte Verhütungsmittel zur Verfügung, genehmigte Heiraten oder Scheidungen, schlichtete familiäre Streitigkeiten, teilte die tägliche Arbeitsmenge zu, organisierte Sport und Freizeitaktivitäten, wählte Personen für spezielle Ausbildungen aus, rekrutierte Parteimitglieder und wies auch noch jedes Ehepaar auf die rechte Zeit hin, das damals einzige erlaubte Kind zu bekommen; die „Einheit" führte eine Akte über jedes ihrer Mitglieder, die die betreffende Person nie zu Gesicht bekam, deren Inhalt aber jederzeit gegen sie verwendet werden konnte.

Diese totale Verplanung war Folge der Verstaatlichungspolitik in der Volksrepublik. Eine tiefergehende Analyse jedoch verdeutlichte, dass die Funktion, das Leben jedes Einzelnen zu kontrollieren, lediglich von der traditionellen Familie in die Hand des Staates übergegangen war.

Ich hatte nicht den Eindruck, dass alle Chinesen mit dieser Regelung einverstanden waren. Tatsächlich habe ich in der Volksrepublik die Bemerkung gehört, Chinesen seien wie Leibeigene, die bis zum Tod an die Erde gefesselt seien. Aber ich glaubte nicht, dass normale Bürger sich gegen dieses System auflehnen würden. Die „Einheiten" waren nach außen strikt abgeriegelt, und da Chinesen außerhalb des Kreises der „eigenen Leute" nicht „als Mensch agieren", sich also nicht umeinander kümmern mussten, fanden sie nur in dem Mutterschoß, dem sie zugehörten, eine Heimstatt für ihren Leib.

Auch bei Auslandschinesen kann man dieses Bedürfnis noch erkennen. Natürlich können sie sich im kapitalistischen Ausland nicht wie in China duldsam bis ans Lebensende an eine Einheit binden, sondern müssen um ihre Existenz und ihren beruflichen Aufstieg kämpfen. Da aber in den Tiefenschichten der Kultur die Tendenz zur Embryonalisierung noch wirkt, müssen sie den Mutterschoß selbst herstellen.

Wenn zum Beispiel ein junger Hongkonger zum Studium in die USA kommt, nehmen ihn Kommilitonen aus seiner Heimat in Empfang, sobald er aus dem Flugzeug steigt; danach helfen sie ihm dabei, eine „Heimstatt für den Leib" zu finden. Diese gegenseitige Hilfe ist im Grunde nichts Schlechtes, aber der Kreis der Leute aus demselben Heimatort wird schnell zum Ersatz für den Mutterschoß. So kleben „die eigenen Leute" oft aneinander, haben, da sie kein Privatleben benötigen, natürlich auch kein Sexualleben, sind nicht neugierig auf ihre neue Umwelt, und ihr Lebensinhalt erschöpft sich darin zu lernen, abends abwechselnd zusammen zu kochen oder wie in der Mittelschule mit einigen anderen Ausflüge oder Picknicks zu machen.

In der sogenannten „patriotischen Bewegung" der chinesischen Studenten in Übersee übernahm das „Vaterland" die Funktion des Schoßes einer liebenden Mutter, in den man zurückkehrt. Eine Parole dieser Bewegung in den siebziger Jahren lautete: „Die Mutter ruft". Treffender wäre gewesen: „Der Mutterschoß ruft".

ORGANISATION DER GESELLSCHAFT DURCH DEN STAAT

Wie der chinesische Einzelleib auf die Fürsorge durch das Herz der anderen angewiesen ist, so ist auch die chinesische Gesellschaft außerstande, sich selbst zu organisieren. Sie benötigt den Staat für diese Aufgabe.

Die Daoisten lehrten die Kunst, beim Geschlechtsverkehr weibliche *yin*-Essenz zur Stärkung der männlichen Gesundheit zu absorbieren, die Herstellung von Unsterblichkeitspillen und andere Methoden, um physische Unsterblichkeit zu erlangen, den Leib zu pflegen, ihn als Ganzes unversehrt zu erhalten und ein möglichst hohes Alter zu erreichen. Darüber hinaus formulierten sie auch ein Rezept für die Erhaltung des „Gesellschaftsleibs". Laozi hält in jedem Fall ein Dasein als „Einzelner" für besser als die Eingebundenheit in eine Beziehung zwischen Zweien. Er kann daher eine duale, auf wechselseitigen Verpflichtungen beruhende Beziehung zwischen Staat und Gesellschaft nicht positiv bewerten. In der Tat finden sich im Buch Laozi zum Thema „Staat" nur Stellen wie die folgende:

> „Der beste aller Herrscher ist der, von dessen Existenz man nichts weiß, der zweitbeste ist der, den man liebt und preist, danach kommt der, den man fürchtet und schließlich der, den man verachtet."

In anderen Worten, die beste Regierung ist die, deren Existenz das Volk nicht spürt, die zweitbeste diejenige, die die „Herzen bei sich vereint"

(归心, *gui xin*) (also das konfuzianische Ideal), die drittbeste ist die, die der Bevölkerung Respekt einflößt (das Ideal der Legalisten[5]), und als letzte kommt die, in der die „Herzen uneinig" sind (离心, *lixin*).

Diese Auffassung entspricht im Grunde der Lebensphilosophie des einfachen chinesischen Volkes, das „arbeitet, wenn die Sonne aufgeht, ruht, wenn sie untergeht und sich nicht um die Regierung kümmert."

Laozis Rezept für die Regierung lautet: „Durch Nichthandeln bleibt nichts ungeordnet", das heißt, die Regierung soll die Gesellschaft nicht organisieren. Nach seiner Vorstellung ist nur die unorganisierte Gesellschaft eine ideale Gesellschaft:

> „Klein sei das Land, das Volk gering an Zahl!
>
> So viele Werkzeuge es gibt, gebraucht sie nicht!
>
> Lehrt das Volk den Tod scheuen und weites Wandern meiden!
>
> Gibt es auch Boote und Wagen
>
> man besteige sie nicht!
>
> Gibt es auch Harnisch und Waffen
>
> man hole sie nicht hervor!
>
> Das Schreiben schafft ab
>
> lehrt die Menschen wieder Quippu-Knoten[6] knüpfen!
>
> Die Speise sei ihnen süß
>
> die Kleidung schön
>
> die Hütten bequem
>
> die Sitten fröhlich!
>
> Die Nachbarstaaten liegen dicht beisammen.
>
> Man hört die Hühner gackern, die Hunde bellen
>
> und doch verkehrt man bis zum Tode
>
> mit seinen Nachbarn nicht."

---

5   Die legalistische oder rechtsphilosophische Schule, die sich in der späten Zhou-Zeit herausbildete, erlangte v.a. während der Qin-Dynastie Geltung als staatstragende Philosophie. Sie befürwortete ein autoritäres, wenn nicht totalitäres Regierungssystem.

6   Als Quippu-Knoten wird üblicherweise die Knotenschrift der Inkas bezeichnet. Nach dem *Buch der Wandlungen* war es auch in der Frühzeit der chinesischen Kultur üblich, Knoten in Stricke zu knüpfen, die als Schrift dienten, mit der man jedoch nur numerische Aussagen machen konnte.

Damit wird nicht nur ausgesagt, dass zwischen Staat und Gesellschaft keine Beziehung bestehen soll, sondern auch, dass die einzelnen Bestandteile der Gesellschaft nur auf den eigenen Leib bedacht sein und „nicht mit ihren Nachbarn verkehren" sollen. Um diesen Idealzustand zu erreichen, sollte der Herrscher folgendermaßen vorgehen:

> „Schafft ab die Heiligkeit, verwerft die Klugheit –
> die Menschen werden hundertfach gewinnen.
> Schafft ab die Güte, verwerft die Rechtschaffenheit –
> die Menschen werden wieder einander lieben.
> Schafft ab die Geschicklichkeit, verwerft die Gewinnsucht –
> keine Diebe und Räuber wird es mehr geben."

Eine noch etwas konkretere Maßnahme lautet:

> „Achtet nicht die Achtenswerten
> und es wird nicht Streit sein im Volk.
> Schätzt nicht schätzenswerte Güter
> und es wird nicht Räuber geben im Volk.
> Zeigt nichts Begehrenswertes
> und es wird keine Verwirrung sein im Herzen des Volkes.
> So herrscht der Weise:
> Das Herz leeren
> den Bauch füllen
> stärken die Knochen
> schwächen den Willen.
> Immer lässt er das Volk ohne Wissen und Begierde
> und die Klugen ohne Mut zum Handeln.
> Durch Nichthandeln bleibt nichts ungeordnet."

Diese „unmenschliche" (不仁, *bu ren*), nur auf den einzelnen Körper bedachte Logik, findet sich schon im Lehrsatz eines anderen Ahnherrn des Daoismus, Yang Zhu[7]: „Man soll sich auch nicht ein Härchen auszupfen,

---

7   Die Argumente des Philosophen Yang Zhu (杨朱, 3. Jhdt. v.u.Z.) sind im Buch *Zhuangzi* und in anderen Werken jener Zeit überliefert. Als Gegner der konfuzianischen Schule

um dem Reich zu nützen" (**Menzius**), weil das Härchen ein Bestandteil des eigenen Leibs und das Reich ein Objekt außerhalb dieses Leibs ist. Überträgt man diesen Gedanken auf die Politik, heißt das, dass der Staat nicht die Funktion des Herzens übernehmen und sich nicht um den „Gesellschaftsleib" kümmern soll. Wäre die chinesische Geschichte tatsächlich nach daoistischen Vorstellungen verlaufen, wäre es womöglich zu einer Situation wie in Indien gekommen.

Doch die sogenannte „große Tradition" der chinesischen Kultur stellte die „Menschlichkeit" in den Vordergrund. Die konfuzianisch gebildete Beamtenklasse betonte immer das Ideal der Volksliebe (亲民, *qinmin*) und einer humanen Politik. So wie durch die Fürsorge des Herzens der Leib eine „Heimstatt findet", so soll das „Reich zur Ruhe gebracht werden" (安天下, *an tianxia*). Während das einfache Volk nur zuzusehen hatte, dass die eigene Familie versorgt war, sollten die Beamten das „Reich auf eine Matte betten", und dadurch konnten sie sich um das ganze Reich verdient machen (**Menzius**). In Zeiten politischen Umbruchs, wenn großes Chaos im Reich herrschte (天下大乱, *tianxia daluan*), rieten sie den Usurpatoren, die „Herzen der Menschen zu gewinnen", um das Ziel der „großen Ordnung unter dem Himmel" zu erreichen. War das Reich dann wieder geeint, suchten sie seine Stabilität und Einheit aufrecht zu erhalten. Immer wenn in China der „Gesellschaftsleib" nicht mehr ernährt wurde und die einzelnen Körper nichts mehr zu essen hatten, wurde er rebellisch, und es kam zu „großem Chaos im Reich". Sobald andererseits die Kontrolle durch die Zentralmacht sich lockerte, zerfiel auch der „Leib", der sich nicht selbst organisieren konnte.

Während also das einfache Volk sich nur für das Wohlergehen der eigenen Familie interessierte, sollten sich die Beamten um das Wohl des ganzen Reiches verdient machen. Beiden Fällen liegt dieselbe Regel zugrunde, nämlich „von sich selbst ausgehend sich auf andere zu beziehen". Für die Beamtenschicht wurde dieses Prinzip in das Bild des „Heiligen im Inneren und Königs nach außen" transformiert, der „sich selbst kultivierte, seine Familie in Ordnung hielt, Ruhe und Frieden im Land herstellte und das

---

galt ihm die Erhaltung und der Schutz des eigenen Lebens als höchstes Ziel. Von ihm ist der Ausspruch überliefert, dass er nicht ein Haar opfern würde, auch wenn er dadurch die ganze Welt erhalten würde.

Reich befriedete" (**Große Lehre**); das heißt, er „kultivierte sich selbst" (修身, *xiushen*), indem er „sein Herz aufrecht" und „seinen Sinn redlich" machte. Dann kehrte er sein inneres Wissen (良知, *liangzhi*) nach außen und „... schuf Vertrauen unter den neun Klassen seines eigenen Clans, und sie alle lebten in Harmonie. Er brachte die einfachen Leute auf einen gemeinsamen Stand und vervollkommnete sie, und sie sahen alles sehr klar. Schließlich vereinigte und befriedete er die unzähligen Länder und das schwarzhaarige Volk lebte in Frieden." (**Buch der Urkunden**)

Die ideale Welt der „großen Harmonie" stellte sich der Beamtenklasse wie folgt dar:

> „Als in der Welt noch Gemeinschaftsgeist herrschte, wählte man begabte und tugendhafte Männer zu Führern, sprach die Wahrheit und lebte in Harmonie. So liebten die Menschen nicht nur ihre eigenen Eltern und behandelten nicht nur ihre eigenen Nachkommen wie Kinder. Die Alten waren bis zu ihrem Tod ausreichend versorgt, für die arbeitsfähigen Menschen gab es eine Beschäftigung, und es stand alles zur Verfügung, was die Jungen zum Aufwachsen benötigten. Verwitwete, Waisen, Alleinstehende, Kinderlose und Behinderte wurden versorgt. Männer hatten eine angemessene Aufgabe, Frauen ihr Heim. Man wollte keine Güter verkommen lassen, aber man hatte nicht das Bedürfnis, sie für sich selbst zusammenzuraffen. Man wollte die eigene Kraft nicht ungenützt lassen, aber setzte sie nicht nur zu seinem eigenen Vorteil ein." (**Buch der Riten**)

Auch unter dem politischen System der Volksrepublik hatte sich diese Struktur nicht wesentlich verändert. Bis in die 1980er Jahre hinein teilte die „Volksregierung" den Menschen Arbeitsplätze zu, sorgte dafür, dass alle etwas zu essen hatten, baute ein System sozialer Fürsorge auf, kümmerte sich um Verwitwete, Waisen und Alleinstehende und vermittelte manchmal auch Ehepartner. Außer der Ernährung oblag diesem Staat auch die Erziehung des Volkes, das heißt, die einfachen Leute durch politische Erziehung anzuweisen, „nicht an sich selbst, nur an die anderen zu denken", „von Lei Feng zu lernen" und sich „kultiviert und gesittet zu benehmen".

Aber wie der Leib, so wird auch die Gesellschaft zu einem unorganisierten, ja chaotischen Objekt, wenn sie nicht von außen gesteuert wird. Wenn die zentralisierte Machtstruktur die Einheit nicht aufrechterhalten kann, wird die chinesische Gesellschaft zu einem „Haufen losen Sandes" (**Sun Yatsen**).

China benötigte deshalb außer der staatlichen Einheit auf politischem Gebiet auch eine Doktrin von der „Vereinigung der Herzen des Volkes" (统一民心, *tongyi minxin*). Diesem Bedürfnis entsprach zunächst der Konfuzianismus. Nach dem Niedergang der konfuzianischen Ideologie mussten die Chinesen aus den vielen von außen kommenden Ideologien eine Theorie auswählen, die dessen Aufgaben übernehmen konnte. Diese neue Ideologie war ursprünglich nicht als gesellschaftliche Integrationslehre konzipiert, doch wurde sie in China so umgewandelt, dass daraus der sinisierte Marxismus-Leninismus entstand.

Der Marxismus-Leninismus betonte ursprünglich die historische Dynamik und sah im Kampf der Gegensätze die Triebfeder der gesellschaftlichen Entwicklung. Nach dem Untergang des Kaiserreichs und in der Zeit des Bürgerkriegs aber sehnten sich die Herzen im Reich nach neuer Ordnung. Während der Marxismus-Leninismus das Volk zunächst mit der Klassenkampftheorie mobilisierte, wurde schon am Vorabend der „Befreiung" die Parole von der Konfrontation der zwei Klassen ad acta gelegt; in den Anfangsjahren des neuen Regimes ging es dann vollends nur darum, dass „oben und unten eines Herzens" und die „Herzen des Volkes geeint" waren.

Im Chaos der von der revolutionären Fraktion der Kommunistischen Partei Chinas betriebenen „permanenten Revolution" ging jedoch diese anfängliche „Einheit der Herzen" verloren. Der auf Harmonie bedachte chinesische Charakter konnte mit der Art und Weise, wie in der Kulturrevolution Konflikte an die Oberfläche traten, nicht umgehen; es kam zum „großen Chaos unter dem Himmel" und in der Folge zu einer Krise des Glaubens an Partei, Sozialismus und Marxismus-Leninismus.

Die „Herzen" von Regierung und Volk waren „einander entfremdet" (离心, *lixin*) und die gegenseitige Einschränkung durch das Herz des anderen funktionierte nicht mehr. Folglich wurden viele Kader korrupt, übertraten die Gesetze und verletzten ihre Amtspflichten, und das Volk kannte keine öffentliche Moral mehr. Sogar die staatlichen „Einheiten" grenzten sich streng voneinander ab. Während zur Zeit der Staatsgründung sich der „Kreis der eigenen Leute" noch auf das ganze Land erstreckte, war er damals auf die eigene Familie und ihre jeweiligen persönlichen Beziehungen reduziert. Hier half man sich gegenseitig und gewährte sich finanzielle Unterstützung. Kader verschafften ihren Kindern höhere Positionen und Auslandsaufenthalte, die einfachen Leute öffneten einander Hintertüren. Außerhalb des Kreises der eigenen Leute aber warfen sie ihren Abfall auf die Straße und liessen ihren Ärger an anderen aus. Auf der Straße und im Bus gab es weder Ordnung noch Rücksicht, und man hatte das Gefühl eines dauernden Kriegszustandes. Desinteresse an Politik war zum weit verbreiteten Phänomen geworden.

Um diesen Aspekt der chinesischen Volkstradition in seiner reinsten Form kennenzulernen, sollte man sich chinesische Gemeinschaften in Hongkong, Südostasien oder in den USA ansehen. Ungehemmt von den organisatorischen Leistungen des „Herzens" zeigt sich dort die Tendenz, „sich satt zu essen", eine „Heimstatt zu finden" und sich ansonsten nicht für Politik zu interessieren. Mit der Regierung hält man es wie Laozi: Der „Herrscher" wird als einer angesehen, „von dessen Existenz man nichts weiß".

Unter allen ethnischen Gruppen in den USA bilden die Juden zweifellos die erfolgreichste Lobby. Die am wenigsten profilierte ist die chinesische. Auch in Südostasien sind die Chinesen nur im wirtschaftlichen Bereich aktiv. An der lokalen Politik beteiligen sie sich kaum, und auch untereinander schließen sie sich nicht zusammen, sondern bilden noch kleinere Kreise „eigener Leute", die gegeneinander intrigieren. So kommt es, dass sie sich bei antichinesischen Bewegungen, wie zum Beispiel in Indonesien, überhaupt nicht zur Wehr setzen können.

Auch die Situation in Hongkong ist im Wesentlichen dadurch gekennzeichnet, dass jeder nur darauf bedacht ist, sich selbst und seine Familie zu versorgen. Noch in den fünfziger und Anfang der sechziger Jahre war man außerhalb des Kreises der „eigenen Leute" unfähig, auf die öffentliche Ordnung zu achten. Es war üblich, auf den Boden zu spucken und seinen Müll auf die Straße zu werfen. Jeder drängelte sich vor, und man beschimpfte einander in den übelsten Tönen, kaum anders als in der damaligen Volksrepublik. Die Polizei konnte im Schutz ihrer Uniform willkürlich die kleinen Leute schikanieren, und wer über Politik redete, wurde von seinen eigenen Landsleuten gemieden. Inzwischen hat sich das Benehmen in der Öffentlichkeit beträchtlich gebessert. Durch die patriotische Bewegung in den siebziger Jahren und die Aktivitäten außerparlamentarischer oppositioneller Gruppen wuchs das Interesse an Politik zwar, aber im Grunde ist man immer noch bereit, auf grundlegende Menschenrechte zu verzichten, wenn man nur einen Mundvoll Reis zu essen hat. So konnte zum Beispiel die Volksrepublik allen Hongkongern chinesischer Herkunft die britische Staatsangehörigkeit absprechen, ohne dass sich dagegen Widerspruch erhob.

Die Fürsorge und Organisation, die der „Leib" Gesellschaft vom „Herz" Staat erfährt, ist eine Besonderheit der chinesischen Kultur. In der indischen Geschichte dagegen kam es – abgesehen von der Zeit, in der das Land unter ausländischer Herrschaft stand – nur zweimal zu einer Einigung des Landes durch eine einheimische Dynastie; die Beziehung zwischen Staat und Gesellschaft war dort im Grunde eher eine „unmenschliche", teilnahmslose Beziehung (不仁, *buren*) daoistischer Art.

Das Verhältnis des russischen Staates zur Gesellschaft ist ebenfalls von einer solchen „unmenschlichen" Teilnahmslosigkeit gekennzeichnet. Doch war staatliche Einheit in Russland nicht nur ein vorübergehender Zustand. Die unorganisierte und passive Gesellschaft wurde dort von einem autokratischen Staat, der in dem Grad der Zentralisierung und Durchsetzung seiner Macht in der Menschheitsgeschichte einmalig ist, unablässig angetrieben und überwacht. In Russland thronte der Staat wie ein Eroberer über der Gesellschaft (manche sahen darin einen Hinweis auf die Entstehung des russischen Despotismus aus der Mongolenherrschaft) und versuchte, wie ein tyrannischer Alleinherrscher seine Pläne und Ziele zu verwirklichen. Da nur der Staat dynamische Intentionen hatte und den Westen überflügeln wollte, peitschte er die Gesellschaft an und erpresste Tribute, Steuern und Fronarbeit von ihr, um die Schwerindustrie, im Besonderen die Rüstungsindustrie, zu entwickeln.

Ungleich dem russischen Staat, der die Peitsche über dem „Körper" der Gesellschaft schwang, ist der chinesische Staat das „Herz", das für die Gesellschaft sorgt. So berichten auch heute noch westliche Reisende, die in der Sowjetunion und in der Volksrepublik China waren, in China herrsche nicht wie in der UdSSR der Eindruck einer Terrorherrschaft, und auch die Probleme der Ernährung und der Versorgung seien besser gelöst.

2
ZWEIERBEZIEHUNGEN

DAS STREBEN NACH HARMONIE

CHINESISCHE KOCHKÜNSTE

Verglichen mit den Küchen westlicher und protestantischer Länder kennt die chinesische Küche eine weit größere Zahl von Zutaten und eine größere Vielfalt der Zubereitungsarten und Kombinationen. In der westlichen Küche gibt es klare Regeln, die festlegen, welche Sorte Fleisch oder Fisch mit einem bestimmten Gemüse kombiniert werden darf. Fleisch und Fisch sind klar getrennt; sie haben denselben Rang, müssen aber nicht in einer harmonischen Beziehung zueinander stehen. So äußert sich in der westlichen Küche die Vorherrschaft eines Grundgesetzes, das die Beziehungen zwischen den Personen regelt und die eigenen Rechte von denen der anderen abgrenzt. Im Vergleich dazu verkörpert die chinesische Küche das Prinzip der die Gegensätze einenden Harmonie. Süß und sauer, bitter und scharf, stark und schwach gewürzt können miteinander eine harmonische Verbindung eingehen, ähnlich der harmonischen Durchdringung von *yin* und *yang* im *taiji* (太极)-Diagramm: *yin* in dominierender Stellung enthält ein wenig *yang; yang* in dominierender Stellung enthält ein wenig *yin*. So zeichnet sich die chinesische Küche nicht durch die Trennung der Bestandteile und Zutaten, sondern durch ihre gegenseitige Ergänzung aus. Dieses Prinzip aber wird nicht dogmatisch, sondern eher pragmatisch gehandhabt: Wenn bestimmte Zutaten fehlen, kann man improvisieren, und man muss sich nicht an allgemein gültige Regeln halten.

Auch in den Tischsitten zeigt sich der Kontrast: Im Westen legt sich jeder seine Speisen zuerst auf den eigenen Teller. Chinesen hingegen greifen mit ihren Stäbchen direkt in die gemeinschaftlichen Schüsseln. Manchmal bestehen sie hartnäckig darauf, dem Tischnachbarn nachzulegen, als ob die anderen besser über den eigenen Appetit Bescheid wüssten als man selbst, oder gar als ob sie bestimmen dürften, wieviel man zu essen hat.

DIE ATMOSPHÄRE DER MITMENSCHLICHKEIT

In der chinesischen Küche entsteht Geschmack durch die Vereinigung der Gegensätze. Ein ähnliches Rezept wendet man an, wenn man eine Atmosphäre von „Mitmenschlichkeit" und von gegenseitigen Verpflichtungen schaffen will: Das Ich soll das Du enthalten, so wie umgekehrt im Du das Ich enthalten sein soll. Derartige zwischenmenschliche Beziehungen beruhen auf unmittelbarem emphatischen Kontakt. Nur dieser Kontakt kann die Grenze zwischen mir und den anderen überwinden, nur durch ihn kann ein Magnetfeld zwischenmenschlicher Beziehungen, das mich und die anderen umfasst, geschaffen werden. Deshalb hat das chinesische Ich keine deutlichen Grenzen, und es würde als unschön empfunden, die eigenen Rechte klar von denen der anderen abzugrenzen. Wenn man beispielsweise gemeinsam ausgeht, dann entsteht zwangsläufig eine ernstgemeinte oder ritualisierte Auseinandersetzung darum, wer die Rechnung bezahlen darf. Steigt man zusammen in den Bus, zahlt zunächst einer die Fahrkarten für alle; das nächste Mal übernimmt ein anderer alle Kosten. Hat jemand etwas für mich besorgt, und ich will ihm das Geld zurückgeben, dann muss er das Geld zunächst nach einem festgelegten Ritual ablehnen.

Für Chinesen ist es „unschön", klare Grenzen zwischen sich und Verwandten oder Freunden zu ziehen. Jemand, der so handelt, wird als „kleinlich", „egoistisch" oder „individualistisch" gelten. In westlichen, protestantischen Ländern, vor allem in den USA, sind die Bindungen zwischen den Menschen viel schwächer. Die ältere Generation sieht ihre erwachsenen Kinder oft viele Jahre nicht, ausgenommen natürlich diejenigen, die eine besonders gute Beziehung zu ihren Eltern haben. Doch ist das ihre eigene Entscheidung und nicht eine Pflicht, die einem von Geburt an aufgetragen ist. Jeder kann also frei entscheiden, ob er die Kontakte mit seiner Familie pflegen oder nach seinen eigenen Sympathien und Antipathien ein neues Netz sozialer Beziehungen knüpfen will. Wenn es aber in einer Kultur keine zwanghafte Ordnung der Gefühle gibt, kann auch das Empfinden für die Verpflichtungen der Mitmenschlichkeit nur schwach entwickelt sein.

Nach mehreren Jahren in Amerika fällt mir auf, dass manche Amerikaner auch zwischen sich und ihren selbst ausgesuchten Freunden klare Grenzen ziehen. Schon zu Beginn der Freundschaft stellen sie klar, was sie mögen, und auch die Ideosynkrasien des anderen müssen klar zutage liegen, damit man einander später nicht unbeabsichtigt verletzt oder auf die Nerven geht. Freundschaften verlaufen also nach dem Muster: „zunächst kleinlich, dann edel" (先小人后君子, *xian xiaoren hou junzi*), und: „Die sozialen Kontakte des Edlen seien flüchtig wie das Wasser." Chinesen dagegen stellen in ihren freundschaftlichen Kontakten immer die Bedürfnisse des anderen über die eigenen, sei es aus echtem Gefühl, sei es als gesellschaftliches Ritual. Da beide Seiten nicht kleinlich auf den eigenen Vorteil bedacht sind, macht es nichts aus, wenn einer den Kürzeren zieht. Tritt einer dem anderen aus Versehen auf die Zehen, unterdrückt er seinen Schmerz und sagt: „Macht überhaupt nichts." Hält der Schmerz länger an, dann kann sich so viel Groll aufstauen, bis die „edel begonnene" Freundschaft „kleinlich endet".

All dies zeigt, dass das Ich in der chinesischen Kultur weder feste Grenzen hat noch danach strebt. Man zieht die gegenseitige Durchdringung und die gegenseitige Abhängigkeit vor und hält sich an das Sprichwort: „Zu Hause stütz dich auf die Eltern, in der Fremde halt dich an die Freunde." Ein krasserer Gegensatz zu dem calvinistisch geprägten und besonders in den USA beherzigten Spruch „Hilf dir selbst, dann hilft dir Gott!" ließe sich kaum denken.

Das soll nicht heißen, dass man einander in der amerikanischen Gesellschaft nicht hilft. Im Vergleich zu China aber ist gegenseitige Hilfe selten, sie wird aus freien Stücken geleistet und erscheint nicht als unfreiwillige, reaktive, nicht hinterfragbare und von außen aufgezwungene Pflicht. Man hat große Angst davor, ausgenützt zu werden; übermäßige Abhängigkeit ist für Amerikaner oft gleichbedeutend mit Ausbeutung; außerdem kann es als Verletzung des Rechts auf freie Entscheidung ausgelegt werden, wenn man sich zu sehr um den anderen kümmert, und man gerät leicht in den Verdacht, sich den anderen verpflichten zu wollen. Im Allgemeinen kümmern sich Amerikaner deshalb möglichst wenig um die anderen, sie verlassen sich tunlichst auf sich selbst, und nur im Notfall werden sie jemanden um Hilfe bitten. Oft schämt man sich sogar dafür, um Hilfe gebeten zu haben. Wenn man sich dennoch an jemanden mit einer Bitte wenden muss, sagt man: „Könnte ich dich um einen kleinen Gefallen bitten?" oder „Hättest du kurz Zeit für mich?", gefolgt von vielen Entschuldigungen. Wenn ein Chinese in dieser Form einen Bekannten um etwas bäte, dann würde man sich fragen, wieso er so fremd und förmlich tue. Als ich mich zum Beispiel in China bei einem Bekannten für eine Gefälligkeit bedankte, kritisierte man mich wegen meiner Förmlichkeit. Jemandem einen kleinen Gefallen zu tun ist für Chinesen auf dem Festland das Mindeste an gutem Benehmen, und daher spürt man dort eine Atmosphäre von Wärme, die man außerhalb des Landes nicht kennt.

Menschen mit anderem kulturellen Hintergrund können dieses Verhalten jedoch nicht immer goutieren. Chinesen, die in den USA leben, meinen manchmal, sie könnten Sympathie und Freunde gewinnen, wenn sie anderen ungefragt einen Gefallen tun. Wer aber zu sehr bemüht ist, „nicht an sich selbst, nur an die anderen zu denken" erregt leicht Misstrauen. Man wird hinter seinem Verhalten bestimmte Motive suchen, zum Beispiel die Absicht, den anderen durch eine „Mitmenschlichkeitsschuld" (人情债, *renqingzhai*) an sich zu binden. Deshalb werden Amerikaner solche Gefälligkeiten meistens ablehnen, um ihr freies Entscheidungsrecht nicht zu verlieren. Wenn sie sich aber ausnahmsweise den Gefallen tun lassen, fühlen sie sich keineswegs verpflichtet, Gleiches mit Gleichem zu vergelten.

Diese „Atmosphäre der Mitmenschlichkeit" ist auf dem chinesischen Festland stärker ausgeprägt als unter Überseechinesen, unter anderem deshalb, weil es dem dortigen „Sozialismus" vorrangig darum geht, die kalten Rechtsbeziehungen der Moderne zu meiden und so weit wie möglich die traditionelle Ordnung der „Verpflichtungen der Mitmenschlichkeit" zu bewahren. Tatsächlich trifft man auf dem Festland häufiger auf die guten Seiten der alten Tradition – Güte, Aufrichtigkeit, Hilfsbereitschaft – als in Hongkong oder auf Taiwan. Viele haben die traditionelle Fähigkeit bewahrt, im Gesicht des anderen zu lesen, was er gerade möchte. Mehrmals habe ich erlebt, wie Bekannte, ohne dass ich sie ausdrücklich darum gebeten hätte, eine Angelegenheit für mich erledigten, oder einen Gegenstand besorgten, den ich einmal nebenbei erwähnt hatte.

Gegenüber Fremden können Chinesen sehr unhöflich sein. In einer Situation aber, in der sie „als gute Menschen agieren" müssen, können sie höchste Hilfsbereitschaft und Großzügigkeit an den Tag legen. Als ich einmal mit einem Empfehlungsschreiben in eine andere Stadt kam, besuchte mich der Adressat des Briefes im Hotel und bestand darauf, alles für mich zu erledigen. Ein anderes Mal traf ich einen entfernten Bekannten im Bus, an dessen Namen ich mich nicht einmal mehr erinnern konnte, und er ließ sich nicht davon abbringen, die Fahrkarte für mich zu kaufen. Die entgegengesetzte Erfahrung machte ich während meines Aufenthalts auf dem Festland bei Ausflügen mit amerikanischen Kommilitonen: Einmal wollten wir zusammen in einen Bus steigen, doch dieser fuhr los, bevor ich das Geld für die Fahrkarte bereit hatte. Währenddessen hatte mein amerikanischer Begleiter schon für sich bezahlt und war eingestiegen.

DIE VERWISCHUNG DER GRENZEN ZWISCHEN DEM ICH UND DEN ANDEREN

Auf dem chinesischen Festland ist es üblich, jemandem ohne dessen vorherige Zustimmung einen kleinen Gefallen zu tun mit der Absicht, ihn zu späteren Hilfsdiensten zu verpflichten. Dieser Trick wirkt im Allgemeinen nur bei Landsleuten. Bei Angehörigen einer westlichen Kultur bleibt er wirkungslos. Manche Chinesen hoffen, sie könnten mit der Strategie dieses „Angriffs durch Mitmenschlichkeit" westliche Studenten dazu bringen, ihnen in dieser oder jener Weise behilflich zu sein. Die Opfer des Angriffs aber weigern sich zumeist, darauf einzugehen, auch wenn es sich nur um eine Kleinigkeit handelt, denn für sie ist das eine prinzipielle Frage. Alles, wofür sie sich nicht selbst entschieden haben, alles, was ihnen aufgezwungen wurde, betrachten sie als Manipulation durch andere.

Diese Beispiele zeigen, dass eine duale Beziehung, die dem Muster folgt: „Im Du ist das Ich enthalten, im Ich ist das Du enthalten", einer grammatikalischen Regel vergleichbar ist, die sich in den unterschiedlichsten Sätzen manifestieren kann. Sie kann sich z.B. in Güte und Hilfsbereitschaft äußern, ohne Hintergedanken und Hoffnung auf Belohnung. Sie kann sich aber auch darin äußern, dass man den anderen durch Dankesschuld gefügig macht, manipuliert und ausnützt. Für Leute aus dem Westen ist Hilfe ein Ausdruck von Sympathie. Sie erwarten keine Belohnung, scheuen sich aber, sich in die Schuld eines anderen zu begeben. Sie vermeiden also eine Bindung zwischen zwei Personen, die auf gegenseitigem Geben und Nehmen beruht. Deshalb sind beide Phänomene, Großmut und Hilfsbereitschaft, wie auch der Versuch, sich den anderen durch Dankesschuld zu verpflichten und ihn zu manipulieren, in der heutigen westlichen Welt (und hier vor allem unter Protestanten) selten.

Dieselbe grammatikalische Regel kann die Bereitschaft erzeugen, großzügig zu helfen; Hilfsbereitschaft kann aber auch ein Mittel sein, sich als der moralisch Überlegene zu präsentieren. Dieses Verhaltensmuster ist im Westen noch seltener. In den protestantischen Kulturen, in denen die Individualisierung am stärksten ausgeprägt ist, wird unkonventionelles Verhalten positiv bewertet. Für Protestanten hängt der Wert einer Person von ihrer Persönlichkeitsentwicklung ab, d.h. das Ich wird, so die Idealvorstellung, zu einem Kunstwerk, das seinen Leib, seine Fähigkeiten und Kenntnisse, vor allem aber seine Persönlichkeit umfassend entwickeln muss. Um sein Selbstwertgefühl zu stärken, braucht man nicht entsprechend den Konventionen als „guter Mensch zu agieren". Im Gegenteil: Wer sich, egal aus welchen Motiven, so verhält, der verpflichtet im Westen niemanden zu Gegenleistungen, sondern erntet Argwohn: Es wird heißen: „Der will doch bloß seine moralische Überlegenheit beweisen", und man wird solches Vorgehen als Trick betrachten, die anderen zu manipulieren.

Dieselbe grammatikalische Regel kann sich in Rücksicht auf die Interessen anderer Menschen äußern, bis hin zu umfassender Fürsorge. Die andere Seite der Medaille aber ist das Eindringen in das Privatleben der anderen, das die Entwicklung einer eigenständigen Persönlichkeit behindern kann. Am deutlichsten kommt diese Tendenz in der Fürsorge der älteren für die jüngere Generation und der Vorgesetzten für die Untergebenen zum Ausdruck. Im Westen verzichtet man eher auf diese Fürsorge, als dass man sich dem Willen eines anderen unterwirft. Deutlicher als in der Reaktion westlicher Studenten, die ich während meines Aufenthalts in China beobachten konnte, könnte sich dieser Gegensatz nicht manifestieren: Die chinesischen Behörden versammeln alle ausländischen Studenten bevorzugt an einer Universität und in einem Studentenheim. Dort richten sie ein spezielles Sekretariat ein, das sich einerseits um die Alltagsprobleme der „ausländischen Gäste" kümmern und andererseits sie kontrollieren soll. Dafür aber ernten sie nur bei den japanischen Studenten Dank. Die Studenten aus allen anderen Ländern wehren sich gegen diese Fürsorge, da sie darin in erster Linie eine Bevormundung sehen, im Gegensatz zu japanischen Studenten, die die Kontrolle als eine Form der Fürsorge interpretieren.

Auch unter Gleichaltrigen kümmert man sich gern um den anderen. Wenn sich beispielsweise in einer Gruppe einer hervortun will, vor allem, wenn er eine Führungsposition im Verband oder Verein einnehmen will, so muss er dauernd die Interessen der anderen im Sinn haben und sich um ihre Alltagsprobleme kümmern. Er muss sich nach den Wohnbedingungen und dem Appetit erkundigen, beim Umzug helfen, zum Essen einladen und sich Gedanken über die trivialsten Angelegenheiten der anderen machen. Damit erwirbt er Macht, doch in den Augen der Chinesen, die diese Fürsorge brauchen, ist das keine Bevormundung, sondern ein Ausdruck für „Überzeugung durch Tugend" oder dafür, dass der „Menschliche keine Feinde" hat. Nur auf diese Weise können Chinesen ein Kollektiv oder eine Gruppe formen. Da es im Westen kein vergleichbares Verhalten gibt, ist für Westler ein „Kollektiv" im chinesischen Sinn (als „zusammengeballte Leiber" (集体, *jiti*) unvorstellbar.

Wenn die einen selbstlos den anderen „dienen", müssen die anderen sich zwangsläufig in extreme Abhängigkeit begeben. Sind die einen aufrichtig hilfsbereit und suchen den anderen alle Wünsche vom Gesicht abzulesen, damit sie erfüllt werden, noch bevor sie geäußert wurden, dann werden die anderen unfähig, sich um ihre eigenen Angelegenheiten zu kümmern. In ihrer Unselbständigkeit stellen sie unvernünftige Forderungen und drängen einen rücksichtslos zu einer Gefälligkeit, auch wenn man gerade sehr beschäftigt, müde oder krank ist. Diese beiden komplementären Verhaltensweisen existieren in westlichen Gesellschaften nicht. Hat einer ein Problem, über das er nicht reden möchte, wird er vergeblich darauf warten, dass es die anderen an seinem Gesichtsausdruck ablesen. Hat man wirklich ein Problem, so gilt es als besser, nicht darüber zu reden, denn normalerweise gehen andere die eigenen Angelegenheiten nichts an. Außerdem scheinen Menschen aus westlichen Gesellschaften nur schwer fähig zu sein, einen anderen zu einer Gefälligkeit zu drängen. Im Vergleich zu Chinesen ist ihr Ich klarer abgegrenzt, und daher fällt es ihnen leichter, eine Bitte abzuschlagen. Weniger selbstbewusste Personen tendieren daher im Westen dazu, ihre Probleme für sich zu behalten, und die Wahrscheinlichkeit, dass emotional von anderen Abhängige psychische Probleme bekommen, ist viel höher als bei Chinesen.

Eine positive Folge der undeutlichen Grenzen zwischen den Einzelpersonen ist der Sinn für gegenseitigen Schutz und Hilfe. Dieselbe Tendenz kann aber auch dazu führen, dass man kleine „innere Zirkel" unter seinen Bekannten bildet und die gegenseitige Hilfe zu einem Netz von Beziehungen und gegenseitiger Protektion pervertiert. Gestützt auf solche Netze wird es möglich, sämtliche Regeln des zivilen Umgangs zu sabotieren und alle Bestimmungen und allgemeingültigen Normen zu umgehen. Das westlich-protestantische Rechtsbewusstsein schreibt vor, dass man in öffentlichen Angelegenheiten auch die „nächsten Verwandten wie Fremde behandeln" soll. In China dagegen gilt das Sprichwort: „Zu Hause stütze dich auf die Eltern, in der Fremde halte dich an die Freunde." Es ist daher nicht leicht, allein die Leistung als Maßstab für das, was dem Einzelnen zusteht, anzuerkennen. Man tendiert eher dazu, sich durch Beziehungen (Verwandte, Freunde) zu verschaffen, was man braucht, unabhängig davon, ob es einem zusteht oder nicht.

Außerdem trachtet man in einer Kultur, in der die Grenzen zwischen dem Ich und den anderen unklar sind, danach, seine Fähigkeiten mit den anderen zu vergleichen, um das eigene Selbstwertgefühl zu fördern. Dabei wird nicht die innere Entwicklung der Persönlichkeit verglichen, sondern das jeweilige Ansehen in den Augen der Allgemeinheit. Deshalb ist in einer weniger individualistischen Kultur die eigene Karriere das höchste Ziel. Dafür braucht es keine entwickelte Persönlichkeit; gute Kontakte aber sind nicht schädlich. Wenn junge Leute auf dem chinesischen Festland heute mit eigenen Kräften etwas auf die Beine stellen wollen, müssen sie sich von ihren älteren Verwandten, die ihnen aufgrund ihrer Position helfen könnten, den Vorwurf gefallen lassen: „Warum bist du nicht gleich zu mir gekommen? Willst du mich vielleicht nicht mehr kennen?"

Der sogenannte Kollektivismus der Chinesen, der von der Verschwommenheit der Persönlichkeitsgrenzen gefördert wird, kommt noch in vielen anderen Aspekten zum Ausdruck. Er verwischt die Grenzen zwischen meinen Rechten und denen der anderen; kleinlich um seinen privaten Vorteil zu streiten, ist verpönt, und so ist der „Kollektivismus" eine wesentliche Voraussetzung für die Atmosphäre der „Mitmenschlichkeit", die chinesischen Gruppen eigen ist.

Die gleiche Tendenz kann aber auch dazu führen, dass man Widrigkeiten ergeben hinnimmt und sich einredet: „Was kümmert es mich, wenn ich ab und zu den Kürzeren ziehe?" Im Extremfall kann es zu einem Zustand der völligen Auflösung der Grenzen des Ichs kommen, in dem man willig auf alle Rechte – auch auf das Anrecht auf das eigene Leben – verzichtet. In Ausnahmezeiten – z.B. in Revolutionen oder Kriegen gegen äußere Feinde – kann diese Tendenz Altruismus und Märtyrergeist erzeugen. Dieser „kommunistische Geist" à la Chinoise führt in leichteren Fällen dazu, dass man sich ohne Rücksicht auf Fähigkeiten und Leistungen bereitwillig an jede Stelle versetzen lässt und als „kleine Schraube für die Revolution" arbeitet. In schwereren Fällen kann er einen Menschen dazu bringen, sein Leben für das „Kollektiv" zu opfern. In Zeiten der Normalität aber ist diese Bereitschaft, Widrigkeiten ergeben hinzunehmen, die psychische Basis der despotischen Herrschaft. Wer sich nicht einmal über seine Rechte im Klaren ist, fügt sich leicht einem fremden Willen. Die Tendenz, das Ich auszulöschen, bildet die gemeinsame Grundlage von chinesischem Kommunismus und chinesischem Despotismus.

HARMONIE ALS HÖCHSTES GUT

Das sogenannte *taiji*-Diagramm als eine bildliche Darstellung der chinesischen Ontologie zeigt *yin* und *yang* in harmonischer Durchdringung. Diese Vorstellung ist diametral dem Dualismus von Gut und Böse in den judaistischen Religionen entgegengesetzt. Im Antagonismus von Gut und Böse spiegelt sich die dynamische Zielorientierung der abendländischen Kulturen wider. Im westlichen geschichtlichen Entwicklungsmuster sind Gegensatz und Kampf die Triebkräfte des Fortschritts. Der chinesische Dualismus von *yin* und *yang* dagegen hat die Kräfte des Bösen aus dem Kosmos verbannt, denn im Rahmen dieser Ontologie müssen die Kräfte des Bösen nicht von denen des Guten überwunden werden. Das Böse reduziert sich vielmehr auf ein bloßes Ungleichgewicht von *yin* und *yang*. Das Gleichgewicht ist der erstrebenswerte Zustand. Bewegung (动, *dong*) führt leicht zum Chaos (动乱, *dongluan*) und stellt damit eine Anomalie dar. Am Ende aber muss immer durch die Harmonisierung der Gegensätze das strukturelle Gleichgewicht wieder hergestellt werden. Diese Auffassung kann als Ausdruck einer tiefenstrukturellen Zielorientierung auf „Ultrastabilität" angesehen werden.

Auch die Haltung der Chinesen zur Natur ist vom Streben nach Harmonie und nicht von Konfrontation geprägt. Der beste Beleg dafür ist der Glaube an die Geomantik (风水, *fengshui*). Denn Geomantik bedeutet, dass man nicht die Natur verändert, sondern sich selbst so lange modifiziert, bis eine Übereinstimmung mit ihr erreicht ist.

In den zwischenmenschlichen Beziehungen der Chinesen ist die Bewahrung der Harmonie das höchste Ziel – daher die große Bedeutung der Etikette in China. Die Etikette hat die Aufgabe, harmonische Beziehungen zwischen den Menschen zu gewährleisten. So heißt es bei Konfuzius: „Übt man sich in den Regeln der Etikette, so ist das Wertvollste die Harmonie."
(**Gespräche**)

Richtiges Verhalten heißt für Chinesen Entgegenkommen. Dabei soll keiner kleinlich auf seinen eigenen Vorteil bedacht und alle müssen konzessionsbereit sein. Man glaubt, dass das Bestehen auf dem eigenen Vorteil unweigerlich zum Konflikt führt. In einer Kultur, die die gegenseitige Abhängigkeit betont, muss Streit mit allen Mitteln vermieden werden. Deshalb sagt Konfuzius: „Bei einem Prozess unterscheide ich mich nicht von anderen. Nötig ist es jedoch, das Volk dazu zu bringen, keine Prozesse zu führen." (**Gespräche**) Die Ächtung des Streits verhilft dem „Vermittler" in der chinesischen Kultur zu seiner herausragenden moralischen Rolle. Mao Zedong konnte die Kulturrevolution initiieren, aber am Ende musste die Sympathie der Bevölkerung einem Vermittler-Typus wie Zhou Enlai[1] gehören.

Da Streit in der chinesischen Kultur illegalisiert wurde, ist auch das offene Streben nach Vorteil illegal. Der Dialog zwischen Menzius und König Liang Hui ist der klassische Ausdruck dieser Haltung: „Eure Majestät! Welchen Wert hat es, das Wort ‚Vorteil' zu erwähnen? Das Wichtigste sind Menschlichkeit und Rechtschaffenheit." (**Menzius**) Im alten China hatten die Händler zumindest theoretisch den niedrigsten sozialen Rang, weil sie offen nach Profit strebten. Im Rang über ihnen standen die Handwerker, die Bauern und die Gelehrten. Die Abneigung gegen offenes Profitdenken ist auch eine Erklärung für die Ablehnung des Kapitalismus in der chinesischen Neuzeit.

Für den von der westlichen Kultur geformten Charakter ist es legitim, sich um seinen Vorteil zu bemühen, und auch Kampf bis hin zum Antagonismus sind ihm legitime Mittel. Der Kampf ist ein notwendiger Schritt zur Entfaltung und Vervollkommnung der Persönlichkeit; nur durch das Verfolgen der eigenen Interessen kann ein festumgrenztes Ich aufgebaut werden. Selbstverständlich muss jeder, der so handelt, auch das Recht des anderen respektieren, seine Interessen zu verfolgen. Darauf gründet sich auch die große Rolle des Rechts im Westen, durch das die eigenen Rechte und Pflichten klar von denen der anderen geschieden werden.

Widersprüche und kulturelle Konflikte waren daher unvermeidlich, als westliche Besucher im Zuge der Öffnungspolitik nach China zu strömen begannen. Folgende Missverständnisse konnte ich selbst beobachten:

Einige amerikanische Studentinnen, die in der gleichen Universität wohnten wie ich und Geschichte studierten, äußerten den Wunsch, in zusätzlichen Kursen ihre Sprachkenntnisse zu verbessern. Die Historische Fakultät meinte, das sei Sache der Fakultät für Chinesisch. Da aber auf dem Festland

---

1   Zhou Enlai 周恩来, 1898–1976) war der nach Mao prominenteste Führer der KPCh und seit Beginn des Langen Marsches 1934 sein wichtigster Helfer. Mehr als fünfzig Jahre war er Mitglied des Politbüros. Nach der Gründung der Volksrepublik im Jahr 1949 wurde Zhou Ministerpräsident der Volksrepublik, eine Stellung, die er bis zu seinem Tod innehatte.

die Beziehungen zwischen den Einheiten meist nicht sehr eng sind, gelang es nicht, einen Lehrer der Chinesisch-Fakultät für den Kurs einzusetzen. Um ihre Anteilnahme zu demonstrieren, brachte die Fakultätsleitung einen Lehrer aus der Historischen Fakultät mit relativ guten Englischkenntnissen dazu, ein Semester Chinesisch zu unterrichten. Da er für seine Überstunden nicht bezahlt wurde, verlor er nach einem Semester die Lust. Der für die Gaststudenten Verantwortliche versuchte den Studentinnen die Situation plausibel zu machen: Der Lehrer habe sie ohne Belohnung unterrichtet und habe damit schon genug Unannehmlichkeiten auf sich genommen. Nun seien sie an der Reihe, sich durch Verständnis und Verzicht zu revanchieren. Aber die Antwort lautete: „Das ist euer Problem!" Die Amerikanerinnen dachten wohl, dass ihr Aufwand an Geld und Zeit für das Studium in China in keinem Verhältnis zu dem stehe, was ihnen hier geboten werde. Der Fehler war, dass die chinesische Seite nicht von Anfang an den Wunsch als unmöglich abgelehnt hatte. Sie hatte Unannehmlichkeiten in Kauf genommen, um ihn zu erfüllen, was die Amerikanerinnen als ihr Recht interpretierten. Am Ende aber waren sie nicht bereit, die chinesische „Logik der Mitmenschlichkeit", die von beiden Seiten Opfer verlangt, zu verstehen und zogen sich auf ihren antagonistischen Standpunkt zurück.

Viele amerikanische Studenten in China beschweren sich darüber, dass im Studentenaustausch zwischen den USA und China keine Äquivalenz herrsche. Die chinesischen Studenten in den USA könnten ohne Einschränkungen die dortigen Einrichtungen benutzen und ohne Hindernisse im ganzen Land umherreisen. Die amerikanischen Studenten in China hingegen seien (jedenfalls bis in die 1980er Jahre hinein) immer, bei Bibliotheksbesuchen, in Archiven oder bei Feldforschungen, mit Hindernissen konfrontiert, und für Reisen in China müssten sie Reisedokumente beantragen. Die chinesischen Verantwortlichen entschuldigen sich in der Regel mit der speziellen chinesischen Situation und mit gewissen, noch nicht überwundenen Schwierigkeiten. Als Antwort bekommen sie: „Das Problem zu lösen, ist Ihre Sache!" Mit anderen Worten, die amerikanischen Studenten glauben, dass sie ein Anrecht darauf haben, und sie sind nicht bereit, darauf zu verzichten, nur weil man sie um Verständnis für die schwierige Lage gebeten hat. Die sogenannte „ideologische Überzeugungsarbeit", mit der die chinesische Führung die eigene Bevölkerung dazu bewegt, Opfer zu bringen, wirkt bei Besuchern aus dem Westen nicht.

Unter japanischen Studenten dagegen ist offener Widerspruch höchst selten. Für sie sind die Chinesen die Gastgeber, sie selbst die Gäste, deshalb müssen sie einander mit Rücksicht begegnen. Andererseits aber vergleichen viele Japaner im Stillen ihr Land mit China und entwickeln Überlegenheitsgefühle. Das ist bei Studenten aus dem westlichen Ausland selten, die weniger zu Verallgemeinerungen tendieren. Aber auch wenn Japaner sich ihre eigenen Gedanken machen, versuchen sie sich äußerlich konform zu verhalten.

Vom Standpunkt der „Mitmenschlichkeit" aus ist es undenkbar, jemandem dadurch Kummer zu bereiten, dass man auf sein Recht pocht. Umso leichter fällt die chinesische Bevölkerung der „ideologischen Überzeugungsarbeit" der Führung zum Opfer. Das Denken der Chinesen kann mühelos vom Faktor „Mitmenschlichkeit" beeinflusst werden, und in der Tat ist die sogenannte „ideologische Arbeit" ein „Angriff mittels menschlicher Gefühle".

Die Wertschätzung der Harmonie und die Ächtung des Streits erzeugen schnell das Gefühl, dass man mit Chinesen gut auskommen kann. Dieselbe Haltung aber führt oft zu einer Schwächung des Ichs. Die Unklarheit über die eigenen Rechte verhindert die Konstituierung einer festen Grenze des Ichs. Bei den meisten Chinesen aus der Volksrepublik führt dies dazu, dass sie versuchen, durch Selbsterniedrigung gesellschaftliche Anerkennung zu gewinnen; Endprodukt dieses Prozesses ist eine Person mit einem reduzierten Ich. Daraus wiederum kann leicht eine Person ohne jede Individualität entstehen.

Um die Harmonie zu bewahren, geht man in China meist auf die Wünsche der anderen ein. Wer sich zu einer bestimmten Frage geäußert hat und danach eine andere Meinung hört, wird sich sofort korrigieren, und hat man abweichende Ansichten, behält man sie lieber für sich.

Eine Person mit reduziertem Ich darf auch nicht offen die eigenen Interessen verfolgen. Man nimmt es hin, wenn man von anderen übervorteilt wird, und ist nicht sehr empfindlich, wenn man ausgenützt, manipuliert oder bevormundet wird. Einmal organisierte das Auslandsbüro der Universität für uns Studenten einen Ausflug in eine Kleinstadt. Die Kosten trug die Hochschule. Am Zielort besorgte das dortige Auslandsbüro einen Bus, der uns aufs Land bringen sollte. Der Fahrer aber hatte seinen erwachsenen Sohn mitgenommen, der dann auch im Hotel aß. Unsere Begleiter brachten es nicht übers Herz, den unwillkommenen Gast hinauszuwerfen, konnten sich die zusätzlichen Spesen aber auch nicht erstatten lassen. So bezahlten sie die Extrakosten gemeinsam aus der eigenen Tasche.

Die Tendenz der Chinesen, Konflikte zu vermeiden, fördert zwar die Bereitschaft, Opfer zu bringen. Doch wäre es verkehrt zu meinen, sie wären unfähig, ihre eigenen Interessen zu verfolgen. Denn hinter ihrem Herzen verbirgt sich ein sehr realistischer Leib. In Hongkong, wo die Somatisierung am reinsten zutage tritt, gelten Gerissenheit und Cleverness als Tugenden, auf die man stolz sein kann. Ohne den kulturellen Hintergrund des kapitalistischen Westens fehlt dieser Cleverness jeder geistige Faktor und tritt als nacktes Profitstreben auf. Da man in Hongkong offen und legal seinen Profit verfolgen darf, ist es nicht nötig, seine Motive zu verbergen. Dort, wo die „große Tradition" der chinesischen Kultur noch wirkt, muss jeder seine Interessen im Rahmen des Magnetfelds der zwischenmenschlichen Beziehungen verdeckt und auf Umwegen verfolgen. Daher ist der Verzicht auf eine offene Auseinandersetzung oft nur scheinbar ein Rückzug. Zuerst muss man zeigen, dass man bereit ist, Opfer auf sich zu nehmen, um in den Augen der Öffentlichkeit als der moralisch Überlegene zu erscheinen und um auf diesem Weg letztlich seinen Vorteil zu erreichen. Laozi sagt: „So stellt der Weise sein Selbst zurück und ist den anderen voraus."

Das Harmoniestreben hat also zwei Seiten: Einmal mindert es die Sensibilität gegenüber Benachteiligungen und Schikanen. Sie kann soweit reduziert sein, dass man andere auf einem herumtrampeln lässt. Ein typisches Beispiel ist die „Schwägerin Xianglin" (祥林嫂) aus Lu Xuns Erzählung Das Neujahrsopfer. Auf der anderen Seite kann man die Pose einer Scheu vor Konflikten bewusst einsetzen, um noch mehr Vorteile zu erlangen. Extreme Beispiele dafür sind die Thronräuber und Usurpatoren der chinesischen Geschichte. Trotz ihrer unverhüllten Gier auf den Thron mussten sie zunächst den Anschein erwecken, als ließen sie sich von ihren Anhängern dazu überreden; mindestens drei Mal mussten sie ablehnen, bevor sie Thron und Reich akzeptieren durften.

In protestantischen Gesellschaften ist jeder Bürger ein Rechtssubjekt, und die Gruppen und Verbände, in denen sich die Bürger zusammenschließen, können legale Interessenvertretungen sein. In China dagegen ist der Einzelne kein Rechtssubjekt, und daher kann auch der Begriff der Menschenrechte des Einzelnen nicht entstehen, ebenso wenig wie der Begriff der „pressure group", die im Partialinteresse auf die Gesellschaft Druck ausübt. Demokratische Politik im westlichen Sinn ist nicht möglich, denn die Demokratie setzt die Anerkennung einer Pluralität von Interessen voraus, die offen miteinander in Konflikt treten können, und die Konflikte werden nach rechtsstaatlichen Prinzipien gelöst. Vor dem Recht ist jeder und jede Gruppe gleichberechtigt. Eine zentralistische Machtstruktur über den Köpfen der Mehrheit darf nicht zugelassen werden. Auf Chinesen hingegen müssen die westlichen Methoden der lauten und öffentlichen Auseinandersetzung als chaotische Zustände wirken, in denen für Partialinteressen die Stabilität des Ganzen aufs Spiel gesetzt wird. Die Gesellschaft braucht die zentralistische Machtstruktur, um „Ruhe und Ordnung" zu bewahren.

Noch fremder ist den Chinesen die Art der lateinischen Nationen. Dort sind Skandale alltäglich, und politische Instabilität ist normal. Sogar unter diktatorischer Herrschaft kommt es zu terroristischen Aktivitäten, Stadtguerilla und bürgerkriegsähnlichen Zuständen.

Es ist nicht übertrieben, die Chinesen als das am leichtesten regierbare Volk zu bezeichnen. Solange sie satt werden, werden sie nicht opponieren. Daher war Hongkong die politisch ruhigste Kolonie der Welt, und die politische Lage in Taiwan ist ebenfalls weit stabiler als in den meisten anderen Ländern Ost- und Südostasiens. Es ist die Leidensfähigkeit einer Schwägerin Xianglin, die solche Zustände ermöglicht.

Auf dem Festland sind die chinesischen Ideosynkrasien am reinsten erhalten, und daher ist dort der Schatten dieser Gestalt aus Lu Xuns Erzählung am stärksten. Unter einem Regime, in dem die Bevölkerung wenig Mitspracherecht hat, gleichen die Untertanen einer folgsamen Schafherde. Nach so vielen Jahren, in denen ihre Rechte und Interessen mit Füßen getreten wurden, haben sie gelernt, zu schweigen wie Zikaden an kalten Tagen. Soweit verinnerlicht wurde diese Haltung, dass für sie Kritik an der Regierung ähnlich schlimm ist wie böse Worte über die eigenen Eltern. Eine andere Art, auf Repression zu reagieren, besteht darin, seine Frustrationen zu verbergen und sie auf Umwegen zu äußern. Diese Tendenz ist, so scheint mir, auf dem Festland inzwischen stärker geworden als die erste. Doch auch diese Haltung hat nichts mit bewusstem Widerstand zu tun und kann durch die „Überzeugungsarbeit" der Führer immer wieder neutralisiert werden.

GEMEINSCHAFTSGEFÜHL UND GRUPPENMENTALITÄT

Wenn Amerikaner bei einem Ausflug nicht das Gleiche sehen wollen, trennen sie sich in neun von zehn Fällen. Nun hatten die chinesischen Behörden bis in die 1990er Jahre hinein alle ausländischen Studenten möglichst an einem Ort zusammengefasst, wo sie gemeinsam leben sollten. Sie organisierten gemeinschaftliche Aktivitäten und versuchten so, eine künstliche Gemeinschaftssituation zu erzeugen. Ein amerikanischer Student sagte einmal zu mir: „Eigentlich liegt uns nicht viel daran, zusammen zu sein. Es sind die Chinesen, die uns zusammenstecken. Wenn es in diesem Staat private Wohnungen zu mieten gäbe [was inzwischen möglich ist, Anm. des Herausgebers] dann wären so perverse Zustände unmöglich."

Einmal baten mich, während meines Aufenthaltes Anfang der 1980er Jahre, ein paar amerikanische Studenten, die zum ersten Mal in China waren und sich noch nicht auskannten, sie zum Telegraphenamt, zur Bank und zu einer Buchhandlung zu begleiten. Als wir aus dem Bus stiegen, wollten die einen nur zur Bank und trennten sich von der Gruppe. Als ich mit den anderen am Ziel angekommen war, wartete ich geduldig, bis jeder Einzelne sein Telegramm nach Hause geschickt hatte. Danach begleitete ich sie zum Buchladen, und suchte für sie die Bücher, die sie haben wollten. Danach schaute ich mich noch eine Weile auf der Suche nach Neuerscheinungen um. Meine Begleiter warteten ein paar Minuten, dann sagten sie: „Wir gehen schon voraus, bis gleich!"

Ein anderes Mal hatte man für uns einen Ausflug in eine Stadt in der Umgebung organisiert. Am Morgen gab es ein Besichtigungsprogramm, und am Nachmittag waren zwei Stunden frei. So bummelten wir in Gruppen durch die Straßen. Ich war mit zwei älteren amerikanischen Postgraduierten zusammen. Als wir an einem Kaufhaus vorbeikamen, fiel mir ein, dass ich etwas zu besorgen hatte. Daraufhin sagte einer meiner Begleiter: „Wir gehen schon vor. Auf der Straße da vorne treffen wir uns wieder." Wer die Menschenmassen auf chinesischen Straßen kennt, weiß, dass das nur bedeuten konnte, dass jeder seinen eigenen Weg geht. Die Wurzel dieser Gleichgültigkeit liegt in der Tiefenstruktur der amerikanischen Kultur. Chinesen empfinden dieses Verhalten als Mangel an „Mitmenschlichkeit". Wenn Chinesen zu mehreren ausgehen – das ist der Normalfall – und einer etwas zu erledigen hat, dann warten die anderen, unterhalten sich in der Zwischenzeit und empfinden dies nicht als Zeitverschwendung.

Amerikaner hingegen teilen ihre Zeit möglichst effektiv ein. Exzessives Engagement in Kontakte und Beziehungen empfinden sie als unproduktiv. Und da für die meisten Amerikaner emotionale Unabhängigkeit als erstrebenswert gilt, ist es für sie keine Tragödie, allein gelassen und aus der Gruppe ausgestoßen zu werden oder sich „von den Massen zu isolieren". Sie empfinden das nicht als einen unfreundlichen Akt und ziehen es vor, sich selbst und den anderen größere Handlungsfreiheit zu lassen.

Unter Chinesen kommt es häufig vor, dass einer etwas zu erledigen hat, aber nicht allein gehen möchte und deshalb einen Freund mitnehmen will. Wenn dieser nun zunächst zusagt hat, später aber seine Meinung ändert, wird auch der erste seinen ursprünglichen Plan aufgeben. Als einmal in den USA einige meiner Bekannten einen Chinesen zum Essen einluden, brachte er wie selbstverständlich seinen besten Freund mit. Ein anderes Beispiel: Als ein chinesisches Ehepaar von ausländischen Bekannten eingeladen wurde, bestand es darauf, ein weiteres befreundetes chinesisches Ehepaar mitbringen zu dürfen. Oft lässt dieses chinesische Bedürfnis nach Sicherheit in der eigenen Gruppe den Gastgebern keine Wahl.

Für Leute aus dem Westen wäre das ein Mangel an Individualität. Manchmal treibt sie sogar ihr Unterbewusstsein, etwas allein zu unternehmen, um ihre Individualität unter Beweis zu stellen. Die Universität, an der ich in China studierte, organisierte öfters Gruppenausflüge für die ausländischen Studenten. Häufig weigerten sich die westlichen Studenten, an diesen Ausflügen teilzunehmen, und fuhren lieber getrennt zur gleichen Zeit an denselben Ort. Manche begannen die Reise mit der Gruppe, trennten sich aber auf halbem Weg von ihr, um allein an einen selbst gewählten Ort zu fahren. Diejenigen, die mit der Gruppe weiterreisten, wollten zumindest am Zielort etwas auf eigene Faust unternehmen und waren nicht bereit, sich dem vorbereiteten Programm zu unterwerfen oder bei der Gruppe zu bleiben. Die Planungen der chinesischen Behörden wurden oft durch den mangelnden Gemeinschaftssinn der westlichen Studenten durcheinandergebracht.

In protestantischen Kulturen muss jedes einzelne Individuum selbst seinen besonderen Weg zur Erlösung suchen, wobei es sich nicht von Konventionen beeinflussen oder binden lassen darf. Früher musste das Ich noch vor Gott und die Gemeinde treten. In dem Maß aber, als der Glaube schwächer wurde und die Gruppenbindungen sich auflösten, ließen die Grundmuster der protestantischen Kulturen individuelle und eigenständige Wege der

Persönlichkeitsentwicklung zu. Jeder ist nun überzeugt davon, dass er seine Persönlichkeit nur allein voll entfalten kann. Diese Tendenz scheint mir in den USA am stärksten ausgeprägt zu sein. Die Spuren der Überzeugung, dass „wer allein reist, am schnellsten vorwärtskommt", sind deutlich im amerikanischen Alltag zu sehen. Daher ist die amerikanische Gesellschaft eine ausgesprochen kalte Gesellschaft, in der nur der Starke existieren kann. Wer einen weniger starken Charakter besitzt oder emotional stark von anderen abhängig ist, zeigt häufig die Symptome einer Neurose.

Die von Mitmenschlichkeit geprägte chinesische Kultur dagegen ist eine Kultur der Fürsorge für die Schwachen. Das erzeugt unvermeidlich eine Schwächung des Einzelnen. Die Gruppenmentalität der Chinesen beruht nicht auf einer freien moralischen Entscheidung, sondern entspringt einem inneren Bedürfnis. Deswegen wäre es verkehrt zu sagen, dass Chinesen weniger egoistisch seien. Vielmehr unterscheidet sich ihre Bedürfnisstruktur von Angehörigen westlicher Kulturen.

Auch in den USA versuchen Chinesen, möglichst unter ihresgleichen zu sein. Ist man in einer fremden Stadt und trifft im Bus einen Landsmann, dann gleicht das einer Rettung aus der tiefsten Not, und man wird sich sklavisch an seine Hinweise halten. Ist man neu in einer Stadt und begegnet zum Beispiel in einem Waschsalon einem Landsmann, wird man sofort versuchen, Kontakt aufzunehmen in der Hoffnung, einen Freund zu gewinnen und der Einsamkeit zu entfliehen. Studenten aus Hongkong, die gerade ihr Elternhaus verlassen haben, um in den USA zu studieren, wohnen meist in Gruppen zusammen. Sie verzichten lieber auf ihr Privatleben, als sich allein der fremden Gesellschaft zu stellen. Es ist genau dieser Zustand der Kindheit ohne Privatsphäre, dem Jugendliche im Westen oder aus Ländern der Dritten Welt so früh wie möglich zu entkommen suchen.

Studenten aus anderen Teilen der Welt versuchen die Freiheiten, die ihnen in den USA geboten werden, zu nutzen und Dinge zu tun, die ihnen durch die familiäre und soziale Kontrolle untersagt waren. Sie suchen sich einen Freund oder eine Freundin, versuchen, die amerikanische Gesellschaft besser zu verstehen oder mit Leuten aus anderen Kulturen Kontakte zu knüpfen und Erfahrungen zu sammeln. Die chinesischen Studenten hingegen bleiben am liebsten unter sich. Sie ersticken nur allzu oft ihre Neugierde oder, besser gesagt, sie verhindern ihr Entstehen, aus Angst vor zu viel Abwechslung und zu viel Buntheit in ihrem Leben. Ihre größte Furcht

ist, aus dem Rahmen zu fallen oder wie ein Drache, bei dem die Schnur gerissen ist, nicht mehr den Weg nach Hause zu finden.

EINHEITSTENDENZEN UND EINIGKEIT

Die Entwicklung vom universalistischen Reichsdenken zum Nationalstaat
ist China nicht leichtgefallen. Der Eintritt Chinas in die Moderne fiel zusammen mit dem Niedergang der Dynastie und dem zunehmenden Bank-
rott des politischen Systems. So fiel die Aufgabe der Rekonstruktion des
politischen Systems der sogenannten „Bewegung zum Wiederaufbau der
Nation" zu. Die Kommunistische Partei Chinas wurde zum Vollstrecker
dieser Aufgabe. Zu ihrem letztendlichen Erfolg trugen viele Faktoren bei,
unter anderem ihre militärische, organisatorische und ideologische Überlegenheit, doch einer der wichtigsten Gründe war die geschickte Handha-
bung der „Einheitsfront".

In China wurde die Einheitsfronttaktik der Komintern am erfolgreichs-
ten angewandt. Dort entwickelte sie sich von einer politischen Taktik zu
einer Strategie, das Land zu einigen. Sie war mehr als nur ein gemeinsames
Programm des Widerstands gegen Chiang Kaishek oder die Japaner: Sie bot
der traditionellen Sehnsucht nach Ordnung in unruhigen Zeiten die Parole
des Friedens, und gleichzeitig kam sie dem Wunsch der Chinesen nach Gemeinschaft entgegen, indem sie die Werte „Solidarität" und „Einheit" auf
ihre Fahnen schrieb.

„Pressure groups" und autonome Interessenverbände im westlichen
Sinn sind in China wegen der chinesischen Persönlichkeitsstruktur schwer
möglich. Im Westen ist man der Auffassung, dass jeder nur sich selbst vertreten und man die Vertretung seiner Interessen nicht an die Gegenseite
delegieren kann, denn die wirklich umfassende Durchsetzung der eigenen
Interessen kann man nur selbst besorgen. Man verfolgt seine Interessen,
indem man seinen Standpunkt bekannt macht und versucht, auf die Gesellschaft Druck auszuüben, um sie in Anhänger und Gegner zu differen-
zieren. Dies geht notwendigerweise mit politischem Pluralismus einher, in
dem jeder seine Meinung und Wünsche äußern darf und die anderen die
Freiheit haben, nicht darauf zu hören; es besteht nicht einmal die Pflicht
zuzuhören. Sich so zu verhalten, hat natürlich wenig mit „Mitmenschlichkeit" zu tun. Chinesen verstehen es, die Wünsche des anderen von seinem

Gesicht abzulesen und sich um ihn zu sorgen. Sie neigen dazu, sich darüber Gedanken zu machen, wie der andere reagieren und welchen Standpunkt er einnehmen wird. Das alles ist Ausdruck ihres Bemühens um Gleichheit, ihrer Scheu vor Abweichungen, und daher laufen sie nicht Gefahr, sich in Konflikte und Auseinandersetzungen verwickeln zu lassen.

Die Tendenz, die Harmonie als höchstes Gut zu betrachten, ist der Einheit förderlich. Um den Frieden in der Gruppe zu wahren, vermeidet man, auf seiner Meinung zu beharren, man ist sogar bereit, seine Prinzipien zu opfern. Bei Diskussionen mit Chinesen wird man oft bemerken, dass ihre Miene unverändert Zustimmung ausdrückt. Dies liegt nicht unbedingt daran, dass sie keine eigene Meinung haben; möglicherweise sind sie sogar der gegenteiligen Auffassung, nur um den Zustand der Konfliktlosigkeit nicht zu gefährden, werden sie ihre Meinung nicht äußern. Die Bewahrung freundschaftlicher Gefühle hat für sie absoluten Vorrang.

Gemeinschaftsgefühl und Einheitsstreben hängen eng zusammen. Beide Bedürfnisse erzeugen die Furcht davor, aus der Gruppe ausgeschlossen zu werden, sich von „den Massen" zu entfernen oder sich „unchinesisch" zu verhalten. Die schlimmste Beschuldigung lautet „Spaltertum". Diesem Druck ausgesetzt, müssen alle in die gleiche Richtung gehen.

Aus diesen Gründen konnten Harmoniestreben und Gemeinschaftsgefühl eine derart große Rolle in der Bewegung zum Wiederaufbau der Nation spielen. In kurzer Zeit gelang es, Herzen und Sinne von Millionen zusammenzuschließen, und dies bildete die Grundlage für die Gründung des größten Nationalstaates der Erde. Doch die Bildung des Nationalstaates ist nur eines von mehreren Elementen des Modernisierungsprozesses. Für seine Entstehung war das chinesische Harmoniestreben förderlich. Doch begünstigt es auch die übrigen Aspekte des Modernisierungsprozesses? Meiner Meinung nach nicht. Vielmehr behindert die kulturelle Eigenart der Chinesen die Entwicklung eines modernen staatsbürgerlichen Bewusstseins. Differenzierung und Pluralität der soziokulturellen Struktur wurden von einem Einheitsbegriff erstickt, der mehrere hundert Millionen Chinesen dazu brachte, unter einer „Generallinie" mal in diese, mal in jene Richtung zu rennen, folgsam wie kaum ein anderes Volk der Welt unter einem ähnlichen politischen System. Aus demselben Grund hört man in China öfter als in jedem anderen Land der Welt die Frage: „Wohin geht China?", als ob sich alle Chinesen versammeln müssten, um dann Hand in Hand gemeinsam ihren Weg zu gehen. Dass diese Herdenmentalität die Individualisierung des Einzelnen nicht gerade fördert, liegt auf der Hand.

Der Einheitsgedanke schuf zwangsläufig eine zentralistische Machtstruktur. Wer die Macht im Zentrum inne hat, kann die ganze Gesellschaft kontrollieren, und jede pluralistische Entwicklung in der Gesellschaft verhindern. Er kann allein entscheiden, dass er die Interessen der ganzen Gesellschaft vertritt und jede abweichende Meinung als „spalterisch", „unpatriotisch" oder „rebellisch" denunzieren. Die Konfliktscheu der Chinesen macht es den Herrschern, leicht, jeden, der zu widersprechen wagt, der „Sabotage an Ruhe und Ordnung" zu beschuldigen, ebenso wie es ihnen das Bedürfnis nach Gemeinsamkeit erlaubt, jeden Dissidenten der „Sabotage der Einigkeit" anzuklagen.

Es ist ein Irrtum zu meinen, durch Einigkeit und Einheitlichkeit (团结, *tuanjie*) könnten Ruhe und Ordnung (安定, *anding*) am besten bewahrt werden. Oft ist gerade eine pluralistische Entwicklung der Gesellschaft die beste Garantie für Ruhe und Ordnung. So scheinen in westlichen Gesellschaften, oberflächlich gesehen, Streit und Unruhe zu herrschen. Perioden des wiederkehrenden totalen Chaos aber sind diesen Gesellschaften fremd. Am Beispiel einer Großfamilie, in der niemand seine eigenen Wege gehen darf und alle zusammenbleiben müssen, lässt sich diese These illustrieren: Da sie keine legitimen Formen der Verfolgung der Einzelinteressen zulässt, werden die Mitglieder sie unter dem Deckmantel höherer Ideale durchzusetzen versuchen. Während sich alle den Anschein von Harmonie und Wohlwollen geben, wird jeder versuchen, dem anderen insgeheim eins auszuwischen, so dass die Konflikte unter dem Schein von Einigkeit ausgetragen werden. Dieser Zustand zwanghafter Gemeinsamkeit, der niemand entfliehen kann, gleicht dem Streit zwischen Schwiegermüttern und Schwiegertöchtern, Onkeln, Tanten und Schwägerinnen in einer Großfamilie, in der jeder den anderen tyrannisiert und gleichzeitig selber tyrannisiert wird.

Deshalb versuchen bei politischen Konflikten in China alle Beteiligten, sich als die Vertreter der Interessen der Gesamtheit darzustellen, und die Gegner werden beschuldigt, die „Einheit zu zerstören", „Spaltertum zu betreiben" oder sich „unchinesisch" zu verhalten. Auf dem Festland trägt jeder die rote Fahne vor sich her und bezeichnet den Gegner als „Konterrevolutionär" und „Volksfeind". In Taiwan bemühen sich alle, zu zeigen wie loyal sie sind und denunzieren die Gegner als „kommunistische Agenten".

In China wird dem Einzelnen keine eigene Meinung zugestanden. Gleichzeitig ist es legitim, den eigenen Vorteil als „öffentliches Interesse" auszugeben. Dies führt bei Chinesen in viel stärkerem Maß als im Westen dazu, dass man seinen Egoismus rücksichtslos gegenüber der Gesamtheit und den anderen verfolgt. In bestimmten Situationen sind daher Chinesen eher bereit, sich auf Streit einzulassen. Diese beiden Extreme sozialen Verhaltens sind das Ergebnis derselben „grammatikalischen" Regel. Sie macht die Chinesen einerseits zu der am meisten auf Einheit und Einigkeit bedachten Nation der Welt und andererseits zu der Nation, deren Angehörige einander mit der größten Leidenschaft gegenseitig am Zeug flicken.

DER FREMDBESTIMMTE CHARAKTER

DER INHALT DES CHINESISCHEN GEWISSENS

Oben habe ich versucht zu zeigen, dass das Gewissen im Westen weniger mit dem Herzen zu tun hat, als mit dem Weg der ganzheitlichen Person zu ihrer Erlösung. Das Gewissen hängt daher eng mit dem „freien Willen" zusammen. Im Chinesischen wird „Gewissen" (良知, *liangzhi*) auch als empfindungsfähiges und intuitiv das Gute erkennendes Herz (良心, *liangxin*) definiert. Zwangsläufig ist es dem Einfluss der „Mitmenschlichkeit" unterworfen. Das Gewissen im westlichen Sinn trägt ursprünglich Verantwortung einer überweltlichen Autorität gegenüber. In der chinesischen Kultur gibt es keine Transzendenz, und das sogenannte Himmelsprinzip wird mit dem Herzen identifiziert. Das chinesische Gewissen kann daher nur diesseitig auf die Konventionen und menschlichen Beziehungen orientiert sein.

Nach der traditionellen Definition umfasst das chinesische Gewissen folgende Elemente: das mitfühlende Herz, das Scham empfindende Herz, das bescheiden zurücktretende Herz und das richtig und falsch unterscheidende Herz. Bei dem Song-zeitlichen Philosophen Zhu Xi[1] heißt es: „Das Mitgefühl, die Scham, das bescheidene Zurücktreten und die Unterscheidung von richtig und falsch – alle vier sind Gefühle." (**Klassifizierte Gespräche**) Gleichzeitig werden diese vier Eigenschaften des Herzens auch als die Wurzeln der vier Tugenden betrachtet, nämlich der Menschlichkeit, der Rechtlichkeit, des Anstands und der Weisheit.

Das „mitfühlende Herz" als Ursprung der Menschlichkeit bezieht sich auf die Empfindungen zwischen zwei Personen. Dies ist ein Humanismus speziell chinesischer Art, denn diese Empfindungen manifestieren sich als gegenseitige Fürsorge für den Leib des anderen. So will Menzius mit folgendem Beispiel beweisen, dass alle Menschen ein mitfühlendes Herz besitzen: Jeder, der sieht, dass ein Kind in einen Brunnen zu fallen droht, wird spontan

---

[1] Zhu Xi (1130–1200) zog sich nach Misserfolgen aus dem öffentlichen Leben zurück und gründete eine Privatakademie. Er gilt als Vollender des Neokonfuzianismus. Zhu Xi vertritt die Existenz zweier Grundprinzipien: *li* – als universelles Muster – und *qi* – als materielles Substrat. Diese in der Natur maßgebenden Prinzipien bestimmen auch den Menschen, wobei *li* das in allen Menschen identische Wesen bestimmt, während *qi* die jeweilige individuelle Ausformung prägt.

Angst und Mitgefühl empfinden. In Wirklichkeit aber ist hier nur der Gedanke der Vernichtung der leiblichen Existenz unerträglich, eine Empfindung, die wohl eine allgemein-menschliche Gefühlskonstante ist und die überall auf der Welt beobachtet werden kann. Die speziell chinesische Form des Mitgefühls kommt weiter darin zum Ausdruck, dass man beim Anblick eines Menschen, der allein und hilflos ist (besonders bei alten Menschen oder Waisen), spontan den Drang empfindet, sich um sie zu kümmern.

Diese somatisierte und emotionalisierte Form von Humanismus stößt schnell an ihre Grenzen. Da Chinesen sich außerhalb des Bereichs der „Mitmenschlichkeit", also außerhalb der Familie und dem engeren Lebenskreis, nicht als „gute Menschen benehmen" müssen, gibt es für sie den Begriff einer „Menschheit" nicht, und jeder, der „nicht zu uns Chinesen gehört" wird als Dämon betrachtet. Rassismus gibt es auch anderswo. In den USA zum Beispiel werden Schwarze und Mexikaner diskriminiert, doch gibt es dort gleichzeitig große soziale Bewegungen gegen rassistische Tendenzen im eigenen Land. In Hongkong wurden unter britischer Verwaltung ebenfalls die illegalen Flüchtlinge vom chinesischen Festland und die Filipinos diskriminiert. Doch außer ein oder zwei verwestlichten Intellektuellen, die ein paar Artikel schreiben, setzt sich niemand für die Menschenrechte dieser Minderheiten ein. Auch mit Individualisten und Nonkonformisten gibt es in der chinesischen Kultur kein Mitgefühl. Zwar hat heute auf dem chinesischen Festland jeder etwas zu essen, und für alle wird „mitmenschlich" gesorgt. Wer aber Gedankenfreiheit fordert, homosexuell ist, vor- oder außereheliche sexuelle Beziehungen hat, geschieden ist oder mit Ausländern zusammenlebt, für den gibt es kein Erbarmen. Man distanziert sich von ihnen, um die eigene moralische Überlegenheit zu zeigen, und tritt sie zu Boden, um sich über sie zu erheben. Mitgefühl kennt man nur mit denen, die wie alle anderen sind, nicht mit individueller Andersartigkeit. Die chinesische Form des Mitgefühls dient, drastisch ausgedrückt, dazu, für die allen gemeinsamen körperlichen Bedürfnisse zu sorgen und durch deren Befriedigung die seelischen Bedürfnisse des Einzelnen auszulöschen.

Beim „Herzen, das Scham empfindet", ist die Funktion, auf die Einhaltung der Konventionen zu achten, offensichtlicher. Zhu Xi erklärt die Konzeption des Schamgefühls bei Menzius so: „Scham heißt, sich für eigenes unmoralisches Verhalten schämen und unmoralisches Verhalten des anderen verabscheuen." Eine Kontrolle der Empfindungen, die auf höheren

Prinzipien als den Konventionen beruht, gibt es nicht, und als „Unmoral" wird in der Regel jedes von den gesellschaftlichen Konventionen abweichende Verhalten interpretiert. Das Schamgefühl gilt als Ursprung der Rechtlichkeit, und im Begriff „Rechtlichkeit" ist immer ein Element von Opportunität; er impliziert also ein den konventionellen Verpflichtungen gegenüber dem Vorgesetzten, dem Vater, dem älteren Bruder etc. entsprechendes Verhalten.

Das „bescheiden zurücktretende Herz" gilt als Ursprung des Anstands und der Etikette. Noch deutlicher tritt darin die Tendenz zutage, überall dem anderen den Vorrang zu lassen, „nie an die eigenen Interessen und ausschließlich an die der anderen zu denken." Auch der Begriff des Anstands (礼, *li*) bezieht sich natürlich auf die konventionellen Typen sozialer Beziehungen, also auf die Beziehungen zwischen oben und unten, alt und jung, nah und fern, innen und außen etc.

Das „Herz, das richtig und falsch unterscheidet", gilt als Ursprung der Weisheit. Es unterscheidet, was ziemlich und was unziemlich ist, und damit ist es ebenfalls einbezogen in die Sphäre der Konventionen menschlichen Umgangs und abhängig von sozialem Rang und sozialer Stellung. Über richtig und falsch entscheidet also kein abstraktes Prinzip, sondern die Verpflichtungen der „Mitmenschlichkeit". Wer zum Beispiel von seinen „eigenen Leuten" umsorgt wird, aber insgeheim dem Gegner hilft, der verhält sich unziemlich und weiß richtig und falsch nicht zu unterscheiden. In der Praxis äußert sich die Fähigkeit, richtig und falsch zu erkennen, oft in der Fähigkeit zu spüren, ob ein anderer es gut mit einem meint oder nicht. Meint er es gut, und ich spüre es nicht, dann wird man von mir sagen: Du hast kein Gewissen (良心, *liangxin*). Zeigt eine Frau einem Mann ihre Zuneigung, indem sie ihn umsorgt, und er belohnt sie dafür nicht durch Zuwendung, dann lautet der Vorwurf ebenfalls: „Du hast kein Gewissen!" Das chinesische Gewissen kann also nur ein „das Gute erkennendes Herz" sein, und ob etwas „richtig" oder „falsch" ist, hängt immer davon ab, ob man in einer Zweierbeziehung die Erwartungen des Partners erfüllen kann.

„ALS MENSCH AGIEREN" UND „GESICHT GEBEN"

Die überragende Bedeutung der Fähigkeit, vor den Augen der Gesellschaft „als Mensch zu agieren", hängt mit der Dominanz der anderen in der chinesischen Persönlichkeitsstruktur zusammen. In den protestantischen Kulturen kommt es nicht darauf an, als Mensch zu agieren, sondern ein Mensch zu sein. „Ein Mensch sein" heißt, sich mit sich selbst zu konfrontieren, sich vor den anderen in seiner eigentlichen Gestalt zu zeigen und im Netz der sozialen Konventionen die Unversehrtheit der Persönlichkeit zu bewahren. „Als Mensch agieren" heißt, für die anderen eine Rolle spielen. Das kann so weit gehen, dass man auch sich selbst nur achten kann, wenn man sich zuvor den anderen präsentiert hat. Das impliziert, dass die Meinung der Umwelt über mich wichtiger ist als meine eigene Meinung.

„Als Mensch agieren" bedeutet für Chinesen in der Regel, dass mein Herz zum anderen (bzw. zu seinem Leib) reicht und sein Herz zu mir (bzw. zu meinem Leib). Diese konkrete Beeinflussung durch gegenseitige Gefühle scheint ursprünglich die Präsenz beider Partner vorausgesetzt zu haben, denn nur dann können Gefühle empfunden werden und einander beeinflussen. Ein Beispiel für diese Vorstellung ist die Art, wie Konfuzius seinen Opferritus beschrieb: „Er opferte den Toten so, als ob sie anwesend seien. Er opferte den Geistern so, als ob die Geister anwesend seien." (**Gespräche**) Wenn sie nicht da wären, könnte man sie nur schwer anbeten. In menschlichen Beziehungen allerdings, vorausgesetzt, beide Seiten haben ein Herz, kann man zum anderen reichen, auch wenn tausende Meilen dazwischen liegen. Haben sie dagegen kein Herz, werden sie, selbst wenn sie einander gegenüberstehen, so tun, als wäre niemand da.

Die Beeinflussung durch die gegenseitigen Gefühle setzt voraus, dass man das Gesicht des anderen sieht, denn das Gesicht ist der Ort, in dem sich die Gefühle spiegeln. Deshalb zählt es zu den Besonderheiten chinesischer Mitmenschlichkeit, dass man nicht darauf wartet, bis der andere seinen Wunsch ausspricht, sondern ihm seine Bedürfnisse vom Gesicht abzulesen sucht. Der Untergebene „sieht" seinem Vorgesetzten „aufs Gesicht" (看面子, *kan mianzi*), wenn er etwas zu erledigen hat; wenn man mit einer Einflussreichen Person zu tun hat, muss man ihr noch mehr „Gesicht geben" (给面子, *gei mianzi*), und auch, wenn man sich menschlich geben und Anteilnahme zeigen will, muss man dem anderen „Gesicht geben". Wer einem „das Gesicht herunterreißt" (洒下面子, *saxia mianzi*), zeigt, dass er kein Herz, das heißt kein Mitgefühl hat. Wächst die Entfremdung zwischen Regierung und Volk, so nennt man diesen Vorgang: „die Herzen wenden sich voneinander ab". Sich abzuwenden aber impliziert, dass man sein Gesicht nicht zeigt.

Wenn man nicht immer wieder sein Gesicht zeigt, – das heißt einen Besuch macht – wird man einander fremd. Daher wird man in China dauernd ermahnt, sich öfter sehen zu lassen. Wer von einer Reise zurückkehrt und seine Freunde nicht besucht, zu dem wird man, wenn man ihn zufällig trifft, sagen: „Warum hast du dich nicht bei mir sehen lassen?" Das mag ernst gemeint sein oder geheuchelt; für Chinesen jedenfalls, für die sich Sympathie darin zeigt, dass sie „zum Leib des anderen reicht", ist es unumgänglich, einander immer wieder sein Gesicht zu zeigen (见面, *jianmian*).

KULTUR DER SCHAM

Im Protestantismus spielt die gegenseitige Beeinflussung und Kontrolle durch emotionale Bindungen eine geringe Rolle, weil der Mensch hier allein durch sein eigenes Bemühen die Erlösung finden soll, ohne andere dafür einzuspannen. Wichtig ist daher, wie der Einzelne vor Gott und vor sich selbst steht, nicht, wie er sich seinen Mitmenschen gegenüber darstellt. Wer ihn beeinflussen will, muss versuchen, in ihm ein persönliches Schuldgefühl zu wecken. Beim Denken in der Kategorie Schuld steht nicht die Gesellschaft im Mittelpunkt, sondern die Frage, ob eine Tat an sich richtig oder falsch ist. Durch Introspektion soll man prüfen, ob man seinen eigenen Prinzipien treu war oder nicht. Hat man gegen sie verstoßen, wird man innerlich beunruhigt sein, selbst wenn kein anderer betroffen ist. Daher kann in diesen Kulturen leichter ein prinzipientreuer Charakter entstehen, der sich nicht von anderen beeinflussen lässt. Damit will ich nicht behaupten, dass im Protestantismus gegenseitige Beeinflussung ausschließlich durch „Schuldgefühl" wirkt und das „Schamgefühl" keine Rolle spielt. Vielmehr geht es mir um die relativen Anteile beider Faktoren.

Für das reine „Schamgefühl" ist ausschlaggebend, wie die Mitmenschen über mich denken, das heißt, meine Entscheidung, ob ich etwas tun soll oder nicht, hängt davon ab, was die anderen denken. Die Angst, die Erwartungen der anderen zu enttäuschen, überwiegt die Angst davor, meine Prinzipien zu verletzen. Eine absolute Kultur des Schamgefühls gibt es nicht. Da aber die chinesische Kultur kein Jenseits kennt und das einzige transzendentale Element das Himmelsprinzip ist, das sich seinerseits als ein idealisiertes Herz aus den diesseitigen sozialen Konventionen herleitet, ist der Anteil der Scham in der Gewissensstruktur der Chinesen weit größer als der der Schuld. Zwar hört man auch in China oft den Satz: „In meinem Herzen spüre ich Schuld", aber in den meisten Fällen heißt das, dass man jemandem nicht geholfen hat, dem man eigentlich hätte helfen sollen. Immerhin: Als Gefühl innerer Unruhe, die sich im eigenen Herzen regt und nicht erst durch äußere Missbilligung entsteht, handelt es sich um eine Art von Schuldgefühl, die auf „Mitmenschlichkeit" orientiert ist.

Chinesen fürchten sich mehr davor, andere zu verletzen, als abstrakte Prinzipien. Daher fällt es ihnen sehr schwer, Bitten abzuschlagen. Wer sich im Kreis seiner „eigenen Leute" von der „Logik der Scham" leiten lässt, für den haben auch die Prinzipien des Rechts keine absolute Bedeutung. Das „Netz der Beziehungen" und die „Hintertür" sind typische Beispiele dafür. Wenn ich zum Beispiel jemandem verpflichtet bin, und er bittet mich um einen Gefallen, der mir aufgrund meiner Machtposition zu tun möglich ist, dann hieße es „Wohltat mit Undank lohnen", wenn ich nicht darauf einginge.

Nicht in jeder Kultur der Scham (beispielsweise Japan) sind die Verhältnisse so extrem wie auf dem chinesischen Festland. Außerdem kann die Beeinflussung durch mitmenschliche Verpflichtungen so institutionalisiert werden, dass sie zu einem Prinzip wird. Konfuzianer sollen zum Beispiel die Fähigkeit der „Achtsamkeit in der Einsamkeit" kultivieren. Damit meinen sie, dass man sich, auch wenn man allein ist, so verhält, als ob „zehn Augen einen sähen und zehn Hände auf einen zeigten". Indem sie die äußeren Konventionen als Prinzip der „Aufrichtigkeit" (诚, *cheng*) verinnerlichten, konnten sie sich dem Druck der besonderen Gruppenbeziehungen und -verpflichtungen entziehen; indem sie die „Aufrichtigkeit" zu einem allgemeinen menschlichen Prinzip sublimierten, konnten sie mit seiner Hilfe unzulässige Erpressungsversuche abwehren und die Stufe des „Edlen, der es hasst, gemein zu sein" (**Gespräche**) erreichen.

Doch nicht jeder kann diesen Grad der Vollkommenheit erklimmen, und andererseits gibt es in der chinesischen Kultur keine jenseitige Macht, die die Sünden vergibt. Die einzige Möglichkeit der Erlösung ist demzufolge die „Massenlinie". Darauf gründet sich die alles beherrschende Furcht davor, jemanden zu verletzen, und davor, es könnte schlecht über einen selbst geredet werden.

Sinnbildhaft drückt das Langzeichen für Scham (恥, chi) aus, wie die Furcht vor Gerede den Einzelnen beeinflusst. Es wird aus dem Zeichen für

„Ohr" und dem Zeichen für „Herz" gebildet: was die anderen über mich reden, höre ich mit den Ohren und spüre ich sofort im Herzen. Eine Variante des Zeichens setzt sich aus einem „Ohr" und dem Zeichen für „Innehalten" zusammen: Wenn ich höre, was die anderen über mich sagen, gebe ich meine ursprüngliche Intention auf. Offensichtlich hat das Zeichen für Scham immer noch die Konnotation der mit der Konfrontation von Angesicht zu Angesicht verbundenen Beeinflussung und Bevormundung. Wer sich dieser Kontrolle nicht unterwirft, „hat ein dickes Gesicht ohne Scham" (厚颜无耻, *houyan wuchi*).

Im Gesicht hat der Mund die größte Macht, andere zu beeinflussen. Deshalb sagt man von einem Kind, das den Eltern folgt, es „hört auf die Worte" (听话, *tinghua*). Wenn Ältere Jüngere zurechtweisen, sagen sie, um ihr Schamgefühl zu wecken: „Wie kannst du deinen verstorbenen Eltern noch unter die Augen treten?" Wenn in einer Paarbeziehung einer einen Fehler gemacht hat, dann „kann er dem anderen nicht gegenübertreten", das heißt, er kann ihm nicht mehr ins Gesicht sehen. In der Beziehung zwischen den Generationen impliziert das auch immer, dass er „nicht gehorsam" war. Wenn chinesische Eltern ihre Kinder ermahnen, verweisen sie oft auf den Mund oder das Gesicht der anderen Leute, indem sie ihnen zum Beispiel vorhalten, dass es „ausgelacht" oder „das Gesicht verlieren" würde. So wird schon früh die Grundlage für die spätere Angst vor dem Gerede der anderen gelegt. Als Erwachsener wird man also um jeden Preis vermeiden, „den Leuten Stoff zum Klatsch" zu geben. Im Wort für „Charakter" (人品, *renpin*) besteht das zweite Zeichen aus drei Mündern. Der Charakter der Chinesen konstituiert sich also durch die Münder der Leute.

Neben dem Mund als mächtigstem Organ kommen in den Augen die Gefühle zum Ausdruck. In den gegenseitigen Beziehungen von Chinesen drückt man sein Herz durch die Augen aus. Chinesen fürchten sich „scheel angesehen" zu werden. Die kontrollierende Funktion des Auges kommt darin zum Ausdruck, dass man das Aufrechnen von Kleinigkeiten oder kleinliches Benehmen unter den „eigenen Leuten" als „unschön" bezeichnet. Auf dem Plakat der Bewegung „Für ein sauberes Hongkong!" ist ein Augenpaar mit gerunzelten Brauen abgebildet. Darauf steht: „Wer Müll auf die Straße wirft, den sieht man und verabscheut man!" Damit stützt man sich auf die Kontrollfunktion der Augen. Auf dem Festland findet man sogar Straßenschilder mit der Mahnung: „Die Verkehrsregeln nicht beachten ist schamlos!" Auch in Bereichen, die durch Gesetze geregelt sind, wird an die Furcht vor den Augen bzw. Mündern der anderen appelliert. Wie Mund und Auge kombiniert werden können, zeigen Szenen in Filmen aus Hongkong, in denen ein Mann etwas von einer Frau will. Sie ist nicht ganz abgeneigt, doch während sie noch zögert, sagt sie: „Wenn es aber jemand sieht, dann redet man über uns!" So ist das eigene Gesicht untrennbar mit den Augen und Worten der anderen verbunden.

Gesicht, Mund und Augen sind die Kanäle, durch die bei Chinesen die Kontrolle durch die Mitmenschlichkeit wirkt. In einer Kultur mit Jenseits-Orientierung dagegen muss sich das eigene Gewissen vor einer Autorität verantworten, die über den Konventionen steht. Der Druck von außen ist zwar auch hier spürbar, doch ist sein Einfluss begrenzt, und das Individuum kann sich leichter selbständig entwickeln. In China besteht der Weg, die „kleinen Wohltaten" des kleinen Kollektivs zu transzendieren, darin, im Einklang mit den Interessen des großen Kollektivs zu leben und das idealisierte „moralische wahre Herz" (道心, *daoxin*) oder die „Menschlichkeit" zu erlangen. Ist der Einzelne nicht mehr dem Einfluss des kleinen Kollektivs ausgesetzt, so wird er vom großen Kollektiv kontrolliert, und die Rolle der Denker und Philosophen reduziert sich darauf, das „moralische Gewissen" der Gesellschaft zu sein.

Da die Einzelperson in der chinesischen Kultur so konstituiert ist, dass sie ohne die Zuwendung der Gruppe zu einem chaotischen Wesen wird (das unterdrückt werden muss), braucht sie, solange ihre Gewissensstruktur intakt ist, die Beschränkung durch die Mitmenschlichkeit. Für die Minderheit, die eigene Entscheidungen treffen und selbständig denken kann, die kreativ ist und sexuelle Wünsche hat, wirkt diese Persönlichkeitskonstitution nivellierend.

Die ausschließliche Abhängigkeit von der Beeinflussung durch die Mitmenschlichkeit äußert sich zwangsläufig in Konformismus und Stereotypie, da nur zählt, was die anderen tun und unterlassen, und dies, nicht etwa höhere Prinzipien, der einzige Maßstab für richtig und falsch ist. Wer dies einmal verinnerlicht hat, verlangt auch von den anderen, dass sie seinem Beispiel folgen. Auf dem chinesischen Festland ist diese Tendenz am stärksten ausgeprägt. Li Shuang (李爽), eine Malerin, die es Ende der 1970er Jahre wagte, mit einem ausländischen Diplomaten zusammenzuleben, wurde nicht aufgrund eines Gesetzes verurteilt (ein Gesetz für solche Fälle existiert nicht), sondern allein mit der Begründung, „die Massen seien empört". Öffentliche Kritikkampagnen in der Geschichte der Volksrepublik stützen sich immer auf den moralischen Druck der Mehrheit. Wer in einer „Schamkultur" wie China jemals so behandelt wurde, hat für immer „sein Gesicht verloren", und Selbstmord ist sein einziger Ausweg.

Konformismus und Stereotypie implizieren eine Unterentwicklung des Ichs und eine Infantilisierung. Nur ein Mensch, der nicht erwachsen ist, empfindet keine eigenen Bedürfnisse (die vielleicht gar nicht existieren), und nur ein unentwickeltes Ich lässt sich von einem Satz formalisierter Verhaltensnormen von außen kontrollieren. Das erste Zeichen des Binoms „Verhaltensnorm" (规矩, *guiju*) bezeichnete ursprünglich einen Zirkel und das zweite eine Art Lineal. Sich der Norm entsprechend verhalten, heißt also, einer präformierten Schablone zu entsprechen, die alle einheitlich formt.

Wenn es nur darauf ankommt, äußerlich sein Gesicht zu wahren, dann drückt man gern ein Auge zu, wenn sich einer „in der Öffentlichkeit als hochmoralisch gibt und insgeheim raubt und hurt". Wer sich aber öffentlich dazu bekennt, nach seinem persönlichen Glück zu streben, wird vernichtet. Dieses Verhalten ist mir auch in Hongkong begegnet. Manche liebten es, jemanden öffentlich anzuprangern, er habe gegen die Moral verstoßen, habe sich unchinesisch verhalten oder sei zu verwestlicht. Wenn dieselben Personen sich aber heimlich genauso verhielten wie ihre Opfer (indem sie zum Beispiel homosexuelle oder außereheliche Beziehungen unterhielten) und dann in Schwierigkeiten gerieten, fanden sie niemanden, an den sie sich wenden konnten als die, die sie vorher beschimpft hatten. Ihnen war klar, dass sie nur von diesen verständnisvoll beurteilt würden. In der „patriotischen Studentenbewegung" der siebziger Jahre in den USA konnte ich ähnliche Fälle beobachten. Wer persönliche Probleme hatte (zum Beispiel homosexuelle Neigungen), die seine Landsleute nicht tolerierten, suchte trotzdem die „Geborgenheit im Mutterschoß" und wollte unbedingt mit denen zusammenwohnen, die sein wahres Ich nicht akzeptieren konnten. Sie versuchten um jeden Preis, äußerlich der Norm zu entsprechen. Ihr wahres Gesicht zeigten sie nur heimlich jenen, die sie vor den anderen als Nonkonformisten verurteilten, oder gar den Ausländern, die sonst als Dämonen gemieden wurden. Unter Landsleuten „agierten sie als Menschen", unter Dämonen waren sie Menschen. Das als scheinheilig zu bezeichnen, wäre zu streng, denn es sind unbewusste Handlungen. Da sie kein Ich haben, können sie sich in unterschiedlichen Situationen auch unterschiedlich definieren.

FASSADE UND ÄUSSERER SCHEIN

Überall, wo der Charakter des Einzelnen überwiegend von äußeren Faktoren bestimmt ist, spielen der äußere Schein und die Fähigkeit, „als Mensch zu agieren", eine große Rolle, und unvermeidlich ist es so in einer Gesellschaft, die die Gruppe betont. In den katholischen lateinischen Kulturen ist dieser Zug sehr ausgeprägt. Ich bin mit den Verhältnissen in Italien einigermaßen vertraut und sehe bei Italienern und Chinesen viele Gemeinsamkeiten: Zu Neujahr und anderen Festen ist es wichtig, einander zu beschenken, im Umgang achtet man auf die Ausgewogenheit von Geben und Nehmen, und auch das Bestreben, um des öffentlichen Ansehens willen Fehler zu vertuschen, ist beiden Kulturen gemeinsam. Die große Rolle der Fassade (门面, *menmian*) und des äußeren Scheins (样子, *yangzi*) geht einher mit der Tendenz, sich den anderen künstlich verschönert zu präsentieren. Diese Haltung bezieht sich auf Menschen wie auf Ereignisse. Mit harmlosen Lügen wird die Realität kosmetisch behandelt, manchmal erfindet man sogar Geschichten über Nachbarn oder Bekannte mit dem Ziel, den öden Alltag zu dramatisieren. Dies mag mit der Neigung der Renaissancekulturen zur Ästhetisierung zusammenhängen, aber auch mit der toleranteren Einstellung des Katholizismus zu Unwahrheiten. Auf Menschen bezogen führt das dazu, dass man sich gern schön und wichtig macht. Man zeigt lieber seine guten Seiten und verschweigt die Schwächen. Aussehen und äußere Form werden betont, der Lebenslauf wird ausgeschmückt, und mit beabsichtigtem Abweichen vom Üblichen will man zeigen, wie unkonventionell, unbotmäßig und individualistisch man ist.

In Hongkong findet man ähnliche Tendenzen. So achtet man zum Beispiel besonders auf die äußere Form und den Eindruck. Mehr als in den USA und in Nordeuropa wird Wert auf die Kleidung gelegt. Bekannte Marken aus Westeuropa werden importiert, doch vermisst man die Eleganz von Franzosen und Italienern, weil Hongkong der kulturelle Hintergrund der Renaissance fehlt. Der Wert, den man in Hongkong auf die äußere Form, den Eindruck und die Mode legt, entspringt weniger dem Wunsch, sein

Äußeres zu einem Kunstwerk zu machen, als vielmehr der Angst, scheel angesehen zu werden. In einer somatisierten Kultur kann sich das ästhetische Empfinden nur schwer entwickeln, denn um den Leib schön zu machen, ist ein ihn transzendierendes Element nötig. Nietzsche sagt: „Der schaffende Leib schuf sich den Geist als eine Hand seines Willens." (**Also sprach Zarathustra**) Dieses Element ist die Individualität.

Auf dem Festland wurde lange Zeit jede Regung von Individualität unterdrückt, so auch das Streben nach Individualität im Aussehen. Selbsterniedrigung, Selbstlosigkeit und Ehrlichkeit waren die amtlich und von der Mehrheit der Bevölkerung gepriesenen Tugenden. Deshalb zeigte sich die Tendenz, großen Wert auf den äußeren Schein zu legen, in einer Form, die der traditionellen, noch nicht vom Kapitalismus beschmutzten Haltung der Chinesen näher ist, nämlich darin, in einer Paarbeziehung „als Mensch zu agieren", also: keine klare Grenzlinie zwischen dem Ich und den anderen zu ziehen, nicht kleinlich und bereit zu sein, ab und zu den Kürzeren zu ziehen.

Als ich einmal mit zwei amerikanischen Kommilitoninnen in einem kleinen Restaurant in Shanghai war, saßen wir mit einem chinesischen Paar an einem Tisch. Der Mann war sehr neugierig, getraute sich aber nicht, die Ausländerinnen anzureden, und fragte deshalb mich: „Bezahlt bei euch jeder für sich oder einer für alle?" Ich erklärte ihm, dass wir getrennt bezahlten, worauf mein Gegenüber ausrief: „Das ist aber hässlich!" „Hässlichkeit" bezieht sich auf das äußere Bild, und so ging es auch hier letzten Endes um den äußeren Schein. Doch Schönheit und Hässlichkeit haben in jeder Kultur ihre eigenen Kriterien. Auf dem chinesischen Festland war es beispielsweise lange üblich, dass man auf den Boden spuckt, in die Finger schneuzt, in der Öffentlichkeit in der Nase bohrt, oder beim Essen Knochen auf den Tisch spuckt (in Restaurants sogar auf den Boden). Für andere wäre das hässlich gewesen, in chinesischen Augen nicht.

Die chinesische Kultur und die lateinischen Kulturen zählen zu den „Herzkulturen", doch das chinesische Ideal vom richtigen Benehmen ist den lateinischen Vorstellungen genau entgegengesetzt. Das höchste Gebot der chinesischen Kultur lautet: „Das Himmelsprinzip achten und bewahren, die menschlichen Begierden auslöschen." Konkret heißt das: Man setzt sich herunter, um zu zeigen, dass man den anderen achtet. Die Frauen müssen sich möglichst unattraktiv, die Männer sich möglichst fade geben, um zu demonstrieren, dass sie nichts Besonderes sein wollen. Man bemüht sich zu zeigen, dass man weiß, was sich gehört, dass man gehorsam ist, zwischenmenschliche Harmonie über alles stellt und es vermeidet, seine Persönlichkeit zu entfalten. Vom Standpunkt der lateinischen Kulturen aus würde all dies die persönliche Attraktivität ruinieren.

Gemeinsam ist diesen Kulturen das Bestreben, Fehler zu vertuschen, um das Gesicht zu wahren. Für Italiener zum Beispiel ist es nicht verwunderlich, wenn Chinesen sich ins beste Licht zu rücken suchen. Auf Beobachter aus protestantischen Kulturen dagegen wirkt es befremdlich, wenn nicht unmoralisch. Oft geschieht es in China, dass Mitarbeiter der Hochschulverwaltung oder der Bibliothek die Aufträge und Bitten ausländischer Studenten nicht erledigen oder ganz vergessen. In solchen Fällen pflegen sie sich Geschichten auszudenken oder gar Bestimmungen der Leitung zu erfinden, um die Studenten loszuwerden. Amerikanische Studenten kommentierten das einmal so: „Bei uns sagt man oft: ‚Tut mir leid, es war mein Fehler.‘ Chinesen bringen diesen Satz nicht über die Lippen."

Das Bestreben, sich ins beste Licht zu rücken, äußert sich nicht nur darin, dass man seine Fehler kaschiert, sondern auch darin, dass man sich attraktiver macht. Während diese Tendenz bei Italienern nur ein Faktor in ihrem Bestreben ist, sich und ihre Umwelt zu schminken, führt sie, auf dem Hintergrund des lebensfeindlichen chinesischen „Kults der Hässlichkeit" leider nur zu oft zu Peinlichkeiten. So machte einmal eine amerikanische Reisegruppe in den frühen 1980er Jahren eine Stadtrundfahrt in Peking. Der Bus, den das Reisebüro gemietet hatte, chauffierte sie an einem Tag mehrere Male durch dieselbe Neubausiedlung. Die Absicht war so offensichtlich, dass einer der Touristen schließlich bemerkte: „Sie wollen uns wohl absichtlich die besten und modernsten Gebäude von Peking zeigen. Wahrscheinlich gibt es nur die paar Häuser, warum würden sie uns sonst immer wieder das gleiche Viertel zeigen."

Als Nixon 1972 das erste Mal nach Shanghai kam, gab es plötzlich Gemüse und Fisch im Überfluss, aber nur zum Anschauen, nicht zum Kaufen. Die Fähigkeit, Ausländer hinters Licht zu führen, ist von den chinesischen Behörden bis zur Perfektion entwickelt worden. Als der belgische Regisseur Joris Ivens[2] nach Shanghai kam, um in einer Fabrik zu filmen, war

---

2   Joris Ivens (1898–1989) war ein niederländischer Dokumentarfilmer, der in den 1970er Jahren auch in China drehte.

alles umsichtig vorbereitet. Die Fabrikleitung hatte jeden Schritt genau geplant, und die Allee vor dem Fabriktor wurde in der Nacht vor dem Drehtermin angelegt. Als Ivens dann in die Fabrik kam, wirkte alles spontan.

Doch mich interessieren weniger die früheren amtlichen Versuche, Besuchern Potemkin'sche Dörfer vorzuführen, sondern die alltäglichen unterbewussten Handlungen der einfachen Leute. Sie wollen nicht unbedingt den anderen betrügen, es ist vielmehr zu einem gewohnheitsmäßigen Ritual geworden, ähnlich wie bei einer Frau, die noch schnell ihre Kleider und ihre Frisur in Ordnung bringt, bevor sie jemanden empfängt. In den Zwängen des chinesischen Alltags muss jeder Versuch einer Verschönerung wirkungslos bleiben; doch in Wirklichkeit geht es auch nicht darum, sondern lediglich darum, jemanden für sich einzunehmen und ihm Respekt zu zeigen, und die Fadenscheinigkeit des Versuchs stört niemand.

Chinesen stellen sich gern von Zeit zu Zeit als das dar, was sie im Alltag nicht sein können. Beim Fotografieren kann man das besonders gut beobachten. Im Westen wirft man sich vor der Kamera nicht in Positur, sondern gibt sich möglichst natürlich. Sobald Chinesen eine Kamera sehen, nehmen sie unweigerlich und unbewusst eine unnatürliche Haltung an. Auf dem Festland ist es durchaus üblich, dass man sich zuerst umzieht und schminkt. In Parks konnte ich oft Mädchen in Hosen sehen, die einen Rock dabeihatten. Als es ans Fotografieren ging, zogen sie schnell den Rock an, den sie sonst nicht zu tragen wagten, und danach schlüpfen sie wieder in ihre Hosen. Manche schminkten sich für das Foto, was sonst verpönt war, oder sie banden sich bunte Schleifen in die Zöpfe, was nur bei kleinen Mädchen üblich war, und das, obwohl die Bilder damals wahrscheinlich schwarz-weiß waren.

Stellt das eine Kompensation für die Unterdrückung im realen Leben dar? Gewiss, doch gleichzeitig ist es Ausdruck des Hangs der Chinesen zu einer „schönen Fassade" und zu Angeberei.

Dieser Zusammenhang erklärt auch, warum in China selten gute Filme entstehen. Ein Filmemacher vom Festland sagte einmal zu mir: „Sogar Science Fiction-Filme werden im Ausland so inszeniert, als wäre es Realität. Wenn wir einen Film drehen, der auf realen Tatsachen beruht, wirkt er nicht realistisch. Man hat immer das Gefühl, man wäre im Theater."

Das ist nicht schwer zu erklären. Schon im normalen Alltag müssen Chinesen „als Menschen agieren", also eine formalisierte Rolle spielen.

Der Film ist noch weiter von der Realität entfernt, und so müssen seine Rollen noch übertriebener dargestellt werden. Wenn man im Alltag schon immer Theater spielt und sein Verhalten dann vor der Kamera noch einmal „künstlerisch überhöht", wird die Theatralik der Gesten zu offensichtlich, und jede Spur von Realismus geht verloren.

Auch Italiener spielen im Alltag gern Theater. Dennoch haben sie die schönsten Filme der Welt gedreht. Wie lässt sich dieser Widerspruch erklären? Ihre alltägliche Theatralik ist bewusst und beabsichtigt. Sie soll den Alltag dramatisch Überhöhen, nicht wie bei den Chinesen Frieden und Stabilität bewahren. Die Wirkungsweise theatralischer Effekte ist ihnen vertraut, und wenn manchmal das Spiel auf der Leinwand absichtlich übertrieben und unrealistisch wirkt, ist die ironische Haltung zur Tendenz der eigenen Landsleute spürbar, sich affektiert und effekthascherisch zu geben.

Im chinesischen Alltag gilt es als positiv, sich zu erniedrigen. Man kann daher gar nicht wahrnehmen, dass man Theater spielt, und meint vielmehr, nur so könne man sich menschlich verhalten. Das Auslöschen der Persönlichkeit führt dazu, dass auch den Personendarstellungen im Theater die Individualität fehlt und sie schablonenhaft wirken.

„Kunst ist Übertreibung" ist ein Satz, den ich auf dem Festland oft gehört habe. Doch hat er weniger mit marxistischer Ästhetik zu tun als mit der gewohnheitsmäßigen Haltung der Chinesen, ohne Rücksicht auf Plausibilität etwas vorzuspiegeln. Ein Filmemacher auf dem Festland sagte einmal: „Beim Filmen müssen wir immer die Realität um eine oder zwei Stufen erhöhen. Wenn wir zum Beispiel eine Arbeiterfamilie beschreiben, dann platzieren wir sie unfehlbar in einer Mittelklasse- oder Luxuswohnung." Egal, ob der Film in Peking, Kanton, Hongkong oder Taiwan gedreht wurde, die Schauspieler sind stets viel schöner als die Leute, die man auf der Straße trifft. Sogar Pfannkuchenverkäuferinnen oder Bettlerinnen sind exquisit geschminkt.

Dass bei Schauspielerinnen und Schauspielern in Hongkong und auf Taiwan das Wichtigste nicht die Persönlichkeit, sondern das Aussehen ist, ist daher nicht erstaunlich. Auf dem Festland ging nach 1976 die Entwicklung ebenfalls in diese Richtung, eine Richtung von einem Stereotyp zu einem anderen.

Eine künstlerische Gestaltung ohne individuelle Tiefe bedingt ästhetisches Scheitern. In China aber ist es gerechtfertigt, von einem kulturellen

Scheitern zu reden, da es sich nicht um ein schauspielerisches Problem, sondern um ein Problem der kulturellen Tiefenstruktur handelt. Wenn man das Problem in der Sphäre der Kunst überwinden will, muss es zunächst im realen Leben überwunden werden.

GEHORSAM

Der Mund ist in China eines der wichtigsten Medien für die gegenseitige Beeinflussung und Kontrolle. Man schämt sich aus Angst vor dem Gerede der Leute. Diese Furcht bezieht sich auf die Gleichrangigen, von denen man umgeben ist. Gegenüber Autoritäten zeigt sich der beeinflussende und beeinflussbare Mund im Gehorsam.

Wenn eine Seite spricht, und die andere nur zuhören darf, ist die Beziehung ungleich. Wer spricht, hat selbstverständlich Autorität; er ist in einer Position, die ihm erlaubt, erziehend einzuwirken. Wer belehrt wird, darf nur „mit gewaschenen Ohren respektvoll zuhören". Den Mund aufzumachen ist ihm untersagt. Chinesische Eltern wollen, dass ihre Kinder ihnen ohne Widerrede zuhören, und Mao Zedong meint, die beste Art, mit Reaktionären umzugehen, sei, sie „nicht unkontrolliert reden und unkontrolliert handeln" zu lassen. Die sogenannte Diktatur des Proletariats erwartet also von ihren Opfern Gehorsam ohne Widerrede.

Wenn die chinesischen Herrscher die „Herzen der Menschen" gewinnen wollen, dann „öffnen sie die Tore der Rede", das heißt, sie erlauben den Untertanen, ihre Meinung zu sagen. Als Chiang Chingkuo zu Beginn der siebziger Jahre seine Machtübernahme vorbereitete, gab er sich „demokratisch" und forderte: „Lasst die Jugend mehr zu Wort kommen!"; damit hoffte er, die Jugendlichen zu gewinnen. Solange der eine zwar reden darf, der andere aber weiter die Macht hat zu billigen oder nicht, handelt es sich nicht um eine gleichberechtigte Beziehung, sondern allenfalls um einen Trick der Herren, ihre Untertanen willfährig zu machen. Der Begriff der „persönlichen Gleichberechtigung" existiert in der chinesischen Kultur nicht. Jede Form von „mitmenschlichen Gefühlen" zwischen Generationen, zwischen unterschiedlichen Rängen, zwischen Innen und Außen ist daher gleichzeitig eine Form der Beeinflussung. In einer Beziehung zwischen Ungleichen ist auch der Wert der Personen verschieden, und so entsteht eine hierarchische Beziehung, die zum Beispiel in den drei Grund-regeln der traditionellen chinesischen Ethik klar zum Ausdruck kommt: der Untertan folgt dem Fürsten, der Sohn dem Vater, die Frau dem Mann. Die heutige „Volksregierung" verlangt von ihren Untertanen „Vier Folg-samkeiten": „Der Einzelne folgt der Organisation, der Untergebene dem Vorgesetzten, der Teil dem Ganzen, die Region dem Zentrum."

Chinesen haben so wenig Selbstvertrauen, dass sie meinen, jeder müsste von außen kontrolliert werden und seine menschliche Qualität hänge vor allem vom Einfluss der Höhergestellten ab. Deshalb auch das Sprichwort: „Ist der Firstbalken nicht gerade, sind die Sparren krumm." Und Konfu-zius sagt: „Die Beziehung zwischen Vorgesetzten und Untergebenen ist wie die zwischen Wind und Gras. Das Gras muss sich dem Wind beugen, wenn er darüber weht." (**Gespräche**) Deshalb glaubt man in China, dass die Fehler eines Menschen nicht in ihm selbst begründet sind, sondern in den Versäumnissen seiner Erzieher. Im **Drei-Zeichen-Klassiker** heißt es: „Ein Vater, der Söhne ohne Unterricht aufzieht, begibt sich in Schuld. [...] Wenn ein Lehrer seine Schüler ohne Strenge behandelt, ist er ein Beispiel für Trägheit." Wenn man jemanden persönlich beleidigen will, dann greift man nicht ihn selbst an, sondern seine Eltern, und mit Vorliebe die Mutter.

Als „brav" oder „gehorsam" wird zumeist der gelobt, der sich leicht von anderen dirigieren lässt; wenn man jemanden beeinflussen will, dann schmeichelt man ihm mit denselben Adjektiven. So werden erwachsene Menschen wieder in den Zustand kindlicher Unselbständigkeit und feh-lender Selbstachtung versetzt, in dem die anderen das Maß aller Dinge sind und man leicht zu lenken ist.

Diese Einstellung zieht sich durch die ganze chinesische Kultur, von der Familie über die Gesellschaft bis hin zur Politik und zum Denken. Kon-fuzius drückte das so aus: „Der Edle hat vor drei Dingen Ehrfurcht: vor dem Befehl des Himmels, vor großen Männern und vor den Worten des Weisen. Der Gemeine weiß nichts vom Befehl des Himmels und hat keine Ehrfurcht vor ihm. Er ist respektlos gegenüber großen Männern und spot-tet über die Worte des Weisen." (**Gespräche**) „Ehrfurcht vor den Worten des Weisen" bedeutet nichts anderes als Gehorsam, da die Worte vom einen gesprochen und vom Ohr des anderen aufgenommen werden. Auch die **Worte des Vorsitzenden Mao** waren solche Worte eines Weisen. In Lin

Biaos[3] Geleitwort in den 1960er Jahren hieß es daher: „Folgt den Worten des Vorsitzenden Mao!" Lin Biao wollte vor allem die „Autorität des Kaisers benutzen, um selbst den Fürsten Befehle zu geben", aber auch Mao selbst forderte Gehorsam. So bemerkte er einmal, dass Deng Xiaoping[4] ihm nicht „gehorche". Wenn aber ein Siebzigjähriger noch einem Achtzigjährigen gehorchen muss, dann ist anscheinend im ganzen Land außer dem großen Patriarchen niemand erwachsen.

Eine psychologische Untersuchung über amerikanische Kinder zeigt, dass Kinder vor dem zwölften Lebensjahr Autorität personalisieren, das heißt sie identifizieren Autorität mit der Person der Eltern oder des Lehrers. Danach entpersonalisieren sie sie und setzen sie mit einer abstrakten Institution oder der Stellung einer Person gleich. Für Chinesen ist Autorität immer an eine Person gebunden. Deshalb müssen Gedanken, wenn sie Einfluss haben sollen, von einer konkreten, mit Autorität ausgestatteten Person ausgesprochen worden sein. Die **Gespräche des Konfuzius,** die **Plattform-Sutra des Sechsten Patriarchen, die Klassifizierten Gespräche des Zhu Xi** und die **Worte des Vorsitzenden Mao** sind Beispiele dafür.

In China gab es nie die Herrschaft abstrakten Rechts, sondern immer persönliche Herrschaft. Im Altertum wurden der Kaiser als „Herrschervater" (君父, *junfu*) und die örtlichen Beamten als „elterliche Beamte" (父母官, *fumuguan*) bezeichnet. Der Eintritt Chinas in die Moderne hat daran nichts geändert, wie die autokratische Herrschaft eines Yuan Shikai (袁世凱, 1859–1916)[5] und Chiang Kaishek (蔣介石, 1887–1975) zeigten. Unter Mao, bei dem „nur zählte, was der Eine an der Spitze sagte", zeigte sich diese Tendenz in ihrer reinsten Form. Und als Mao starb, bewahrheitete

---

3　Lin Biao (林彪, 1907–1971) war der jüngste der zehn Marschälle der Volksbefreiungsarmee. Nach offiziellen Angaben versuchte er 1971 einen Staatsstreich und die Ermordung Maos. Als dies misslang, starb er auf der Flucht in die Sowjetunion durch einen Flugzeugabsturz – so die offizielle Version.

4　Deng Xiaoping (邓小平, 1904–1997)war nach 1956 u.a. Generalsekretär der KPCh und Mitglied des Politbüros. Während der Kulturrevolution wurde er als „kapitalister Wegbereiter" gestürzt. 1973 rehabilitiert, wurde er 1975 erneut kritisiert und ausgegrenzt. 1977 rehabilitiert, gilt er als Wegbereiter der Modernisierungs- und Öffnungspolitik nach 1978.

5　Yuan Shikai (袁世凱, 1859–1916) machte bereits in jungen Jahren im Staatsdienst Karriere. Als mächtigster Militärführer Chinas nach der Revolution von 1911 überspielte er Sun Yatsen und wurde erster Staatspräsident der Republik China. 1915 setzte er sich selbst zum Kaiser ein, wurde aber zur Abdankung gezwungen.

sich erneut der Spruch: „Stirbt der Herrscher, verschwindet auch seine Politik." Seit Beginn der Reformpolitik Ende der 1970er Jahre wird in China die Herrschaft der Gesetze befürwortet. Doch Deng Xiaoping, damals ohne formales Parteiamt, hatte immer noch die reale Macht in Händen. Autorität ist also weiter an *eine* Person gebunden. Man könnte sogar sagen, dass Autorität sich in China in somatisierter Gestalt zeigt. Als Deng von den übrigen alten Parteiführern verlangte, dass sie in Pension gehen, musste er selbst den Anfang machen und sein Amt aufgeben. Anstatt ein allgemeingültiges Gesetz durchzusetzen, erhob er sich selbst zur Regel für alle – ein weiterer Fall von „mit dem eigenen Leib als Vorbild lehren" (身教, *shenjiao*).

ORDNUNG UND CHAOS

Wenn Chinesen mit Mitgliedern ihres eigenen Zirkels zu tun haben, sind sie äußerst höflich und zuvorkommend. Wenn sie sich jedoch außerhalb der formalisierten Zweierbeziehungen befinden und daher den anderen nicht direkt konfrontieren müssen, besteht auch keine Notwendigkeit mehr, ihm „Gesicht zu geben" oder „Angst vor seinem Gerede" zu haben. Der Scham ist damit die Grundlage entzogen, denn selbst wenn man sich ihm gegenüber falsch verhält, heißt das nicht, dass man sich ihm nicht mehr ebenbürtig zu fühlen braucht.

Chinesen verhalten sich daher völlig konträr, je nachdem, ob sie sich in einer Situation befinden, in der sie „als Menschen agieren" müssen oder nicht. Fährt man mit einem Bekannten im Bus, wird er darauf bestehen, dass man seinen Sitzplatz einnimmt. Ein Fremder aber wird Ihnen erbarmungslos den Sitz wegschnappen, wenn Sie sich etwas zu langsam hinsetzen. In einer Schlange wird ein chinesischer Bekannter Sie drängen, sich vor ihn zu stellen, kennen Sie ihn nicht, wird derselbe Mensch sich rücksichtslos an Ihnen vorbeidrängen. Ihre Bekannten werden Ihnen den Koffer tragen, ein Fremder wird sich nicht einmal entschuldigen, wenn er Ihnen mit seinem Koffer einen Stoß versetzt. Während Chinesen bereit sind, von Personen, die potentiell Einfluss auf sie haben, widerstandslos jede Zurücksetzung oder Kränkung einzustecken, kommt es anderen gegenüber wegen der geringfügigsten Anlässe zu Explosionen. Täglich kann man auf dem Festland auf öffentlichen Plätzen, auf der Straße oder im Bus laute, oft handgreifliche Auseinandersetzungen erleben. Manchmal rempeln zwei

Chinesen unabsichtlich aneinander, und keiner kommt auf die Idee, sich zu entschuldigen. Einmal sah ich, wie ein Radfahrer einen Fußgänger anfuhr. Während der Fußgänger sich noch mit ausgeschlagenen Zähnen und blutigem Mund am Boden krümmte, schrie ihn der Radfahrer an: „Hast du keine Augen im Kopf!"

Es gibt nur zwei Möglichkeiten, die Neigung der Chinesen zum Chaos zu überwinden: die erste ist, den Geist der Rechtsstaatlichkeit zu fördern, die zweite ist der Rückgriff auf die einheimische Tradition der persönlichen Herrschaft. Ersteres ist problematisch, da ein abstraktes Rechtsbewusstsein traditionell nicht ausgeprägt ist, letzteres aber funktioniert nur, wenn die Sympathie auch bei der jeweiligen Gegenseite „ankommt". In den ersten Jahren nach der kommunistischen Machtübernahme umfasste dieses Netz der gegenseitigen Verbundenheit fünfhundert Millionen Menschen, und China wirkte auf viele wie ein „Land der Tugend". Heute ist der Bereich der Sympathie zusammengeschrumpft auf den engeren Kreis der „eigenen Leute", und in der Gesellschaft insgesamt herrscht Chaos.

Abgesehen von Ausnahmezeiten ist der Charakter von Chinesen überwiegend fremdbestimmt und nicht selbstorganisiert. Deshalb funktioniert Kontrolle in einer Situation, wo das „Herz" im gesamtgesellschaftlichen Rahmen verschwunden ist, nur durch unmittelbaren Zwang. Wenn beim Schlangestehen nicht mehrere Gruppen von Ordnern aufpassen, kommt es zum Kampf jedes gegen jeden, um in den Bus einzusteigen. Auf einem Yangtse-Schiff wurde ich Augenzeuge der folgenden Szene: Am Abend sollte im Restaurant ein Film gezeigt werden. Vor der Vorführung entstand unter den chinesischen Zuschauern ein Kampf um die Sitzplätze. Man stieß und zerrte, manche setzten sich auf die Tische; alle, Erwachsene, Kinder und alte Leute, beteiligten sich daran. Erst als die uniformierte Schiffspolizei eingriff, beruhigten sie sich.

Anscheinend ist heute die Furcht vor dem, was ein gleichrangiger Unbekannter sagt, geschwunden. Nur den Trägern von roten Armbändern, amtlichen Abzeichen oder Uniformen folgt man mechanisch. Sobald man sich aber unbeobachtet glaubt, werden die Vorschriften nicht mehr beachtet. Ist kein Polizist zu sehen, kümmert sich niemand um die Verkehrsregeln. Wenn kein Auto kommt, läuft man auch bei Rot über die Straße. An beliebten Ausflugszielen auf dem Festland gibt es oft Seen, auf denen man Boote mieten kann, Schwimmen aber verboten ist. Ich sah oft Touristen, die bis in die Mitte des Sees ruderten, sich um das Verbotsschild nicht kümmerten, die Kleider auszogen und ins Wasser sprangen. Da sie mitten im See waren, waren sie außerhalb des Einflussbereichs des Wachpersonals.

Nach meinem Eindruck ist auf dem Festland heute die Tendenz, „nach außen willfährig, im Verborgenen widersetzlich" zu sein, weiter verbreitet als der Gehorsam. Diese Form von Widerstand gleicht den Streichen von ungezogenen Kindern. Beide Verhaltensweisen, Widersetzlichkeit wie Folgsamkeit, sind Ausdrucksformen einer nicht selbstbestimmten und unentwickelten Persönlichkeit. Auf der einen Seite äußert sie sich in unkontrollierten Impulsen, auf der anderen Seite befolgt sie einen Satz von schablonenhaften, stereotypen und deshalb entindividualisierten Verhaltensregeln. Auf der Ebene der Politik äußern sich die beiden widersprüchlichen Faktoren der „Ordnung" und des „Chaos" darin, dass niemand es wagt, gegen die Autorität zu opponieren, wenn „Ordnung im Reich" herrscht und die obrigkeitliche Kontrolle wirkt. Sobald die obrigkeitliche Kontrolle zusammengebrochen ist und „Chaos im Reich" herrscht, gibt es kein Halten mehr.

BEZIEHUNGEN ZWISCHEN
DEN GENERATIONEN

HARMONIE ZWISCHEN DEN GENERATIONEN

Die ersten Reaktionen eines Menschen auf Autoritäten finden in der Familie statt, in die er geboren wurde und in der er aufwächst. Die Haltung, die ein Erwachsener zu gesellschaftlicher Autorität einnimmt, ist oft eine Extension seiner Reaktionen auf familiäre Autorität. In der chinesischen patriarchalischen Herrschaft sollen die Herrschenden ähnlich wie nächste Verwandte das Volk lieben, wofür die Untertanen dankbar zu sein haben und ihr Herz herausgeben müssen. Der Schlüssel für das Verständnis des politischen Verhaltens der Chinesen ist die ihnen von klein auf anerzogene Haltung zu Autoritäten.

Die Beziehungen zwischen den Generationen im modernen Westen wurden von Freud mit dem Ödipusmythos beschrieben, der gleichnishaft zeigt, dass im Westen der Bruch zwischen den Generationen betont wird, und dass sich jede Generation selbständig entwickeln und ihre Sexualität voll entfalten soll. Die alte Generation muss beiseitegeschoben werden, und alle ihre Positionen werden von den Jungen übernommen. Um ihre persönliche Autonomie zu erreichen, müssen die Jungen im Prozess des Erwachsenwerdens die Formung ihres Charakters durch ihre Eltern allmählich überwinden, um ihr Ich zum Vorschein zu bringen. Jede Generation hat also eine eigene, rechtmäßige Existenz und kann ihre latenten Fähigkeiten voll entfalten, und jede hat ihren eigenen, neuen Stil. Daher muss jede Generation eine autonome Einheit bilden, an der die ältere Generation keine Rechte und keinen Anteil hat. Der Preis für diese Übereinkunft sind disharmonische Generationsbeziehungen.

Deshalb sind im Westen, besonders in den USA, die Beziehungen zwischen den Generationen alles andere als harmonisch, und auch emotional steht man einander nicht sehr nahe. Seit den siebziger Jahren hat sich dies noch verschärft. Im Alter von dreizehn oder vierzehn Jahren, wenn das Kind in die Pubertät kommt und sich seine Individualität herausbildet, werden die Auseinandersetzungen mit den Eltern besonders heftig, ja sie erreichen zuweilen sogar feindschaftlichen Charakter. Nach dem achtzehnten Lebensjahr verlassen die meisten ihre Familie, um ihren persönlichen Entwicklungsweg zu suchen. Unter Umständen brechen die gegenseitigen Kontakte vollständig ab, man hört selbst bei großen Familienereignissen wie Heirat oder Tod nichts voneinander.

Der Bruch zwischen den Generationen geht nicht einseitig auf die Wünsche der Jüngeren zurück. Die Eltern selbst bereiten ihre Kinder auf die künftige Loslösung vor. Im Gegensatz zu chinesischen Eltern, die ihre minderjährigen Kinder in ihrem Bett schlafen lassen, gewöhnt man Kinder im Westen von klein auf daran, allein zu schlafen; man versucht, das Bedürfnis, dauernd mit anderen zusammen zu sein, gar nicht erst entstehen zu lassen, und sie zu freien und unabhängigen Menschen zu erziehen. Während in China Erwachsene wie kleine Kinder behandelt werden, behandelt man im Westen Kinder oft wie gleichberechtigte Erwachsene. Amerikanische Eltern erzählten mir, dass sie ihre Kinder nicht als ihr Privateigentum betrachteten; sie seien ihnen vielmehr von Gott für begrenzte Zeit anvertraut worden. Wenn dagegen Eltern ihre Kinder nicht loslassen wollen und sie in Abhängigkeit von sich halten, gilt das als schädlich für deren Entwicklung.

Die protestantische Tradition betont die rationale Selbstorganisation des Individuums, und eine daran sich orientierende Erziehung förderte über Generationen das Entstehen von Personen mit einem hohen Maß an Selbständigkeit. Diese Form der Erziehung aber musste die Fähigkeit zur Empathie, das heißt, zu sozialer Sensibilität oder „Mitmenschlichkeit" schwächen. Daraus wiederum resultierte eine geringe emotionale Nähe zwischen den Generationen und eine Verringerung der emotionalen Bindungen und Verpflichtungen in der gesamten Gesellschaft.

Die Generationsbeziehungen der Chinesen können gleichnishaft durch die „Geschichte von Shun"[1], dem ersten der bekannten **Vierundzwanzig Beispiele des Kindesgehorsams** illustriert werden. Der Mythos vom Großen Shun gleicht in seiner Struktur dem Ödipusmythos, doch ist sein Ausgang genau entgegengesetzt: Shun war aufgrund seiner Fähigkeiten und moralischen Integrität weithin bekannt und wurde deshalb von seinem

---

1 Die Kaiser Yao, Shun (舜帝) und Yu (玉帝) sind die legendären Herrscher über das Reich im 3. Jahrtausend v.u.Z., die auch als Kulturheroen und moralische Vorbilder geehrt wurden. Was Shun anbelangt, so sah Konfuzius in ihm ein Muster für Rechtschaffenheit und Tugend. Der Überlieferung zufolge soll er zwischen 2294 und 2184 v.u.Z. gelebt haben.

Vater beneidet. Um ihn zu unterdrücken und seine Entwicklung zu behindern, züchtigte ihn sein Vater immer wieder. Shun fügte sich ins Unvermeidliche, unterdrückte die Tränen und ertrug die Schmerzen. Nachdem er die Prügel wirklich nicht mehr aushalten konnte, floh er in die Wildnis und klagte dem Himmel und der verstorbenen Mutter seinen Kummer. Als sein pietätvolles Verhalten und seine Tugendhaftigkeit schließlich Kaiser Yao[2] zu Ohren kamen, beschloss jener, Shun als Thronerben einzusetzen und ihn mit zwei seiner Töchter zu verheiraten. Dies erbitterte den Vater noch mehr, und auch Shuns missratener Bruder Xiang neidete ihm seinen Erfolg und die beiden lieblichen Frauen; gemeinsam planten sie, ihn umzubringen, doch da Shun göttlichen Beistand hatte, scheiterten ihre Mordpläne. Jedesmal wusste Shun vorher von ihrem Komplott, doch war er nicht imstande, sich gegen ihre Anschläge zu wehren. Nachdem die beiden Mordanschläge misslungen waren, verhielt er sich so, als hätte sich nichts ereignet und agierte weiterhin als „guter Mensch", um die Harmonie in der Familie zu wahren. Weil Shuns pietätvolles Verhalten den Himmel rührte, ließ er Wunder geschehen, die das Unheil verhinderten.

In jeder menschlichen Gesellschaft sind die Beziehungen zwischen den Generationen gespannt, da das Heranwachsen der jungen Generation eine Bedrohung für die etablierte Autorität der Älteren darstellt. Diese Spannung aber wird im Osten und im Westen unterschiedlich aufgelöst. Im Westen soll sich die neue Generation voll entfalten, deshalb muss die ältere verdrängt werden. So kommt es zwangsläufig zur Loslösung der Jungen von ihren Eltern. Beide müssen mit dieser Regelung einverstanden sein, denn beide haben die gleichen Chancen. Da jede Generation ihre eigene Persönlichkeit voll entfalten will, muss der Einfluss der Älteren auf das Ich zurückgedrängt werden, und diese dürfen der nachfolgenden Generation nicht ihren Willen aufzwingen.

Die chinesische Lösung des Generationskonflikts besteht darin, dass die Jüngeren vor den Älteren kapitulieren müssen. Nur so kann man seine Kindespflicht (孝, *xiao*) erfüllen. Ein „Sohn, der seine Kindespflicht erfüllt" wird als *xiaozi*, das heißt, als Sohn, der der diese Pietät erfüllt, bezeichnet. Daraus entwickelte sich schließlich eine Mentalität, die das Alte

---

2   (尧帝), ein legendärer Urkaiser, der von 2353–2234 v.u.Z. gelebt haben soll.

und das Alter verehrte. Da Harmonie als höchstes Ideal der chinesischen Kultur gilt, ist ein Bruch mit den Eltern nicht erlaubt.

So konnte in China am Ende keine Generation aufblühen. Jede Generation wurde von ihren Eltern zugrunde gerichtet und ruiniert nun ihrerseits die darauffolgende; so wird die Individualität Generation um Generation eingeebnet, bis endlich alle gleich sind, mit der politischen Autorität übereinstimmen und das Alte als das Beste anerkennen.

KINDESMORD

Wenn die westliche Kultur als Kultur des Vatermords bezeichnet werden kann, dann ist die chinesische eine Kultur des Kindesmords. Sie verehrt den Tod, da sie die neuen Lebenskräfte ruiniert und mit ihnen das Altersschwache am Leben erhalten will.

Es gibt kein besseres Beispiel für diese Todesverehrung, als die Geschichte von „Guo Chen, der sein Kind begräbt", einer weiteren Geschichte aus der Sammlung der **Vierundzwanzig Beispiele des Kindesgehorsams**. Die Familie von Guo Chen geriet in große Not. Um seine altersschwachen Eltern zu ernähren, beschloss er seinen neugeborenen Sohn lebendig zu begraben; seine Pietät rührte den Himmel, und durch ein Wunder kam es zu einem guten Ende.

Natürlich würde heute niemand mehr öffentlich Guo Chens Verhalten befürworten. Dennoch lohnt es sich genauer zu untersuchen, ob sich die kulturelle Tiefenstruktur verändert hat.

In den sechziger Jahren waren in Taiwan die Inhaber der Macht alt geworden. Die meisten gehörten Chiang Kaisheks Generation an, sie waren daher schon über achtzig, doch immer noch klammerten sie sich an ihre Positionen. Nur deshalb konnten achtzigjährige Politiker wie Chang Chün[3], ein Weggefährte Chiang Kaisheks, behaupten, das Leben fange erst mit siebzig an und damit kundtun, dass sie noch nicht bereit seien, die Macht zu übergeben. Die Generation Chiang Chingkuos, des Sohnes und Nachfolgers von Chiang Kaishek, wurde noch als „Juniorenfraktion"

---

3   Chang Chün (auch: Zhang Qun, 张群, 1889–1990) war führendes Mitglied der Guomindang und Premierminister der Republik China. Er veröffentlichte eine „Autobiographie eines Siebzigjährigen" (七十自书, *Qishi zishu*).

bezeichnet, als ihre Angehörigen schon über sechzig Jahre alt waren. Jedes Jahr werden in Taiwan die „Zehn großen jungen Leute" ausgezeichnet. Ihr durchschnittliches Alter liegt bei vierzig Jahren. Jeder, der unter vierzig ist, gilt also noch als Jugendlicher.

So verhält es sich nicht nur in der Politik, sondern in allen Bereichen der Gesellschaft. Es hat sich wenig geändert seit Lu Xun 1919 feststellte, Chinesen glaubten „je älter sie werden, desto mehr an Wunder. Sie halten den Weg der Jungen besetzt und nehmen ihnen die Luft zum Atmen weg." (**Heißer Wind**)

In dieser stickigen Atmosphäre kam es am ehesten im politisch weniger sensiblen Bereich der Erziehung dazu, dass sich die Jungen erhoben und die Älteren attackierten, die, wie Deng Xiaoping sagte, das Klosett besetzt hielten, ohne zu scheißen. Mussten die Alten am Ende ihre Macht abgeben, dann ging sie auf keinen Fall an die, die „unartig" und „ungehorsam" waren, über. Wer es gewagt hatte, die Älteren zum Kampf herauszufordern, fand zumeist kein gutes Ende, einige wurden sogar ins Gefängnis geworfen.

In den siebziger Jahren hatte in Taiwan Chiang Chingkuos „Juniorenfraktion" endlich die Macht übernommen. Der „kleine Chiang" aber hielt sich wieder an das traditionelle Rezept der „Regierung des Landes mit Pietät". Demonstrativ hielt er am Sarg des Vaters die dreißigtägige Totenwache. Einige Maßnahmen des „alten Chiang" wurden zwar geändert, doch weiterhin musste er die Haltung eines „pietätvollen Sohnes" (孝子, *xiaozi*) einnehmen.

Auch für den Aufstieg des Nachwuchses sind „Artigsein" und „Gehorsam" die wichtigsten Maßstäbe. Wer diesen Kriterien nicht entspricht, befindet sich, selbst wenn er begabt ist, in einer aussichtslosen Lage. Als ich an der Nationaluniversität von Taiwan studierte, wurden in mehreren Fällen Studenten, die ein Magister- oder Promotionsstudium anfangen wollten, trotz ihrer guten Noten nicht angenommen, weil sie keine „Beziehungen" zu den alten Professoren hatten, die in den Kommissionen saßen. Einige, die sich mit dem Dekan überworfen hatten, wagten nicht einmal, sich für die Prüfungen zu melden. Widersprach ein Student im Hörsaal dem Lehrer, wurden seine Noten schlechter.

Im Vergleich mit der vorkapitalistischen Zeit hat sich die Situation in Taiwan heute etwas gebessert. Der kapitalistische Markt erkennt nur Leistung und Tatkraft an, und deshalb rücken auch zunehmend junge Leute an die Spitze. Doch ob sie das kulturell dominierende Gehorsamsverhältnis zu den Älteren durchbrechen und einen Zustand herbeiführen können, in dem jede Generation sich voll entfalten kann und das Individuum seinen rechtmäßigen Platz hat, ist zu bezweifeln.

Nun zur Situation in der Volksrepublik: Die erste Führungsgeneration der Kommunistischen Partei ging aus der 4. Mai-Bewegung des Jahres 1919 hervor, die sich gegen die chinesische Tradition insgesamt richtete. Die Leitmotive der Bewegung waren „die Jugend" und „das Heute"; alle Hoffnung galt den kommenden Generationen; die damaligen Aktivisten sahen sich als Kämpfer gegen den Sog der Tradition, als Menschen, die der Jugend den Weg bahnten. Nur wenn man „die Kinder rettete", konnte man vermeiden, dass sie von der Tradition verschlungen würden.

Dass die 4. Mai-Bewegung und die darauffolgende kommunistische Bewegung die Aktivsten aus der jungen Generation einen und mobilisieren konnte, ist nicht verwunderlich. Doch je älter die ersten Führer der Kommunisten wurden, desto mehr gerieten sie in die alten Radspuren. Die 4. Mai-Bewegung wurde durch geistige Einflüsse von außen in Gang gesetzt, und deshalb erzeugte sie auch eine revolutionäre Epoche. Doch blieb sie eine einmalige Erscheinung und konnte die traditionelle Tiefenstruktur nicht von Grund auf transformieren.

Als nach 1949 die neue Generation heranwuchs, hoffte Mao, dass sie die rebellischen Erfahrungen der ersten Revolutionärsgeneration wiederholen würde. Das war zweifellos einer der Beweggründe der „Großen Proletarischen Kulturrevolution". Die Kulturrevolution wandte sich in vielen Aspekten frontal gegen die Tiefenstruktur der chinesischen Gesellschaft. Sie wollte mit dem institutionalisierten Antagonismus das traditionelle Harmoniestreben zerstören und mit der Auffassung „Rebellion ist berechtigt" das traditionelle hierarchische Denken und den traditionellen Gehorsam beseitigen. In gewaltigen Rebellionen der Jugend gegen die Alten sollte die kulturelle Tendenz der Kindestötung revolutioniert werden.

Doch die Tiefenstruktur erwies sich als stärker. Millionen junger Rotgardisten wurden mobilisiert, als die Situation aber außer Kontrolle geriet und die Rebellen sich nicht mehr vom Zentralkomitee stoppen lassen wollten, kam es im Jahr 1968 zur blutigen Unterdrückung; eine Generation, die es gewagt hatte, den Kopf zu heben, wurde in Blut erstickt. Die künstliche Verschärfung des Konflikts zwischen den Generationen führte am Ende zu einem realen Massaker an den Kindern, das im Sinne physischer Vernichtung.

Schon in der republikanischen Zeit war Ähnliches vorgekommen: Gerissene alte Politiker stachelten hinter der Bühne die heißblütige Jugend an, auf die feindlichen Stellungen loszustürmen und ihr Leben zu opfern. Sie wurden als Werkzeuge betrachtet, die für sie die Kastanien aus dem Feuer holen sollten. Erstarrte Greise benutzten das Blut der Jungen, um an hohe Ämter und Reichtum zu gelangen. Auch in der Kulturrevolution wurden die verschiedenen, einander bekämpfenden Fraktionen der Roten Garden bald zu Werkzeugen verschiedener bürokratischer und militärischer Interessengruppen, die sich gegenseitig von der politischen Bühne zu drängen suchten. Sie benutzten das Blut der Jungen, um ihre eigenen Positionen zu sichern.

Nach der Niederschlagung der Rotgardisten wurde die harmonische Parole vom „Zusammenschluss der drei Generationen" propagiert. Zwar hatte der Vertreter der jungen Generation seinen Platz in der Machtstruktur, doch im Laufe der Zeit verkam er zur Marionette. Steile „Hubschrauber-Karrieren" kamen zwar vor, doch das wichtigste Kriterium blieb, ob man Mao und seiner Fraktion gehorchte.

Lange Zeit bildete Gehorsam und nicht Kompetenz oder Individualität den Maßstab für einen beruflichen Aufstieg. In einem System, in dem „die Politik das Kommando führt" und mehrere Fraktionen sich gegenüberstanden, war diese Tendenz nicht nur unvermeidlich, sondern wurde sogar institutionalisiert. Erneut wird in der Volksrepublik betont, dass junge Menschen zu gehorchen haben, dass sie den Lehrer und die Lehre achten und respektieren müssen. Argwöhnisch wird die Jugend beobachtet, nach dem traditionellen Rezept: „Hüte dich vor dem Volk wie vor einem Dieb." In den 1980er Jahren organisierten Studenten an einigen Universitäten freie Wahlen und veröffentlichten politische Manifeste. Die Mitglieder der Parteikomitees erbleichten vor Schreck und behaupteten, die Jugendlichen seien Feinde der Partei. Inzwischen verlangt man daher wieder von der Jugend wie damals die *Guomindang*, zu „Lernen, um das Land zu retten." Dies ist eine unblutige Art des Kindermords.

Natürlich sind die Beziehungen zwischen den Generationen im chinesischen Alltag nicht so blutig. Bei der Hochzeit aber verhindern in der Volksrepublik noch immer viele Eltern eine freie Entscheidung ihrer Kinder, manchmal sogar mit richterlicher Unterstützung. Vielleicht trifft die Behauptung zu, dass im Leben entweder die Alten den Jungen Gewalt antun oder die Jungen den Alten.

Unter den älteren Menschen sind aber zweifellos die Gütigen in der Mehrheit. So hörte ich in der Volksrepublik damals ein älteres Ehepaar klagen, dass ihre Kinder auch nach der Heirat noch Geld von den Eltern wollten. Was die Eltern sich vom Mund absparten, gaben die Kinder mit beiden Händen aus. Daran wurde deutlich, dass in China auch die Abhängigkeit der jüngeren Generation von der älteren institutionalisiert worden war. Denn ein junger Mensch erhielt, egal ob er ein Genie oder ein Nichtsnutz war, damals als Anfangslohn etwas über vierzig Yuan;[4] seine Eltern dagegen bekamen normalerweise jeweils über achtzig Yuan. Gehaltserhöhungen richteten sich nach den Dienstjahren und nicht nach der Stellung; folglich erhielt jemand mit einem niedrigen Dienstalter, auch wenn er vom Arbeiter zum qualifizierten Techniker aufgestiegen war, weiter denselben Lohn. Es herrschte noch der Grundsatz des Vorrangs für das Alter.

In einer Gesellschaft, in der „Beziehungen" und „Hintertüren" eine so wichtige Rolle spielen, sind Blutsbande besonders wichtig. Die Berufschancen der Kinder hingen zu einem großen Teil von ihren Eltern ab; und da häufig der Arbeitsplatz von den Eltern an die Kinder überging, war die Abhängigkeit von den Eltern noch extremer geworden. Die Alten – vor allem die, die Macht ausübten – waren oft nicht bereit, in den Ruhestand zu treten, bevor sie nicht die Zukunft des jüngsten ihrer Kinder geregelt wussten. So erlangte die traditionelle Regel „sich zuhause auf die Eltern und draußen auf die Freunde zu verlassen" damals eine noch nie dagewesene Bedeutung. Diese institutionalisierten Formen der Abhängigkeit garantierten, dass junge Menschen niemals selbständig werden konnten.

DIE MUTTERBRUST

Bei der Thematik des Erwachsenwerdens muss auch die Mutter-Sohn-Beziehung berücksichtigt werden. Im Ödipusmythos kommt es nicht nur zur Tötung des Vaters, sondern auch zur Ehe mit der Mutter. Er enthält so

---

4   Ein *Yuan Renminbi* (1元人民币) – die chinesische Währungseinheit – entsprach 2023 ca. 0,13 €.

neben der Tötung des Vaters, dem vollständigen Bruch mit der älteren Generation und der Übernahme ihres Platzes auch eine sexuelle Komponente. Im Mythos vom Großen Shun wird abgesehen von Shuns Pietät auch beschrieben, dass er in die Wildnis flüchtete und dem Himmel und seiner verstorbenen Mutter sein Leid klagte. In China kann es zwischen Vater und Sohn zu Konflikten kommen, die Beziehung zwischen Mutter und Kind indes ist von Eintracht und Harmonie gekennzeichnet. Die Harmonie zwischen den Kindern und dem „strengen Vater" beinhaltet unter Umständen auch den Faktor des geduldigen Ertragens, während die Gefühle zur „liebenden Mutter" meist spontan und aufrichtig sind. Es können Gefühle der Vertrautheit, der Abhängigkeit oder beides zugleich sein, doch nie beinhalten sie eine sexuelle Komponente. Damit will ich nicht behaupten, dass im Westen die Inzesttendenzen stärker ausgeprägt sind als im Osten. Wie beim Vatermord handelt es sich bei der Ehe mit der Mutter nur um eine Metapher. Meine These lautet lediglich, dass Menschen, die sexuell reif sind, nur selten die enge Beziehung zur Mutter aus ihrer Kindheit bewahren können.

Die chinesische Vertrautheit zwischen Mutter und Sohn hat offensichtlich die sexuelle Unreife des Individuums zur Vorbedingung und beinhaltet die Komponente der Abhängigkeit. Frauen in der Volksrepublik erzählten mir, dass chinesische Männer sie nicht sehr beeindruckten, da sie sich am liebsten hinter dem Rücken der Mutter versteckten und oft nicht einmal zum ersten Rendezvous mit einem Mädchen gingen, das ihnen vermittelt wurde. Stattdessen schickten sie die Mutter mit einem Foto in den Park, um das Mädchen zu treffen und seine familiären Verhältnisse auszukundschaften. Bei Konflikten mit ihrem Vater schöben sie die Mutter vor und versteckten sich hinter deren Rücken. Die chinesische Mutter bildet anscheinend immer den Schutzschild zwischen Sohn und Vater, und das hat zur Folge, dass der Sohn im Prozess des Erwachsenwerdens es gar nicht nötig hat, mit dem strengen Vater zu brechen. Mao Zedong erzählte einmal Edgar Snow[5], dass er, als er in seiner Jugend gegen den Vater rebellierte, sich mit seiner Mutter zu einer „Einheitsfront" zusammengeschlossen habe.

---

5 Der Amerikaner Edgar Snow (1905–1972) bereiste als Journalist in den dreißiger und vierziger Jahren mehrfach die Schauplätze der chinesischen Revolution; sein Bericht darüber (veröffentlicht unter dem Titel: *Roter Stern über China*) brachte ihm weltweite Berühmtheit ein. 1972 beauftragte ihn sein alter Gesprächspartner Mao Zedong, dem amerikanischen Präsidenten Nixon Chinas Bereitschaft zu Kontakten zu signalisieren.

Auch wenn jüngere Chinesen gegen die ältere Generation rebellieren, können nur sehr wenige dabei von ihrem eigenen individuellen Standpunkt ausgehend handeln. Sie müssen sich immer auf ein höheres Prinzip, zum Beispiel das „Wohl der Nation" als Bezugspunkt stützen; mit anderen Worten: Sie brauchen auch weiterhin die Identifikation mit dem „Mutter-Land".

Chinesen tendieren dazu, im „Vaterland" die Mutter zu sehen. Dieser „Matriotismus" vermittelt eine Stimmung von Milde und Sanftheit wie ein sentimentales Heimatlied oder das Bild von einem sich nach der Mutter sehnenden Mädchen. Diese Stimmung eignet sich ebenfalls zur Beschreibung der „Mutterlandsliebe" männlicher Chinesen – und reflektiert ihre Tendenz zur Feminisierung. Feminisierung und Infantilisierung sind in der Tat die zwei Seiten ein und desselben Komplexes. In der Kindheit sind die Knaben ebenso zart wie die Mädchen, und deshalb kann ein Mann, der in dieser Phase stecken blieb, durchaus feminine Eigenschaften haben.

Auch Russen ist die Mutter-Metapher in Bezug auf das „Vaterland" nicht fremd, doch sind die Inhalte der beiden nicht identisch. In „Doktor Schiwago" verkörpert Lara einerseits die „Mutter Russland", zugleich aber wird sie Schiwagos Geliebte, das heißt ein Sexualobjekt. Chinesen dagegen verlangen von ihrer „Mutter" nur Zuwendung und Schutz.

In der chinesischen Gesellschaft besitzen die Frauen häufig mehr geschlechtsspezifische Eigenschaften als die Männer. Von klein auf wird die Frau auf die Rolle der fürsorgenden Partnerin konditioniert, und auch ihre Gefühlsstruktur wird vermütterlicht. Zwar besitzen sie nicht die ganzheitliche sexuelle Anziehungskraft westlicher Frauen, dafür aber strahlen sie mehr emotionale Wärme aus, und gerade diese Wärme spricht die Sinne des anderen Geschlechts oft besonders an.

Diese latenten Eigenschaften treten aber nur bei Frauen in der Volksrepublik und in Taiwan auf. In Hongkong ist das Niveau der „Mitmenschlichkeit" inzwischen so weit gesunken, dass dadurch auch die mütterliche Gefühlsstruktur beeinträchtigt wurde. Mädchen und junge Frauen aus Hongkong bewahren daher in noch stärkerem Maß eine ewige Mädchenhaftigkeit, das heißt, sie verharren in einem Zustand ewiger Unreife und „Unschuld". Weder Sexualität noch Mütterlichkeit können sich entwickeln, und so entsteht ein in seiner „Beklemmtheit" weltweit einzigartiger Frauentyp.

Ein in Hongkong gezeigter Film erzählt die Geschichte einer Fünfzehn-jährigen, die ihr Elternhaus verlässt, sich allein durchschlägt, ein Liebes-verhältnis beginnt und in der letzten Szene in den Schoß der Mutter zu-rückkehrt. Der Film ist fast durchgehend drittklassig und die Geschichte unwahrscheinlich, nur die Schlussszene wirkt realistisch. Eine Liebeszene dieses Films, die nicht der „üblichen Praxis" entsprach, war in der Öffent-lichkeit sehr umstritten, das Happyend aber stieß auf allgemeine Zustim-mung. Manche Linke glaubten, darin Widerstand gegen die verrottete westliche Kultur und sogar ein „antikolonialistisches" Verhalten erkennen zu können.

INFANTILISIERUNG

Ein französischer Pädagoge hat einmal behauptet, die Chinesen behandelten Kinder als Erwachsene und Erwachsene als Kinder. Tatsächlich mussten die Kinder im alten China schon sehr früh die klassischen Schriften lesen und auswendig lernen, die sie eigentlich erst als Erwachsene begreifen konnten. Als Erwachsener galt der Mensch dann aber als „amoralisches Subjekt", das in jeder Hinsicht wie ein unmündiges Kind bevormundet werden musste. Bis in die Zeit der Volksrepublik hat sich an diesen widernatürlichen Prakti-ken nicht viel geändert. Den noch zarten Kinderseelen wird eingetrichtert, dass „Klassenhass sich tief in ihre Herzen einwurzeln" solle, oder dass sie ir-gendeinen Parteiführer zu unterstützen hätten. Beim Erwachsenen lässt sich dann deutlich erkennen, dass er nicht zu unabhängigen Entscheidungen fähig ist. Folglich muss er „beschützt" und „bewacht" werden. Jeder wird grundsätzlich als sexuell unreifes Kind behandelt, so dass er sogar beim Tête-à-Tête gehemmt ist. Jedem wird beigebracht, Menschen und Dinge nicht individuell, sondern nach festgelegten Kategorien zu bewerten. Daher er-scheinen die Personen in Erzählungen oder Filmen ausnahmslos deutlich kontrastiert; man erkennt sofort, wer die „Guten" und wer die „Bösen" sind, und die Frage, die Kinder sonst am Anfang eines Filmes ihren Eltern stellen müssen, wird überflüssig. Zwingt man Kinder, Dinge aufzunehmen, die ihrer geistigen Entwicklungsphase nicht entsprechen, behandelt man sie zwar als Erwachsene, doch das bedeutet nicht, dass ihnen die Idee der per-sönlichen Gleichberechtigung vermittelt wird. Vielmehr wird damit nur der Weg für die zukünftige Infantilisierung des Erwachsenen bereitet. Durch äußeren Druck wird es zu einer fremdbestimmten Person erzogen. Anders formuliert, man verhindert die Bildung eines sich selbst reflektierenden Ichs.

Wenn in den traditionellen Privatschulen die Kinder Texte auswendig lernen mussten, wurde ihnen das natürlich langweilig. Das einzige Mittel, das die Lehrer dagegen hatten, war Strenge. Der Lehrer hatte eine strenge Miene aufzusetzen, um die Schüler einzuschüchtern, und er züchtigte die Ungehorsamen oder jene, die den Text nicht gelernt hatten, mit dem Rohrstock.

Die traditionelle elterliche Erziehung forderte als Ideal den strengen Vater und die liebende Mutter. Die Rolle der Mutter bestand darin, gütigliebend zu sein und den Kindern freie Hand zu lassen; ihr unterstanden sie bis zum fünften oder sechsten Lebensjahr. Dann kamen sie unter den Rohrstock des Vaters. Die liebende Mutter sollte die Kinder versorgen und aufziehen (养, *yang*), doch meist umfasste dies nur die leiblichen Bedürfnisse (Ernährung, Kleidung, Schlaf etc.). Da in der chinesischen Erziehung nicht das Individuum, sondern der Mensch, der sich anderen anpasst, angestrebt wird, werden die Kinder auch emotional nicht auf eine Selbständigkeit vorbereitet, sondern in permanenter Abhängigkeit gehalten. So wird die Phase, in der die Befriedigung oraler Wünsche im Vordergrund steht, immer weiter ausgedehnt, das heißt, der Heranwachsende stagniert auf dieser Stufe. In den Augen einer Mutter bleibt selbst ein Dreißig- oder Vierzigjähriger ihr „Schätzchen", das gefüttert werden muss. Mit Lu Xuns Worten: „Alle Kinder sind nur Material für das Glück der Eltern, sie sind nicht dazu gedacht, zur Person zu reifen." (**Heißer Wind**)

Vom strengen Vater wird erwartet, dass er belehrt (教, *jiao*). Wenn das Kind zur Fremdbestimmung erzogen werden soll, darf es nicht fähig werden, selbständig die gesellschaftlichen Normen zu reflektieren. Es muss vielmehr wie ein Tier im Zirkus mit äußerem Zwang dressiert werden. Diese Rolle hatte der Vater zu spielen. Entsprechend heißt es im **Drei-Zeichen-Klassiker**: „Aufziehen und nicht Erziehen, ist die Sünde des Vaters; erziehen und nicht streng sein, ist die Nachlässigkeit des Lehrers."

Dressiert der Vater seine Kinder wie Tiere, kann er sie auch als Erwachsene noch wie Haustiere beschimpfen und schlagen. Doch ähnlich wie bei der Tierdressur, bei der es dem Dompteur nie gelingt, dem Löwen oder Tiger den allerletzten Rest an Wildheit auszutreiben, kann auch die chinesische Erziehung und Sozialisation den letzten Rest des „egoistischen Herzens" nicht beseitigen.

VERGREISUNG DER JUGEND

Die gegenseitige Fürsorge der Generationen gilt nur dem unentfalteten Leib. Diese Form der Somatisierung impliziert Infantilisierung. Die Erziehung der jungen Generation durch die ältere hat zum Inhalt, wie man in der Zweiermatrix der menschlichen Beziehungen „als Mensch agiert". Die Tendenz zur „Mitmenschlichkeit" bewirkt, dass man sehr früh an eine Heimstatt für den Körper und die berufliche Sicherheit denkt, sowie dass man schlau und durchtrieben wird; sie impliziert „Vergreisung". Wenn Chinesen einander anreden, dann entweder als „kleiner Li", „kleiner Zhang", „kleiner Sun" oder aber als „alter Li", „alter Zhang", „alter Sun".

Etwas Festes und Solides bezeichnen Chinesen als „alt-zuverlässig" (老靠, laokao). Ein anständiger, verläßlicher Mensch wird als „alt-solide" (老实, laoshi) betrachtet. Wer in der Verwaltung und im Umgang mit Menschen beschlagen ist, ist „alt-geübt" (老练, laolian). Heißt es von einem jungen Menschen er sei „in jungen Jahren alt-umsichtig" (少年老成, shaonian laocheng), dann bedeutet das ein hohes Lob, und niemand denkt an so etwas wie vorzeitige Vergreisung. Infantilisierung und Vergreisung scheinen einander zu widersprechen, tatsächlich jedoch fördern und ergänzen sie einander. Ihr gemeinsames Ziel besteht darin, im Verlauf der Persönlichkeitsbildung nie die Phase der „Jugend" auftreten zu lassen. Die Jugend ist nicht nur die dynamischste Zeit im Leben eines Menschen, sondern auch die Zeit, in der eine Person am attraktivsten wirkt. Daher bildet sie die instabilste Zeit. Für eine Gesellschaft, in der Individualität, Instabilität und Attraktivität Anathema sind, stellt diese Phase natürlich die größte Gefahr dar, und deshalb muss sie versuchen, sie auszulöschen.

In den **Gesprächen des Konfuzius** wird die Jugend so beschrieben: „In der Jugend, wenn der Körper noch nicht gefestigt ist, hütet er (der Edle) sich vor sinnlichen Vergnügungen." Die Beschreibung ist zugleich eine Handlungsanweisung. In den späteren Lebensphasen braucht man sich diese Sorgen nicht mehr zu machen. So heißt es in den Gesprächen des Konfuzius: „Mit dreißig stand ich fest, mit vierzig hatte ich keine Zweifel, mit fünfzig kannte ich den Willen des Himmels, mit sechzig vernahm mein Ohr den Unterschied von wahr und falsch, mit siebzig konnte ich den Wünschen meines Herzens folgen, ohne das Maß zu überschreiten." In der Tat bestätigen physiologische Forschungen, dass der Mensch bis zum Alter von dreißig Jahren sexuell am aktivsten ist. Danach kann er sich eher unter Kontrolle halten. Mit siebzig, wenn er kein Sexualleben mehr hat, kann er leicht „den Wünschen des Herzens folgen, ohne das Maß zu überschreiten."

Neben den Methoden der Entsexualisierung und der Infantilisierung wird im chinesischen Sozialisierungsprozess noch der Weg des „alt und umsichtig Machens" angewandt. Damit soll der Jugendliche dazu gebracht werden, früh an Familie, Beruf und ein sesshaftes Leben zu denken. Wenn Chinesen oder Chinesinnen einen Partner suchen, versuchen sie vor allem herauszufinden, ob der andere sich immer strikt an die Regeln hält; schlägt er nicht über die Stränge, gilt er als „alt-solide" (anständig) oder als „alt-zuverlässig", das heißt, er ist kein verantwortungsloser Typ, und man kann bei ihm oder ihr „eine Heimstatt für den Leib" finden.

Die westliche Haltung zur Jugend ist diametral entgegengesetzt. Das Ödipusmotiv zeigt symbolisch, wie ein junges Ich sich entfaltet und etabliert. Auch das biblische Gleichnis von der Heimkehr des verlorenen Sohns veranschaulicht, dass man die jungen Leute ihre eigenen Lebenserfahrungen sammeln lassen sollte, auch wenn dabei ein paar Ausrutscher vorkommen, denn genau das ist das Vorrecht der Jugend.

In der Persönlichkeitsentwicklung der Chinesen fehlt das Motiv der „Heimkehr des verlorenen Sohnes". Wer vermeiden möchte, als negativer Typ kategorisiert zu werden, muss auf den gesellschaftlich sanktionierten Wegen bleiben. Auf Außenstehende wirken Chinesen daher oft als sehr „moralisch". Doch wenn sich jemand nicht selbst für bestimmte Überzeugungen oder Taten entschieden hat, kann er weder als „moralisch" noch als „unmoralisch" bezeichnet werden, sondern höchstens als „nicht moralisch", so wie auch ein bespieltes Tonband „nicht moralisch" ist.

Fremdbestimmte „Anständigkeit" stellt nicht in jedem Fall eine anziehende Eigenschaft dar. Trotz des sozialen Drucks ist manchmal die Sehnsucht nach Romantik stärker. An einer Universität in der Volksrepublik erlebte ich, wie eine Verwaltungsangestellte versuchte, ihren jüngeren Bruder an eine Professorentochter zu verkuppeln. Sie besuchte deren Eltern mit einem Foto ihres Bruders und pries ihn als einen besonders „anständigen" jungen Mann. Als das Mädchen von der Geschichte erfuhr, meinte sie, ohne lange zu überlegen, dass „Anständigkeit" meist nur ein Synonym für Tölpelhaftigkeit sei.

Die „moralischen" Chinesen sehen an der westlichen Jugend meist nur den Aspekt der „Zügellosigkeit". Vor der anderen Seite, nämlich dem Idealismus der westlichen Jugend, verschließen sie die Augen.

Ende der sechziger Jahre kam es in westlichen Gesellschaften zur sogenannten Flower-Power-Bewegung. Man opponierte gegen einen ungerech-
ten Krieg des eigenen Landes, gegen die Diskriminierung Farbiger, gegen
Umweltverschmutzung, gegen die Heuchelei des Establishments, gegen
die Groß-Konzerne, man kämpfte für Menschenrechte, befasste sich mit
östlichen Religionen und versuchte allerhand Erfahrungen zu machen, die
außerhalb eines etablierten, geordneten Lebens liegen. Diese Bewegung
verbreitete sich in der ganzen Gesellschaft. Sie erreichte alle Berufsgruppen
und sogar die über Vierzigjährigen. Der verlorene Sohn wollte nicht mehr
zurückkehren.

An einer Universität auf dem chinesischen Festland hatte ich ein Er-
lebnis, das diesen Trend illustriert. Vier Studenten aus verschiedenen westlichen Ländern verteilten auf dem Campus Flugblätter mit einem Aufruf
zum Weltfrieden. Drei von ihnen waren schon um die dreißig, trotzdem
dachten sie ganz naiv, dass in China so etwas möglich sei. Die chinesischen
Behörden reagierten, als stellte dies eine Gefahr für die Staatssicherheit
dar. Sämtliche ausländischen Studenten wurden verwarnt, und einem der
Hauptakteure, der seinen Aufenthalt in China um ein Jahr verlängern wollte, verweigerte man die Genehmigung. Nur wenige Chinesen, von echten
Revolutionären einmal abgesehen, würden für eine öffentliche Meinungs-
äußerung ihr Studium und ihre spätere gesellschaftliche Position aufs Spiel
setzen. Deshalb konnten die chinesischen Behörden das Motiv für diese
Aktion nicht verstehen. Da die vier aus verschiedenen Ländern kamen, hatten sie den Verdacht, es handle sich um eine internationale Verschwörung;
und so gelangte der Fall in die Akten der Sicherheitspolizei.

Die Hippie-Bewegung breitete sich seit Ende der sechziger Jahre in fast
allen Winkeln der Welt aus. Selbst in Japan kam es zu großen Jugend-„Rebellionen". Die japanischen „Rebellen" aber wurden nach dem Studium
zu Angestellten der großen Konzerne; sie ließen sich also viel stärker vom
Establishment assimilieren als jene in der westlichen Gesellschaft. Nur die
chinesische Gesellschaft blieb gegen dieses Virus immun.

Die Rebellion der „Roten Garden" in der Mitte der sechziger Jahre
hatte mit „Flower Power" nichts zu tun. Es war lediglich eine Kampagne, die Maos politischen Zielen dienen sollte. In Hongkong hat sich, vom
Entstehen drei oder vier neuer linker Gruppierungen abgesehen, ebenfalls
kaum etwas bewegt. Eine Protestbewegung gab es dort erst zu Beginn der

siebziger Jahre im Zusammenhang mit japanischen Territorialansprüchen auf die *Diaoyu* (钓鱼)-Inseln. Sogar diese kleine „Rebellion" kam nur zustande, weil sie sich von „patriotischen" Motiven nähren konnte. Diese Bewegung hatte nichts Jugendliches an sich, im Gegenteil, sie verstärkte bei vielen noch die Sehnsucht nach dem Mutterschoß und nach der Geborgenheit in der Gruppe.

Taiwan glich in den sechziger Jahren einer gut verschlossenen Flasche, in die nicht der leiseste Luftzug von außen dringen konnte. Erst in den siebziger Jahren traten junge Leute mit Idealen an die Öffentlichkeit, um die Autoritäten zum Kampf herauszufordern. Aber diese Bewegung kam zehn Jahre später als anderswo auf, und auch ihre Aktivisten waren zumeist schon über dreißig. Das Alter, in dem Chinesen Selbstvertrauen gewinnen, liegt offensichtlich viel höher als in anderen Kulturen.

Der direkte Zusammenhang zwischen der Verspätung der Protestbewegung und den Behinderungen der persönlichen Entwicklung durch die Infantilisierungstendenz ist offensichtlich. Gleichzeitig spielt die frühzeitige Tendenz zur Vergreisung eine Rolle; man plant früh für ein geordnetes und etabliertes Leben. Alle Träume, Ideale oder Phantasien sind mit diesem Realismus unvereinbar. In Hongkong werden auch bei jungen Leuten idealistische Regungen immer schwächer, und alles dreht sich um Einkommen und Karriere. In Taiwan tritt ein noch hässlicherer Aspekt hinzu: Ohne die Jugend erlebt zu haben, werden junge Menschen zu altklugen, gerissenen Intriganten, die mit den Wölfen heulen.

ZUSAMMENSPIEL VON INFANTILISIERUNG UND VERGREISUNG

Die Mischung von Infantilisierungs- und Vergreisungstendenzen im Wesen junger Chinesen wirkt sich in Proportion und Inhalt in der Volksrepublik, in Taiwan und in Hongkong jeweils verschieden aus. In der Volksrepublik und in Taiwan ist der Faktor „zwischenmenschlicher Beziehungen" relativ stark, daher überwiegt die Tendenz zur Vergreisung. Hongkong indes ist verhältnismäßig „somatisiert", deshalb überwiegt dort die Tendenz zur Infantilisierung.

Eine Studentin aus der Volksrepublik, die mit jungen Touristen aus Hongkong zu tun hatte, meinte mir gegenüber: „Ich nahm an, Hongkong-Chinesen

seien sehr fortschrittlich; wie kommt es, dass sie noch wie kleine Kinder aus-
schauen? Wir wirken viel älter als sie!" Verglichen mit Gleichaltrigen vom
Festland wirken Hongkongs Jugendliche tatsächlich weitaus kindlicher. Sicherlich, in mancherlei Hinsicht fallen sie mehr auf als ihre Altersgenossen
aus der Volksrepublik (beispielsweise durch modische Kleidung), in anderen
Bereichen dagegen wirken sie kindlicher, nicht unbedingt in Bezug auf ihr
Wissen, sondern im Hinblick auf ihre psychische Struktur.

Die traditionelle Kultur der Volksrepublik ist noch eher intakt als in
Hongkong. Einerseits herrscht dort eine alles durchdringende Atmosphäre
von Mitmenschlichkeit, andererseits spielt die Pflege der „interpersonellen
Beziehungen" womöglich eine noch größere Rolle als in Taiwan. Ein Student erklärte mir, dass man achtzig Prozent seiner Zeit für die Pflege von
sozialen Kontakten verwende. Nachdem die Menschen auf dem Festland
zudem unzählige Kampagnen erlebt haben, ist es nicht übertrieben, zu sagen, dass sie in heftigen Stürmen und hohen Wellen aufgewachsen sind.
Daher sind sie, trotz der Entmündigung durch Staat und Gesellschaft,
zwangsläufig relativ erfahren und umsichtig.

Die Vermischung von Infantilisierung und Vergreisung wirkten bei
jungen Frauen aus der Volksrepublik recht erfrischend. Anfang der 1980er
Jahre trugen manche noch bis zum Alter von siebenundzwanzig Jahren
Zöpfe und gaben sich naiv und ungekünstelt. Andererseits wirkten sie
absolut beschlagen (老练, *laolian*), natürlich und direkt und waren sich
ihrer Sexualität relativ bewusst. Bei jungen Hongkongerinnen dagegen
schlägt die unbefangene Naivität oft in geistige und gefühlsmäßige Kindlichkeit um, ihre „Beschlagenheit" dagegen in Pragmatismus, während
natürliche Direktheit sehr selten auftritt. Sofern sie sich ihrer Sexualität
überhaupt bewusst sind, ist ihre Fähigkeit, sie auszudrücken, irreparabel
gestört.

Nach 1949 hat sich in der Volksrepublik die Stellung der Frau relativ
gesehen verbessert. Kaum eine Frau blieb im Haushalt, und sie erhielt den
gleichen Lohn wie der Mann. Diese egalitäre Politik trug dazu bei, die
Position der Frau anzuheben. Außerdem war die Volksrepublik von kapitalistischen Einflüssen isoliert, so dass dort eine Atmosphäre von emotionaler Wärme und gegenseitiger Fürsorge intensiver erhalten blieb. Im
Vergleich zur Situation in der alten Gesellschaft können die Frauen nun
viel offener ihre Direktheit und Herzlichkeit zum Ausdruck bringen.

Viele Studenten aus Hongkong werden in den USA, auch wenn sie bereits Doktoranden sind, für fünfzehn- oder sechzehnjährige Gymnasiasten gehalten. Ein Grund dafür ist wohl ihre kleine Statur, der wichtigere Faktor indes ihre Geschlechtslosigkeit. Da ihnen das „Herz" als Sitz der Gefühle und Leidenschaften fehlt und so die pure Leiblichkeit dominiert, senden sie keine körperlichen Signale aus, die das andere Geschlecht anziehen könnten.

Der „Zauber der Jugend" besteht darin, dass in dieser Zeit zwischen Kindheit und Erwachsensein eine erotische Komponente hinzutritt. Sie braucht nicht stark zu sein, wie ein Tropfen Tusche im Wasser wird sie sich ausbreiten und den kindlichen Körper in einen jugendlichen verwandeln. Gerade von der Kindlichkeit kann in dieser Phase ein besonderer Reiz ausgehen. Fehlt jedoch die erotische Komponente ganz, wirkt die Person nur wie ein altkluges, ewiges Kind. Steht ein junger Chinese aus Hongkong neben einem gleichaltrigen Araber, dann wirkt der Araber wie ein richtiger, attraktiver Mann, der Chinese dagegen oftmals wie ein altes Kind.

AMAE: DAS BEDÜRFNIS NACH ABHÄNGIGKEIT
Nach Takeo Doi, einem japanischen Psychoanalytiker, stellt *amae* einen Schlüsselbegriff für die Analyse und das Verständnis der japanischen Kultur dar. Das japanische Wort *amae* lässt sich annähernd mit „Abhängigkeitsbedürfnis" übersetzen; es beschreibt das Verhalten eines Kindes, das die Liebe und Zuwendung seiner Eltern zu gewinnen versucht, wird von Doi aber auch auf die Beziehungen zwischen Erwachsenen angewendet. Anfang der fünfziger Jahre wurde er bei einer USA-Reise auf dieses Phänomen aufmerksam. Bei einer Einladung fragte die Gastgeberin nacheinander ihre Gäste, ob sie gern ein Eis als Dessert hätten. Als die Reihe an ihn kam, wollte er eigentlich sehr gern ein Eis nehmen, sagte aber dennoch nein. Darauf wandte sich die Gastgeberin, seinen Wunsch respektierend, von ihm ab.

Normalerweise wird dieses Verhalten einfach als asiatische Höflichkeit interpretiert. Als Psychoanalytiker sah Doi jedoch hinter der Höflichkeit die *amae*-Mentalität. Wenn zwei erwachsene Menschen kommunizieren, sollten sie offen miteinander reden, und man sollte sich auf die Entscheidungen des anderen verlassen können. Nehmen wir an, jemand möchte etwas haben, sein Wunsch ist legitim, und der andere beabsichtigt, es ihm zu geben. Wenn er nun das Angebot plötzlich ablehnt, sich zwei-, dreimal drängen lässt und erst dann einwilligt, so erinnert das an das passive Verhalten eines Kindes. Asiatische Höflichkeit als Erklärung für dieses Verhalten darf natürlich nicht ausgeschlossen werden, zumal sie die *amae*-Mentalität womöglich noch begünstigt. Doch auch andere psychische Elemente fernöstlicher Kulturen wie Zurückhaltung, Verschlossenheit, Passivität oder Verlegenheit können diese Mentalität verstärken. Doi bezieht sich auf Japaner, die Quelle dieses Verhaltens ist jedoch die in Ostasien dominierende chinesische Kultur. Daher lässt sich Dois *amae*-Analyse auch auf China anwenden.

Die *amae*-Mentalität ist unabhängig vom Lebensalter. Ältere Personen, vor allem Frauen, äußern in China ungern ihre Wünsche. Sie erwarten, dass die zu Gehorsam und Pietät erzogene jüngere Generation ihre Wünsche errät. Manchmal scheint es, als hätten sie überhaupt kein Verlangen mehr, und als müssten ihre Kinder, die wissen, wie sie sich zu benehmen haben, sie zu etwas zwingen. Diese von anderen für sie „erfundenen" Wünsche betreffen im Allgemeinen die leibliche Fürsorge, so wie Erwachsene einen Säugling, der sein Verlangen nicht klar äußert, umsorgen. Soziale Beziehungen können vertikal oder horizontal sein. In ostasiatischen Gesellschaften werden die vertikalen Beziehungen stärker betont. Der Ethnopsychologe Francis L. K. Hsu stellte schon vor einigen Jahrzehnten die These auf, in den USA bilde die Mann-Frau-Beziehung das Grundmuster zwischenmenschlicher Beziehungen, während es in China die Vater-Sohn-Beziehung sei. Andere revidierten seine These und behaupteten, die Mutter-Sohn-Beziehung sei die wichtigste. In den heutigen, relativ modernen chinesischen Gesellschaften sollte das Gewicht der horizontalen Beziehungen zunehmen. Berücksichtigt man jedoch die andauernde Wirkung des vertikalen Autoritarismus in der Politik, so ist zu vermuten, dass diese Veränderungen nur gradueller Natur sind. In einer Gesellschaft, die vertikale Beziehungsmuster betont, besteht auch bei horizontalen Mann-Frau-Beziehungen ein Trend zur Vertikalisierung. Die Mann-Frau-Beziehung kann sich entweder in Richtung einer Mutter-Sohn- oder einer Vater-Tochter-Beziehung transformieren, oder aber beide Seiten begeben sich abwechselnd in die Abhängigkeit von ihrem Partner bzw. ihrer Partnerin. Im Verhalten einer chinesischen Frau gegenüber ihrem Ehemann oder ihrem Freund kann man beobachten, dass sie ihm Dinge, die jedes dreijährige Kind begreift, nochmals erklärt; besonders wenn sie ihn das erste Mal ihren Verwandten und Bekannten vorstellt, lässt sie ihn ein Sprüchlein auswendig lernen, aus Furcht, er könnte etwas Falsches sagen.

Auch in den USA kommt es vor, dass horizontale Beziehungen vertikalisiert werden, doch gilt das als anormal und kann sogar zum Abbruch von Beziehungen führen. Wer solche seelischen Bedürfnisse hat, muss sich einen Ehepartner aus Asien suchen. So ist auch die Vermutung nicht abwegig, dass die Stabilität der Ehen in Ostasien mit dem großen Gewicht der gegenseitigen Abhängigkeit zu tun haben dürfte. Sind die Beziehungen zwischen Erwachsenen vertikal strukturiert, kann es leicht zum *amae*-Phänomen kommen. Da die Frauen bisher noch nicht völlig gleichberechtigt sind, werden sie zumeist den Männern gegenüber das Bedürfnis nach Zuwendung, Verhätschelung und Abhängigkeit signalisieren. Treffen Frauen aus Hongkong oder Taiwan mit Männern zusammen, die älter sind als sie selbst und noch dazu Lehrer, dann wagen sie kaum mehr, den Mund aufzumachen und bekommen piepsende Kleinmädchen-Stimmchen.

Chinesen fällt dieses Verhalten nicht besonders auf. In den USA dagegen würde ein Typ wie Marilyn Monroe, die beim Anblick eines Mannes schwach wurde und zart zu säuseln begann, von der Frauenbewegung heute verurteilt. Ein amerikanischer Bekannter erklärte mir einmal, seine Schwester sei ein Mensch mit klarem Verstand; nur wenn sie einen Mann träfe, scheine sie sich absichtlich dümmer zu machen, als sie sei. Er hielt das offenbar für nicht normal. Diese Haltung der Amerikaner spiegelt einerseits ihren Glauben an die persönliche Gleichberechtigung wider; andererseits ist sie vielleicht auch ein Ausdruck der Schärfe der Konkurrenz zwischen den Menschen. Früher wollte die Frau aus Sorge darüber, der Mann könnte eine geistige Überlegenheit ahnen, sich möglichst infantil geben; heute indes kann ihr so etwas egal sein. Wenn die zwischenmenschlichen Beziehungen weniger erbarmungslos wären, könnten unabhängige und aufgeklärte Menschen es als natürliches emotionales Bedürfnis ansehen, in einer Beziehung ab und zu *amae* zu praktizieren, und dies als Bereicherung einer Partnerschaft betrachten.

Das *amae*-Bedürfnis der Ostasiaten, ihr Verlangen nach Abhängigkeit und Geborgenheit, ihre Passivität, ihr geringer Unternehmungsgeist sowie ihr Ideal vom „Stehen über allem Politischen und Materiellen" sind eng miteinander verbunden. Nach Lu Xuns Meinung lieben es Chinesen nicht,

Initiative zu zeigen, weil sie die Harmonie mit der Umwelt wahren wollen, und sie erwarten, dass ihr Partner sich genauso verhält. Ist der andere dennoch aktiv bei der Verfolgung seiner Wünsche, so geben sie sich nachsichtig, innerlich aber sind sie zornig. Vom westlichen Standpunkt aus gesehen, gleicht das dem Narzissmus des Kleinkindes. Es ist noch nicht fähig, seine Umwelt nach seinen Wünschen zu ordnen, erwartet aber, dass sich die Umgebung von allein nach seinen Vorstellungen richtet. Wenn die Objektwelt seine Wünsche nicht so befriedigt wie die omnipotenten Eltern, wird es zornig.

Diese Mentalität führt oft zu kleinen Alltagskatastrophen. Ein Beispiel: Man wird dem Vermieter vorgestellt, bei dem man ein Zimmer mieten will. Zunächst wird der Vermieter sich wohl großzügig geben und nicht einmal die Höhe der Miete erwähnen; er wird auch nicht erklären, was der Mieter benutzen oder was er nicht anrühren darf. Das schlechte Gewissen darüber, dass er Dinge, die er von vornherein hätte klären sollen, ungesagt ließ, überträgt er auf den Mieter und hofft, dass jener allwissend seine Absichten errät. Macht der Mieter einmal einen Fehler, wird er wütend; und wenn das Problem, das eigentlich von Anfang an hätte erörtert werden müssen, nicht mehr umgangen werden kann, muss er sich die Maske vom Gesicht reißen. Freundschaften werden in China häufig mit kleinen Geschenken und Gefälligkeiten gepflegt. Zwar wird der Gebende nichts sagen, insgeheim erwartet er allerdings, dass der andere sich in irgendeiner Weise dafür revanchiert. Spielt der andere aber nicht mit, wird der Gebende zornig, und er wird sich rächen wollen wie ein Kind, das sich vernachlässigt fühlt.

Amerikaner fordern von sich und den anderen völlige emotionale Autonomie. Am unangenehmsten ist es ihnen, sich die Sorgen oder Tragödien anderer anhören zu müssen. Doch kann man emotional völlig autonom sein? Ich befürchte, das ist ein Traum. Ist niemand da, der sich freiwillig Sorgen und Nöte anhört, gibt es auch andere Möglichkeiten: Man kann zum Beispiel einen professionellen Therapeuten bezahlen.

In Wirklichkeit haben auch Erwachsene nach amerikanischem Muster keine freie Wahl. Sie müssen emotional selbständig sein, um im Wettbewerb zu den anderen Individuen die richtige Distanz zu wahren. Eine erste Vorbereitung für diesen Wettbewerb stellt der Bruch mit den Eltern dar. Die Loslösung von den Eltern verhindert eine Regression in die frühkindliche Phase und ist die Voraussetzung für eine psychisch intakte

Mann-Frau-Beziehung. Um mit Hsus Theorie zu sprechen: Die vertikale Vater-Sohn-Beziehung wird durch die horizontale Mann-Frau-Beziehung ersetzt. Doch falls Bruch – Trennung – Individualisierung das Grundmuster für die Entwicklung einer Persönlichkeit darstellt, ist zu befürchten, dass dieses Muster sich beharrlich bis ins Erwachsenenalter fortsetzt, und, selbst wenn es nicht alle Beziehungen durchdringen sollte, ein Leben bewirkt, in dem eine Trennung auf die andere folgt.

In einer Gesellschaft wie der amerikanischen, in der die heterosexuellen Beziehungen alle anderen dominieren, wird das Bedürfnis nach *amae* zwischen zwei Generationen notwendigerweise durch das Inzesttabu unterdrückt. In dem Film „Denn sie wissen nicht, was sie tun" kommt ein etwa sechzehnjähriges Mädchen vor, das körperlich reif wirkt, sich dem Vater gegenüber aber noch wie ein Kind benimmt. Als es ihm um den Hals fallen will, schiebt er sie von sich. Die Beziehungen eines amerikanischen Erwachsenen zu seiner Mutter sind so distanziert wie sonst nirgendwo auf der Welt, aus Furcht, seine Männlichkeit würde Schaden nehmen, wenn seine Beziehung zu seiner Mutter wie die eines Kindes ist. Zeigt eine Mutter ihrem erwachsenen Sohn Liebe und Zuwendung, dann erzeugt das unweigerlich eine Gänsehaut.

In China dagegen ist das *amae*-Verhalten der Mutter zu ihrem Sohn erlaubt. Eine Frau aus Taiwan erzählte mir, dass die Mutter ihres Freundes, als er sie zuhause vorstellte, ihn in ihr Schlafzimmer rief, um sich den Rücken massieren zu lassen. Damit wollte die Mutter demonstrieren, an wem ihm mehr liege. In der chinesischen Form des Erwachsenwerdens gibt es keine Loslösungen und Trennungen. Die äußerlichen sozialen Pflichten und Beziehungen überlagern und bremsen die Dynamik des inneren Entwicklungsprozesses. Deshalb bringt der Aufstieg in den Rang der älteren Generation im Clan noch lange keine persönliche Reife. Was von westlichen Augen als Inzesttrieb betrachtet wird, kann sich in der asexuellen chinesischen Kultur als „kindliche Pietät" getarnt äußern.

3

DAS CHINESISCHE INDIVIDUUM

DER TOTALITARISMUS DER GESELLSCHAFT ÜBER DAS INDIVIDUUM

DIE KRAFT DER TRADITION

Ich habe des Öfteren die Behauptung gehört, die Chinesen müssten das Volk mit der entwickeltsten Sexualität der Welt sein, weil die chinesische Bevölkerung ein Viertel der Menschheit ausmacht. Nach dieser Auffassung jedoch wäre Sexualität nicht eine jeweils unterschiedliche Komponente der Persönlichkeit, sondern eine allen Menschen gemeinsame Reproduktionsfunktion. Das Beispiel der aufgeklärten nordeuropäischen Staaten zeigt, dass hohes Bevölkerungswachstum und entwickelte Sexualität des Individuums nichts miteinander zu tun haben.

In den fünfziger Jahren galt in der Volksrepublik und in Taiwan das Motto „viele Hände führen eine Arbeit schnell zu Ende" – in Taiwan deshalb, weil man Kanonenfutter für einen Angriff auf die Volksrepublik brauchte. Erst später bemerkte man, dass diese Leitlinie das Wirtschaftswachstum behinderte. Aber die Tatsache, dass diese absurde These zu beiden Seiten der Straße von Formosa zu hören war, lässt vermuten, dass sie einen gemeinsamen kulturellen Hintergrund hat. Der taiwanesische Kulturkritiker Bo Yang nannte China das „Land der rasenden Fortpflanzung". Als Chiang Kaishek einmal meinte, er müsse sich auch zu philosophischen Fragen äußern, bezeichnete er es als Sinn des Lebens, „für den Fortbestand des Lebens im Universum zu sorgen." Dieser weise Spruch passt genauso auf Schweine, Pferde, Rinder und Schafe.

Bei den arrangierten Heiraten im traditionellen China berücksichtigte man gewöhnlich nicht die Sympathien der beiden Heiratspartner. Sie mussten sich dem Beschluss der Eltern fügen. Beim Geschäft der Menschenproduktion spielten Liebe und Erotik keine Rolle, „so als ob zwei Stück Vieh dem Befehl ihres Herren folgten und sich gehorsam paarten". (Lu Xun, **Suiganlu**)

So etwas ist nur möglich, wenn die gesamte Existenz der Leiblichkeit untergeordnet ist. Wir hatten festgestellt, dass die chinesische Kultur keine Transzendenz kennt und dass Unsterblichkeit allein als Fortführung der Ahnenreihe durch die Nachkommen gedacht wird. Daher die große Bedeutung der Familie, die die Ahnenverehrung sichert und von dem Glauben bestimmt ist, dass es die „schlimmste der drei Formen von Pietätlosigkeit" sei, „keine Nachkommen zu haben". Das chinesische „Himmelsprinzip" (天理, *tianli*) ist eine Konzeptualisierung der irdischen Zweier-Beziehungen und deren grundlegendste ist die Beziehung von *yin* und *yang*, das Prinzip der Vereinigung von Mann und Frau zum Zweck der Fortpflanzung. So heißt es im **Buch der Wandlungen**: „Die Vereinigung des weiblichen Prinzips *yin* und des männlichen Prinzips *yang* nennt man den Weg, ... das fortwährende gegenseitige Erzeugen von *yin* und *yang* nennt man die Wandlung." Aber dieser religiös motivierte Fortpflanzungsauftrag steht nicht notwendigerweise in Zusammenhang mit einer individuellen Sexualität. Um diese Funktion erfüllen zu können, braucht die Psyche einer Person nicht reif und sie muss auch nicht völlig erwachsen sein. Wirklich erwachsene Menschen würden nicht zulassen, dass über die Partner im Geschäft der Fortpflanzung von anderen entschieden wird. Bei der Wahl der Schwiegertochter pflegte man eine „Glück verheißende Frau", deren Konstitution viele Geburten verhieß, einer attraktiven Frau vorzuziehen, aus Furcht, der Mann könnte ein übermäßiges, die Anforderungen der Fortpflanzung übersteigendes Interesse an ihr entwickeln und damit seinen frühen Tod herbeiführen. (Eine schöne Frau wird gern als „Quelle des Unheils" bezeichnet, die dem männlichen Körper Schaden zufügen kann.)

Wenn der Einzelne vor allem die Aufgabe hat, für die Fortpflanzung und die Weiterführung der Familienlinie zu sorgen, darf er nicht „eigensinnig seinen Weg gehen", sondern muss möglichst früh „eine Heimstatt für den Leib finden und eine Existenz gründen". Daher wurden Heiraten in der alten Gesellschaft von den Eltern beschlossen und mit Hilfe eines Ehevermittlers arrangiert. Dabei richteten sie sich gewöhnlich nicht nach den Wünschen ihrer Kinder, sondern verletzten sie manchmal absichtlich. Unzählig sind die Tragödien, die aus solchen aufgezwungenen Heiraten entstanden. Trotz aller Kritik an dieser Praxis kommt es auch in der heutigen Volksrepublik noch vor, dass Eltern eine selbstbestimmte Heirat der Kinder behindern. Dass solche Praktiken unter dem einfachen Volk, vor allem bei der Landbevölkerung, weiterhin existieren, ist verständlich. Unbegreiflich aber ist, dass sie auch in Organisationen vorkommen, die sich selbst als antifeudal bezeichnen. Sowohl in der Partei als auch in Betrieben und der Volksbefreiungsarmee gab und gibt es zahlreiche Fälle, in denen die Organisation ein Liebespaar zwang, sich zu trennen, während andere gezwungen wurden, einen den eigenen Vorstellungen nicht entsprechenden Partner zu heiraten. Aber auch bei „freien Heiraten" wirken noch viele traditionelle Komponenten. Oft ist der einzelne gar nicht fähig, sich selbständig einen Partner auszusuchen, und überlässt diese Aufgabe Eltern, Verwandten, Freunden oder Organisationen. Mit dem ersten Schritt betraut man gern die Mutter, die sich mit einem Foto mit dem möglichen Partner zur „Brautschau" im Park verabredet. Sie soll sich dabei nicht nur den Menschen selbst ansehen, sondern auch etwas über sein Elternhaus in Erfahrung bringen, vor allem, ob seine Herkunft dem eigenen sozialen und wirtschaftlichen Status angemessen ist. Oft gehen auch Freunde zu einer ersten Verabredung, die von beiden Seiten arrangiert wurde.

Solche Ehevermittlungen haben selten auf Anhieb Erfolg, und die Partner werden häufig zurückgewiesen. Man wartet auch nicht unbedingt auf den idealen Partner, sondern kommt nicht umhin zu heiraten, wenn ein gewisses Alter erreicht ist. In vielen Fällen bereuen Verlobte kurz vor der Hochzeit ihre Entscheidung und heiraten nur, weil es nicht anders geht, unter größter Überwindung.

Es wird manchmal auch behauptet, die Basis vieler Ehen sei nicht Liebe, sondern ein im Lauf der Zeit gewachsenes Gefühl gegenseitiger Verpflichtung. In Ehen, die nur auf praktischen Erwägungen und nicht auf Sympathie beruhen, spielt der Faktor Erotik zumeist keine Rolle. Wie mir ein Shanghaier Gynäkologe mitteilte, haben weniger als ein Prozent seiner Patientinnen jemals einen Orgasmus erlebt. Diese von der traditionellen Kultur herrührende Beeinträchtigung der Sexualität konnte das Ehegesetz der Volksrepublik nicht aus der Welt schaffen. Dennoch nehmen viele lieber in Kauf, mehrmals zurückgewiesen zu werden und zuletzt übereilt und wahllos zu heiraten, als selbst einen Partner zu suchen, der den eigenen Vorstellungen entspricht, wohl vor allem deshalb, weil es als „unsittlich" angesehen wird, in der Öffentlichkeit von sich aus und selbstbewusst auf einen Vertreter des anderen Geschlechts zuzugehen. Solche Art des Kennenlernens sieht aber für Chinesen so aus, als ob man es nur auf Sex abgesehen hätte. Bei den arrangierten Verabredungen zur „Brautschau" dagegen gibt es keine derartigen Zweideutigkeiten. Es sind klare moralische Absichten, die noch dazu von Dritten garantiert werden.

In Hongkong sind die meisten Bekanntschaften zwar nicht mehr arrangiert, doch die erste Kontaktaufnahme geschieht noch im Schutz der Freunde oder Freundinnen. Erst später wagt man, sich aus diesem Mutterschoß zu lösen. Chinesen misstrauen Einzelgängern, was im Grunde heißt, dass sie nicht auf sich selbst vertrauen, sondern sich an der Masse orientieren, als ob nur eine von Dritten sanktionierte Beziehung zwischen Mann und Frau gut sei und jegliches Anzeichen eigenständiger und individueller Wünsche verwerflich.

Im traditionellen China durften „die Hände von Mann und Frau beim Überreichen eines Gegenstandes einander nicht berühren" (**Menzius**), und sogar die Frage, ob man die Hand ausstrecken dürfe, um die Schwägerin vor dem Ertrinken zu retten, wurde zu einem philosophisch-moralischen Diskussionsgegenstand. (ebd.) Das Sprichwort: „Von allen Übeln ist Unzucht das Schlimmste", vermag den unrechtmäßigen Status der Sexualität in der chinesischen Kultur ausreichend zu illustrieren. In der Volksrepublik gilt es auch heute noch als Vergehen, „eine sexuelle Beziehung zu haben". In den letzten Jahren wurden von mehreren Zeitungen Beispiele dafür publiziert. So kam es vor, dass jemand in einem Betrieb einem Kollegen seine Fähigkeiten missgönnte und um seinen Ruf zu ruinieren das Gerücht verbreitete, er habe „sexuelle Beziehungen". Solche Verleumdungen sind für Frauen besonders fatal. In anderen Fällen erwähnen Funktionäre, die ihre Gegner denunzieren wollen, als erschwerenden Punkt bestimmte „sexuelle Beziehungen". Dabei ist bemerkenswert, dass das Vergehen nicht etwa „illegitime sexuelle Beziehungen" genannt wird, als wollte man auch „Essen" als Straftat werten.

Es gibt unter Chinesen zwar auch Liebesbeziehungen vor und außerhalb der Ehe, aber sehr selten in Form gegenseitiger Wertschätzung zweier charakterstarker Personen, sondern zumeist nur als Folge davon, dass die entsprechenden Personen nicht nein sagen können. Ein Beispiel dafür ist Fang Hongjian, die Hauptperson des Romanes **Die umzingelte Festung** von Qian Zhongshu[1], der sich zwar als Freigeist gibt, aber dabei doch zu Passivität, Feigheit, Minderwertigkeitsgefühlen und Selbstmitleid tendiert.

---

1 Qian Zhongshus (钱锺书, 1910–1998) „Gesellschaftsroman" *Weicheng* (围城), der in den dreißiger und vierziger Jahren in Shanghai spielt, erschien auf Deutsch unter dem Titel: *Die umzingelte Festung.*

Diejenigen aber, die ihre Sexualität ausleben wollen, treiben oft auf die übelste Weise ihr Spiel mit dem anderen Geschlecht, betrügen und misshandeln es.

DIE UNTERENTWICKLUNG DES PRIVATEN

Es besteht ein direkter Zusammenhang zwischen der Desexualisierung und der Unterentwicklung des Privaten, dem Privatleben und dem Bewusstsein einer Privatheit. Im Chinesischen haben alle Worte, in denen das Zeichen *si* (私, privat) vorkommt, die Konnotation „nicht gut". „Egoistisch" heißt *zisi* (自私, „Vetternwirtschaft") *xunsi* (徇私), „unerlaubte sexuelle Beziehungen" *ernü siqing* (儿女私情)etc. Das Zeichen *si* wird ebenso für das „Privatleben" wie für das Wort „egoistisch" verwendet. Individualität wird als zutiefst unmoralisch angesehen. So betonen Chinesen gern, dass sie „ohne jeden Eigennutz nur das Allgemeinwohl im Sinn haben" (大公无私, *dagong wusi*). Während der Kulturrevolution gab es die Parole „den Egoismus bekämpfen und den Revisionismus kritisieren" (斗私批修, *dousi pixiu*), wobei das Zeichen *si* für „Egoismus" stand.

Eine „Privatsphäre" gab es in China lange Zeit nicht. Oft wurden ausländische Touristen von Hotelangestellten gestört, die ohne anzuklopfen ins Zimmer platzten. Im Studentenwohnheim hatte ich ähnliche Erlebnisse. Ein indischer Student, der in einem Wohnheim für chinesische Studenten wohnte, erzählte mir, dass sein chinesischer Zimmergenosse seine persönlichen Briefe, die er auf dem Tisch hatte liegen lassen, las und hinterher auch noch mit ihm darüber diskutierte. In der Volksrepublik ist es gang und gäbe, dass Eltern sich herausnehmen, die Briefe ihrer erwachsenen Kinder zu öffnen.

Als ich einmal mit einer Gruppe ausländischer Studenten ins Landesinnere reiste, wurden wir in Chengdu in einem neuen Wohnheim für ausländische Studenten untergebracht. Beim Bau hatte man keine Ausgaben gescheut: Um das Gebäude lief eine Mauer mit Reliefs; im Speisesaal hingen riesige Kristallleuchter, alle Zimmer hatten Glastüren. Die Bewohner des Heims aber hatten alle Glasscheiben zugeklebt, und ein arabischer Student meinte, die Glastüren seien mit Absicht eingebaut worden, um im Privatleben der Studenten herumschnüffeln zu können. In Wirklichkeit hatten die chinesischen Gastgeber sich jedoch nur großzügig zeigen und die Zimmer etwas heller gestalten wollen. Dass es so etwas wie eine Privatsphäre gibt, hatten sie nicht in Betracht gezogen. Privater Raum ist für Chinesen nebensächlich. Nicht einmal im freizügigeren Ausland bemühen sie sich darum. Im Gegenteil, als „brave" und „gehorsame" Menschen vermeiden sie Privatheit nach Kräften. Bevor man eine Familie gründet, wohnt man im Haushalt der Eltern oder mit Freunden, selbst in den USA, wo man sich von den Beschränkungen der eigenen Gesellschaft befreien könnte.

Auch der Begriff der „privat verwendeten Zeit" ist unbekannt. Eine norwegische Studentin hatte sich mit einer chinesischen Frau in mittleren Jahren angefreundet, und mit der Zeit ging es ihr auf die Nerven, dass ihre neue Freundin sich ständig um sie kümmerte. Sie beklagte sich darüber bei mir: „Die Chinesen scheinen zu glauben, dass man immer, wenn man sich nicht gerade im Unterricht oder im Krankenhaus befindet, Zeit für sie hat. Ihnen scheint nicht klar zu sein, dass man auch Zeit für sich allein braucht."

Wenn jemand keinen Privatraum und keine Zeit für sich selbst hat, gibt es keinen Bereich privater Aktivitäten. So ist es in Hongkong, wo mehr privater Raum und Zeit zur Verfügung stehen, kaum üblich, etwas allein zu unternehmen. Auch bei der Partnersuche trifft man sich nicht privat, solange noch nicht klargestellt ist, dass das Verhältnis in den Bahnen der traditionellen zwischenmenschlichen Beziehungen verläuft, sondern bevorzugt Gruppen-Aktivitäten, zum Beispiel Ausflüge mit Kommilitonen oder Kollegen.

Chinesen behaupten gern, ihr Familiensinn sei besonders stark ausgeprägt und die Generationen stünden einander näher als im Westen. Diese Nähe drückt sich jedoch zumeist nur in der Fürsorge für den „Leib" des anderen aus und kann einhergehen mit einer völligen Unkenntnis seiner inneren persönlichen Verfassung. Die jüngere Generation weiß selten über die Privatangelegenheiten der Älteren Bescheid, nicht allein deshalb, weil darüber nicht gesprochen würde, sondern auch, weil Privatheit nicht entwickelt ist, so dass es nichts gibt, worüber man sprechen könnte.

Andererseits erstickt die ältere Generation die private Existenz der jüngeren, und so überträgt sich die Unterentwicklung eines Bewusstseins für das Private jeweils von einer Generation auf die nächste. Das ist natürlich auch von Vorteil für das Programm der Desexualisierung. Unternehmungslust und die Wahrscheinlichkeit, jemanden durch Zufall kennenzulernen, werden auf ein Mindestmaß reduziert, und die Individualität wird in die traditionellen und gesellschaftlich sanktionierten Kanäle eingepasst. Aber sogar innerhalb der traditionellen Beziehungsmuster kann man nur sehr schwer seine private Gefühlslage zum Ausdruck bringen. So kann man ein Leben lang verheiratet sein, ohne den Partner bei seinem Namen zu nennen, sondern man muss ihn wie die eigenen Kinder mit „Vater" oder „Mutter" anreden, oder sich gar der Namen der Kinder bedienen und den Partner „Vater von Jiujin" oder „Mutter von Runtu" nennen. Kosenamen wie „Liebling" oder „Schatz" kommen einem natürlich noch weniger über die Lippen. Neuerdings werden solche Hemmungen dadurch überwunden, dass man in sehr intimen Beziehungen den Partner mit englischen Namen wie „Peter" oder „Mary" anspricht. Auch Sätze wie „Ich liebe dich!" oder „Ich sehne mich nach dir!" bringt man oft nur auf Englisch über die Lippen.

DIE INNENWELT DER CHINESEN

Wenn man sich unterhält, kommt es oft vor, dass der Gesprächspartner etwas ganz anders interpretiert, als man gemeint hat, nicht etwa, weil man sich unklar ausgedrückt hätte, sondern weil die Kanäle, in denen die Rezeption verläuft, durch die jeweilige Mentalität unterschiedlich strukturiert sind. Daher kann der Gesprächspartner nur die Informationen verarbeiten, die in seiner eigenen „Sprache" gesendet wurden.

Während einer Zugfahrt von Guangzhou nach Shanghai kam ich einmal mit den Mitreisenden im Abteil, die alle aus der Volksrepublik kamen, ins Gespräch. Der Buchhalter einer staatlichen pharmazeutischen Fabrik beklagte sich, dass in der Volksrepublik in allen Betrieben die Alten an der Macht seien und Leute in mittleren Jahren es zu nichts bringen könnten. Daraufhin bemerkte ich, in den USA sei die Situation genau umgekehrt. Alte Leute würden diskriminiert und im öffentlichen Leben und im Beruf von den Jungen verdrängt. Daher hätten die Frauen ab Anfang dreißig, die Männer von Mitte dreißig bis vierzig Jahren ihre „midlife crisis". Ich fügte hinzu, das müsse Chinesen grotesk erscheinen, weil sie ja selbst „mit dreißig gerade erst aufrecht stehen" würden. (**Gespräche**)

Mein Gesprächspartner drückte seine Bewunderung für dieses amerikanische „System" aus. Sich an seine Landsleute wendend, kommentierte er meine Worte folgendermaßen: „Seht ihr, in anderen Ländern ist es den Leuten selbst peinlich, wenn sie mit vierzig Jahren immer noch ihre Stellung im Betrieb besetzt halten!"

Ein anderes Mal versuchte ich, einer jungen Chinesin den Begriff „Narzissmus" zu erklären. Sie war als kleines Mädchen aus Hongkong in die USA gekommen, hatte dort einen Amerikaner geheiratet, war von ihm geschieden und unterrichtete zu der Zeit an einem College. Ich sagte, ein narzisstischer Charakter habe in der Konfrontation mit der Außenwelt stets sein eigenes Spiegelbild vor Augen, er fühle sich ewig unbefriedigt, könne seine Probleme aber nicht rational selbst lösen, sondern projiziere sie auf äußere Objekte und halte die Außenwelt für die Ursache der eigenen Unzufriedenheit; wenn er sich zum Beispiel für eine Person des anderen Geschlechts interessiere, erwarte er, dass sie alle seine Probleme lösen könne. Erkenne er später, dass er sich getäuscht habe, verliere er sehr schnell das Interesse und wende sich anderen zu. Die Frau reagierte auf meine Ausführungen mit dem Satz: „Sie haben ja so recht, die Beziehungen zwischen Männern und Frauen in den USA sind wirklich zu oberflächlich."

Einmal sprach ich mit einigen in den USA lebenden Taiwanesen über das Motiv „Mutter und Hure" in französischen und italienischen Filmen. Sie waren sämtlich Akademiker, z.T. sogar Geisteswissenschaftler und hätten eigentlich verstehen sollen, dass damit die beiden grundlegenden Wesenszüge des Weiblichen in der männlichen Phantasie gemeint sind, die sich nur im Idealfall in einer Person vereint finden; wenn der Mann sie nicht in einer Person finde, würde er das ersehnte Objekt in verschiedene Personen auflösen. Manchmal sei eine dieser Naturen im Charakter einer Frau angelegt, manchmal sei es nur eine Maske („persona"), die je nach Bedarf aufgesetzt würde. Meine taiwanesischen Zuhörer erwiderten daraufhin: „In unserer Literatur gibt es ja auch viele Geschichten von Ehefrauen und Konkubinen." Sie missinterpretierten also das psychologische und literarische Motiv von „Mutter und Hure" als zwei unterschiedliche soziale Stellungen. Solche Reaktionen verdeutlichen, dass die Darstellungsebenen zur Beschreibung des „Menschen" im Westen und in China völlig unterschiedlich sind. Im Westen bedient man sich einer eher psychologisierenden Terminologie; in China können selbst Intellektuelle die Einengung durch eine moralisierende, interpersonalisierende und damit auch politisierende Sprache nicht überwinden. Was im Westen als Bestandteil der individuellen Psyche gelten würde, wird in China interpersonalisierenden oder moralisierenden Kategorien überantwortet.

In der chinesischen Kultur überwiegt offensichtlich in der Psyche des Individuums der Einfluss der sozialen Beziehungen und des sozialen Drucks die Bewusstheit der eigenen psychischen Verfassung bei weitem. Seelische Krisen, die das Individuum selbst bewältigen müsste, werden in Scham transformiert (etwas ist einem peinlich), ein pathologisches Verhalten wird zu einer Frage der Moral (jemand ist zu oberflächlich, zu frivol), und Wesenszüge und Rollen werden als soziale Stellung missverstanden. Emotionale Probleme können sich aber auch in somatisierter Form als Unkonzentriertheit, Rückenschmerzen oder einem Gefühl der Schwäche äußern. Das „Herz", das im Chinesischen für „Psyche" steht, und der Leib sind untrennbar, und daher haben emotionale Probleme zwangsläufig Einfluss auf körperliche Funktionen und verursachen psychosomatische Symptome. In einer Kultur, die eine individuelle Psyche kennt, sind Krankheiten, die durch körperfremde Erreger oder organische Schäden verursacht werden, und psychisch bedingte Leiden einfacher auseinanderzuhalten. Im chinesischen Kulturkreis tendiert man dazu, alles als körperliche Erkrankung zu werten, und würde auch zur Behandlung keinen Psychotherapeuten aufsuchen, sondern folgt dem Rat von Familienmitgliedern, sich besser auszuruhen oder etwas Stärkendes, zum Beispiel Hühnerbrühe, zu essen.

Es hat sich als sehr schwierig erwiesen, mit Chinesen über Konzepte wie das „Unterbewusste" oder „Unbewusste" zu sprechen. Als ich in den USA studierte, diskutierte ich einmal mit einem Kommilitonen das widersprüchliche Verhalten Lu Xuns, der einerseits die chinesischen Massen verurteilte, die mit Vergnügen öffentlichen Exekutionen zusahen, auch wenn die Hingerichteten sich für sie geopfert hatten, andererseits aber helfen wollte, dieses „Volk von Kannibalen" (狂们日记, Kuangren Riji)[2], wie Lu Xun schreibt, zu retten und sich der „Liga der linken Schriftsteller" anschloss. Die anderen meinten schließlich, „wahrscheinlich hatten ihn Freunde dazu überredet".

Ein anderes Mal versuchte ich, das Phänomen des Narzissmus als die Unfähigkeit zu erklären, Emotionen nach außen zu richten, so dass man die Zuneigung für einen Vertreter des anderen Geschlechts auf sich selbst rückbezieht, anstatt sie auf das geliebte Objekt zu projizieren. Die unerwartete Äußerung meines Zuhörers lautete: „Aber vielleicht will er das gar nicht!"

---

2 Im oft als Allegorie auf die menschenverachtende traditionelle Kultur verstandenen „Tagebuch eines Verrückten" (狂人日记, *Kuangren riji*) beschreibt Lu Xun einen Menschen, der von seiner Angst vor den ihn umgebenden „Menschenfressern" gejagt wird.

Derartige Reaktionen drücken die Unfähigkeit aus, zu begreifen, dass hinter dem Bewusstsein des Individuums noch ein Unbewusstes existiert, das außerhalb individueller und sozialer Kontrolle steht. Der amerikanische Sinologe Donald J. Munro behauptet, für Chinesen gebe es nur das Bewusstsein, und dieses Bewusstsein sei völlig sozialisiert. Daher glaube man, jeder Gedanke müsse zu einer Handlung führen und jede Handlung habe gesellschaftliche Konsequenzen. Diese Überbetonung sei der konfuzianischen „Einheit von Wissen und Handeln" und dem sinisierten Marxismus-Leninismus gemeinsam. Seiner Auffassung nach gehen der westliche Liberalismus und Individualismus von dem Glauben aus, das spezifisch Menschliche liege gerade in dem Bereich, der nicht in die Gesellschaft eingebunden sei; die Gesellschaft habe kein Recht, die private Sphäre des Individuums zu kontrollieren. Das chinesische Konzept vom Menschen dagegen räume der Gesellschaft und dem Staat das Recht ein, die Menschen uneingeschränkt zu erziehen und zu formen.

In der Tat ist die Art, in der über den Menschen diskutiert wird, auch eine Methode ihn zu kontrollieren. Benutzt man für die Darstellung des Menschen eine privatisierte Diskursform, geht man davon aus, dass das Individuum Herr seiner selbst ist und sich selbst bestimmen darf. Wird der Diskurs auf eine gesellschaftliche Ebene transferiert, wird die Kontrolle durch äußere Faktoren betont. Vom Standpunkt der ersten Methode aus impliziert die zweite, dass die Menschen als ewig unmündig behandelt werden.

Ist der chinesische Mensch im Rahmen dieses semiotischen Totalitarismus der Gesellschaft über das Individuum wirklich uneingeschränkt formbar? Meiner Meinung nach trifft dies nicht ganz zu. Die private Sphäre des chinesischen Individuums hat sich, gerade weil sie schwer zu fassen ist, eine nicht ganz legale und wenig geachtete Existenz bewahrt, ähnlich wie die Privatparzellen in einer sozialistischen Planwirtschaft, und da man sich ihrer Existenz nicht bewusst ist, ist es unmöglich, eine klare Grenze zwischen privat und öffentlich zu ziehen. Aus demselben Grund kommt es immer wieder zu zerstörerischen Übergriffen des Privaten auf die öffentliche Sphäre.

DAS REDUZIERTE SELBST

NACHGIEBIG NACH AUSSEN, FEST NACH INNEN

Wenn jemand sich im Westen ungerecht behandelt fühlt – z.B. weil der Arbeitgeber zu hohe Gehaltsabzüge berechnet hat, – ist die natürliche Reaktion, zu protestieren. Ist der oder die Betroffene aber mit einem Chinesen oder einer Chinesin verheiratet, versucht der Partner oder die Partnerin das unter allen Umständen zu verhindern. Chinesen haben sehr schwache Nerven, wenn zwischen ihnen und ihrer Umgebung Spannungen auftreten.

Als ich in Taipei studierte, hielt an der Historischen Fakultät ein bekannter Sinologe aus Hongkong einen Vortrag. Danach lud der Dekan die Teilnehmer aus der Fakultät auf seine Kosten zum Essen ein. Als ein Professor, der beim Vortrag nicht anwesend und deshalb auch nicht eingeladen war, davon erfuhr, protestierte er empört. Der berühmte Gast sei immerhin sein früherer Lehrer, und der Dekan habe ihn mit Absicht ausgeschlossen. Der Dekan entschuldigte sich bei ihm, doch er war immer noch nicht zufrieden und verlangte eine schriftliche Entschuldigung. Darauf wollte der Dekan nicht eingehen. Da meinten zwei seiner Kollegen, sie sollten vermitteln, und redeten so lange auf ihn ein, bis er den Brief schrieb. Doch damit nicht genug: Der händelsüchtige Professor schrieb auf die Rückseite des Briefs einen beleidigenden Kommentar und ließ ihn wieder dem Dekan zukommen. Prompt waren die beiden Kollegen wieder zur Stelle, um ihn zu besänftigen und zu überreden, auch diesen Hieb einzustecken. In dieser Zeit wurde der Dekan gesehen, wie er in seinem Büro weinte, und bald darauf wurde er beim Überqueren einer Straße überfahren.

Wer so „verwöhnt" ist und unbegründete Ansprüche stellt, schließt sich eigentlich selbst aus der menschlichen Gemeinschaft aus. Für Chinesen aber ist es besonders beunruhigend, wenn sich ein Bekannter auf einmal völlig unverständlich verhält und nicht mehr mit sich reden lässt. Niemand wagt es, sich ihm offen entgegenzustellen. Um die Harmonie wiederherzustellen, setzt man die zugänglichere und schwächere Seite unter Druck und bewegt sie zum Nachgeben. Damit aber verrät man, dass man opportunistisch den Müll dem Schwächsten vor die Tür kehrt.

Ähnliche Verhaltensweisen gab es auch unter den „linken" chinesischen Studenten in den USA. In einem kleinen Kreis von Taiwanesen im Osten der USA hatte der Älteste der Gruppe ein Verhältnis mit der Frau eines anderen. Als sie schwanger wurde, schickte er sie zu ihrem Mann zurück und ermahnte die beiden mit den Worten: „Lasst eure Beziehung ja nicht meinetwegen kaputt gehen!" Der Ehemann war verbittert, aber die anderen aus der Gruppe versuchten, ihn zu besänftigen und drängten ihn, keinen Skandal aus der Sache zu machen. Schließlich kam die Affäre doch ans Licht, aber durch einen Taiwanesen, der nicht zur gleichen Gruppe gehörte. Als ich diese Geschichte einem in der Studentenbewegung aktiven Chinesen aus Hongkong erzählte, der mit den Taiwanesen nichts zu tun hatte, vermied er, einen klaren Standpunkt zu beziehen; sein einziger Kommentar war: „Es war nicht richtig, die Affäre weiter zu erzählen."

Gewiss hat dieses Verhalten auch mit der Unterwürfigkeit gegenüber dem Gruppenältesten zu tun. Wenn das Opfer aber versucht hätte, den Schuldigen zur Rechenschaft zu ziehen, wäre das in chinesischen Augen nicht die „gerechte Strafe" gewesen, sondern nur eine Störung der Harmonie. Da die erste Störung der Harmonie nicht rückgängig gemacht werden kann, versucht man, eine erneute Störung zu vermeiden. Dass man zum Kreis der „eigenen Leute" gehört, sieht man also unter anderem daran, dass man sich schikanieren und manipulieren lässt. Die Reaktion des Hongkong-Chinesen wiederum spiegelt die Treue der sonst prinzipienlosen Chinesen zu einem Prinzip wider: Keine Unruhe stiften.

Der chinesischen Chefin einer Kleiderfabrik in New Yorks Chinatown war klar, dass sie ihren Landsleuten einiges zumuten konnte. Jedes Mal, wenn sie knapp bei Kasse war, verschob sie den Lohntag und ließ ihre Arbeiterinnen das Problem ausbaden. Ein Mexikaner, der in ihrer Fabrik arbeitete, duldete nicht einen halben Tag Aufschub. Wenn er morgens das Geld nicht bekam, schlug er am Nachmittag Krach und schrie die Chefin an, dass er das Geld zum Monatsersten eingeplant habe. Am Ende war er der Einzige, der sein Gehalt pünktlich ausgezahlt erhielt. Obwohl er sich völlig zu Recht beschwert hatte, sahen ihn seine chinesischen Kolleginnen scheel an und betrachteten ihn als Störenfried.

In diesem Fall beruhte die Trennung zwischen innen und außen nicht darauf, dass der Mexikaner als Mann chinesischen Frauen gegenüberstand, denn im Grunde sollten Arbeitnehmer gegenüber der Chefin die gleichen

Interessen haben. Vielmehr erklärt sich das Verhalten der Chinesinnen nur aus ihrer Angst vor Unruhe. Doch die Neigung, sich auf die Seite des Täters und nicht des Opfers zu stellen, perpetuiert die eigene Opferrolle.

Wenn Chinesen einen Landsmann als „einen von uns", d.h. als einen, „mit dem man reden kann", akzeptiert haben, können sie ihn jederzeit drangsalieren. So berichtete zum Beispiel ein Chinese nach einer Japanreise, dass der Wirt eines China-Restaurants in Yokohama seinen japanischen Angestellten ein angemessenes Gehalt zahlte, während er die Chinesen bewusst unterbezahlte. Ein Professor aus Taiwan bat zwei seiner ehemaligen Studenten – ein Ehepaar, das in den USA ein Restaurant betrieb – sich um seinen Sohn, der dort studieren wollte, zu kümmern. Als er anfing, im Restaurant zu arbeiten, erhielt er gerade fünf Dollar am Tag. Das war vor zwanzig Jahren, als die US-Regierung ein Mindestgehalt von ca. drei Dollar in der Stunde gesetzlich festgelegt hatte. Die ehemaligen Studenten des Professors meinten wohl, dass sie sich schon hinreichend um seinen Sohn kümmerten, indem sie ihn bei sich arbeiten ließen. Einer Freundschaft tut das jedenfalls keinen Abbruch. Vor ein paar Jahren beschäftigte, ebenfalls in den USA, ein alter Übersee-Chinese in seinem Restaurant einen Studenten aus der Volksrepublik. Auch er war unterbezahlt, weil klar war, dass er sich nicht wehren konnte. Am Ende der Woche aber gab man ihm ein paar Hühnerköpfe und Bürzel mit nach Hause.

Die chinesische Logik von innen und außen zeigte sich auch in Chiang Kaisheks Haltung gegenüber Japan in den 30er Jahren. Damals besetzte Japan immer größere Teile Chinas, und die Welle der antijapanischen Stimmung schlug hoch. Anstatt Widerstand zu leisten, beugte sich Chiang dem Protest Japans gegen die Unterminierung der freundschaftlichen Beziehungen und unterdrückte seine „eigenen Leute". Natürlich muss man sein Verhalten vor dem Hintergrund der historischen Bedingungen sehen. Chiang stand gerade im Bürgerkrieg gegen die Kommunisten. Seine damalige Devise lautete: „Wer den Eindringling bekämpfen will, braucht erst Frieden im Innern." Ersetzt man das Wort „bekämpfen" durch das im Chinesischen lautgleiche Wort „nachgeben" und das Wort „Frieden" durch das ebenfalls lautgleiche Wort „Unterdrückung", wird daraus die Parole: „Wer dem Aggressor nachgeben will, braucht erst Unterdrückung im Inneren." Und in der Tat ließ Chiang die Japaner eindringen, während er im Innern die Kommunisten massakrierte. Dieses Verhalten entspricht voll dem oben geschilderten kulturellen Verhaltenskodex. Auch in China gibt es Aggressivität, doch wird sie in fragwürdige Bahnen gelenkt.

Natürlich sind nicht alle Chinesen so heuchlerisch wie die Arbeitgeber, die meinen, mit den „eigenen Leuten" hätten sie leichtes Spiel. Für alle gilt aber, dass sie lieber mit „eigenen Leuten" zu tun haben, weil sie umgänglicher sind, auch wenn sie damit Verpflichtungen auf sich nehmen.

Eine beliebte amerikanische Therapie gegen mangelndes Selbstbewusstsein fordert, dass man sich selbst bejahen und sich einreden soll, man sei o.k. Mangel an Selbstachtung ist unter Chinesen sehr verbreitet. Gleichzeitig lieben sie es, andere herabzusetzen. Abwertende Bemerkungen wie „Du Versager" sind eine häufige scherzhafte Anrede. Wenn ein Mensch sich mehrmals täglich vor dem Spiegel einredet, wie wenig er taugt, dann wirkt das mit der Zeit wie Gehirnwäsche und beeinflusst das gesamte Verhalten. Derselbe Effekt stellt sich ein, wenn man von anderen ständig abfällige Bemerkungen hört.

Eine Studentin aus der VR China, die an einer nordamerikanischen Universität im ersten Semester studierte, hatte in ihrem Kurs die beste Arbeit geschrieben. Ihr Professor lobte sie vor dem ganzen Kurs. Doch Chinesen, die gelobt werden, richten ihre Aggressivität gern nach innen und gegen sich selbst. Die betreffende Studentin zum Beispiel rannte nach dem Unterricht zu ihrem Professor und erklärte ihm, er solle sie bei den Noten nicht bevorzugen, nur weil sie Ausländerin sei.

Diese Tendenz zur Selbstreduktion überträgt sich auch auf die Haltung anderen gegenüber. Wer von der älteren Generation so eingeschränkt wurde, wird sich gegenüber Jüngeren ebenso verhalten. In einem Bericht über Sozialarbeit unter Chinesen in den USA heißt es: „Ausländische Eltern sagen ihren Kindern oft, dass sie sie gernhaben. Chinesische Eltern drücken Lob oder Zuneigung sehr selten verbal aus. Selbst wenn das Kind in einer Schularbeit 99 von 100 Punkten erreicht hat, heißt es: Das nächste Mal sollten es 100 Punkte sein."

PASSIVITÄT UND DULDSAMKEIT

Chinesen besitzen die „Tugend", Widrigkeiten hinzunehmen. „Es stört mich nicht, wenn ich zu kurz komme", ist eine weit verbreitete Einstellung. Im Extremfall geht die Verleugnung der eigenen Interessen so weit, dass man sämtliche Rechte – auch das Recht auf Leben – bereitwillig aufgibt.

Während der Kulturrevolution wurde propagiert, dass jeder sein Leben in die Hand der Partei legen solle. Vorbilder waren ein Waldarbeiter, der sein Leben ließ, als er Tannenstämme aus einem reißenden Gebirgsfluss holte, und andere Märtyrer der Arbeit. In Extremsituationen, zum Beispiel in einer Revolution oder Staatskrise, mag es nötig sein, zeitweilig die eigenen Interessen zurückzustellen. Unter normalen Umständen aber sind Duldsamkeit und Passivität die Basis des Despotismus. Denn einer Gruppe, die sich nicht über ihre eigenen Rechte im Klaren ist, kann man leicht einen fremden Willen aufzwingen.

Seit 1949 nahmen es die Chinesen auf dem Festland hin, dass ihre Löhne langfristig eingefroren wurden; sie akzeptierten Arbeitsplätze, die ihren Fähigkeiten nicht entsprachen; sie fügten sich, wenn sie aus den Städten in die entlegensten Gebiete verschickt wurden; sie wehrten sich nicht dagegen, dass die besten Produkte des Landes exportiert wurden; sie protestiertn nicht, wenn ein Großteil des Gehalts, das sie im Ausland verdienten, direkt an den Staat abgeführt wurde; sie ließen es zu, dass sie zeit ihres Lebens von ihrem Partner getrennt leben mussten, weil sie an verschiedenen Orten arbeiteten; sie nahmen es hin, wenn regionale Despoten eigenmächtig das Ehegesetz umschrieben und sie nicht heiraten konnten; wenn sie das in den Vorschriften vorgeschriebene heiratsfähige Alter erreicht hatten, nahmen sie es hin, wenn sie trotzdem nicht heiraten konnten, weil ihnen keine Wohnung zugeteilt wurde.

Auch wenn die andauernden politischen Kampagnen Familien auseinanderrissen, die nächsten Verwandten in ihnen den Tod fanden, und viele in ihnen psychisch und körperlich zerbrachen, blieb die apathische Haltung bestehen. Wer diese Behandlung ertragen kann, den kümmert es wenig, dass es keine Gewissens-, Rede-, Versammlungs-, Vereinigungs- und Verlagsfreiheit gibt. So trägt fast jeder Chinese den Schatten von Schwägerin Xiang Lin, einer Figur aus einer Erzählung von Lu Xun, in sich, die sich, ohne zu klagen, von anderen niedertrampeln ließ.

Diese die gesamte Kultur prägende Tendenz zur passiven Duldsamkeit bringt auf der einen Seite solche wehrlosen Menschen hervor, auf der anderen Seite aber auch diejenigen, die diese Wehrlosigkeit auszunutzen verstehen. Aber sogar den Selbstbewussteren fällt es schwer, nein zu sagen. Sie spüren vielleicht, dass sie ausgenutzt werden und dass sie am Ende draufzahlen. Dennoch lehnen sie die Bitte um eine Gefälligkeit nicht ab und trösten sich vielleicht mit dem Gedanken, dass es „das letzte Mal" ist.

Einerseits wird durch das Netz der sozialen Beziehungen jede Selbstentfaltung verhindert. Andererseits gibt es Bereiche, in denen die soziale Kontrolle nicht wirkt und „Chaos" (乱, *luan*) herrscht. Eine Minderheit, die sich der Kontrolle entzogen hat und sich daher nicht um den Verlust des „Gesichts" zu kümmern braucht, kann ohne Schamgefühl und ohne Skrupel die eigenen Interessen durchsetzen und diese Haltung sogar noch den Nachkommen vererben.

Ein plastisches Beispiel für diese Duldsamkeit und Nachsichtigkeit gegenüber unvernünftigen Erscheinungen waren lange Zeit die Öffnungszeiten von Museen und Bibliotheken in der Volksrepublik. Als einmal zwei amerikanische Studentinnen um elf Uhr vormittags ein Museum besichtigen wollten, erklärte ihnen ein Angestellter, sie hätten Mittagspause. Auf dem Schild aber stand deutlich: Geschlossen ab 11.30 Uhr. Die Studentinnen stritten schließlich solange mit dem Angestellten herum, bis er sie um 11.20 Uhr doch noch hineinließ. Chinesen dagegen hätten vor der verschlossenen Tür kapituliert.

„DAS HIMMELSPRINZIP BEWAHREN UND DIE MENSCHLICHEN BEGIERDEN AUSLÖSCHEN"

Vor mehr als 200 Jahren nahmen die Amerikaner das Streben nach Glück als elementares Menschenrecht in ihre Unabhängigkeitserklärung auf. In der chinesischen Verfassung aus den siebziger Jahren des 20. Jahrhunderts, die eigentlich die Rechte des Volkes garantieren soll, steht dagegen unverhüllt die Forderung an die Bürger, sie sollten „nicht an sich, nur an die anderen denken, und weder Leid noch Tod scheuen".

In der chinesischen Kultur wird die Zweierbeziehung als die Verkörperung des „Himmelsprinzips" angesehen. Daraus entstanden dann Leitsätze wie: „Sich selbst überwinden und sich von den Anstandsregeln leiten lassen, das ist Menschlichkeit", „menschlich handeln" und „menschlich werden" (alle Zitate aus: **Gespräche des Konfuzius**) ist die Erfüllung dieser Zweierbeziehung. Die Formulierung in der chinesischen Verfassung ist nichts anderes als eine Übersetzung dieser Postulate ins heutige Chinesisch. Sie entspringt derselben Tiefenstruktur wie die Maximen der früheren herrschenden Klasse, dass man „das Himmelsprinzip bewahren und die menschlichen Begierden unterdrücken" und „den Hungertod nicht fürchten solle, sich aber davor hüten müsse, seine moralische Integrität zu verlieren".

Einer anderen Manifestation derselben Tiefenstruktur begegnen wir in Taiwan: Chiang Chingkuo appellierte an das Volk, spartanisch zu leben, nach der Devise „Opfere den Genuss, und finde Genuss im Opfer". Allerdings ist nie deutlich geworden, wer opfern und wer genießen soll.

Diese Maximen hängen mit der Definition des Einzelnen durch eine Zweierbeziehung zusammen. Diese Definition hat zur Folge, dass der einzelne Leib, wenn er nicht von außen kontrolliert wird, keine inneren Schranken kennt und „chaotisch" wird. Gleichzeitig wird der Einzelne so dressiert, dass er sich selbst nicht trauen kann. Sein Ich auszulöschen ist Tugend. Diese Konzeption birgt jedoch die Gefahr, dass auch die normalen Wünsche und Bedürfnisse als „menschliche Begierden" und „egoistische Wünsche" verurteilt werden.

Da die einzelnen Phasen der Persönlichkeitsentwicklung verkehrt und von außen gestört werden und das Individuum desexualisiert und infantilisiert wird, kann die Persönlichkeitsentwicklung mit dem physiologischen Reifeprozess nicht Schritt halten, und es entsteht eine Kluft zwischen den normalen Bedürfnissen und den sozialen Normen; die Bedürfnisse werden so weit tabuisiert, dass am Ende das Individuum selbst zum Gegenstand des Misstrauens wird. So wird die Fremdbestimmung unumgänglich, denn wenn ein so strukturierter Charakter nicht von außen kontrolliert wird, verhält er sich womöglich tatsächlich „chaotisch". Dieser Teufelskreis ist dem Kreislauf der chinesischen Gesellschaft ähnlich, die unfähig ist, sich selbst zu organisieren: Bricht die despotische Herrschaft zusammen, kommt es zum Bürgerkrieg der Banden, Cliquen und Fraktionen um die Macht im Reich, und eine neue despotische Herrschaft löst den allgemeinen Bürgerkrieg ab.

Um ein friedliches Zusammenleben aufrechtzuerhalten, muss das Individuum sein Selbst reduzieren, d.h. durch die „Unterdrückung der menschlichen Begierden" das „Himmelsprinzip bewahren". Optimal ist es, wenn der Einzelne diese Maxime verinnerlicht. In diese Richtung zielt die

Forderung des Ming-zeitlichen Philosophen Wang Yangming[1]: „Die Räuber in den Bergen ausrotten, die Räuber im Herz ausrotten." So wird vom Einzelnen ein Dasein zwischen Leben und Tod verlangt. Der Mensch soll weder zu sehr lieben noch zu sehr hassen. Wenn er das, was er liebt, nicht bekommt, und das, was er hasst, nicht loswird, erfährt er Kummer und Schmerzen. Die beste Art der Betäubung besteht darin, sich in der Grauzone zwischen den Gefühlsextremen einzurichten, die als Isolator gegenüber der unkontrollierbaren Außenwelt wirkt. So geht allmählich der Zugang zu den eigenen Gefühlen verloren, und die Unterscheidung von angenehm und unangenehm wird gleichgültig, denn „so ist das Leben nun einmal". Wenn es gleichgültig ist, ob man liebt oder nicht, ob man hasst oder nicht, wenn man sich nicht traut, sich einen Menschen oder ein Ding, den oder das man gernhat, intensiv zu wünschen, wenn man Menschen, die man nicht mag, nicht eindeutig abzulehnen wagt, dann ist das Leben ohne Spannung und ohne Höhepunkte und kaum vom Zustand der Leblosigkeit zu unterscheiden.

Die frühere Ausdruckslosigkeit in den Gesichtern der Passanten auf volksrepublikanischen Straßen zeigte, dass sie diesen Idealzustand der Versöhnung von Leben und Tod erreicht hatten. Die Situation von Chinesen in den kapitalistischen Ländern des Westens ist nicht sehr viel besser. Auch sie begreifen ihr Ich nur als Leib, so dass für sie die vielgepriesene kapitalistische Freiheit höchstens dazu gut ist, die eigenen leiblichen Interessen zu verfolgen, während die Entfaltung der Persönlichkeit keine Rolle spielt. Menschen mit Individualität und mit Vitalität, Nonkonformisten, die sich umfassend entwickeln wollen, bleiben eine kleine Minderheit.

SCHEU VOR ATTRAKTIVITÄT

Wer in westlichen Gesellschaften ein Kompliment gesagt bekommt, nimmt es an und bedankt sich. Ein Chinese dagegen beeilt sich, das Kompliment mit den Worten „ich tauge nichts, ich kann nichts" zurückzuweisen. Das

---

[1] Wang Yangming (王阳明, eigtl. Wang Shouren, 王守仁, 1472–1529) war ein hoher Beamter, Philosoph und Pädagoge. Er gilt als bedeutendster Neokonfuzianer der Ming-Zeit und vertritt einen monistischen Standpunkt. Die Vernunft, an der der menschliche Geist teilhat, ist alleiniges Weltprinzip. Der Mensch besitzt von Natur aus die Fähigkeit zur Erkenntnis des Guten, die auf dem Weg der inneren Reflexion erlangt werden kann.

kann natürlich eine reine Höflichkeitsfloskel sein, bei der man sich innerlich sehr wohl über das Kompliment freut, während man sich nach außen bescheiden gibt. Dann wäre es nicht Ausdruck mangelnden Selbstvertrauens. Bei den meisten Chinesen – insbesondere bei den jüngeren – steht jedoch dahinter eher eine echte Bestürzung, denn die chinesische Kultur verhindert ein zu hohes Selbstwertgefühl.

Die „Kultur der Scham" ist so weit verinnerlicht, dass Chinesen nicht nur erröten, wenn sie ein Kompliment erhalten, sondern auch, wenn ein anderer sich selbst lobt. Sie schämen sich an seiner Stelle, und unter Umständen bricht ihnen sogar der kalte Schweiß aus. Für Chinesen wäre es unerträglich peinlich, wenn jemand wie der amerikanische Präsidentschaftskandidat öffentlich behaupten würde: „Ich werde bestimmt der beste Präsident sein, den Sie je gewählt haben. Geben Sie mir Ihre Stimme!"

Wenn sich Kinder innerhalb der Familie selbst loben, werden sie von den Eltern sofort ermahnt, bescheiden zu sein, und wenn umgekehrt die Mutter vor Gästen ihre Kinder lobt, protestieren die Kinder eilig.

Wenn die psychische Konstitution eines Menschen nicht darauf angelegt ist, sich attraktiv zu machen, dann helfen auch elegante Kleider und Schminke nicht. Wie sehr er oder sie sich auch herausputzt, die „Naivität und Unschuld" einer infantilisierten Psychologie, die androgyne äußere Erscheinung, der Gesichtsausdruck des „guten Menschen", der keine Gefühle und Triebe kennt, die von der Desexualisierung hervorgerufene frustrierte Miene, all das erstickt jeden Schönheitssinn.

Noch in den siebziger Jahren trugen fast alle Frauen auf dem Festland die gleiche eintönige Kleidung, den gleichen einheitlichen Haarschnitt, und die Männer kleideten sich besonders unattraktiv. Zusammen mit den düsteren Gebäuden rief das den Eindruck hervor, dass alles grau war, eine Atmosphäre, die jedes Leben im Keim erstickte. Dabei sollte eigentlich den Verantwortlichen klar gewesen sein, dass eine bunte Umgebung aufheiternd wirkt, während man in einer düsteren Kammer umgeben von vier grauen Wänden in Trübsal versinkt.

Manche Menschen machten dafür die wirtschaftliche Rückständigkeit Chinas verantwortlich. Ich teile diese Ansicht nicht, denn einerseits ging man in dieser Zeit geradezu verschwenderisch mit Stoff um, um die Körperkonturen zu verbergen. Nicht nur die Hosenbeine bei den Männern waren viel zu weit, auch der Bund reichte bis über den Nabel anstatt zur Hüfte wie in anderen Ländern. Wäre es keine Frage der Moral gewesen, hätte man eine Menge Stoff sparen können. Im Gegensatz zu den Han-Chinesen sind die nationalen Minderheiten, zum Beispiel die Uighuren und die Kasachen in Xinjiang, sehr farbenfroh gekleidet, und alle Frauen tragen Ohrringe. In den Gegenden aber, wo der Einfluss der Han-Chinesen stärker ist, ist alles wie in ein Einheitsgrau getaucht.

Auch die „feudalen Überreste" können für die eintönige Kleidung und unattraktive Aufmachung nicht verantwortlich gemacht werden, denn erst nach 1949 konnte sich die traditionelle Maxime der „Bewahrung des Himmelsprinzips und der Unterdrückung menschlicher Begierden", die jede individuelle Attraktivität abtötete, ganz durchsetzen und alle Schichten der Bevölkerung erfassen. Wie das Beispiel der vielfach noch in feudalen Strukturen lebenden Araber zeigt, die ihre Männlichkeit nicht verbergen und wissen, wie sie sich begehrenswert machen können, ist diese Tendenz nicht im Feudalismus selbst angelegt, sondern in der unterschiedlichen Tiefenstruktur verschiedener Kulturen.

Die düstere Atmosphäre ist die äußere Erscheinungsform eines Zustands zwischen Tod und Leben. Einerseits garantiert dieser Zustand jedem Einzelnen das physiologische Überleben; andererseits verhindert er, dass das Dasein allzu erstrebenswert wird. Diese Form des „Todeskults" durchdringt auch viele andere Bereiche. Bei einem kürzlich in internationaler Koproduktion gedrehten Film beispielsweise strichen die chinesischen Behörden alle Szenen, die ihnen als zu erotisch erschienen. Das veranlasste die ausländischen Koproduzenten zu der Bemerkung, je fader eine Szene sei, desto eher würde sie von der chinesischen Seite akzeptiert.

ANGST DAVOR, AUFZUFALLEN

Eine zentrale Maxime der chinesischen Lebensphilosophie lautet von alters her: „Möglichst keine Blicke auf sich lenken". Lässt es sich wirklich einmal nicht umgehen, dann sollte man tunlichst nicht als erster den „Kopf aus der Menge strecken". Schon die Kinder werden im Sinn dieser „Philosophie der Selbsterhaltung" erzogen: Jeder soll sein wie alle anderen. Auch unter Freunden und Ehepartnern wird auf die Einhaltung dieser Regel geachtet. Ist einer aus der Reihe getanzt und hat sich dabei die Finger verbrannt, tadelt ihn der andere: „Das geschieht dir recht! Weshalb musst du auch Staub aufwirbeln! Mach's doch wie die anderen." In anderen Ländern erscheint ein Mann oder eine Frau begehrenswert wegen ihrer Individualität, die sie von den anderen unterscheidet. Warum sollte ich mich für die eine oder den einen entscheiden, wenn sie so sind wie alle anderen?

Als schlau gilt der, der es versteht, nicht aufzufallen. Auch wenn es um die Durchsetzung der eigenen Interessen geht, ist es vorteilhaft, einen anderen vorzuschicken. Geht dabei etwas schief, muss der andere seinen Kopf hinhalten und ich bleibe unversehrt. In den siebziger Jahren identifizierten sich manche linken Studenten aus Hongkong, die in den USA studierten, mit der chinesischen Volksrepublik. Direkt gefragt, ob sie wirklich mit Peking sympathisierten, antworteten sie mit Ausflüchten. Ging es darum, Flugblätter zu verteilen, baten manche dieser „Patrioten" Kommilitonen aus anderen Ländern, die sonst als „ausländische Teufel" galten, das zu übernehmen, oder überredeten diejenigen ihrer „Genossen" dazu, die schon „als nicht mehr chinesisch" angesehen wurden. Musste eine Antwort auf „antichinesische" Artikel verfasst werden, schoben sie sich gegenseitig den schwarzen Peter zu, bis sie schließlich beschlossen, dass einer jener Außenseiter seinen Namen unter die Gegendarstellung setzen sollte. Man sollte sie deshalb nicht unbedingt als Drückeberger bezeichnen, die in Gefahr lieber andere den Kopf hinhalten lassen. Vielmehr trieb sie eine Kraft aus den tieferen Schichten ihres Bewusstseins dazu. Auch wenn ein Chinese als Einzelperson betroffen ist, vermeidet er es, sich in irgendeiner Form von der Masse abzuheben. Was andere nicht tun, tue ich erst recht nicht, und auch in der Politik versteckt man sich am liebsten hinter den „Massen".

Natürlich spielt dabei auch die Sorge um den eigenen Leib eine Rolle. Viele Studenten aus Hongkong haben vor, sich in den USA eine Existenz aufzubauen. Sie ziehen es deshalb vor, nicht aufzufallen, um die Bewilligung ihrer Aufenthaltserlaubnis nicht zu gefährden. Doch gibt es auch Beispiele für anderes Verhalten. Von der 4. Mai-Bewegung im Jahr 1919 bis zur Staatsgründung 1949 gab es zahlreiche unerschrockene Persönlichkeiten, die sich auch vor dem Tod nicht fürchteten. Einerseits waren damals viele von westlichen Ideologien beeinflusst, und andererseits war die traditionelle Haltung der Beamtengelehrten, die das Wohl des Reichs als ihre persönliche Aufgabe betrachteten, unter den Intellektuellen noch lebendig, zumal in einer Zeit der Unruhe und der nationalen Krise. An diesen Märtyrern sollte man das Verhalten der Studenten aus Hongkong, die ihre kulturelle Seele verloren haben und nur noch um ihr eigenes Wohlergehen besorgt sind, nicht messen.

Dennoch ist ihr Verhalten eine typische Ausdrucksform der chinesischen Kultur, wie ein Vergleich mit den jungen amerikanischen Linken jener Zeit und linken Studenten aus anderen Ländern der Dritten Welt zeigt. Sie alle lebten in derselben Umgebung und gehörten der Nachkriegsgeneration an, so dass man die unterschiedlichen kulturellen Hintergründe vergleichen konnte. Die linken amerikanischen Studenten waren Produkte einer protestantischen Kultur. Für sie galt: Wenn ich etwas bin, und nicht wage, es auszudrücken, so zeigt das, dass meine Persönlichkeit nicht voll entwickelt ist. Die linken Studenten aus den Ländern der Dritten Welt setzten sich nicht nur mit reaktionären Studenten aus ihrem eigenen Land auseinander, sondern arbeiteten auch mit der amerikanischen Linken zusammen und protestierten gegen die amerikanische Regierung. Ohne sich darüber Gedanken zu machen, dass sie noch keine Aufenthaltserlaubnis besaßen, beteiligten sie sich an Demonstrationen und riefen: „Nieder mit dem amerikanischen Imperialismus!" Dabei drohte ihnen im Fall der Ausweisung in ihr diktatorisches Heimatland sicherlich ein schlimmeres Schicksal als den Studenten aus Hongkong. Eine Erklärung dafür zu finden, ist nicht einfach. Möglicherweise hat die Protestbewegung der Nachkriegsgeneration in den sechziger Jahren auch auf sie abgefärbt. Oder aber alle anderen Kulturen sind individualistischer als die chinesische und lassen mehr Raum für idealistische Unternehmungen.

Die Tendenz, möglichst nicht aufzufallen, hängt mit den somatisierenden Tendenzen der chinesischen Kultur zusammen. Die Maxime „Dränge dich nicht vor" geht zurück bis auf Laozi. Diese „Philosophie der Selbsterhaltung" ermöglichte es den Chinesen, unter der ständigen Bedrohung durch den Despotismus und Egalitarismus zu überleben. In den Augen der Daoisten ist die Welt voller todbringender Verhängnisse:

„Ein Wirbelsturm dauert keinen ganzen Morgen, ein Platzregen dauert keinen ganzen Tag. Wer aber erzeugt Wind und Regen? Himmel und Erde. Selbst Himmel und Erde vermögen nichts Dauerndes zu schaffen, um wieviel weniger der Mensch."
(**Laozi**)

Nicht nur die Natur bedroht das menschliche Leben. Auch manche, die als „große Lehrer" bezeichnet werden, haben das Volk wie Stroh behandelt; so heißt es bei Laozi weiter: „Himmel und Erde kennen kein Erbarmen und behandeln unzählige Dinge wie die Opferhunde aus Stroh. Die Weisen kennen kein Erbarmen. Sie behandeln das gemeine Volk wie die Opferhunde aus Stroh." Um sich zu schützen, muss der Mensch sein Ich reduzieren:

„Besser ist Aufhören, denn Überfüllen. Die Klinge immerfort geschärft, bleibt nicht lange Klinge. Der Saal mit Gold und Jade vollgestopft, ist nicht vor Räubern zu bewahren. Glanz und Ehren mit Hochmut gepaart, ziehen sich selbst ins Verderben. Zurückziehen nach getanem Werk, so ist das Dao des Himmels."

Wer die Blicke der anderen auf sich lenkt, den ereilt das Unheil als ersten: „Wer den Mut hat, verwegen zu sein, wird sterben. Wer den Mut hat, feige zu sein, wird leben.", (alle Zitate aus **Laozi**).

Zhuangzi rät: „Wer Gutes tut, soll sich vor Ruhm hüten, wer Böses tut, vor Strafe; wer der Mitte folgt, der ist imstande, seinen Leib zu schützen, sein Leben völlig zu machen, den Nächsten Gutes zu tun und seiner Jahre Zahl zu vollenden."

Der Mensch sollte seine Überlegenheit nicht betonen, andernfalls wird er vernichtet, so wie ein gutgewachsener Baum als erster der Axt zum Opfer fällt. Er sollte werden wie ein wertloser Baum:

„Das ist wirklich ein Baum, aus dem sich nichts machen lässt. Dadurch hat er seine Größe erreicht. Oh! Das ist der Grund, warum der Mensch des Geistes unbrauchbar ist ... So erreichen sie alle nicht ihrer Jahre Zahl, sondern gehen auf halbem Weg zugrunde durch Axt und Beil. Das ist das Leiden der Brauchbarkeit." (**Zhuangzi**)

Im Chinesischen assoziiert man mit dem Wort „auffallen" (出头, *chutou*) die Vorstellung von einem, der „den Kopf aus der Masse herausstreckt" und dadurch eine gute Zielscheibe abgibt. Um Unheil zu vermeiden, muss man sich „unbrauchbar" machen und darf sich nicht daran stören, wenn man verkannt wird. Das ist gemeint mit dem Spruch: „Der größte Nutzen ist die Nutzlosigkeit." Nur wenn man sich nicht um Ideale kümmert, sich vor jeder Ausstrahlung hütet und allein auf die Erhaltung seines Leibs bedacht ist, kann man „seiner Jahre Zahl erfüllen".

Eines der größten Missverständnisse beim Vergleich von östlicher und westlicher Philosophie war es daher, die Philosophie Zhuangzis als existentialistisch zu bezeichnen. Zhuangzi hat über die gespottet, die sich in Betriebsamkeit flüchteten, und meinte, er stünde über ihnen. Wenn dagegen der Existentialismus die Konventionen zu überwinden sucht, so geht er davon aus, dass die „Existenz" des „Ich" nur wahr wird durch die Abgrenzung von den anderen. Zhuangzi dagegen rät, den Leib zu bewahren, indem man sich „unbrauchbar" macht. Der Unterschied liegt darin, dass für die Existentialisten die Seele, für Zhuangzi der Körper im Mittelpunkt steht. Wenn er sich über die weltliche Betriebsamkeit der Leute lustig macht, so zielt er darauf ab, dass sie sich in den Dingen verlieren und das Wichtigste, den Erhalt des Leibes, vergessen.

Diese Lebensphilosophie des Einzelnen und die todessüchtige Maxime, „das Himmelsprinzip zu bewahren und die menschlichen Begierden zu unterdrücken", ergänzen und fördern einander. Die Forderung, der Mensch dürfe im Leben keine Ausstrahlung haben und sich nur um die Erhaltung seines Leibs sorgen, bedeutet nichts anderes, als als „Toter" zu leben. Ein Leben nach dem Prinzip, „ein erbärmliches Leben ist besser als ein guter Tod", ist in Wirklichkeit wie ein schleichender Tod.

Die Philosophien Laozis und Zhuangzis sind Manifestationen der Tiefenstruktur der chinesischen Kultur. Deshalb wird auch ein Chinese, der diese Texte nicht gelesen hat, denselben Prinzipien folgen. Als ich in den sechziger Jahren in Taipei studierte, hörte ich einen Vortrag des Dekans der Fakultät für Literatur über das Thema „Die Kakerlaken und der Mensch". Die Kakerlaken, so referierte er, hätten mehrere Eiszeiten ohne Metamorphose überlebt. Das zeige ihre hohe Anpassungsfähigkeit. Der Mensch, so meinte er, könne von ihnen viel lernen.

Auch in der heutigen VR China ist diese Haltung offensichtlich. Ein Sprichwort dort lautet: „Der vorstehende Dachbalken wird zuerst morsch." Mit der Kulturrevolution wollte Mao Zedong, so scheint es, die krankhafte Angst der Chinesen aufzufallen, überwinden. Er rief die Jugend auf, sie sollte „wagen zu kämpfen und wagen zu siegen" und „Bahnbrecher der Revolution" sein. Außerdem stellte er die These auf: „Gegen den Strom zu schwimmen ist ein Prinzip des Marxismus-Leninismus." In der blutigen

Unterdrückung des Jahres 1968 bewahrheitete sich dann erneut Laozis Satz: „Wer den Mut hat, verwegen zu sein, wird sterben. Wer den Mut hat, feige zu sein, wird leben."

LEBEN IN STEHENDEN GEWÄSSERN

Die „selbstreduzierte Persönlichkeit" der Chinesen kommt auch in ihrer statischen Haltung zur Welt zum Ausdruck. Unter dem Einfluss der traditionellen Kultur ermutigen die Eltern ihre Kinder nicht zur Neugier, sondern warnen sie vor Risiken und Gefahren, vor zu viel Bewegung, vor zu vielen Fragen (乱问, *luan wen*). Die Kinder sollen sich nicht die Welt unterwerfen, sondern sich ihr fügen und sich anpassen. Manche Eltern binden Säuglinge fest, aus Angst, sie könnten sich unkontrolliert bewegen. Sich nicht bewegen wurde so zu einem Synonym für artig und folgsam. „Bewegung" (动, *dong*) wird in China häufig mit Chaos assoziiert. So setzt sich beispielsweise das Wort „Revolte" aus den Wörtern „Bewegung" (*dong*) und „Chaos" (*luan*) zusammen. Mao meinte, man dürfe nicht zulassen, dass die Reaktionäre „unkontrolliert reden und sich unkontrolliert bewegen." (乱说乱动, *luan shuo luan dong*) Man fühlt sich an die Eltern erinnert, die ihre „ungehorsamen" Säuglinge festbinden. Es scheint, als hätten sich die Schöpfer des neuen Systems nach 1949 Laozis Rat zu Herzen genommen, dass „das Volk den Tod fürchten und nicht in die Ferne reisen" solle. Jeder ist für immer an seinen Arbeitsplatz gefesselt. Die Kulturrevolution war eine Ausnahmesituation, in der die Behörden die Rebellen durch kostenlose Bahnfahrten ermunterten, Verbindung zu Rebellen in anderen Städten aufzunehmen und sich zu organisieren. Heute herrscht wieder der Normalzustand. Erst seit einigen Jahrzehnten brauchen Chinesen für Reisen im Inland keine Passierscheine mehr, und die Zahl der Reisenden ist tatsächlich gestiegen, aber verglichen mit dem Ausland ist die Zahl der Reiselustigen – von Wanderarbeitern und Arbeitssuchenden abgesehen – zunächst eher wenig gestiegen. Inzwischen hat sich das jedoch grundlegend geändert.

Die rebellische Phase der Kulturrevolution war schon 1968 beendet. Daher hatten die meisten Chinesen bis zum Sturz der Viererbande im Jahr 1976 wieder zu ihrem früheren Leben in „stehenden Gewässern" zurückgefunden. Auch die Jugendlichen schienen sich nicht daran zu stören. Einmal versuchten die Behörden, etwas gegen die Lethargie zu unternehmen, und veranstalteten 1977 an der Beijing-Universität einen Tanzabend. Es heißt, dass das Ereignis im Fernsehen übertragen werden sollte, um andere Universitäten zu ermutigen, dem Beispiel zu folgen. Man wollte die Jugend wieder „lebendig" machen, aber alle hatten sich an ihre statische Rolle gewöhnt, und es gab nichts zu filmen. Am Ende musste die Hochschulverwaltung die Studenten aus ihren Zimmern auf die Tanzfläche zerren.

Wie der Bauer im Buch Menzius, der das Wachstum seiner Reispflanzen beschleunigen wollte, indem er sie aus dem Boden zog, so sollte die Tanzbegeisterung durch Zwang gefördert werden. Viele reagierten verärgert und sagten: „Heute so, morgen so! Warum hat man es nicht gleich so gehalten?" Im Übrigen sollte die Pflanze nur zur Hälfte herausgezogen und dann wieder in den Boden gedrückt werden. Als in den letzten Jahren die Jugendlichen auf dem Festland anfingen, Disco zu tanzen, wurde das zunächst wieder verboten. An meiner damaligen Universität spielte sich folgende Szene ab: Am 4. Mai, dem Tag der Jugend, hatte der Studentenverband zu einer Tanzparty eingeladen. Als nun alle „Disco" tanzten, griff der Führer des Kommunistischen Jugendverbandes ein, und am Ende gingen alle brav nach Hause. Die Universität hatte „Disco" nie offiziell verboten. Sie hatte lediglich durchblicken lassen, dass es kein schönes Bild sei. Dabei war es mir schwer verständlich, warum damals, im in jeder Beziehung konservativen China, zwar Tänze, bei denen Mann und Frau einander berührten, akzeptiert wurden, aber bei Disco-Musik „auseinandertanzende" Paare nicht. Möglicherweise hing dies damit zusammen, dass Chinesen die wilden Körperbewegungen mit ihrem gewohnten Bild von sich selbst nicht vereinbaren konnten.

Unter dieser leblosen Atmosphäre litt in China wohl niemand mehr als die afrikanischen und arabischen Studenten, die sich zu Tode langweilten. Während die Studenten aus Japan und dem Westen zumeist nur für ein oder zwei Jahre zum Sprachstudium nach China kommen, studieren die afrikanischen und arabischen Studenten in der Regel technische und naturwissenschaftliche Fächer oder Medizin und verlieren dort fünf oder sechs Jahre ihrer Jugend. Sie können diesen Lebensabschnitt auch nicht einfach übergehen wie die gleichaltrigen Chinesen. Die chinesischen Studenten in den USA können – obwohl sie dort frei von den Fesseln ihrer Gesellschaft und ihrer Familie sind – auch zehn Jahre sexuell enthaltsam leben. Den

Studenten aus anderen Entwicklungsländern fällt das nicht so leicht. Sie brauchen Beziehungen zum anderen Geschlecht und ein Nachtleben.

In China ging man vor der Reformära nicht selten gegen neun Uhr abends zu Bett. Ein Nachtleben existierte nicht. In den Städten, die ich kannte, gab es damals lediglich zwei oder drei Nachtbars für Ausländer. In einer dieser Bars in Shanghai spielte die bekannte „Opa-Band" Swing aus den Dreißigern. Jedesmal, wenn ich dort war, traf ich die gleiche Gruppe afrikanischer und arabischer Studenten. Auf meine Frage, ob sie oft herkämen, sagten sie: „Fünf Mal in der Woche."

In den Wohnheimen kam aus den Zimmern afrikanischer oder arabischer Studenten ständig laute Disco-Musik. Wenn ein Chinese ständig Rock'n'Roll hören und sich dazu im Takt bewegen würde, würde man ihn als Rowdy oder Rocker einstufen. Den Studenten aus Entwicklungsländern haftete daher von vornherein dieses Image an. Wenn sie dann noch Kontakte zu chinesischen Frauen knüpften, war das erst recht unerträglich. In einer asexuellen Gesellschaft, die noch dazu die Tendenz hat, die Frauen zu „nationalisieren", gelten Afrikaner und Araber leicht als „wilde Tiere". Dagegen haben für Afrikaner und Araber die Chinesen etwas von einer Pflanze an sich.

Die Weltanschauung der Chinesen ist bis heute statisch, und auf dem Festland ist man noch immer der Auffassung, dass die Stimulation der Sinnesorgane etwas Schlechtes sei. Zwar tauchten in chinesischen Filmen der letzten Jahrzehnte auch Kussszenen oder Szenen auf, in denen ein Mann und eine Frau in Badekleidung am Strand einander hinterherlaufen. Über solche Szenen würde sich in anderen Ländern niemand mehr erregen, in China aber wurden sie immer wieder heftig kritisiert.

Laozi sagt: „Farbenpracht blendet das Auge. Klangreichtum betäubt das Ohr. Feinschmeckerei verdirbt den Geschmack. Hetzen und Jagen verwirren das Herz. Seltene Güter führen zu Verbotenem. Drum sorgt der Weise für den Bauch, nicht für das Auge. Er entfernt das andere und nimmt dies." Dies ist die beste Beschreibung der „pflanzenhaften" Lebensweise der Chinesen.

In den dreißiger Jahren gab es unter chinesischen Intellektuellen eine lebhafte Debatte über die „Dialektik". Manche meinten, man könne die statische Weltanschauung der Chinesen mit Hilfe der Dialektik ändern. Die Atmosphäre eines „stehenden Gewässers" ist aber in der chinesischen

Kultur so stark, dass man fast Sympathie für Maos „permanente Revolution" aufbringen könnte. Doch so viele Purzelbäume der „Affenkönig" Sun Wukong ()[2] auch schlug, Buddhas Hand (der kulturellen Tiefenstruktur) konnte er nicht entkommen. Jedoch auch Maos „permanente Revolution" führte am Ende zu „Chaos", und das war nicht verwunderlich, denn wenn in Zeiten der Ordnung niemand unkontrolliert reden und sich unkontrolliert bewegen darf, wird bei „Unruhe im Reich" schnell ein unkontrollierbares Chaos daraus.

MINDERWERTIGKEITSGEFÜHLE

Auf dem chinesischen Festland fiel mir immer wieder auf, dass nur hochrangige Kader sich Ausländern gegenüber als gleichwertig empfanden, während das einfache Volk sich minderwertig und zweitklassig fühlte. In China wurde schon früh streng zwischen den zwei Kategorien Beamte und Volk unterschieden. Nur jene, die über den anderen standen, konnten ein Selbstwertgefühl entwickeln, und nur aufgrund ihrer höheren Stellung konnten sie mit Ausländern aus dem Westen von gleich zu gleich verkehren. Die einfachen Leute dagegen waren sowohl den einheimischen wie den fremden „Mandarinen" gegenüber Menschen zweiter Klasse.

Die bevorzugte Behandlung ausländischer Gäste auf dem Festland entspricht der traditionellen Regel, dass die „Etikette nicht für das gemeine Volk gilt", dessen Minderwertigkeit institutionalisiert wurde. Daneben trugen aber auch der kulturellen Tiefenstruktur immanente Gründe zur Bildung dieses Minderwertigkeitsgefühls bei. Wer nur ein geringes Selbstwertgefühl besitzt, sich nicht begehrenswert zu machen traut, seine eigene Sexualität als Tabu ansieht und nicht offen zu zeigen wagt, wer er ist, der wird sich einem selbstbestimmten Charakter gegenüber, der stolz auf seine Attraktivität ist und seine Triebe akzeptiert, immer unterlegen fühlen. Jemand, der sich fürchtet, allein zurückzubleiben oder ausgestoßen zu werden und immer Gesellschaft sucht, der es nicht wagt, sich „von den Massen zu isolieren", der sich nur durch andere definieren kann und deshalb nicht

---

2   Sun Wukong (孙悟空) ist der Name der berühmten Affenfigur aus dem Ming-zeitlichen Roman „Die Reise nach dem Westen" von Wu Cheng'en (吴承恩, 1506–1582). Mao identifizierte sich oft selbst mit Sun, der Aufruhr im Himmel stiftete.

ohne diese Vermittlung der Welt gegenübertreten kann, wird sich einem Menschen gegenüber schwach und armselig fühlen, der seine Umwelt selbst definiert, neuen Erfahrungen gegenüber offen ist und sie genießt. Ein Mensch, der emotional darauf angewiesen ist, dass andere sich um ihn kümmern, der „schenkt dem sein Herz", der ihn gut behandelt. Einem Menschen gegenüber, der keine Rücksicht darauf nimmt, ob er andere vor den Kopf stößt, und der alles rational analysiert und beurteilt, wird er schnell seine eigenen Maßstäbe in Frage stellen und in allem dem anderen Recht geben.

Die Beschädigung des Ichs ist so tief, dass auch Chinesen in Hongkong und Taiwan dieses Unterlegenheitsgefühl gegenüber westlichen Ausländern zeigen. So glauben zum Beispiel viele Studenten aus Hongkong oder Taiwan, dass sie in Amerika diskriminiert werden. Natürlich gibt es in den USA Rassismus; im Allgemeinen aber tendieren die Amerikaner dazu, andere Menschen als Individuen zu betrachten und mit ihnen als Individuen Freundschaft zu schließen. Dagegen neigen Chinesen eher zur Typisierung, und zwar nicht nur der Ausländer, sondern auch ihrer selbst. Unterbewusst ordnen sie sich selbst dabei einer niedrigeren Kategorie zu. So vorgeprägt, nehmen sie im Fall eines Konflikts nur wahr, dass der andere selbstbewusst und gelassen argumentiert und sich nicht um „Harmonie" kümmert. Sie selbst können ihre Aggressivität nicht äußern; einen eigenen Standpunkt zu haben, erscheint ihnen illegitim, und so sind sie unfähig, ihn zu vertreten. Sie fühlen sich unterdrückt und interpretieren dies als Rassismus. Viele verstecken sich deshalb gern in der Masse von einer Milliarde Menschen. Dort können sie erleichtert aufatmen und ihren unterdrückten Ressentiments freien Lauf lassen. Auch die Aktivisten der sogenannten „patriotischen Bewegung" im Ausland kamen sich nur dann groß vor, wenn sie spürten, dass sie eine Schuppe des Riesendrachens waren; einzeln einem einzelnen Ausländer gegenüber, fühlten sie sich einen Kopf kleiner. Lu Xun schrieb: „Chinesen sind seit jeher stolz. Leider kennen sie keinen Persönlichkeitsstolz, sondern nur einen Herdenstolz." **(Heißer Wind)**

Andererseits fiel mir in der Volksrepublik oft das große Selbstbewusstsein der Söhne und Töchter hoher Kader auf, das in krassem Gegensatz zur „Selbsterniedrigung" der einfachen Leute steht. Manche hohen Funktionäre – insbesondere die Revolutionäre der ersten Generation – sind ziemlich starke Persönlichkeiten. Normalerweise haben in chinesischen Filmen die meisten Figuren keine besondere Individualität. Es gibt jedoch Ausnahmen: Im Film „Bürgermeister Chen Yi" wurde der ehemalige Bürgermeister von Shanghai und spätere Außenminister Chen Yi[3] als Mensch wieder lebendig, weil der Schauspieler ihn in allen Details imitierte und sogar seinen Akzent genau traf. Diese eine Rolle dominierte in einem solchen Maß, dass die anderen Rollen bloße Kulisse waren und keine individuellen Züge zum Ausdruck bringen konnten. Im wirklichen Leben, fürchte ich, verhält es sich ähnlich. Persönlichkeiten wie Mao Zedong und Zhou Enlai waren in China schon immer Ausnahmegestalten. Sie waren nicht weniger „groß" als die „Führer" anderer Länder ihrer Zeit. Von der Spitze einer Pyramide aus einer Milliarde Menschen ist nichts anderes zu erwarten. Aber leider hat die „Selbstexpansion" dieser wenigen Gestalten in China die Selbsterniedrigung der vielen zur Voraussetzung.

„DURCH SCHWÄCHE WIRKT DAS DAO (道)"

Die chinesische Kultur ist eine Kultur der Schwachen. Einerseits schwächt sie die große Mehrheit, andererseits erfindet sie Strategien und Strategeme, mit denen Schwäche sich in Stärke verwandeln lässt: Diese Strategeme tragen Bezeichnungen wie: „Das Weiche überwindet das Harte", „die Stille beherrscht die Bewegung", „ein Schritt zurück, um weiterzukommen", „wer nehmen will, muss geben", „wer fangen will, muss loslassen", „mit geliehener Gewalt die Gewalt schlagen" usw. Bei **Laozi** heißt es: „Nichts in der Welt ist weicher und schwächer als Wasser und doch in der Art, wie es Hartem zusetzt, kommt ihm nichts gleich. Es kann durch nichts verändert werden. Dass Schwaches über Starkes siegt und Weiches über Hartes, weiß jeder auf Erden, doch wer vermag danach zu handeln."

Aufgrund ihres „reduzierten Ichs" können sich Chinesen willig in widrige Umstände fügen. Gleichzeitig aber können sie Selbsterniedrigung als Pose praktizieren, um ihre egoistischen Ziele zu erreichen. Wer in einer Kultur wie der chinesischen, die so viel Wert auf Eintracht und

---

3 Chen Yi (陈毅, 1901–1972) war einer der zehn Marschälle der Volksbefreiungsarmee. Als Kommandeur der Neuen Vierten Armee hatte er wesentlichen Anteil am Sieg der kommunistischen Bewegung in China. Zwischen 1949 und 1954 war er Bürgermeister von Shanghai. 1958 wurde er Außenminister und rückte damit ins Rampenlicht der Weltpolitik.

Konfliktvermeidung legt, offen seine Interessen verfolgt, wird schnell zur Zielscheibe der Kritik. Deshalb muss man zunächst den Eindruck von Rücksicht und Altruismus erwecken. Hat man diese Position der moralischen Überlegenheit einmal errungen, kann man auf Umwegen und hinter dem Rücken der anderen seine eigenen Ziele verfolgen. „Nur wer mit keinem streitet", sagt Laozi, „bleibt unbestritten Sieger." In der chinesischen Geschichte war es die Regel, dass ein Usurpator zunächst bescheiden das Angebot, den Thron zu besteigen, ablehnen musste. Nur mit dem Argument, dass sie es dem Wohl des Volkes schuldig seien, ließen sie sich von ihren Genossen schließlich überreden, denn so demonstrierten sie ihre „absolute Selbstlosigkeit und Hingabe für andere". Noch in der Zeit der Republik (1912–1949) wurden solche Tricks zum Beispiel von Yuan Shikai erfolgreich angewandt, und in den siebziger Jahren spielte Chiang Ching-kuo dasselbe Spiel.

Laozi riet, zur Straße, auf der alle gehen, zu werden oder zum tiefen Tal, wenn man etwas für sich erreichen will: „Wird man zum Strom der Welt, verlässt ihn nie die Tugend. Wird man zum Tal der Welt, erfüllt ihn immer die Tugend." Ist man zur Straße geworden, auf der alle gehen, können sie sie nicht mehr verlassen und sind von ihr abhängig. Ist man zum tiefen Tal geworden, nimmt man zwar die niedrigste Stellung ein, doch fließen darin am Ende die Wasser aller Bergbäche. Man überwindet oder gewinnt die anderen, indem man zunächst die niedrigsten Dienste verrichtet. Die Achte Feldarmee[4] (geführt von der Kommunistischen Partei im Krieg gegen Japan 1937 bis 1945)[5] konnte deshalb die Bevölkerung für sich gewinnen, weil sie sie nicht wie die Warlords und die Armee der *Guomindang* tyrannisierte, sondern der Bevölkerung im Alltag half, ganz im Sinne des Prinzips von König Wen der Zhou-Dynastie: „mit großen Mitteln den Kleinen dienen". Nachdem die Volksbefreiungsarmee in Tibet einmarschiert war,

---

4   Nach dem Xi'an-Zwischenfall im Dezember 1936 wurden die in Nordchina stationierten kommunistischen Streitkräfte zur Achten Feldarmee unter Zhu De (朱德, 1886–1976) und Peng Dehuai (彭德怀, 1898–1974) umorganisiert und nominell der Regierung Chiang Kaisheks unterstellt. In Wahrheit operierte sie jedoch unabhängig.

5   Der „Widerstandskrieg gegen Japan" begann 1937. Um alle chinesischen Kräfte gegen die Japaner zu vereinen, kam es von 1937 bis 1940 zu einer Einheitsfront zwischen den Kommunisten und der Guomindang. Erst mit dem Abwurf der Atombombe auf Nagasaki endete der Krieg zwischen China und Japan.

säuberten ihre Soldaten als erstes die öffentlichen Toiletten. Damit folgten sie getreu dem Laozi Spruch: „Wer eines Landes Übel (wörtlich: Schmutz) auf sich nimmt, ist wert, Herr der Altäre zu sein." Wer einen Gegner bezwingen will, folgt Laozis Rat, der sagte: „Was man verengen will, muss man erweitern, was man schwächen will, muss man stärken, was man stürzen will, muss man erheben, wo man nehmen will, muss man geben." Hebt man den anderen zuerst in die Höhe, macht man ihn blind vor Stolz: er unterschätzt den Feind und lässt alle Vorsichtsmaßregeln außer Acht. Das ist der Augenblick, in dem man zuschlägt. Eine andere Taktik besteht darin, den anderen groß werden zu lassen, so dass er „dem Wind eine Angriffsfläche bietet". Wenn er dann von allen Seiten angegriffen wird, wird er bald unter den Schlägen der vielen Gehilfen fallen.

Das Prinzip „mit geliehener Gewalt die Gewalt schlagen" macht sich auch die chinesische Kampfsportart *Wushu*[6] zu eigen. Je heftiger der Angriffsschlag des Gegners ist, desto besser, da sein Schlag am Ende ihn selber trifft. Aus der Anwendung dieser Taktik auf die Kriegführung entstand die Strategie des Partisanenkrieges. Mao beschrieb seine Strategie so: „Rückt der Feind vor, ziehen wir uns zurück, macht er halt, umschwärmen wir ihn, ist er ermattet, schlagen wir zu, weicht er, verfolgen wir ihn." (**Ausgewählte Werke**) Dies ist Maos Formulierung des Prinzips, dass das Dao durch Schwäche wirkt.

---

6   Der Begriff *Wushu* (武术) meint die traditionellen chinesischen Kampfkünste wie Boxen, Fechten u.ä., die früher zur Selbstverteidigung und heute hauptsächlich als gymnastische Übungen betrieben werden.

UNTERENTWICKLUNG DER INDIVIDUALITÄT

KÖRPERLICHE SYMPTOME

Viele Chinesen hatten die Angewohnheit, auf den Boden zu spucken, sich durch die Finger zu schneuzen und sich öffentlich ungeniert in der Nase zu bohren. Auf dem Festland waren diese Unsitten häufiger als in Hongkong. Nur in den ärmeren Bezirken und in den unteren Schichten ist Ausspucken üblich, durch die Finger zu schneuzen ist eher selten. In der Öffentlichkeit zu furzen und in der Nase zu bohren war dagegen weit verbreitet. Auf dem Festland spuckten die Studenten selbst im Hörsaal oder in der Bibliothek auf den Boden und sogar in den Lesesälen der Lehrkräfte kam die Unsitte vor. Studenten aus dem Ausland beobachteten, wie Professoren während der Vorlesung ihren Nasenschleim auf das Pult schmierten. Ein amerikanischer Teilnehmer an einer Konferenz über Orakelknochen erzählte, dass die chinesischen Kollegen beim Abschlussbankett unter den Tisch spuckten.

Sogar in Großstädten wie Shanghai verfolgte einen auf Schritt und Tritt das Spuckgeräusch, so dass man ständig fürchten musste, getroffen zu werden. Auf dem Gehsteig lag überall Auswurf und Nasenschleim, so dass man nicht wusste, wohin man seine Füße setzen sollte. Shanghai aber galt als relativ zivilisiert, weil zumindest im Kino kaum gespuckt wurde. In anderen Städten im Osten Chinas und in den großen Städten im Landesinneren ging, wenn der Film vorbei war, eine Welle von Husten und Spucken durch den ganzen Saal. Der Eindruck, dass es um den Gesundheitszustand der Chinesen nicht zum Besten bestellt sei, verstärkte sich, und man fragte sich, ob das Bild vom „kranken Mann Ostasiens" vielleicht doch noch nicht überholt sei.

Wie kann man von einem Menschen, der die Ausscheidungen seines eigenen Körpers nicht kontrollieren kann, erwarten, dass er mit anderem Abfall vernünftig umgeht? In allen öffentlichen Anlagen waren die Wege gesäumt von Papier und Eisstielen, den Schalen von Melonenkernen und ähnlichem Müll; in den Restaurants wurden die Knochen nicht nur auf den Tisch, sondern auch auf den Boden gespuckt. Weder im Westen noch in Japan gibt es solche Zustände. Die Parks in Nordeuropa sind so gepflegt und sauber als wären es Privatgärten. In China ist es üblich, den Westen als

„individualistisch" zu kritisieren. Dass öffentliches und privates Interesse gleichberechtigt existieren und einander ergänzen können, ist anscheinend nicht verständlich. In China dagegen werden öffentliche Interessen nur auf Kosten der privaten Interessen und private Interessen nur auf Kosten der öffentlichen Interessen durchgesetzt. All dies hat sich natürlich mittlerweile gewandelt.

Ein weiteres Beispiel für mangelnde Selbstbeherrschung war die Unsitte, Spül- und Waschwasser einfach auf die Straße, in den Studentenwohnheimen sogar vor die eigene Zimmertür auf den Gang zu schütten. Fehlender Gemeinschaftssinn zeigte sich darin, dass man die Wasserhähne nicht zudrehte und das Licht brennen ließ. Fremden gegenüber äußerte sich diese Einstellung darin, dass man „dem anderen schadet, sich selber nützt". Beim Einsteigen in den Bus stellte man sich nicht an, und auch wenn es eine Absperrung gab, drängelte man sich an den anderen vorbei. Beim Einkaufen drückte man die anderen Käufer auf die Seite.

All das geschah meist nicht mit Absicht, sondern eher gedankenlos wie bei Kindern. Ein fremdbestimmter Mensch kann so von außen beeinflusst sein, dass er jede Individualität verliert, alles hinnimmt und sich selbst sehr gering einschätzt. Doch gibt es immer Bereiche, in die der äußere Druck nicht reicht, und man hatte nie gelernt, auch diese Bereiche zu beherrschen.

Ein Mensch, der sich nicht selbst „organisieren" kann, kann auch seine Körperbewegungen nicht kontrollieren. Während meines Studiums auf dem Festland fiel mir in Kinos und Konzertsälen immer wieder auf, dass meine Nachbarn ihre Beine nicht ruhig halten konnten; das störte mich oft so, dass ich sie bitten musste, damit aufzuhören.

DAS GESCHWÄCHTE INDIVIDUUM

Wer sich seiner selbst nicht sicher ist, ist in der Öffentlichkeit stets wachsam und fühlt sich ständig beobachtet; infolgedessen ist sein Gesicht verkrampft. Mit unsicheren Schritten wird er sich an anderen Menschen vorbeischleichen. Im Unterricht oder bei einem Vortrag behält er seine Fragen lieber für sich, zumindest wartet er, bis ein anderer den Anfang gemacht hat. Wenn er endlich den Mund aufmacht, wird er rot bis über beide Ohren und spricht mit zitternder Stimme. Wenn ein solcher Mensch jemandem gegenübersteht, der ihm überlegen erscheint, lässt er sich leicht von

dessen scheinbarer Stärke beeindrucken. Unwillkürlich wird er sich du-
cken, lächeln und zu gefallen suchen. Auch wenn er eindeutig im Recht ist,
ändert er sofort seine Meinung, wenn der Stärkere widerspricht. Da er sich
selbst nicht als autonome Persönlichkeit etablieren konnte, kann er auch an
seinen Ansichten nicht festhalten.

Ein geschwächtes Individuum ist oft hilflos bei wichtigen Entscheidungen. Es fügt sich in sein Schicksal, und lässt sich treiben. Die Figuren aus
Erzählungen Lu Xuns (Ah Q, Schwägerin Xiang Lin, Kong Yiji), Weiyu in
Mao Duns[1] Roman **Shanghai im Zwielicht,** Gao Juexin und Zhou Rus-
hui in Ba Jins[2] Romantrilogie **Reißende Strömung** sowie Fang Hongjian
in Qian Zhongshus Roman **Die umzingelte Festung** sind literarische Darstellungen solcher geschwächter Individuen. Im Film „Der zweite Händedruck" überwältigt der heldenhafte Retter des Guten zunächst vier Gangs-
ter. Als sein Vater ihm aber die Hochzeit mit seiner Geliebten verbietet, ist
er in Tränen aufgelöst und bringt keinen Ton heraus. Schließlich fügt er sich
dem Willen des Vaters und heiratet eine andere Frau. Die zweite Szene entspricht dem ängstlichen Drückebergertum chinesischer Männer, während
die erste Szene, die aus einem Hollywood-Film der sechziger oder siebziger
Jahre stammen könnte, die charakterliche Einheit dieser Rolle zerstört.

Chinesische Tragödien unterscheiden sich grundsätzlich von westlichen
Tragödien. In der griechischen Tragödie war das Schicksal eines Menschen
vor der Geburt vorherbestimmt. Beim einfachen Volk konnte es keine Tragödie geben; tragisch war nur das Scheitern eines großen Menschen an
seinem Schicksal. Später wurde im Westen die Tragödie so definiert: Ein
Mensch mit gutem Charakter gerät in eine Konfliktsituation, in der gerade
die positiven Züge seines Wesens sich als Hindernis erweisen, und er an diesem Konflikt mit der Umwelt scheitert. Die chinesische Tragödie schildert

---

1   Der Schriftsteller **Mao Dun** (茅盾,1896–1981) schildert in seinem bedeutendsten Werk
Shanghai im Zwielicht (1933, 子夜, Ziye) das bourgeoise Milieu im Shanghai der frühen
dreißiger Jahre.

2   Ba Jins (巴金. 1904–2005) bekanntestes Werk ist die Romantrilogie „Reißende Strömung" (激流, Jiliu), die sich aus den Romanen „Die Familie" (家, Jia), 1931, „Frühling"
(ZEICHEN, Chun), 1938, und „Herbst" (秋, Qiu), 1940, zusammensetzt. Darin beschreibt
der Autor die Jahre von 1919 bis 1923 am Beispiel der Geschichte einer „typischen feudalen
Familie" und kritisiert das alte Familiensystem.

meistens ein geschwächtes Individuum, das in den Grundfragen seines Daseins äußeren Kräften gegenübersteht, die stärker sind als es selbst. Es kann nur weinen und jammern und auf das Urteil des Schicksals hoffen. Die Tränen des Schwachen dürfen deshalb in einer chinesischen Tragödie nicht fehlen.

Gerade der Schwache aber gilt in der chinesischen Kultur als „ehrlich und anständig". So denken nicht nur die Eltern und die Lehrer; auch die Entscheidung für einen Partner erfolgt oft nach demselben Kriterium.

GEFÜHL DER ABHÄNGIGKEIT

In China sagt man: „Zuhause stütze dich auf die Eltern, draußen stütze dich auf die Freunde." Das muss nicht ausschließlich Ausdruck einer übertriebenen Abhängigkeit sein; es kann auch die chinesische Vorliebe für Harmonie in den zwischenmenschlichen Beziehungen widerspiegeln. Trotzdem hemmt diese Einstellung die Bildung einer eigenständigen Persönlichkeit, denn sie prägt jedem von Anfang an ein, dass man sich nicht auf sich selbst verlassen, sondern bei Anderen Halt suchen soll. Diese Tendenz ist bei Jugendlichen besonders deutlich. Das gesamte System auf dem Festland scheint darauf angelegt, diese Haltung zu festigen. Der Einzelne braucht sich nicht um sich zu kümmern, da der Staat alles in die Hand nimmt. Früher wurde Absolventen nach dem Studium ein Arbeitsplatz zugewiesen, und in den letzten Jahren der Kulturrevolution wurde sogar propagiert, man solle „sein Leben in die Hände der Partei legen", das heißt, auch alle persönlichen Entscheidungen der Partei überlassen.

Dieses System garantierte zwar jedem seine Schale Reis, aber gleichzeitig hatte es zur Folge, dass der Einzelne sich nicht entfalten konnte. Nicht alle konnten sich damit abfinden. Manche Berufstätigen klagten, dass ihre Karriere im Aufstieg von 40 Yuan im Monat als Anfangsgehalt auf 80 Yuan am Lebensende bestünde, während die Kollegen, die nach Hongkong auswandern durften, es dort schon nach wenigen Jahren zum Manager oder Geschäftsinhaber gebracht hätten. Andererseits empfanden wohl die meisten Chinesen das herrschende System nicht als so unerträglich. Sie zogen und ziehen es auch heute noch vor, im Inland unter gesicherten Verhältnissen zu leben, als sich im Ausland unter Entbehrungen eine eigene Existenz aufbauen zu müssen.

Das nach dem Alter gestaffelte Lohnsystem verhinderte schnellen beruflichen Aufstieg in der Jugend. Viele junge Leute waren deshalb auch nach der Hochzeit noch auf das Geld der Eltern angewiesen. Häufig bekamen sie auch den Arbeitsplatz ihrer Eltern, wenn diese in Ruhestand gingen, und das verstärkte noch das Gefühl der Abhängigkeit. Je mehr Macht die Eltern haben, desto mehr verlassen sich die Kinder auf sie. So hatte die alte Redensart „Zuhause stütze dich auf die Eltern" damals ihre volle Realisierung gefunden.

In Ländern wie China, wo die Warenwirtschaft bis Ende der 1970er Jahre noch relativ unterentwickelt und die Versorgung mit lebenswichtigen Gütern mangelhaft war, und außerdem unüberwindbare Barrieren zwischen den Betriebseinheiten (*danwei*) bestanden, entstand zwangsläufig ein perfektes System von Beziehungen und Hintertüren als einziger Weg, um seine Wünsche und Bedürfnisse zu erfüllen. Unter diesen Bedingungen war die Devise „Draußen stütze dich auf die Freunde" höchst wichtig.

KATEGORIEN UND STEREOTYPEN

Wenn sich das Individuum nicht entwickeln kann und jeder sich nach bestimmten formalisierten Regeln verhalten muss, führt das dazu, dass man Menschen, Dinge und Sachverhalte kategorisiert und typisiert. In einer solchen Kultur hat ein Einzelner keine Chance, seine Individualität zu entfalten, denn er würde sofort von den „Massen" in eine bestimmte Schublade gesteckt. Wo alles der gesellschaftlichen Moral entsprechen muss und jeder in Stereotypen lebt und denkt, hat man selten das Gefühl, mit dem wirklichen „Ich" des anderen in Kontakt zu kommen. Wirst du von anderen beurteilt, so hast du den Eindruck, dass sie dich aufgrund von ein oder zwei oberflächlichen Kriterien irgendeiner Kategorie zuordnen.

Doch nicht nur nach ihrem Rang und der Zugehörigkeit zu einer gesellschaftlichen Schicht werden die Menschen eingeordnet, sondern sie werden auch in „Gute" und „Böse" kategorisiert. Im Altertum war es üblich, nach dem Tod eines Herrschers oder hohen Beamten in ein paar formalisierten Sätzen die Tugend bzw. Verwerflichkeit des Verstorbenen festzulegen. Das entspricht einem Grundzug des chinesischen Denkens, dass alles eine korrekte Bezeichnung (正名, *zheng ming*) erhalten muss. So finden sich in den Vierundzwanzig Dynastiegeschichten zahlreiche typisierende

Biographien von „loyalen Beamten", „pflichtgetreuen Vasallen", „hochge-bildeten Gelehrten", „Verrätern", „Kollaborateuren" und „Kriechern". In der traditionellen Oper treten die Figuren mit rot, schwarz oder weiß ge-schminkten Gesichtern auf die Bühne. Ihr Charakter, der durch die Farbe festgelegt ist, kann sich weder entwickeln noch verändern.

Das war auch der Grund dafür, dass die marxistische „Klassenanaly-se" in China auf so fruchtbaren Boden fiel. Ihr Ziel war es ursprünglich, mit Hilfe makrosoziologischer Kategorien die ökonomische Stellung eines Menschen darzulegen. Sie teilte die Gesellschaft in zwei antagonistische Klassen und zwischen ihnen stehende „schwankende Schichten" ein. Das sollte aber nicht implizieren, dass alle Menschen, die derselben Klasse oder Schicht angehören, auch wirklich gleich sind. In China wurden daraus dann Klassen mit völlig stereotypen Eigenschaften. Diese Abweichung vom Marxismus tauchte zuerst bei linken Literaten und Künstlern der dreißiger Jahre auf und erreichte während der Kulturrevolution ihren Höhepunkt.

In den acht Modellopern Jiang Qings (江青)[3] waren die Guten und die Bösen in jeder Hinsicht deutlich gekennzeichnet; es gab keine charakter-liche Entwicklung, keine Komplexität und natürlich auch keine Individua-lität. Auch heute ist die Tendenz zur Typisierung in Literatur und Kunst noch vorhanden. Die offizielle Literatur- und Kunsttheorie fordert, „typi-sche Charaktere herauszugreifen". Zwar hatten zu Beginn der Reformära neuere Filme nicht mehr allein den „Kampf der zwei Linien" zum Inhalt, doch sollten die Drehbuchautoren ihre Aufgabe in der Beseitigung der durch die Öffnung des Landes aufgetretenen „ungesunden Tendenzen" sehen, womit sie neue Stereotypen schufen. Diese neuen Stereotypen wur-den möglichst vereinfachend dargestellt. Zur Charakteristik eines Ganoven oder Rowdys genügten die einfachsten Requisiten – eine Sonnenbrille oder ein buntes Hemd, wie es Chinesen aus Hongkong tragen – und ein paar typische Verhaltensweisen – Rauchen, Besuch von Hotels für Auslän-der, Disco tanzen. In einer nivellierenden Kultur war jeder, der anders als die anderen war, verdächtig, und dynamische Menschen galten in einer sta-tischen Kultur als unmoralisch. In einer infantilisierten Gesellschaft hatte niemand etwas dagegen einzuwenden, wenn alte Kader rauchten. Machten

---

3   Jiang Qing (江青, 1914–1991) war die vierte und letzte Ehefrau Maos. Sie zählte zur sog. „Viererbande" (四人帮, *sirenbang*), den Protagonisten der Kulturrevolution.

aber junge Leute dasselbe, waren sie nicht „brav" und nicht „gehorsam". In einer Kultur, die sich nach außen abschließt, konnten Menschen mit einem Drang nach draußen keine guten Menschen sein.

In den Filmproduktionen der letzten Jahre wurde mehr Wert auf das Aussehen der weiblichen und männlichen Akteure gelegt, doch sind beispielsweise die Frauenrollen weiter typisiert. Es gibt nur zwei Kategorien: Frauen, die innerlich schön sind und solche, die äußerlich schön sind. Während die innerlich Schönen durchschnittlich aussehen, aber ein gutes Herz haben und sich in den Dienst des Volkes stellen, streben die äußerlich Schönen nach Ruhm, schwärmen für ein Leben im Ausland, sind selbstsüchtig und nur auf den eigenen Vorteil bedacht. Im Grunde brauchen innere und äußere Schönheit einander nicht auszuschließen. In einer asexuellen Kultur aber verstößt jeder, der es wagt, sich schön zu machen, gegen die Moralgesetze.

Wer nicht den allgemein anerkannten Kategorien entspricht, der wird „gleich gemacht". In der Kulturrevolution brauchte man nur etwas gebildeter oder im Ausland gewesen zu sein, etwas zu tun, was nicht jeder verstand, Erfahrungen gemacht zu haben, die die anderen nicht machen konnten, oder auch nur Verwandte im Ausland zu haben, um von den „Rebellen" bekämpft und kritisiert zu werden. Damals konnte man in Shanghai bei einer Auseinandersetzung jeden Opponenten, vorausgesetzt, er trug eine Brille, als „stinkenden Intellektuellen" beschimpfen.

Kinder denken in Schablonen und festen Kategorien, um ihre Umwelt einzuordnen. Sie haben noch keine eigene Individualität entwickelt und können deshalb die Komplexität der Erwachsenenwelt nicht durchschauen und Doppeldeutigkeiten nicht ertragen. In der Politik stürzt diese Mentalität unzählige Menschen ins Unglück. In Taiwan z.B. war Unzufriedenheit gleichbedeutend mit einem Angriff auf die Regierung. Da die Regierung antikommunistisch war, galt jeder, der die Regierung kritisierte, automatisch als Kommunist. Auch die Bewegung für die Unabhängigkeit Taiwans war gegen die Regierung. Also wurde jeder Opponent sowohl den Kommunisten als auch den Anhängern der Unabhängigkeitsbewegung zugerechnet, obwohl die beiden nichts miteinander zu tun hatten. Und wer das Gegenteil von dem vertrat, was diese beiden Gruppen vertraten, galt dann immer noch als heimlicher Handlanger einer „Verschwörerclique". So dachte nicht etwa nur eine kleine Minderheit, sondern es war die vorherrschende Mentalität. Passierte etwas, was die Mehrheit nicht verstand oder nicht akzeptieren konnte, war eine „Verschwörerclique" daran schuld. Als zum Beispiel Sun Yatsens Kopf auf einer Münze umgedreht so aussah wie Mao Zedong mit Mütze, als die alten Geldscheine durch neue ersetzt wurden, die dieselbe Farbe hatten und deshalb leicht zu verwechseln waren, als ein Politiker alle Sympathien verlor, weil er vorschlug, das Stempelkartensystem einzuführen, das jeden gezwungen hätte, sich an die vorgegebenen Arbeitszeiten zu halten, lief das Gerücht um, (kommunistische) „Banditen" hätten die Regierung unterwandert. Wer sich in Widerspruch zur Gesellschaft stellte, war der „Feind", und alles, was die Gesellschaft nicht akzeptieren konnte, wurde dieser Kategorie zugeordnet.

Auf dem chinesischen Festland war diese Tendenz noch extremer ausgeprägt. Wer nur ein bisschen anders dachte, galt als „Feind des Sozialismus" und als „Feind des Volkes". Wenn eine Interpretation des Marxismus-Leninismus mit der offiziellen nicht übereinstimmte, galt sie als „trotzkistisch". Wer mit Ausländern Kontakt hatte oder aus dem Ausland zurückgekehrt war, wurde beim geringsten Anlass als Spion der Amerikaner oder von Chiang Kaishek diffamiert. Bis zum Ende der Kulturrevolution standen alle Übersee-Chinesen im Verdacht der Spionage.

Menschen, die so denken, können nicht verstehen, wie kompliziert das menschliche Gehirn ist, dass die Lebenssituation jedes Menschen einzigartig ist und er aus tausenderlei Gründen andere Ansichten hat, die in keine der vorhandenen Kategorien politischer Ansichten passen; sie können nicht verstehen, dass jemand nur sich selbst vertritt und dass hinter ihm nicht unbedingt eine „Verschwörerclique" steht. Da Chinesen in moralischen Fragen dem Urteil eines einzelnen Menschen nicht trauen, können sie nicht glauben, dass ein Einzelner, der keiner bestimmten Gruppe oder Clique angehört und sich daher auch in keine Kategorie einordnen lässt, eine eigene politische Meinung besitzen kann.

In den letzten Jahren sind die Fälle seltener geworden, wo jemand wegen ein paar Auffälligkeiten der schlimmsten Verbrechen beschuldigt wurde. Solange jedoch die kulturellen Faktoren wirksam sind, besteht jederzeit die Möglichkeit, dass die alte Praxis wieder auflebt. Im Alltag finden sich noch viele, oft lächerlich anmutende Beispiele für diese Schablonenmentalität. Studenten, die den ganzen Tag hinter ihren Büchern sitzen, gelten als fleißig, während die weniger Ausdauernden und Unternehmungslustigeren als faul gedacht werden. Man begreift nicht, dass es unterschiedliche Arten zu lernen gibt, dass es eher dynamische und eher statische Charaktere gibt, und dass die Auffassungsgabe unterschiedlich sein kann.

Wer sich nach 22 Uhr, wenn alle anderen schon schlafen, auf der Straße herumtrieb, galt, jedenfalls in der Zeit, als ich in China war, im Allgemeinen kein „guter Mensch". In meiner ehemaligen Universität patrouillierte nach 22 Uhr eine aus alten Universitätsangestellten bestehende Wachmannschaft durch das Universitätsgelände und kontrollierte alle Studenten, die aus der Stadt zurückkamen.

Ein anderes Kriterium der „Bravheit" waren die Beziehungen zum anderen Geschlecht. Wer als Jugendliche(r) einen Freund oder eine Freundin hatte, konnte nicht fleißig studieren, und wer fleißig studierte, hatte bestimmt keine(n) Freund(in). Es gab einen Erlass des chinesischen Erziehungsministeriums, nach dem Student(inn)en sich nicht verlieben durften. Nicht nur, dass dieser Erlass gegen das Ehegesetz verstieß, es war auch inhuman, Student(inn)en, die durch die Kulturrevolution zehn Jahre ihres Lebens verloren hatten und schon über dreißig Jahre alt waren, die Liebe zu verbieten.

GEMEINSAM GEGEN ANDERSARTIGE

Im vorherigen Abschnitt lag der Schwerpunkt bei der Darstellung der Folgen der Unentwickeltheit des Charakters für den Einzelnen selbst. Im folgenden Abschnitt will ich mich mit der Frage auseinandersetzen, inwiefern dieser unentwickelte Charakter den anderen schadet.

Lu Xun schrieb, der „Herdenstolz" (**Heißer Wind**) der Chinesen äußere sich darin, dass sie gern gemeinsam Andersdenkende und „Andersartige" misshandeln, schikanieren und benachteiligen. Das kann sich zum Beispiel so abspielen: Eine Gruppe von Leuten nützt ihre Machtposition, um nur noch „eigene Leute" (私人, *siren*) einzustellen und alle, die „von draußen" (外人, *wairen*) sind, abzulehnen. Damit vergrößert sie ihre persönliche Macht. Ein Bewerber wird also nicht nach seiner Eignung und schon gar nicht nach den Regeln eines fairen Wettbewerbs beurteilt, sondern allein danach, ob er zu den eigenen Leuten gehört oder nicht.

Auch an den Universitäten Hongkongs und Taiwans versammeln die Direktoren oder Dekane oft ihre Günstlinge um sich, um ihre Machtposition zu festigen. Aus demselben Grund ziehen sie ihnen hörige Personen heran, die dann wiederum nur die eigenen Leute einstellen dürfen. An einer Universität in Taipei habe ich erlebt, dass sogar die Doktoranden nicht nach ihren Leistungen ausgewählt wurden, sondern sich einige ältere Professoren von vornherein für ihre Kandidaten entschieden hatten und die Studenten bevorzugten, die vor ihnen katzbuckelten.

Oft bilden sich innerhalb einer *danwei* mehrere Cliquen heraus, die sich gegenseitig bekämpfen. Für jede Clique wird es dann lebenswichtig, dass nur ihre Leute eingestellt werden, um ihre Position auszubauen. Dieses Cliquenwesen gibt es zwar auch in den akademischen Kreisen in den USA, doch geht es dort anscheinend nicht so weit, dass dadurch der Gesellschaft Begabungen verlorengehen. Normalerweise wird bei mehr als zwei Bewerbern mit annähernd gleichen Qualifikationen einem Bekannten, der die nötigen Beziehungen hat, der Vorzug gegeben; im Übrigen aber gelten die Spielregeln eines fairen Wettbewerbs.

In der chinesischen Politik ist die Cliquenbildung auch deshalb so verbreitet, weil die chinesische Machtstruktur monopolistisch ist und es kein Mehrparteiensystem gibt, wo die Regierungsparteien einander abwechseln. Wenn einer die Fronten wechselt, wird ihn die andere Seite nach seinen Fähigkeiten beurteilen und einsetzen, und niemand wird ihn als Deserteur ansehen. Eine traditionelle Maxime in China lautet, dass „der Edle nicht parteiisch ist"; die Bildung von Parteien und Fraktionen muss daher verschleiert werden: Jede Partei oder Fraktion behauptet, dass sie die Interessen des ganzen Volkes vertritt und die Einheit der Nation verkörpert. Deshalb halten sie sich auch für berechtigt, die Macht auf Lebenszeit zu monopolisieren.

In Wirklichkeit rauben diese sogenannten „Volksvertreter" dem Volk und dem Staat Begabungen, indem sie ihre eigenen Leute begünstigen und die Außenstehenden bekämpfen. Je besser jemand qualifiziert ist, desto eher werden sie ihn, wenn sie ihn nicht brauchen können, auszuschalten versuchen, denn jeder hütet sich davor, einen „Tiger großzuziehen, der Unheil bringt".

EGOISMUS

Diese Praktiken zeigen, wie scheinheilig das Streben nach Harmonie und Einigkeit und die Betonung des großen Ganzen in Wirklichkeit sind. Gerade weil in der chinesischen Kultur das offene Streben nach dem eigenen

Vorteil verpönt ist und es keine anerkannten Bahnen für die Verfolgung der eigenen Interessen gibt, müssen sie in verdeckter Form verfolgt werden. Jeder muss sich in der Öffentlichkeit zum Altruismus bekennen und niemand weiß, wo die Grenze zwischen Öffentlichem und Privatem verläuft. So geht jeder seinem eigenen Vorteil unter dem Deckmantel des Allgemeinwohls nach.

In Universitäten in Taiwan wie auf dem Festland habe ich Professoren beobachtet, die wertvolle Bücher aus der Bibliothek mit nach Hause nahmen und ihrer Privatbibliothek einverleibten. Auch normale Bücher kauften sie sich oft nicht selbst, sondern holten sie wie selbstverständlich aus der Bibliothek, um sie in ihr Privateigentum zu verwandeln. Meistens ging es ihnen dabei nur um den Besitz, denn lesen wollten sie sie eigentlich gar nicht. Daher konnte Sun Yatsen feststellen: „Die Chinesen haben eher zu viel Freiheit als zu wenig." Damit meinte er freilich nicht die Freiheit, sich selbst zu verwirklichen, sondern die Fähigkeit eines fremdbestimmten Charakters, sich der Kontrolle zu entziehen. Dieses Übermaß an Freiheit kann in vielen Fällen nur durch eine despotische Herrschaft eingeschränkt werden.

Umso gefährlicher wird es, wenn so ein Charakter Macht über andere bekommt. Als Vertreter der Interessen der Allgemeinheit kann er von jeder privaten Angelegenheit behaupten, sie sei im öffentlichen Interesse. So wollte Yuan Shikai, nachdem er Präsident geworden war, sich selbst zum Kaiser krönen und den Thron seinem Sohn Yuan Keding (袁克定, 1878–1958) vererben. Chiang Kaishek machte sich zwar nicht zum Kaiser, doch war er Präsident bis zu seinem Tod und schaffte es, seinem Sohn die Republik China als Erbe zu hinterlassen, nach dem Sprichwort: „Wenn der Sohn die Geschäfte führt, kann sich der Vater beruhigt zurücklehnen." Auch Mao hat während der Kulturrevolution seine Frau, seine Tochter, seine Neffen und Nichten, seinen Schwiegersohn und andere Leute aus dem eigenen Bekannten- und Verwandtenkreis in höchste Positionen gebracht. Allerdings sehe ich darin nicht sein einziges Motiv für die Kulturrevolution.

Das unkontrollierbare „egoistische Herz" tendiert dazu, die Interessen des Ganzen den unmittelbaren persönlichen Interessen unterzuordnen. Letzten Endes schadet es sich damit langfristig selbst. Im Bürgerkrieg verstanden es die Kommunisten, sich diese Kurzsichtigkeit der verschiedenen Cliquen in der *Guomindang* zunutze zu machen. Finanziell und militärisch war die *Guomindang* den Kommunisten weit überlegen. Aber die zentralen und regionalen Truppen der *Guomindang* intrigierten gegeneinander und schritten auch nicht ein, wenn die Anderen Hilfe benötigten. Als sich die Nanjinger Truppen und die kommunistische Armee in der *Huaihai*-Region gegenüberstanden, blieben die in Wuhan stationierten und zahlenmäßig sehr starken Truppen untätig, da sie sich schonen wollten für den Zeitpunkt, wo die Nanjinger Truppen der Zentralregierung geschlagen waren. Schließlich wurden sie nacheinander von der kommunistischen Armee vernichtet.

Das war kein Einzelfall. Die Mandschuren (满族, Manzu) konnten mit nur 300.000 Mann ganz China erobern, weil die in Nanjing residierende Regierung der Ming-Dynastie innerlich uneinig war. Zuo Liangyu[4] hielt Wuhan mit einer 300.000 Mann starken Armee besetzt. Wegen eines Konflikts mit der kaiserlichen Regierung in Nanjing ließ er seine Truppen auf Nanjing marschieren, um seine Gegner am Hof herauszufordern. Damit beschleunigte er am Ende nur seinen eigenen Untergang.

Reißt bei Chinesen einmal das Netz der Fremdbestimmung und Kontrolle, kommt es zu einem unkontrollierten Überströmen des Egoismus wie nach einem Dammbruch. Daher ist „Individualismus" in China immer auch ein Synonym für Egoismus.

DER MENSCH ALS MITTEL ODER ALS ZWECK?

Auch wenn zwei füreinander sorgen, schließt das nicht aus, dass sie sich gegenseitig ausnutzen, denn im chinesischen kulturellen Verhalten ist der Mensch nicht Zweck, sondern Mittel. Eine pädagogische Grundregel chinesischer Eltern lautet: „Denke zuerst an die anderen, dann an dich selbst!" und die Regierung wird nicht müde, die Parole der „absoluten Selbstlosigkeit und Hingabe für andere" zu propagieren, d.h. sich selbst als Mittel und den anderen als Zweck zu sehen.

Nach den Regeln der Grammatik kulturellen Verhaltens erwartet jeder, dass auch der andere sich strikt an dieses Konzept hält. Er kann daher davon ausgehen, dass auch der andere sich als Mittel sieht, so dass sie einander

---

4 Zuo (左良玉, 1599–1645) war ein General der Ming-Dynastie.

gegenseitig helfen. Sind damit beide Seiten zum Zweck geworden? Oder sind beide zum Mittel degradiert?

Das Hauptmotiv hinter dem Wunsch der Chinesen nach vielen Kindern ist die Vorsorge für das Alter. Das ist das deutlichste Beispiel für die Tendenz, die anderen zum Mittel zu machen, und gleichzeitig ist darin das Grundmuster aller späteren zwischenmenschlichen Beziehungen angelegt. Wenn ein Mensch schon vor seiner Geburt als Lebensversicherung eingeplant ist, ist klar, dass er keinen großen Spielraum mehr für seine Entfaltung hat, und auch die Entwicklung seiner Rationalität wird dadurch behindert. Nur wenn man dem Einzelnen die volle Verantwortung für sein Leben überlässt, kann er es rational planen, sich für Prioritäten entscheiden, die seiner Entwicklung förderlich sind. Wenn er aber dauernd von außen bestimmt und beeinflusst wird, kann er sich nicht rational für die ihm am ehesten angemessene Lebensform entscheiden.

Wirtschaftliche Gründe spielen natürlich eine Rolle, wenn Kinder vor allem als eine Form der Altersvorsorge gesehen werden. In Ländern, in denen das System der sozialen Sicherheit noch unterentwickelt ist, sind die alten Menschen auf die finanzielle Unterstützung der jüngeren Generation angewiesen. Und in der Tat scheint es manchmal illusorisch, eine Entfaltung der Persönlichkeit zu fordern, solange die materiellen Lebensbedingungen noch nicht gesichert sind. In den Vereinigten Staaten galt beispielsweise noch in den zwanziger Jahren die gesetzliche Vorschrift, dass der Arbeitgeber den Lohn des jugendlichen Arbeitnehmers direkt an die Eltern auszahlen musste. Innerhalb der Familie war es üblich, die Einkünfte aller in eine Kasse zu werfen. In den Familien der Mittel- und Unterschicht in Hongkong ist es heute nicht anders.

Vom kulturellen Standpunkt aus betrachtet, spielen diese wirtschaftlichen Faktoren jedoch nur eine beiläufige Rolle. Bei wohlhabenderen Überseechinesen sind im Lauf der Zeit die wirtschaftlichen Beschränkungen immer geringer geworden, aber auch bei ihnen gelten Kinder als eine Form der Alterssicherung, wenn auch die konkreten Methoden heute anders aussehen. In der chinesischen Gemeinde in Vancouver möchte die ältere Generation immer noch mit der jüngeren unter einem Dach leben. Sie kaufen zweistöckige Häuser und überlassen ein Stockwerk ihren Kindern. Um ihre Zuneigung zu gewinnen, arrangieren sie aufwendige Hochzeitsfeiern, verteilen großzügige Geschenke, und erfüllen den Kindern alle ihre Wünsche.

Die verwestlichten Nachkommen aber denken vor allem an ihre persönliche Situation, und ziehen allenfalls für ein, zwei Monate in das elterliche Haus. Unter Überseechinesen gibt es eine kulturelle Diskrepanz zwischen der älteren und der jungen Generation. Die Eltern sind selbst noch völlig von der Abhängigkeitsmentalität ihrer Kultur geprägt und daher unfähig, ihr Leben selbst zu gestalten. Da sie sich in ihrer Jugend nicht frei entfalten konnten, brauchen sie im Alter ihre Kinder als Ruhekissen. Die verwestlichte jüngere Generation steht dagegen auf dem Standpunkt, dass jeder sein eigenes Leben führen solle. Dazu gehört, dass man sich in der Jugend unbeschwert entfalten kann, während man dem Alter und dem Tod ins Auge sehen und nicht andere damit belasten sollte.

In jeder menschlichen Gesellschaft gibt es die natürliche Zuneigung zwischen Verwandten und Freunden. Wenn sich aber diese Gefühle mit anderen Faktoren vermischen – wie bei den Chinesen, die das Gläubiger-Schuldner-Verhältnis in den Bereich der mitmenschlichen Beziehungen übertragen –, dann führt das unweigerlich zu einer „Bastardisierung" der Gefühle. Die Art, wie sich Eltern und Kinder gegenseitig ausnutzen, sei es, dass die Kinder sich auf ihre Eltern als Stütze verlassen, sei es, dass die Eltern ihre Kinder als Altersversorgung betrachten, bildet das Grundmuster für alle weiteren zwischenmenschlichen Beziehungen.

Die sprichwörtliche Hilfsbereitschaft der Chinesen nährt sich vielleicht zur Hälfte aus Menschlichkeit und aus den kulturellen Bedingungen, ohne dass man eine Gegenleistung erwartet. Mindestens ebenso wirksam aber ist die Erwartung, dass man für seine Selbstlosigkeit materiell oder gefühlsmäßig entschädigt wird.

DER UNZIVILISIERTE EIGENNUTZ

In der auf Gegenseitigkeit angelegten chinesischen Kultur ist der Einzelne auf die Hilfe des anderen angewiesen. Eines der höchsten kulturellen Ideale ist deshalb Selbstlosigkeit und Hingabe für andere. Manche nützen nun diese Struktur aus, indem sie beschließen, dass „ich ein Teil von dir bin und du ein Teil von mir", d.h. du musst die eigenen Interessen hintanstellen und nur für mich da sein.

Bis vor einiger Zeit konnte man in Hongkong immer wieder einem Typ von Menschen begegnen, der gern dein Freund sein wollte, ohne offen zu sagen, was er von dir wollte, aber nicht verbergen konnte, dass er vorhatte, dich hinter deinem Rücken auszunutzen. Dabei waren diese Menschen noch offen stolz auf ihre Gerissenheit. Wenn mehrere solcher Menschen miteinander zu tun hatten, versuchte jeder, den anderen hereinzulegen, und gleichzeitig bezeichneten sie einander als Freunde.

In Taiwan treten manche jungen Leute, darunter auch Studenten, gern als „gerissene Ränkeschmiede" oder „erfahrene Intriganten" auf. Sie haben nicht viel gelernt, sind aber auf andere neidisch. Sie sind bestrebt, die Besseren auf ihr Niveau herunterzuziehen, um sich dann auf deren Kosten zu profilieren. Das erreichen sie, indem sie sich zunächst mit den anderen gutstellen (zum Beispiel durch eine Einladung zum Essen), und sich dann durch eine gemeinsam verfasste Arbeit auf die gleiche Stufe heben. Gleichzeitig kritisieren sie die anderen hinter deren Rücken, in der Hoffnung, sie herunterzumachen und das eigene Licht umso heller leuchten zu lassen. Oft verstehen sie es vortrefflich, sich das Harmoniebedürfnis und die mangelnde Konfliktbereitschaft der anderen zunutze zu machen.

An den Universitäten in Taiwan und auf dem Festland nutzen einige das Lehrer-Schüler-Verhältnis oder eine Freundschaft aus, um sich Aufsätze von anderen zu verschaffen und sie als ihre eigenen zu veröffentlichen. Lässt sich die andere Seite das nicht gefallen, schalten sie einen Vermittler ein, der sich für sie verwenden soll, mit dem Ergebnis, dass die andere Seite unter dem Druck der „Mitmenschlichkeit" nachgibt.

Grundlage für alle diese Praktiken sind die sogenannten „freundschaftlichen Gefühle". Diese Art von „Freundschaft" wäre protestantischen Kulturen ein Gräuel. Andererseits ist es für Protestanten leichter als für Chinesen, die Ursachen dieses Phänomens zu durchschauen. Sie sehen es als Folge der Unterentwicklung der Individualität in einer despotischen Kultur und als die Schattenseite eines selbstreduzierten Charakters. Hegel schrieb in der „Philosophie der Geschichte": „Doch ist notwendig in China der Unterschied zwischen der Sklaverei und Freiheit nicht groß, da vor dem Kaiser alle gleich, d.h. alle gleich degradiert sind. Indem keine Ehre vorhanden ist und keiner ein besonderes Recht vor dem anderen hat, so wird das Bewusstsein der Erniedrigung vorherrschend, das selbst leicht in ein Bewusstsein der Verworfenheit übergeht. Mit dieser Verworfenheit hängt die große Immoralität der Chinesen zusammen. Sie sind dafür bekannt, zu betrügen, wo sie nur irgend können: der Freund betrügt den Freund, und keiner nimmt es dem andern übel, wenn etwa der Betrug nicht gelang oder zu seiner Kenntnis kommt." (**Vorlesungen über die Philosophie der Geschichte**)

Diese Beobachtung trifft natürlich nicht auf alle Chinesen zu, doch weist sie deutlich auf den Zusammenhang zwischen dem „Bewusstsein der Erniedrigung" und der „Immoralität" hin. Wer selbst durch äußeren Druck zur Selbstlosigkeit und Selbstaufopferung gezwungen wurde, neigt dazu, die anderen als Mittel anzusehen. Wie könnte ein Mensch, der seine eigene Individualität nicht achten kann, die Individualität der anderen respektieren?

In der chinesischen Kultur ist jeder zeit seines Lebens von anderen abhängig. Es ist daher nicht erstaunlich, dass man sich nur auf Kosten anderer einen Namen machen zu können glaubt. Im Taiwan der sechziger Jahre verfügten junge Leute über wenig Gewicht, und nur die Meinung von Älteren oder Höhergestellten zählte. Unter diesen Umständen gab es nur einen Weg, sich hervorzutun: in einem Artikel namentlich Autoritäten anzugreifen. Wenn die Angegriffenen so naiv waren, auf diese Herausforderung einzugehen, waren sie auch schon in die Falle gegangen. Je tiefer sich derjenige, der bereits Namen und Stellung besaß, sich in die Debatte verstricken ließ, desto weniger Lorbeeren konnte er damit gewinnen, während der andere, von dem bisher noch niemand gehört hatte, es gerade darauf abgesehen hatte, und nicht lockerließ, denn sein Ruf hing ja gerade davon ab, dass die Auseinandersetzung möglichst lange geführt wurde.

Zur Zeit der Kulturrevolution suchten sich die nachdrängenden Kräfte ihre Opfer unter den angesehenen und respektierten Persönlichkeiten. So griff Qi Benyu[5], ein jüngerer Publizist, den angesehenen Historiker Jian Bozan[6] an. Jian erhielt keine Gelegenheit, sich zu verteidigen, sondern wurde als Mitglied der „schwarzen Bande" abgestempelt. Die Roten Garden durchsuchten sein Haus, demütigten und peinigten ihn und seine Frau und trieben die beiden schließlich in den Tod. Qi Benyu machte schnell

---

5   Qi Benyu (戚本禹, 1931–2016) war einer der bekanntesten Theoretiker der extremen Linken in der Kulturrevolution.
6   Jian Bozan (翦伯赞, 1898–1968), war ein bekannter Historiker uigurischer Abstammung..

Karriere und wurde Mitglied der zentralen Gruppe für die Kulturrevolution. Doch bald fand er selbst ein nicht gerade ruhmreiches Ende.

Nietzsche sagt in **Also sprach Zarathustra**: „Wollt ihr hoch hinaus, so braucht die eignen Beine! Lasst euch nicht emportragen, setzt euch nicht auf fremde Rücken und Köpfe." Sich auf dem Rücken anderer emportragen zu lassen, ist das Kennzeichen derer, die niemals fähig sein werden, eine höhere Existenz zu erreichen. Da die chinesische Kultur keine Transzendenz kennt, sondern den Aufstieg im Diesseits anstrebt, ist diese Tendenz nur natürlich.

Die Tendenz, andere für die eigenen Zwecke zu manipulieren, ist ein Zug des chinesischen Nationalcharakters. Der Feldherr Cao Cao[7] im Roman „Die Drei Reiche" ist die klassische Verkörperung dieses Typus. So kann es auch in einer Kultur, die die Männer verweichlicht, „große Männer" geben, doch sind sie alle in der Regel skrupellose Karrieristen, die über Leichen gehen.

Auch in der Geschichte der chinesischen Revolution finden sich Beispiele dafür. Als Wang Ming[8], der bisher ein ziemlich unbeschriebenes Blatt war, aus Moskau nach China zurückkehrte, stieg er mit sowjetischer Hilfe schnell zum Parteisekretär auf. Erbarmungslos schaltete er alle aus, die älter und erfahrener waren als er. Ein anderer Machtbesessener, Zhang Guotao[9], wurde in den dreißiger Jahren als Vertreter des Zentralkomitees in die Sowjetrepubliken in Hubei, Henan und Anhui entsandt. Dort ließ er fast alle erfahrenen Kader, die diese Republiken gegründet hatten, beseitigen, um seine eigene Machtposition zu festigen.

---

7   Cao Cao (曹操, 155-220) war ein machtbesessener Feldherr, der im auf den Niedergang der Han-Dynastie folgenden Bürgerkrieg die Macht an sich riss und 213 Herzog des Reiches Wei wurde. Diese Ereignisse sind in dem historischen Roman „Die Drei Reiche" (三国演义), *Sanguo yanyi*) aus dem 14. Jahrhundert beschrieben.

8   Wang Ming (王明, auch Chen Shaoyu, 41904-1974) gehörte der sogenannten Moskaugruppe an, die zu Beginn der 30er Jahre die KP Chinas beherrschte. 1931 wurde er als Statthalter Moskaus Generalsekretär der KPCh.

9   Zhang Guotao (张国焘, 1897-1979) war Gründungsmitglied der KPCh. 1931 wurde ihm die Führung der kommunistischen Guerillabasis in den Provinzen Hubei, Henan und Anhui übertragen. 1935 kam es zu einem Konflikt zwischen ihm und Mao Zedong über den „Langen Marsch", in dessen Folge er Maos Position als Parteiführer bestritt. Nach dem Streit schloss er sich der Guomindang an und emigrierte 1949 nach Hongkong.

Unter kapitalistischen Bedingungen sind solche Karrieristen noch skrupelloser. Die traditionelle Kultur konnte durch das Schamgefühl noch die meisten Machtmenschen zügeln. In einer Zeit aber, in der unverhüllte Profitgier statthaft ist, geraten Menschen, die nie gelernt haben, wie man auf legitime Weise seine Interessen verfolgt, leicht außer Kontrolle; das System der Fremdbestimmung bricht zusammen, und die Menschen kennen kein Schamgefühl mehr. Lenin hatte nicht unrecht mit seinem Satz: „Je weiter der Kapitalismus nach Osten vordringt, desto schamloser wird er."

In der Nachkriegszeit war es in Hongkong und in Taiwan üblich, Geschäftspartner mit einem ungedeckten Scheck hereinzulegen, sich einen Kredit geben zu lassen und dann zu verschwinden, sich mit anderen bei einem Geschäft zusammenzutun und den Gewinn alleine einzustecken, oder aber die Anteile des anderen Teilhabers zu veruntreuen. An den meisten Fällen von Versicherungsbetrug durch Schiffshavarien sind chinesische Schifffahrtsgesellschaften beteiligt. Offensichtlich meinen „unzivilisierte" Egoisten, dass Kapitalismus gleichbedeutend ist mit einer Lizenz für Räuberei.

Obwohl in China so viel Wert auf ein harmonisches Zusammenleben gelegt wird, kommen derartige Räubereien auch unter Freunden und Geschäftspartnern vor. Auch nach jahrzehntelanger Freundschaft ist niemand vor einem Dolchstoß in den Rücken sicher. Wer sich nicht einmal scheut, einen alten Freund hereinzulegen, der kennt natürlich keine Hemmungen, wenn er mit einem „ausländischen Teufel" Geschäfte treibt. Fälle von Betrug bei Geschäften zwischen Taiwanesen und ihren amerikanischen Partnern sind in den USA an der Tagesordnung. Manche Käufer überwiesen auf eine Großanzeige hin Geld an eine Firma aus Taiwan, von der sie dann nie mehr etwas hörten, andere erhielten verdorbene Waren.

Auf dem Festland werden kapitalistische Tendenzen unter Kontrolle gehalten. Daher tritt der Eigennutz dort sozusagen in seiner vorkapitalistischen Form auf und zeigt sich in der Kaderwillkür, in politischen Bewegungen oder in der Willkürherrschaft der „kleinen Kaiser" auf dem Land. Im Zuge der Einführung marktwirtschaftlicher Elemente wird sich diese „Zivilisationskrankheit" allerdings sicher verschlimmern.

4

STAAT UND GESELLSCHAFT

CHINESISCHER DESPOTISMUS

DIE VERMISCHUNG VON POLITIK UND RELIGION

Ebenso wie das chinesische Einzelwesen, ist auch die chinesische Gesellschaft unfähig zur Selbstorganisation; diese Aufgabe überlässt sie dem Staat. Was im Falle des einzelnen Körpers das kollektive Herz übernimmt, besorgt ein „fürsorglicher" Despotismus für die Gesellschaft. Solche Politik hat einen stark patriarchalischen Beigeschmack, das heißt, sie beschränkt den Kontakt zwischen Herrschern und Beherrschten nicht auf die Administration, sondern weist den Regierenden darüber hinaus die Aufgabe zu, die Regierten zu erziehen und zu formen. Im chinesischen Despotismus sind daher die Bereiche Politik und Religion miteinander verschmolzen.

„Harmonie" ist eine der grundlegenden grammatikalischen Regeln in der Struktur der chinesischen Kultur. So wie versucht wird, *yin* und *yang,* die zentrale und die lokale Verwaltung, den Himmel und den Menschen miteinander in Einklang zu bringen, so sollen auch Politik und Religion harmonisch miteinander verschmolzen werden.

Im Westen, im Mittleren Osten und in Indien gab es immer den vom alltäglichen Leben der Gesellschaft klar getrennten Bereich der Kirche und der Kleriker. Auch wenn diese meist eine geistige Stütze der herrschenden Klasse waren, so entzündeten sich doch nicht selten Konflikte zwischen ihnen und den weltlichen Autoritäten, die sogar zum offenen Kampf zwischen Staat und Kirche führen konnten.

Im traditionellen China sahen sich die Vertreter der Staatsgewalt immer auch gleichzeitig als Vertreter des „wahren Weges" (道统, *daotong*), das heißt der konfuzianischen Orthodoxie, auch wenn manchmal umstritten war, ob sie besser vom Kaiser oder von den Gelehrtenbeamten repräsentiert würde.

Seit alters her wird der Kaiser als „Himmelssohn" bezeichnet. Er war der Mittler zwischen den Menschen und dem Himmel, nur er konnte, stellvertretend für die ganze Menschheit, dem Himmel opfern. Seine zentrale Stellung zwischen Himmel, Erde und Menschenwelt übertrug ihm gleichzeitig die Verantwortung für die Ordnung zwischen diesen Sphären. Man glaubte, ein Kaiser, der durch schlechte Herrschaft das Reich in Unruhe versetzte, werde dadurch auch die Natur aus dem Gleichgewicht bringen und eine Kette von Katastrophen, wie Überschwemmungen, Dürre, Erdbeben, Heuschreckenplage und Seuchen auslösen.

Wenn man in China vom „Weg des Himmels"(天道, *tiandao*) sprach, so meinte man nie einen von der Welt getrennten Himmel, sondern einen, der wie der Mensch ein innerer Teil dieses Weltsystems ist. Mensch und Himmel gleichen einander reflektierenden Spiegeln. Ein Herrscher, der dem Weg des Himmels nicht entspricht, ist in den Augen der Menschen ohne Moral („ohne Weg" – 无道, *wudao*) und ohne Tugend, er wird Zwietracht unter den Menschen säen und die Natur aus dem Gleichgewicht bringen. Harmoniert der Herrscher dagegen mit dem Himmel, so strahlt er „Tugend" (德, de) aus, die wie die Sonne „das ganze Reich überstrahlt, und Himmel und Erde erreicht" (**Buch der Urkunden**), das Volk erleuchtet und Harmonie unter allen Wesen schafft. Diese charismatische Ausstrahlung der Tugend kann sogar über Chinas Grenzen hinausreichen: Barbaren werden von ihr berührt, Fremde von weit her von ihr angezogen. Obwohl die chinesische Religionsauffassung oberflächlich betrachtet viel profaner wirkt als die hochentwickelten Religionen anderer Kulturen, stecken in ihr noch deutliche Überreste magischer Vorstellungen.

Diese Form von „Cäsaropapismus" war natürlich nur eine Idealvorstellung, deren gedankliches Gerüst die Konfuzianer im Verein mit den *Yin-Yang*-Philosophen seit der Qin- und Han-Zeit lieferten. In der Realität leitete sich die Regierungsgewalt meist aus der geballten Waffengewalt des Reiches ab. Natürlich ist eine Macht, die „aus den Gewehrläufen kommt" etwas völlig anderes, als eine, die sich auf die „Ausstrahlung der Tugend" beruft: viele Herrscher scherten sich nicht um das konfuzianische Ideal. Die meisten bevorzugten eine Herrschaft durch Gesetz und Strafe, wie sie die Legalisten propagierten, einige umwarben gar Daoisten und Buddhisten. Es gab auch welche, die den weiblichen Reizen so sehr verfielen, dass sie ihre intriganten Gespielinnen frei gewähren ließen, oder aber sie favorisierten ihre Eunuchen und duldeten deren Günstlingswirtschaft. Andere wiederum waren raffgierig und habsüchtig und pressten das Volk aus. Das alles bot den Gelehrtenbeamten reichlich Gelegenheit, ihre Herrscher anzugreifen und die Nachfolge des „wahren Weges", also die moralische Autorität, für sich zu reklamieren, während sie dem Kaiser nur noch die legitime Herrschaft (正统, *zhengtong*) zugestanden. Ihrer Kultivierung des „Weges der Heiligen", und nicht etwa einer professionellen administrativen

Ausbildung glaubten die Bürokraten des alten Chinas ihre Befähigung zur Reichsverwaltung zu verdanken. Durch Ausstrahlung von Tugend meinten sie, „den Staat ordnen und das Reich befrieden" zu können, das heißt, sie versuchten ein Vorbild an Tugendhaftigkeit abzugeben, indem sie „das Volk wie ein Kind liebten". In die heutige kommunistische Terminologie übertragen könnte man sagen, dass sie sich für Führungspositionen qualifizierten, weil sie „rot" (d.h. mit der richtigen Gesinnung ausgestattet), und nicht etwa weil sie „fachkundig" waren. Da sie sich selbst als die wahren Erben des „Weges der Heiligen" eingesetzt hatten, „schätzten sie das Alte hoch und das Neue gering"; besonders verklärten sie das Altertum unter den mythischen Kaisern Yao und Shun. Auf dieser ideologischen Grundlage verstanden sie es, Druck auf die Kaiser auszuüben, deren Vorfahren ja entweder als Banditen oder als Militärmachthaber den Drachenthron an sich gerissen hatten, und denen so jede historische Legitimierung ihrer Kaisermacht abging.

Menzius war frühester Zeuge und mutigster Fürsprecher dieses Selbstbewusstseins der Beamtenschaft. Er lehrte: „Das Volk ist das wichtigste Element einer Nation, nach ihm kommen die Erd- und Getreidegeister [das Land], und der Herrscher zählt am wenigsten." Viele sehen in diesen Worten einen Beweis für die Tradition demokratischer Ideen in China, aber in Wirklichkeit waren sie nur Ausdruck des Anspruchs der Beamtenklasse, ihrem Herrscher moralisch überlegen zu sein, indem sie sich zum Fürsprecher des Volkes aufschwang. Weil die irrationalen Ausbrüche des Volkes in China wie Naturkatastrophen als Anzeichen dafür galten, dass der Weg des Himmels nicht mehr eingehalten wurde, sah man in den „Herzen der Menschen" einen Spiegel des „himmlischen Willens" (天意, *tianyi*): „Um den Himmel zu sehen, muss ich mein Volk sehen, um den Himmel zu hören, muss ich mein Volk hören." Gelehrte wie Menzius präsentierten sich als die vorbildlichen Untertanen, die dem himmlischen Willen gehorchten und sich nach den Herzen des Volkes richteten, während der Herrscher ständig ihrer moralischen Korrektur bedürfe. Um ihn gefügig zu machen, schüchterten sie ihn oft mit angeblich drohenden Volksaufständen ein.

Demokraten waren diese Leute bestimmt nicht. Im Buch **Menzius** heißt es: „Diejenigen, die geistig arbeiten, regieren, diejenigen, die körperlich arbeiten, werden regiert. Die Regierten sorgen für die Ernährung, die Regierenden werden ernährt." Zudem enthält dieses Buch auch einige eher in Verwaltungshandbücher gehörende Absätze, wie „richtig zu regieren bedeutet, die mächtigen Familien nicht vor den Kopf zu stoßen". Gewiss war die Kritik der Gelehrtenbeamten an Fehltritten ihrer Herrscher oft berechtigt, doch auf der anderen Seite hatte der Herrscher nicht weniger Grund, seinerseits Schwächen seiner Beamten zu beanstanden: Viele waren korrupt, beteiligten sich an Verschwörungen, fällten selbstherrliche Urteile oder eigneten sich widerrechtlich Land der einfachen Bevölkerung an.

Dieser Streit zwischen moralischer und politischer Autorität erinnert fast ein wenig an die Konkurrenz von Politik und Religion im Westen, ist aber seinem Wesen nach etwas völlig anderes, da sowohl die Gelehrtenbeamten als auch der Herrscher gleichzeitig beiden Sphären – Politik und Religion – angehörten. Beide waren Bestandteile derselben Machtstruktur, die in diesem Konglomerat aus Politik und Religion um die moralische Autorität rangen.

Seit der Song-Dynastie (宋朝), als sich die politische Macht immer mehr in den Händen der Zentrale konzentrierte und die Herrschaft immer despotischere Züge annahm, büßten die Beamten langsam ihre überlegene Stellung im Machtkampf ein. Als Antwort auf die alte Gelehrtentaktik, „das Alte hoch und das Neue gering zu schätzen", propagierten die Herrscher nun, „das Alte in den Dienst des Neuen zu stellen", und entzogen so der Macht ihrer Beamten die ideologische Grundlage. Mit ihrem früheren Postulat, nur die Herrscher des Altertums seien Heilige, hatten die Beamten deutlich durchblicken lassen, dass die Gegenwart dem Altertum nicht ebenbürtig sei. Die despotischen Kaiser ab der Song-Dynastie stellten diese Logik auf den Kopf. Sie meinten, wenn der Herrscher das Mandat des Himmels innehabe und das höchste Wesen sei, dann mache ihn das automatisch auch zum Heiligen. Sie sahen sich als „späte Heilige", die die Zeiten von Yao und Shun wieder aufleben ließen. Herrscher und Religionsoberhaupt verschmolzen in einer Person. Diese Entwicklung bescherte dem Despoten nicht nur einen Zuwachs an politischer, sondern erweiterte auch seine religiös-erzieherische Macht. Er begann, neben politischen Dekreten auch „heilige Edikte" zu erlassen, die hohe Würdenträger und einfaches Volk gleichermaßen zum Objekt seiner Erziehung machten. Eine der Pflichten lokaler Beamter war es, diese Edikte im örtlichen Konfuziustempel oder im Schulgebäude öffentlich vorzutragen, um das Volk zu erziehen.

Was Yuan Shikai und Chiang Kaishek mit ihren matten Versuchen, die Konfuziusverehrung wiederzubeleben, nicht gelang, schafften die Kommunisten nach Gründung der Volksrepublik: Auf der Basis des wiedervereinten Reiches verschmolzen sie Politik und „Religion" (d.h. kommunistische Ideologie) wieder und gaben diesem historischen Modell sogar noch eine moderne Gestalt. Doch genauso wenig wie den früheren Dynastien gelang es dem kommunistischen Regime, die Spannungen zwischen der Zentrale und den Regionen vollständig zu beseitigen und den Kampf zwischen den Regierenden und dem bürokratischen Apparat zu beenden. Beide Phänomene leben in neuer Gestalt weiter.

Seinen Höhepunkt erreichte der in diesem neuen cäsaropapistischen System wiederauflebende Machtkampf in der Kulturrevolution. Die Kontrahenten stammten aus dem Machtapparat, und in ihrem Kampf um Leben und Tod ging es um die richtige Interpretation des Marxismus-Leninismus. Um sich der Ein-Mann-Diktatur des Parteivorsitzenden Mao zu widersetzen, wurden die Parteibürokraten nicht müde, die Autorität von Marx, Engels, Lenin und Stalin zu bekräftigen. „Kämpft dagegen, dass die Toten die Lebenden unterdrücken", rief daraufhin die Mao-Fraktion, die glaubte, dass erst Mao Zedong den Marxismus-Leninismus zu seiner höchsten Vollendung gebracht habe. Deshalb bekämpften die Maoisten auch erbittert die Einstellung, „das Alte hoch und das Neue gering zu schätzen"; sie drehten die Parole einfach um und riefen dazu auf, „das Neue hoch und das Alte gering zu schätzen". Maos Sieg brachte letztlich wieder die Personalunion von Herrscher und Kirchenführer und ließ sogar Reminiszenzen an die Gestalten der sonnengottähnlichen „heiligen Könige" Yao und Shun aus dem **Buch der Urkunden** wachwerden. Die politische Konstellation zur Zeit der heiligen Könige, die „dem Volk Herrscher, Lehrer und Eltern waren", lebte im Personenkult um „den großen Führer und großen Lehrer", dem „weder Vater noch Mutter gleichkommen" wieder auf. Es gab sogar ernsthafte Versuche, mit den **Worten des Vorsitzenden Mao** das Land zu regieren. Die Mao-Bibel, deren Inhalt als „Worte eines Heiligen" galt, wurde nicht nur zur Grundlage von Lobpreis und Studium im ganzen Land, sondern darüber hinaus als Wundermittel zur Bewältigung praktischer Probleme angesehen, dessen Anwendung schnelle Erfolge versprach.

Nach dem Tod Maos machten die Bürokraten verlorenen Boden gut und gewannen langsam wieder die Oberhand. Bis heute haben sie es wieder geschafft, die Stellung des Parteivorsitzenden entscheidend zu schwächen, was aber noch lange nicht das Ende der Verschmelzung von Politik und Ideologie bedeutet. Vor der Wahrheit sind noch immer nicht alle gleich, denn eine neue Priesterkaste hat sich ihrer bemächtigt. Dem Volk bleibt einzig die Pflicht zum „vierfachen Gehorsam"[1], um so „mit der Zentrale übereinzustimmen", und noch immer sind die Untertanen Objekte der Indoktrination.

DIE VERSTAATLICHUNG DES GEWISSENS

Dass Chinesen nie erwachsen werden, kann man daran sehen, dass sie kein Bedürfnis nach einem Privatleben haben. Diese Unterentwicklung der Privatsphäre führt dazu, dass die Phase der Kindheit kein Ende findet und das Ich nie zu einer starken Basis der Introspektion werden kann. Deshalb kann sich kaum ein vom öffentlichen Bewusstsein klar unterschiedenes privates Bewusstsein herausbilden, und damit auch kein Gewissen, das Teil dieses privaten Bereiches wäre. Die Grenzen zwischen der Sphäre des öffentlichen Lebens und der des privaten Lebens verschwimmen.

Es wäre auch falsch zu glauben, das Machtkonglomerat von Politik und Religion ließe eine solche Trennung von „öffentlich" und „privat" überhaupt zu. Die Machthaber regieren das Volk nämlich nicht nur im Rahmen der von ihnen erlassenen Gesetze, sondern beanspruchen darüber hinaus auch die Aufsicht über das Gewissen ihrer Untertanen.

Im Westen wäre dies nur schwer vorstellbar, denn dort waren die Bürger schon immer nur im Bereich des Rechtes der Staatsverwaltung untertan, für das Gewissen dagegen war die Kirche zuständig. Nachdem die Reformation die Macht der Kirche gebrochen hatte, musste jeder Mensch persönlich sein Gewissen unmittelbar vor Gott verantworten. Gott stand dabei auf jeden Fall über dem König. Seit Gott im Abendland für tot erklärt wurde, ist der Mensch, sofern er nicht gegen Staatsgesetze verstößt, Herr über sein eigenes Gewissen.

---

[1] Mit dem Begriff „Vierfacher Gehorsam" ist die Unterordnung der Minderheit unter die Mehrheit, der Parteimitglieder unter die Führung, der Regionen unter das Zentrum und des ganzen Volkes unter die Parteiführung gemeint.

In China jedoch gab es keinen das Diesseits transzendierenden Gott, und so war auch eine Unterscheidung zwischen einer Sphäre des privaten Gewissens und der Sphäre des Rechts nicht möglich. Der Kern der von der Beamtenschaft vertretenen Ideologie lautete: „Nach innen ein Heiliger, nach außen ein König" zu sein. Nur die, die ihr „Herz geraderichten" und ihre „Gedanken wahrhaftig machen", können ihre „Person kultivieren", ihre „Familie regeln" und zu guter Letzt „den Staat ordnen" und „das Reich befrieden" (**Große Lehre**). Dieser fortlaufende Prozess beruht auf der Interdependenz von Innen- und Außenwelt und lässt sich nicht abkürzen.

Natürlich sahen sich die Gelehrtenbeamten als herrschende Klasse dazu berufen, die anderen Menschen „geradezurichten" (整, *zheng*) und zu „ordnen" (秩, *zhi*). In dem eben beschriebenen Prozess, der öffentliche und private Sphäre miteinander verwebt, beanspruchten die Beamten normalerweise für sich selbst, den privaten Teil schon kultiviert zu haben, und leiteten daraus das Recht ab, sich nun der Kultivierung des Volkes zuzuwenden. Konfuzius beschreibt, wie in einer Kultur, die sich auf die „Herrschaft der Person" und die „Erziehung durch eigenes Beispiel" anstelle der „Herrschaft der Gesetze" stützt, das Verhältnis zwischen Regierenden und Regierten aussehen muss: „Verhält man selbst sich korrekt, dann läuft alles, ohne, dass Befehle gegeben werden müssen. Verhält man sich aber nicht korrekt, so mag er noch so viel Befehle erteilen, die anderen gehorchen dennoch nicht." (**Gespräche**)

Die chinesische Methode, das Reich zu befrieden, ist also eine abgestufte Prozedur, bei der man von sich selbst ausgehend allmählich auf die anderen einwirkt. Am deutlichsten verkörpert das die Figur des heiligen Königs Yao aus dem **Buch der Urkunden**:

„Von Natur aus war er ehrerbietig, intelligent, kultiviert und besonnen. Er war auf aufrichtige Art respektvoll und fähig nachzugeben. [Diese hervorragenden Eigenschaften] überstrahlten das ganze Reich und erreichten Himmel und Erde. Er konnte die Fähigen und Tugendhaften herausstellen, und sich so die neun Generationen zu Freunden machen. Als die neun Generationen in Frieden miteinander lebten, konnte er das Volk befrieden und veredeln, so dass alle brilliant und intelligent wurden. [Schließlich] vereinte er die unzähligen Staaten des Reiches in Harmonie, und siehe! – das schwarzhaarige Volk wandelte sich und lebte für einige Zeit in Harmonie."

Dies ist genau „der Weg der *Großen Lehre*", der ausgehend von der „klaren Erkenntnis der Tugend" über die „elterliche Fürsorge für das Volk" schließlich zum „Verharren in der höchsten Vortrefflichkeit" führt. Deshalb sind diejenigen, die das Volk regieren, gleichzeitig seine Lehrer und Eltern. Außer über die Regierungsgewalt müssen sie auch über die Macht zur Erziehung verfügen, was den privaten Raum automatisch zum Bereich der Bevormundung macht. „Das Volk elterlich lieben"(亲民, *qinmin*) hat auch die Bedeutung „das Volk erneuern" (新民, *xinmin*). Es ist die Pflicht der Regierenden, die „Herzen der Menschen" zu wandeln – ein Konzept, das in der modernen Terminologie als „ideologische Umerziehung" des Volkes wieder auftaucht.

Diejenigen, die andere Leute „geraderichten" und „ordnen" sind die aktiv Ausführenden, während die Objekte ihrer Manipulation zum passiven Erdulden verurteilt sind. Die Herrscher des Altertums „erkannten klar die Tugend" und „vermehrten" ihre „intuitive Erkenntnis des Guten", während das gewöhnliche, zum Gehorsam verpflichtete Volk sich „reformieren" lassen musste. Die Herrscher zur Zeit der Kulturrevolution ließen „die Revolution aus der Tiefe ihrer Seele hervorbrechen", und nachdem diese gewaltige Revolution auch die Seelen der Regierten erfasst hatte, erhielten sie die Taufe als neugeborene Menschen. Daraufhin konnten sie „in höchster Vortrefflichkeit verharren" und China wieder zum Reich von Yao und Shun machen.

„Elterliche Liebe für das Volk" und die „Erneuerung des Volkes" bilden den Kern des chinesischen politischen Denkens. Selbst nach dem Eintritt in die Moderne hielten noch immer viele politische Führer nicht etwa die Industrialisierung für ihre dringlichste Aufgabe beim Aufbau eines modernen Staates, sondern den Wandel der „Herzen der Menschen". So vertrat zum Beispiel Liang Qichao die „Theorie der Volkserneuerung" und betonte, man müsse „die Moral des Volkes erneuern". Sun Yatsen meinte, die politisch Weitsichtigen müssten diejenigen anleiten, die erst mit Verspätung Einsicht zeigten und diejenigen umerziehen, denen die Einsicht ganz abgehe. Darauf gründete er sein Konzept, dass der Weg in die Demokratie in der ersten Phase eine Militärregierung erfordere, der dann eine vormundschaftliche und erst zum Schluss eine konstitutionelle Regierung folgen müsse. In der sogenannten „Bewegung für ein neues Leben" wollte Chiang Kaishek, ein überzeugter Anhänger der Philosophie Wang

Yangmings, durch persönliche Anleitung die Sitten und Gebräuche seiner Landsleute ändern.

Die chinesische Volksrepublik bezeichnete sich während eines relativ langen Zeitraums von der „Yan'an-Zeit"[2] Anfang der vierziger bis in die fünfziger Jahre als „neue Demokratie" und beanspruchte, der „alten" bürgerlichen Demokratie überlegen zu sein. In den westlichen Demokratien werden die Rechte der Bürger genau definiert. Sie beruht auf Konflikt und Widerstreit, und die Freiheit der Bürger besteht bestenfalls darin, ihr Eigeninteresse zu verfolgen. Der chinesischen Demokratie dagegen geht es vor allem um die „Verknüpfung der Herzen": als höchste Pflicht propagiert sie den „Dienst am Volk". Diese „neue Demokratie" konnte natürlich nur durch die Strategie der „elterlichen Liebe für das Volk" geschaffen werden. Indem sie „dem Volk dienten", gewannen die Soldaten der Roten Armee seine Herzen. Sie behandelten die einfachen Leute so anständig, als zählten sie zu den „eigenen Leuten", während die Militärmachthaber und die Truppen der *Guomindang* der Bevölkerung gegenüber keine Skrupel hatten. Soldaten, Polizisten und Agenten misshandelten ungestraft Bauern und andere einfache Leute, die außerdem der Willkür der unter dem Schutz der *Guomindang* stehenden lokalen Gentry ausgeliefert waren. So unterlagen sie schließlich den Kommunisten im Kampf um die Herzen der Menschen.

Dieselbe Struktur manifestierte sich schon vor mehr als zweitausend Jahren im Krieg zwischen den Staaten Han und Chu um die Nachfolge der Qin-Dynastie. Der Han-Herrscher Liu Bang[3] verstand es dabei, „als Mensch zu agieren" und die Herzen der Bevölkerung zu gewinnen. An jedem Ort, den er eroberte, schaffte er unverzüglich die tyrannischen Herrschaftsmethoden der Qin ab und hofierte die Ältesten. Sein Widersacher Xiang Yu[4] dagegen richtete in den Orten, die er besetzte, Massaker an,

---

2   Als Yan'an-Zeit (延安时代) wird das Jahrzehnt nach dem Langen Marsch 1934/35 bezeichnet, in dem die Streitkräfte der Kommunisten sich im Nordwesten des Landes neu gruppierten. In dieser Zeit entwickelten Mao und seine Kollegen in der Parteiführung die Strategie des Guerillakriegs weiter, und Mao konsolidierte seine Kontrolle über die Partei.

3   Liu Bang (刘邦, 256-195 v.u.Z.) war der Begründer der Han Dynastie und zwischen 202 und bis zu seinem Tod Kaiser von China.

4   Xiang Yu (项羽, 232-202 v.u.Z.) war ein General am Ende der Qin-Dynastie und Widersacher Liu Bangs.

woraufhin er die Herzen der Bevölkerung verlor. Die Vorgehensweise Liu Bangs kann jedoch nur auf der Ebene der Struktur mit den Strategien der Kommunisten verglichen werden, denn ihr konkreter Inhalt war verschieden: Liu Bang gab sich nur den Anschein eines Menschenfreunds, während die Kommunisten von der importierten Ideologie des Marxismus-Leninismus wirklich beeinflusst waren und so ein instinktives Mitleid mit den Unterdrückten hatten. Dies war die Voraussetzung dafür, dass die in der Tiefenstruktur latent vorhandene „Menschlichkeit" zum ersten Mal in der chinesischen Geschichte umfassend realisiert wurde und eine Regierung auch in der Praxis dem Konzept der „elterlichen Liebe für das Volk" folgte. Es ist unwahrscheinlich, dass es noch einmal einen solchen Versuch geben wird. Mit moderner Demokratie aber haben beide Fälle gleich wenig zu tun. Der Unterschied zwischen Liu Bang und Xiang Yu, zwischen Kommunisten und *Guomindang* ist allein der zwischen populistisch-patriarchalischer und nackter Despotie, wobei sich die patriarchalische Form als erfolgreicher und stabiler erwiesen hat.

DER STAAT ALS HEGEMON ÜBER DIE GESELLSCHAFT

Nach Laozi sollte die Regierung einerseits dafür sorgen, dass die Bevölkerung satt wurde und gesund und kräftig war, andererseits sollte sie die Seelen ihrer Untertanen auslöschen, indem sie „ihr Herz leerte" und „ihren Willen schwächte". Die Regierung sollte „laufend daraufhin wirken, dass Wissen und Verlangen abgeschworen werden", so dass niemand eigene Gedanken entwickeln könne. Aufgeklärte Intellektuelle sollten so weit gebracht werden, dass sie es „nicht mehr wagten, sich zu engagieren". Mit diesen Forderungen stand Laozi nicht allein. Er sagte zum Beispiel: „Legt Heiligkeit und Weisheit ab, und es wird hundertmal besser für das Volk sein." Ähnliche Aussagen findet man auch bei Konfuzianern. Konfuzius selbst sagt: „Man kann das Volk dazu bringen, dem Weg zu folgen, nicht aber, ihn zu verstehen." (**Gespräche**)

Ignoranz und Wunschlosigkeit verlangten Konfuzianer und Daoisten nur vom Volk. Für die herrschende Klasse galten diese Forderungen nicht, denn wer könnte noch regieren, wenn alle gleich ignorant sind? So lehnte Laozi für sich selbst weder Weisheit noch Klugheit ab, und die konfuzianische Philosophie, die vom Volk meint, dass es „den Weg" nicht verstehen kann, hielt die Beamten nicht davon ab, zu studieren und nach Gelehrsamkeit zu streben.

In der Volksrepublik hieß es über Mao, er betreibe eine Verdummungspolitik, indem er das Studium schlecht mache und Bildung als reaktionär verteufle. Auf dem Höhepunkt der Kulturrevolution habe er den Unterricht total abgeschafft, während er seine eigenen Verwandten zum Studium in die Sowjetunion geschickt hatte und solche Buchgelehrte wie Zhang Chunqiao und Yao Wenyuan⁵ für sich arbeiten ließ. Maos Ziel sei es, mit Hilfe der Gebildeten über die Unwissenden zu herrschen.

Wahrscheinlich waren das nicht die ursprünglichen Ziele der Generation Mao Zedongs die aus der aufklärerischen 4. Mai-Bewegung hervorgegangen ist. In den ersten Jahren der Volksrepublik organisierten sie sogar gewaltige Alphabetisierungskampagnen. Mao verachtete Intellektuelle vor allem deshalb, weil er sie für Schwätzer hielt; außerdem war ihm bewusst, dass die *Guomindang* die Parole „Durch Studium die Nation retten" benutzt hatte, um die Jugend von politischen Aktivitäten abzuhalten. Das ursprüngliche Ziel der Kulturrevolution war es nicht, um der Ordnung im Reich willen das Volk ignorant und wunschlos zu halten. Im Gegenteil, die unteren Klassen sollten sich gegen die Oberen erheben und die Jungen gegen die Alten kämpfen, damit „Chaos im Reich" entstehe.

Unbestreitbar ist aber, dass auf dem Höhepunkt der Kulturrevolution Lehre und Forschung, besonders auf dem Gebiet der Sozialwissenschaften, fast ganz zum Erliegen kamen. Erlaubt war nur das Studium der Werke Maos; eigenes Denken und eigene Wünsche waren untersagt. So setzte sich die Tiefenstruktur der chinesischen Kultur auch in dieser Revolution, die eigentlich gegen sie gerichtet war, am Ende doch durch.

Eines der wirksamsten Mittel der Machthaber, um „das Volk zu schwächen", ist die Infantilisierung der Untertanen, und das auch in Taiwan, das in hohem Maße Einflüssen aus dem Ausland ausgesetzt ist. Chiang Kaishek verkündete zum Beispiel selbst einen „Katechismus des Staatsbürgers", in dem er das Volk belehrte, wie es sich kleiden, ernähren und im Alltag verhalten sollte – zweifellos eine Neuauflage seiner „Bewegung für ein neues Leben". Die Entmündigung der Bevölkerung hat auch ganz praktische Konsequenzen. Wenn zum Beispiel taiwanesischen Polizisten die

---

5 Yao (姚文元, 1931–2005), war ein Mitglied der kulturrevolutionären sog. „Viererbande".

Frisur eines erwachsenen Bürgers nicht passte, konnten sie ihn aufs Revier schleppen und dem Haar die „richtige" Länge geben, ohne dass irgendwo festgelegt worden wäre, was die erlaubten Maße sind. Der taiwanesische Schriftsteller Bo Yang bezeichnete die Polizei seines Landes seinerzeit als „Herrscher, Lehrer und Eltern" des Volkes.

Wäre die Infantilisierung nicht schon latent vorhanden, würde sich das Volk von den Herrschenden nicht wie ein Kind behandeln lassen. Es wurde bereits ausgeführt, dass der Charakter der Chinesen fremdbestimmt ist und von außen kontrolliert werden muss. Diese Unreife drückte sich nirgends deutlicher aus, als in der Unfähigkeit, die körperlichen Ausscheidungen zu kontrollieren. Was anderswo die Eltern in der frühen Kindheit ihren Kindern beibringen, wird in China zur Aufgabe der Regierung, die angeblich versucht, das Volk in Kampagnen zu erziehen.

Es ist schwer zu entscheiden, ob die Despotie den chinesischen Charakter geformt hat oder ob der chinesische Charakter die Despotie hervorgebracht hat.

Die Menschen zu „infantilisieren", heißt, sie zu schwächen. Für Laozi gilt nur Schwäche als Tugend. Nichts sei so schwach wie ein neugeborener Säugling, nichts so hart wie der Tod; um weiterzuleben müsse man deshalb in der Schwäche des Säuglings verharren.

Unter einem despotischen und egalitaristischen Regime ist das zweifellos eine verbreitete Alltagsphilosophie des Überlebens. Den Herrschenden aber geht es darum, das „Volk zu schwächen", um die Vormacht des Staates über die Gesellschaft zu erhalten. In diesem Punkt ergänzen der Legalismus, als Ideologie der Despotie, und der Daoismus einander, so widersprüchlich sie an der Oberfläche auch erscheinen mögen. Im **Buch vom Fürsten Shang**, einem legalistischen Klassiker, heißt es in dem „Kapitel von der Schwächung des Volkes":

> „Wenn das Volk schwach ist, dann ist der Staat stark; ist das Volk stark, dann ist der Staat schwach. Gut regierte Staaten setzen deshalb alles daran, das Volk zu schwächen. Lebt das Volk bescheiden, dann ist es schwach; lebt es ausschweifend, dann ist es stark. Ein schwaches Volk hält sich an Gesetze, ein zügelloses wird übertrieben eigensinnig. Schwach ist das Volk dem Staat nützlich, zu viel Eigensinn aber macht es stark ... Ist das Volk gedemütigt, dann bringt es dem Adel Wertschätzung entgegen; ist es schwach, respektiert es die Beamten; ist es arm, dann schätzt es Belohnungen.

Regiert man mit Strafen, wird das Volk sich gern in den Dienst des Staates stellen; belohnt man die Teilnahme am Krieg, wird es gerne in den Tod ziehen. Hat das Volk aber privat die Möglichkeit, Ruhm zu erlangen, dann schaut es auf kleine Beamtenposten nur herab. Ist es reich, sind ihm Belohnungen egal... Arbeitet eine Regierung zum Nachteil des Volkes, dann wird es geschwächt. Arbeitet sie aber zu seinem Wohle, dann wird es stark. Ein schwaches Volk bedeutet einen starken Staat, ein starkes Volk bedeutet den Untergang des Staates."

Folglich gibt es einen Kampf um Leben und Tod zwischen Staat und Gesellschaft. Um die Vormacht des Staates über die Gesellschaft zu garantieren, muss das Volk geschwächt werden; nicht indem man es umwirbt, sondern es durch Folter und Strafe demütigt, dann werden die Untertanen „dem Eigennutz abschwören" und sich in Armut bescheiden einrichten. Geradezu ideal ist es, wenn man sie dazu bringen kann, „weder Leiden noch den Tod zu fürchten".

In der marxistischen Geschichtsauffassung ist die Gesellschaft das Reich des Guten und der Staat das Reich des Bösen, und am Jüngsten Tag befreit sich die Gesellschaft und beseitigt den Staat. Mit der Gründung der Volkskommunen hoffte Mao Zedong ursprünglich, den Prozess der Verschmelzung von Staat und Gesellschaft und damit letztlich das Absterben des Staates voranzutreiben. Der gleichen Hoffnung entsprang auch die Kulturrevolution, die ein Produkt von Maos Theorie der „permanenten Revolution unter der Diktatur des Proletariats" war. Nicht nur die Roten Garden wollten den Staat auslöschen, auch die radikale Fraktion in der Parteiführung agitierte mit Parolen wie „Zerschlagt den Staatsapparat". Durch die Kulturrevolution gelang es zwar tatsächlich, zwei Pfeiler des alten Staates zu schwächen, dafür aber stärkte sie unbeabsichtigt einen dritten. Das erste Opfer der Kulturrevolution war die Bürokratie; anstatt den Staat zu schwächen, wurde dadurch die Autokratie gestärkt. Der Staatsapparat fiel in die Hände eines Autokraten und seines Clans. Das zweite Opfer war das Volk. Man sollte sich davor hüten, aus den gewaltigen Massenbewegungen zu schließen, das Volk sei gestärkt. Im Verlauf der Kampagnen „gegen Selbstsucht und Revisionismus" und gegen bürgerliche Tendenzen war die Gesellschaft noch mehr eingeebnet worden. Über die Gleichheit in der traditionellen chinesischen Gesellschaft hatte schon Hegel geurteilt: „Weil in China Gleichheit, aber keine Freiheit

herrscht, ist der Despotismus die notwendig gegebene Regierungsweise."
(**Geschichtsphilosophie**)

Die als linke Bewegung angetretene Kulturrevolution bereitete so den Weg für Lin Biaos Theorie vom „wohlhabenden Staat und armen Volk". Da Lin Biao angeblich weder Bücher noch Zeitungen las, konnte er das **Buch vom Fürsten Shang** und die darin beschriebene Theorie vom „starken Staat und schwachen Volk" nicht kennen. Seine Theorie war also wohl doch, wie er selbst behauptete, zu hundert Prozent marxistisch-leninistisch. Seine Argumentation lautete so: Der Staat muss übermächtig sein, weil er die „Diktatur der Klasse der Nichtbesitzenden" (无产阶级, *wuchan jieji*) verkörpert, während das Proletariat (die „Nichtbesitzenden") arm und unwissend bleiben soll, um die Reinheit seiner Revolution zu bewahren.

Die Ära Maos brachte nicht den „totalen Sieg des Sozialismus über den zusammenbrechenden Imperialismus", sondern eine Zeit, in der sich die Tiefenstruktur der chinesischen Kultur am umfassendsten Rahn brechen konnte. Zwischenzeitlich hatte zwar die Bürokratie ihre Vormachtstellung gegenüber dem Parteivorsitzenden bzw. Generalsekretär zurückerobert, aber an der Vormacht des Staates über die Gesellschaft hatte das nichts geändert.

DIE „GROSSE VEREINIGUNG"

DIE HERAUSFORDERUNG DER MODERNE

Über Tausende von Jahren hinweg bildeten die Chinesen ein „Reich" (*tianxia*) für sich, das für sie identisch mit der „Welt" (*tianxia*) war; nie mussten sie mit anderen Ländern konkurrieren. Die Probleme des Reiches wurden gelöst, indem man es vereinheitlichte und damit dem Chaos Einhalt gebot. Dazu war eine starke Zentralmacht notwendig, die die Ordnung aufrechterhielt, und in der Gesellschaft keine Kräfte neben sich duldete, die sie hätten in Frage stellen können. Das geistige Potential des Volkes zu fördern, hieße für dieses Regime, sich sein eigenes Grab zu schaufeln. So vereinheitlichte der Qin-Kaiser im Zuge der Reichseinigung auch das Denken, indem er „Bücher verbrennen und die Gelehrten bei lebendigem Leibe begraben" ließ. Solche offenen Brutalitäten wollten seine Nachfolger lieber vermeiden. Sie machten das Studium und die Beherrschung der orthodoxen Lehre zur Vorbedingung einer Beamtenlaufbahn, um den jungen Talenten die idealistischen Flausen auszutreiben. Den wahren Zweck der Beamtenprüfungen verriet der Tang-Kaiser Taizong[1], als er freudig ausrief: „Die großen Geister des Reiches sind allesamt in meiner Hand!" Noch mehr bemühte man sich, die Volksmassen in Ignoranz zu halten.

Wie aber sollte so ein Staat in der Lage sein, den heutigen Herausforderungen zu begegnen?

Als die Moderne in China gewaltsam einbrach, wurden die Chinesen in eine Welt konkurrierender Staaten geworfen, doch sie reagierten auf diese Herausforderung, indem sie ihren alten Wegen folgten. Auf Chinas Verhältnis zur modernen Welt wies schon Kang Youwei[2] am Ende des vergangenen Jahrhunderts hin:

---

[1] Tang Taizong (唐太宗, 599–649) war einer der bedeutendsten Herrscher Chinas. Er regierte von 626 bis 649.

[2] Als Führer der „Hundert-Tage Reform" von 1898 wollte Kang China in einen modernen Staat umwandeln, ohne die Tradition völlig aufzugeben. Dabei berief er sich auf die angeblich reformerischen Gedanken von Konfuzius und plädierte dafür, den Konfuzianismus als Religion neu zu begründen. Die Reform scheiterte zwar am Widerstand der konservativen Kräfte am Hof (u.a. auch der Kaiserinwitwe Cixi, 慈禧, 1835–1908), doch hatten seine Ideen großen Einfluss auf die künftigen Revolutionäre (siehe dazu Kang Youwei 2021).

„In einer Welt der Einheit regiert man durch Ruhe. Wenn man die Herzen des Volkes unter Kontrolle hält und Wissen und Verlangen von ihm fernhält, wird es nicht zur Unordnung kommen. In einer Welt der Konkurrenz regiert man durch Bewegung. Man muss die Sinne des Volkes fördern und entwickeln, damit es nach Neuem und nach Wissen strebt, so dass es auf allen Gebieten vorangeht. Dann wird der Staat stark." **(Briefe und Eingaben eines Unbeugsamen)**

In einer Welt konkurrierender Staaten, so Kang Youwei, kommt es darauf an, die geistigen Fähigkeiten des Volkes zu mobilisieren und „Dynamik" nicht zu fürchten. Weiter sagt er:

„In einer Welt der Einheit regiert man durch Schranken, die die Gesellschaft in zahllose Schichten und Stufen unterteilt. Hier werden die Befehle der Autorität wirken. In einer Welt der Konkurrenz regiert man durch Kommunikation und Kontakt. Man stellt emotionalen Kontakt zwischen Oben und Unten her, man durchbricht die Schranken zwischen Herrschern und Beherrschten, man lässt Gedanken, Sinne und Körper kommunizieren, und durch Befehle der Autorität werden alle Schranken abgebaut. Dann wird das Blut zirkulieren und der Staat kann stark werden. In einer Welt der Einheit regiert man durch Isolierung, so dass die Menschen nicht miteinander verkehren können. In Unwissenheit bestellen sie ihre Felder und graben Brunnen. In einer Welt der Konkurrenz regiert man durch Zusammenschluss, so dass die Menschen sich gemeinsam für eine Sache engagieren können."

Er resümiert, heute „sollte man sich ohne Einschränkungen der Welt der konkurrierenden Länder stellen und die Politik des vereinigten, abgekapselten [Reiches] aufgeben". Diese Worte lassen den jungen Kang Youwei, der später zum bornierten Konservativen wurde, fast als Verfechter einer radikalen Verwestlichung erscheinen. Zumindest machen sie deutlich, wie ernst und dringend Chinas Probleme schon damals waren.

POLITIK À LA CHINOISE

Da in China der Staat mächtiger ist als die zur Selbstorganisation unfähige Gesellschaft ist die politische Machtstruktur streng vertikal. Politische Kontrolle findet von oben nach unten statt, und alle Fäden der Macht laufen in den Händen einer Zentrale zusammen. „Pluralismus" kann in diesem Kontext nur ein Synonym für „Chaos" sein. König Xiang von Liang fragte Menzius: „Wie kann ich mein Reich zur Ruhe bringen?" und Menzius antwortete: „Indem Ihr es vereint." Diese Botschaft ist schon in den Zeichen *zheng* (政) und *zhi* (治) enthalten, aus denen sich das chinesische Wort für „Politik" (*zhengzhi*) zusammensetzt.

Ursprünglich war die Bedeutung von *zheng* identisch mit einem gleichlautenden, aber anders geschriebenen Zeichen, welches „gerade" oder „aufrecht" heißt. Konfuzius sagte: „Regieren (*zheng*) ist geraderichten (*zheng*)." Über *zheng* im Sinne von „aufrecht", „gerade" schreibt das alte Wörterbuch **Erklärung der Zeichen: „**Abgeleitet von dem Zeichen ‚innehalten' (*zhi*). Innehalten in der Einheit."

Beide Zeichen haben also im Grunde die gleiche Bedeutung wie der zweite Bestandteil des Wortes „Politik", das „ordnen" und auch „regieren" bedeutet. Daneben schwingt aber bei *zhi* noch die Konnotation mit, dass die Oberen die Unteren disziplinieren, aber nicht durch Gesetze, sondern durch das persönliche Vorbild. Erinnern wir uns an das Konfuzius-Zitat: „Verhält man selbst sich korrekt, dann läuft alles, ohne dass Befehle gegeben werden müssen. Verhält man sich aber nicht korrekt, so mag er noch so viele Befehle erteilen, die anderen gehorchen dennoch nicht." (**Gespräche**) Im Sprichwort heißt es: „Ist der obere Balken nicht gerade, so sind auch die unteren krumm."

Chinesische Politik besteht also darin, dass die Oberen die Unteren geraderichten und ordnen. Das einfache Volk war in China nie sein eigener Herr, weder früher noch heute, weder in Hongkong, noch in Taiwan oder der Volksrepublik.

So gesehen hat chinesische Politik nichts mit dem westlichen Begriff „Politik" gemein, der auf die griechischen Stadtstaaten (polis) und die dort praktizierte Selbstverwaltung der Bürger zurückgeht. Diese ist das Ergebnis einer auf das offene Meer ausgerichteten Kultur. Das chinesische Wort für Politik steht dagegen für die Machtstruktur eines dem Festland verhafteten Imperiums. Diese Form von Politik lässt sich nur verwirklichen, wenn Macht und Ideologie in einer Hand liegen. Formell bestand in China schon seit der Shang-Zeit eine Zentralmacht, aber erst der Qin-Kaiser einte das Reich wirklich und gab ihm die Gestalt, die es bis heute besitzt. Er war auch der erste, der versuchte, das Denken zu vereinheitlichen, aber erst dem

Han-Kaiser Wudi[3] gelang es, den Konfuzianismus in seiner Monopolstellung zu etablieren. Die Tendenz zur Vereinheitlichung lebt bis heute weiter, und es wäre verkehrt, sie als Überrest des Feudalismus abzutun, denn noch nie haben die Machtkonzentration und die Vereinheitlichung des Denkens solche Ausmaße erreicht wie im heutigen China.

Natürlich darf dabei der Einfluss der Sowjetunion – ebenfalls ein Land mit einer kontinentalen und imperialen Tradition – nicht übersehen werden. Es war gewiss kein Zufall, dass sich sowohl die kommunistische Partei, als auch die Nationalisten nach bolschewistischen Prinzipien organisierten. Dass die Kommunisten nach 1949 die sowjetischen Machtstrukturen übernahmen, war verständlich. Dass auch Taiwan, ein kapitalistischer Staat, lange nach sowjetischem Vorbild regiert wurde, ist ein Kuriosum, und legt den Verdacht nahe, dass dahinter kulturelle Präferenzen stecken.

ÜBEREINSTIMMUNG MIT DEM ZENTRUM

Der Zwang zur Einheit, der in China auf politischem und ideologischem Gebiet herrscht, hat den Zweck, „Chaos" zu verhindern. Im Werk des frühen Denkers **Mozi**[4] wird die Einheitlichkeit zum Programm erhoben. Dort heißt es:

> „In den alten Zeiten, als die Menschheit gerade geboren war und es noch keine Gesetze oder Regierungen gab, hatten alle verschiedene Meinungen. Einer hatte eine Meinung, zwei Menschen hatten zwei Meinungen, zehn Menschen hatten zehn Meinungen – je mehr Menschen umso mehr Meinungen. Jeder glaubte sich selbst im Recht und die Anderen im Unrecht, so dass die Leute ihre Zeit damit verbrachten, sich gegenseitig Vorwürfe zu machen. In den Familien begannen Väter, Söhne und Brüder einander zu hassen. Die Menschen gingen ihre eigenen Wege, unfähig, miteinander in Harmonie zu leben. Überall griffen sie zu Wasser, Feuer und Gift, um einander zu verletzen. Diejenigen mit überschüssigen Kräften verweigerten anderen ihre Hilfe; diejenigen, die in Reichtümern schwammen, ließen sie lieber

---

3 Kaiser Han Wudi (汉武帝, 156-87 v.u.Z.) zählt zu den bedeutendsten Herrschern Chinas. Er regierte von 141 bis 87 v.u.Z.

4 Für den Philosophen Mozi (墨子, 468-376, auch Mo Ti genannt) ist das Fehlen von Menschenliebe die Ursache allen Übels auf der Welt. Der nach ihm benannte Mohismus fordert die Wohlfahrt des Volkes als obersten Grundsatz politischen Handelns.

verrotten, als dass sie etwas abgegeben hätten; diejenigen mit nützlichen Lehren hielten sie geheim, um sie nicht weitergeben zu müssen. Die Welt war so chaotisch, als ob sie das Reich der Raubvögel und wilden Tiere wäre."

Nur ein mächtiger Herrscher und seine Minister können das Denken vereinheitlichen und die Harmonie garantieren:

„Offensichtlich war der Grund für dieses Chaos, dass es keine Herrscher und Führer gab. Deshalb wählte man den würdigsten und fähigsten Mann des Reiches und machte ihn zum Sohn des Himmels. Nachdem der Sohn des Himmels eingesetzt worden war, stellte man ihm andere würdige und fähige Leute als seine Drei Minister zur Seite, denn seine Kräfte allein reichten nicht aus. Weil das Reich so riesig groß war, und es dem Sohn des Himmels und seinen Ministern nicht immer möglich war, genau zu beurteilen, was für die Menschen ferner und fremder Länder richtig und vorteilhaft wäre, teilte man das Reich in unzählige Staaten und ernannte Lehensfürsten und Monarchen zu ihren Verwaltern. Weil auch deren Kräfte noch nicht ausreichten, machte man würdige und fähige Männer ihrer Staaten zu ihren Beamten."

Das einfache Volk darf den Beamten nichts verheimlichen. Kritik ist zwar erlaubt, doch grundsätzlich muss sich das Volk die moralischen Maßstäbe der Oberen zu eigen machen und deren Urteil akzeptieren:

„Als alle diese Beamten eingesetzt waren, verkündete der Sohn des Himmels dem Volk des Reiches das Prinzip seiner Politik: ‚Wer von guten oder bösen Taten hört, soll es seinem Vorgesetzten berichten. Was der Vorgesetzte für richtig befindet, müssen alle für richtig befinden; was der Vorgesetzte für falsch hält, müssen alle für falsch halten. Macht der Vorgesetzte einen Fehler, dann sollen ihn seine Untergebenen ermahnen; tun die Untergebenen etwas Gutes, dann soll der Vorgesetzte sie empfehlen. Sich mit den Vorgesetzten zu identifizieren und keine Cliquen auf unteren Ebenen zu bilden – solches Verhalten soll von oben belohnt und vom Volk gepriesen werden. Wenn man aber dem Vorgesetzten nicht von guten oder bösen Taten berichtet, von denen man gehört hat; wenn man dem Vorgesetzten nicht in seinem Urteil über richtig und falsch folgt; wenn man ihn nicht auf seine Fehler hinweist, oder er einen nicht empfiehlt, der Gutes getan hat; wenn sich die Untergebenen verbünden, statt sich mit dem Vorgesetzten zu identifizieren – solches Verhalten soll von oben bestraft und vom Volk verdammt werden. Die Vorgesetzten nahmen sich diese Worte zur Richtschnur für Belohnungen und Bestrafungen, und nahmen sorgfältige Untersuchungen vor, um gerecht zu sein."

Wer sich diesen Regeln nicht unterwarf, der wurde von oben gemaßregelt und von den Massen attackiert. Die Identifikation des Volkes mit seinen Führern musste schon auf der untersten Ebene praktiziert werden:

„Ortsvorsteher wurde der gütigste Mann eines Ortes. Bei seinem Amtsantritt verkündete er den Bewohnern des Ortes das Prinzip seiner Politik: ‚Wer von guten oder bösen Taten hört, muss es dem Distriktvorsteher berichten. Was der für richtig befindet, müssen alle für richtig befinden; was der für falsch hält, müssen alle für falsch halten. Lasst ab von euern schlechten Worten und lernt von den guten Worten des Distriktvorstehers. Lasst ab von euern schlechten Taten und orientiert euch an seinen guten Taten.‘ Wie konnte es im Distrikt noch Unordnung geben, solange diese Instruktionen befolgt wurden? Untersucht man den Grund für die Ordnung im Distrikt, so zeigt sich, dass es einfach daran lag, dass der Distriktvorsteher die Meinungen vereinheitlichen konnte."

Die Ordnung in den Gemeinden kommt also durch den Gehorsam des Volkes gegenüber den niederen Beamten zustande, denen es auf diese Weise gelingt, das Denken in ihrem Verantwortungsbereich zu vereinheitlichen. Sobald das Denken an der Basis vereinheitlicht ist, kann man dann die Identifikation des Volkes mit den höheren Beamten fordern:

„Distriktvorsteher wurde der gütigste Mann des Distrikts. Bei seinem Amtsantritt verkündete er den Bewohnern des Distriktes das Prinzip seiner Politik: ‚Wer von guten oder bösen Taten hört, muss es dem Landesherrn berichten. Was er für richtig befindet, müssen alle für richtig befinden; was der für falsch hält, müssen alle für falsch halten ...‘"

Wenn die hohen Beamten das Denken in ihrem Herrschaftsbereich vereinheitlicht haben, gelangt man zuletzt zur Übereinstimmung des ganzen Reiches mit der Zentrale:

„Landesherr wurde der gütigste Mann eines Landes. Bei seinem Amtsantritt verkündete er den Bewohnern des Landes das Prinzip seiner Politik: ‚Wer von guten oder bösen Taten hört, muss es dem Sohn des Himmels berichten ...“ Der Kaiser schließlich verkörpert die absolute Wahrheit, also muss sich das Volk nicht nur mit seiner Person identifizieren, sondern sich auch dieser Wahrheit unterwerfen:

> „Aber selbst wenn sich das ganze Volk mit dem Sohn des Himmels identifiziert, muss es sich gleichzeitig noch mit dem Himmel selbst identifizieren, sonst kommt es zu endlosen Katastrophen. Die gewaltigen Stürme und der bittere Regen, die in diesen Tagen so verheerend über uns hinwegfegen, sind die Strafe des Himmels, weil sich das Volk nicht mit ihm identifiziert.“

Wenn patriarchalische Herrschaftsweise und umfassende Kontrolle ohne Wirkung bleiben, hilft nur Bestrafung:

> „In alten Zeiten ersannen die Heiligen Könige fünf Strafen, um Ordnung in das Volk zu bringen. Diese waren wie der Hauptfaden eines Stücks Seide oder der Hauptstrang eines Netzes, und dienten den Königen dazu, die Leute, die sich nicht mit ihren Vorgesetzten identifizierten, zu fesseln und zu fangen.“

Die patriarchalische Despotie lässt die Gesetze sprechen, wo „Riten und Musik“ keine Wirkung zeigen.

Zur Zeit der Reichseinigung im Jahr 221 v.u.Z. waren die Bedingungen noch nicht reif, um die Vorstellungen des Mozi von einer völligen Bolschewisierung des Reiches zu verwirklichen. Der erste Qin-Kaiser ließ Bücher verbrennen und konfuzianische Gelehrte lebendig begraben; die unteren Schichten erreichte er damit nicht. Die nachfolgenden Dynastien verstanden es dann, sich den Konfuzianismus zunutze zu machen, indem sie ihn zur Staatsdoktrin erhoben. Sie gingen allmählich dazu über, ihre Beamten durch Prüfungen zu rekrutieren und schufen so eine Schicht gleichgeschalteter Bürokraten. Von einer Bolschewisierung des ganzen Volkes waren aber auch sie noch weit entfernt.

Erst unser Jahrhundert ermöglichte die annähernde Verwirklichung dieses Ideals durch die Verstaatlichung. Die moderne bolschewistische Organisation konnte ihre Kontrolle bis auf die untersten Schichten ausdehnen und das Volk durch die orthodoxe Lehre indoktrinieren.

In einem Leitartikel zu Neujahr 1981 grub die „Volkszeitung“ sogar den alten konfuzianischen Gedanken der „Dreifachen Unterordnung und der

Vierfachen Tugend" aus und propagierte ihn in einer leicht modifizierten Form als „Vierfache Unterordnung": „Die unteren Ebenen müssen sich den höheren Ebenen unterordnen, das Individuum der Organisation, der Teil dem Ganzen und die Regionen der Zentrale."

Mozis Rezept, dass es auf jeder Stufe einen Führer geben müsse, war in der Volksrepublik lange Zeit herrschende Praxis. Die Leiter der Produktionseinheiten kümmerten sich nicht nur um die Produktion, sondern waren gleichzeitig verantwortlich für Denken und Verhalten ihrer Untergebenen. Für Studenten waren politische Instrukteure verantwortlich. Sie wachten in jeder Klasse darüber, dass die Studenten ideologisch sauber blieben und sich nicht mit dem anderen Geschlecht abgaben. Für die Zuteilung eines Arbeitsplatzes waren die Beurteilungen dieser Instrukteure im Abschlusszeugnis von entscheidender Bedeutung. Deshalb versuchte jeder, sich bei ihnen lieb Kind zu machen, einige schnüffelten sogar im Privatleben ihrer Mitschüler. Während der Zeit zwischen der „Anti-Rechts-Bewegung"[5] und der Kulturrevolution soll es Fälle gegeben haben, wo ein Student seinem Kommilitonen das Tagebuch stahl und es dem Instrukteur übergab. Die Tagebuchschreiber wurden als „Reaktionäre" abgestempelt und manche wussten keinen anderen Ausweg, als sich umzubringen. Ein Student erzählte mir, dass er in der Mittelschule erlebte, wie das Tagebuch eines Schulkameraden gestohlen und dem Klassenlehrer übergeben wurde; daraufhin musste der Schüler eine öffentliche „Kritikversammlung" über sich ergehen lassen. So wurde die alte Ermahnung beherzigt: „Egal ob du von guten oder schlechten Taten hörst, berichte alles der Obrigkeit."

In den 1980er Jahren hat sich die Kontrolle gelockert, wenn auch an der Universität, an der ich studierte, immer noch Studenten, die als „individualistisch" auffielen, kritisiert wurden. Eine Studentin z.B., die gern modischere Kleider und Schuhe mit halbhohen Absätzen (beides in China hergestellt) trug, wurde damals von dem Instrukteur vor der ganzen Hochschule kritisiert: „Chinesen sollten sich wie Chinesen kleiden!" Ein anderes Mädchen, das sich die Augenlider hatte operieren lassen, wurde vom Klassenlehrer als „bürgerlich" attackiert. Manche Instrukteure dagegen

---

5   Die „Anti-Rechts-Bewegung" (反右运动, *fanyou yundong*) 1957–59 war eine Bewegung zur landesweiten Säuberung sogenannter „Rechter".

mischten sich nicht in die Angelegenheiten anderer ein und drückten ein Auge zu, wenn die Studenten den Dekreten des Erziehungsministeriums zum Trotz eine Affäre hatten. In den 1980er Jahren hatte zugleich die sogenannte „Glaubenskrise" die ganze Bevölkerung erfasst. Viele Jugendliche wagten es zwar noch nicht aufzubegehren, aber machten sich zunehmend eigene Gedanken. Der Fanatismus der Kulturrevolution war passé, Widerwillen gegen den obligatorischen politischen Unterricht unter Studenten weit verbreitet, und manche stellten sogar offen den Marxismus-Leninismus in Frage.

Diese ideologischen Zersetzungserscheinungen hatten unter den Herrschenden große Besorgnis ausgelöst. Als Beispiel für die damals geheimen Sorgen will ich einen Artikel des Generals Huang Kecheng[6] zitieren, der vorgeblich gegen die Kritiker Maos in der Führung gerichtet war, dessen Argumentation aber in unserem Zusammenhang sehr interessant ist. Huang argumentierte: Wir müssen mit einer einheitlichen Ideologie die Gehirne des ganzen Reiches gleichschalten. Wenn nämlich das Volk nicht mehr an den Maoismus glaubt, könnte es vielleicht auf den Gedanken kommen, sich wieder an den Ideen von Konfuzius oder Sun Yatsen zu orientieren.

Wenn ihre ideologische Kontrolle nicht mehr wirkt, fühlen sich alle Herrschenden nicht mehr wohl. Typisch chinesisch aber ist der Gedanke, der Inhalt einer Ideologie sei nicht so wichtig, solange sie aus einem Guss ist und die Herzen des ganzen Volkes gleichschaltet. Andererseits ist es nicht zufällig, dass dieses Instrumentarium überhaupt wirkt. Es hat zur Voraussetzung, dass eine entsprechende Bereitschaft in der Bevölkerung vorliegt.

In der chinesischen Herzkultur, die Verstand und Gefühl nicht klar trennt, hat auch das Denken die Aufgabe, zur Harmonie beizutragen. Denken ist kein Instrument der Analyse, sondern ein Mittel „die Herzen des Volkes zu vereinen".

Auch auf Taiwan bestand eine Einparteienherrschaft, die versuchte, eine einheitliche Ideologie durchzusetzen – aber ihre Kräfte reichten dazu nicht aus. Erstens entwickelte sich dort eine kapitalistische Wirtschaft, die

---

6   Huang Kecheng (黄克诚, 1902–1986) war ein Generaloberst der chinesischen Streitkräfte. Nach Ausrufung der Volksrepublik war er stellvertretender Generalstabschef der Volksbefreiungsarmee und nach seiner Rehabilitierung 1978 Generalsekretär der Zentralen Disziplinarkommission.

trotz des politischen Monopols pluralistische Tendenzen ausbildete, und zweitens besaßen die Herrschenden selbst keine wirkliche Ideologie. So gelang es ihnen nur, den Antikommunismus und die Rückeroberung des Festlandes zu Staatszielen zu erklären, und der Unglückliche, der gegen diese Ziele verstieß, wurde genauso erbarmungslos verfolgt wie die Dissidenten auf dem Festland, die gegen die „Vier Grundprinzipien"[7] verstoßen hatten.

Die „Übereinstimmung mit der Zentrale" stellt eine grammatikalische Konstante in der Tiefenstruktur der chinesischen Kultur dar, die unabhängig von Zeit, Ort oder politischem System vorhanden ist. Vor zwei Jahrtausenden äußerte sie sich in Konfuzius' Forderung, „das Chaos zu beseitigen und die Ordnung wiederherzustellen" und in Mozis „Identifikation mit den Vorgesetzten". Im Lauf der Zeit grub sie sich tief in das Bewusstsein der Chinesen ein. Eine echte Modernisierung kann nur gelingen, wenn der Fluch, der auf den Gehirnen von Millionen von Chinesen lastet, gebannt wird.

DIE DOMINANZ DER HAUPTSTADT

Ein einheitliches Reich braucht ein starkes Zentrum, sonst kommt es zu separatistischen Bestrebungen und „das Reich versinkt im Chaos". Um die Ordnung zu erhalten, muss das Zentrum die Regionen niederhalten.

Die Geschichte Chinas war begleitet von erbitterten Auseinandersetzungen zwischen Zentrum und Regionen, aus denen am Ende immer das Zentrum als Sieger hervorging.

Das Zentrum ihres Reiches nannten die Chinesen von alters her *jing* (京, Hauptstadt). Das Zeichen *jing* hat auf den Orakelknochen wie das Zeichen *gao* (高, hoch) die Form eines hohen Turmes. In der mythisch-magischen Weitsicht des Altertums glaubte man, die Welt besäße einen Mittelpunkt. Diesen Mittelpunkt der Welt stellte man sich als einen gewaltigen Baum, einen hohen Berg oder eben als einen wie ein hoher Berg

---

7 Die sogenannten „Vier Grundprinzipien" verlangen das Festhalten an der Führung der Kommunistischen Partei, das Festhalten an Marxismus und Leninismus und an den Mao Zedong-Ideen, das Festhalten an der Diktatur des Proletariats sowie das Festhalten am sozialistischen System.

geformten Turm vor, die die drei Sphären des Himmels, der Menschenwelt und der Erde verbanden. Das chinesische Wort für Hauptstadt verkörpert also zweifellos in noch stärkerem Maß als die „Kapitale" (von *caput,* der Kopf) die mythische Vorstellung eines Weltenmittelpunktes. Es ist der einzige Ort, der mit dem Himmel in Verbindung steht, also steht er weit über allen anderen Orten.

Die Regionen nannte man früher *fang* (方, Himmelsrichtung) oder auch *guo* (国, Königreich). Die „Richtung" als Bezeichnung der Regionen setzte ein Zentrum als Achse des ganzen Reiches voraus, von dem aus das Land in Richtungen eingeteilt wurde. Diese Vorstellung impliziert jedoch nicht zwangsläufig eine wirkliche Kontrolle über die Regionen, sondern nur eine Form von nomineller Suzeränität. Tatsächlich glichen die Strafexpeditionen der Shang gegen die „Gebiete der Untertanen" oder die „Gebiete der Barbaren" eher Feldzügen gegen feindliche Staaten. Erst die darauffolgende Zhou-Dynastie ging einen Schritt weiter und begann, Gebiete als Lehen an Adlige zu vergeben. Aber auch diese übten nur nominell die Kontrolle über die verschiedenen Lehnsstaaten aus. Diese Staaten waren im Grunde lediglich befestigte militärische Stützpunkte, die ihre nähere Umgebung kontrollieren konnten. Vor den jenseits dieses Bereichs lebenden Völkern musste man sich schützen. Das Zeichen für *guo* (国, Staat, Nation) stellt tatsächlich eine Stadtmauer dar, innerhalb derer ein Schild und eine Axt die „Münder" beschützen (oder bewachen). Jeder dieser Lehensstaaten war in Wirklichkeit ein unabhängiges Königreich, und jedes dieser Königreiche schuf sich ein eigenes Zentrum. In der späten Zhou-Zeit nannte man das von einer Stadtmauer umgebene zentrale Gebiet jedes Staates den „mittleren Staat" (中国, *Zhongguo,* heute der Name für China), um es auch sprachlich von den dazugehörigen „Vier Himmelsrichtungen" zu unterscheiden.

Schon vor der Reichseinigung im 3. Jahrhundert v.u.Z. entstanden „Präfekturen" und „Landkreise". Zunächst handelte es sich bei den „Präfekturen" um Militärstützpunkte, die aber im Gegensatz zu früher direkt dem Zentrum des jeweiligen Königreichs unterstanden. „Kreise" richteten die Könige in neu eroberten Gebieten ein. Ihre Verwaltung übergaben sie Beamten, die ihre Ämter nicht vererben konnten. Nur auf neuerworbenem Land gelang es den Königen, die Macht des alten Feudaladels zu brechen und ein neuartiges Verwaltungssystem einzurichten.

Nach der Reichseinigung wurde das System von Kreisen und Präfekturen zur Norm für die Verwaltung des Reiches in den nächsten zweitausend Jahren. Unter den Dynastien der Han (汉朝), der Jin (金朝), und mehr noch der Ming (明朝), wurden zwar auch wieder Königreiche als Lehen vergeben, doch wurden gleichzeitig Lokalverwaltungen geschaffen, die dem Zentrum unterstanden.

Das Übergewicht des Zentrums gegenüber den Regionen ist seit der Song-Zeit das besondere Kennzeichen der chinesischen Geschichte. Davor waren die lokale Beamtenschaft, zu der der Präfekt, der Magistrat und der Landrat zählten, und der Beamtenapparat der Zentrale noch zwei verschiedene Kategorien. Die Song-Dynastie konzentrierte die Macht weiter in den Händen des Zentrums. Militär- und finanzpolitisch wurden „der Stamm [die Zentrale] gestärkt und die Äste [die Regionen] geschwächt" und zudem die Trennung zwischen zentraler und lokaler Verwaltung aufgehoben. Lokale Beamten wurden seit der Song-Zeit formell der Zentrale unterstellt. Das drückte sich auch in den Amtsbezeichnungen aus. Da es jetzt ihre Aufgabe war, alle örtlichen Angelegenheiten im Auftrag der Zentrale in Erfahrung zu bringen, hießen der Präfekt von nun an „der über die Präfektur Bescheid weiß" (知府, *zhifu*), und der Landrat dementsprechend „der über den Kreis Bescheid weiß" (知县, *zhixian*).

Zur Zeit der Mongolenherrschaft wurden die lokalen Ämter zum verlängerten Arm der Zentrale. Das höchste Gremium des Staates nannte sich damals „Zentralsekretariat", die lokalen Verwaltungen wurden zu „die Politik des Zentralsekretariats ausführenden Ämtern", was sie auch bis zur Qing-Dynastie in unserem Jahrhundert blieben.

Die „Diktatur des Proletariats" hat die Tendenz, die Zentrale zu stärken. Symbolisch zeigt sich dies z.B. am Staatswappen. Darin wird das Tor des Himmlischen Friedens im Herzen der Hauptstadt gezeigt, und als einzige Stadt der Volksrepublik wurde Peking nach Gründung der Volksrepublik mit pompöser Prunkarchitektur vollgestopft.

Wer in China reist wird feststellen, dass sich die Städte im ganzen Land mittlerweile fast wie ein Ei dem anderen gleichen. Nur die Relikte vergangener Zeiten und die historischen Sehenswürdigkeiten in der Umgebung lockern diese Einförmigkeit auf – mit einer Ausnahme: Shanghai. Shanghai nennt zwar keine historischen Stätten sein eigen, doch ist sein Stadtbild einzigartig in China. Westliche Bauten aus den dreißiger und vierziger Jahren, letzte Überbleibsel des Imperialismus in China, beherrschten über viele Jahrzehnte das Stadtzentrum.

Nach der Gründung der Volksrepublik musste Shanghai für seine anrüchige Vergangenheit bezahlen. Der wirtschaftliche Aufbau des Landes wurde nach den egalitären Methoden des Bauernkrieges organisiert, und das hieß für Shanghai, dass seine Industrie die Entwicklung der übrigen Regionen finanzieren sollte. Während Shanghai heute ein Sechstel des industriellen Bruttoproduktionswerts Chinas und die Hälfte aller Leichtindustrie-Produkte liefert, wurde zwischen 1949 und 1979 in keiner anderen Stadt Chinas so wenig gebaut wie in Shanghai. Das Stadtzentrum sah Ende der 1970er Jahre noch genauso aus wie vor 1949, und eine Stadt, deren Glanz früher sogar Tokio überstrahlte, stand lange im Schatten von Hongkong, von Taipei oder Seoul. So gesehen war Shanghai eine dem Bauernkrieg zum Opfer gefallene Stadt.

Es ist schwer einzusehen, warum in einem modernen Nationalstaat die Hauptstadt dermaßen protegiert wird. Ihre Funktion als Zentrum, das das Reich zusammenhält, hat sie verloren. Die Bundesstaaten Amerikas halten auch ohne eine Vormacht der Hauptstadt Washington über New York oder Chicago zusammen. Dass in China lange Zeit „der Stamm gestärkt und die Äste geschwächt" wurden, zeigt, dass unter der Hülle eines modernen Staates noch die alte „Reichsideologie" weiterwirken konnte, und weckt Zweifel, ob der seit der Qin-Zeit bestehende Widerspruch zwischen Zentrale und Regionen wirklich gelöst ist.

HARMONIE ZWISCHEN ZENTRUM UND REGIONEN

In der Geschichte der Menschheit gibt es kein anderes Imperium, das mehr als zweitausend Jahre Bestand hatte. Dass es gelungen ist, in einer Welt ohne moderne Verkehrs- und Kommunikationsmittel und ohne modernen Verwaltungsapparat die Partikularinteressen der Regionen und die Interessen der Zentralgewalt auf einen Nenner zu bringen, grenzt an ein Wunder. Selbst das wirtschaftlich hochentwickelte und flächenmäßig viel kleinere Westeuropa hat bis heute im Grunde nur eine Wirtschaftsgemeinschaft verwirklicht. Neuere Forschungen von Wirtschaftshistorikern haben gezeigt, dass noch in der späten Qing-Zeit mindestens neun oder zehn große, relativ autonome Wirtschaftsregionen existierten. Zwischen diesen großen Wirtschaftsräumen lagen sogenannte „innere Grenzgebiete" – vergessene Landstriche im Inneren des an der Oberfläche politisch einigen Reiches.

Vergleicht man damit die heutige Situation, so stellt man fest, dass die Hauptquartiere aller zehn Militärbezirke ihren Sitz in den Zentren dieser früheren Wirtschaftsräume haben. Die „inneren Grenzgebiete" wiederum decken sich ungefähr mit den „Sowjetgebieten", die im Bürgerkrieg von den Kommunisten besetzt waren. Schon früher gingen Bauernaufstände meist von diesen vergessenen Landstrichen im Grenzgebiet von Sichuan, Shaanxi, Hunan und Hubei sowie nördlich des Flusses Huaihe aus.

Die Existenz der großen Wirtschaftsräume innerhalb des Reichs verdeutlicht, dass sich unter dem großen Mantel des Imperiums immer lokale Machtzentren halten konnten. Doch mit dem Instrument der Beamtenlaufbahn hatte die Zentralregierung ein ideales Mittel gefunden, den lokalen Adel bzw. die Großgrundbesitzer in die Bürokratie zu integrieren und damit zu neutralisieren. Waren die lokalen Machthaber einmal Beamte der Zentrale, identifizierten sie sich überraschenderweise mit den Interessen des Imperiums. Kehrten sie nach ihrer Pensionierung in ihre Heimat zurück, bildeten sie gewöhnlich zusammen mit den jungen Beamtenanwärtern, die noch keine gehobene Stellung bekleideten, eine informelle untere Verwaltungsebene, denn die staatliche Bürokratie reichte nur bis zur Ebene des Kreises.

Manche Gesellschaftswissenschaftler sind der Ansicht, der heutige chinesische Staat sei im Großen und Ganzen identisch mit dem System in der Sowjetunion vor 1991. In der Sowjetunion standen einer allmächtigen Zentralregierung ohnmächtige Regionen gegenüber. Der Grund dafür liegt nicht nur in Lenins Theorie vom „demokratischen Zentralismus", sondern auch in der Geschichte. Seit Iwan der Schreckliche mit blutiger Herrschaft Russland geeinigt hatte, war die Macht des Landadels gebrochen. Peter der Große perfektionierte das System der Unterjochung des Adels unter die Zentralmacht. Gleichzeitig verschärfte er die Leibeigenschaft der Bauern, die sich ihrerseits völlig dem Adel unterwerfen mussten. Die Übernahme öffentlicher Ämter wurde für die Adeligen ebenso verpflichtend wie der Militärdienst. Oft mussten sie den Großteil ihres Lebens fern ihrer Heimat verbringen, in die sie erst nach der Pensionierung zurückkehren durften. Lehnten sie ein Amt ab, ließ die Zentralregierung sie wie Deserteure verfolgen. Dies zeigt, dass die Zentralregierung in Russland noch mächtiger als in China war; außerdem übte sie die Macht nicht mit dem Mittel der „Harmonie" aus, sondern mit nackter Gewalt.

In der russischen Geschichte brachten mächtige Herrscher wie Iwan der Schreckliche oder auch Stalin immer wieder das ganze Land mit Gewalt und Tyrannei unter ihre Kontrolle. Auch der Verlauf der Oktoberrevolution ist ein Beleg für die These von der totalen Macht der Zentrale in Russland. Während im chinesischen Bürgerkrieg „die Dörfer die Städte einkreisten", waren die russischen Kommunisten dreißig Jahre zuvor den umgekehrten Weg gegangen: Ihre Revolution brach in den beiden Hauptstädten St. Petersburg und Moskau aus. Als sie diese in ihren Händen hielten, war es ihnen ein Leichtes, den Rest des Reiches unter ihre Kontrolle zu bringen. Die Volksrepublik China versuchte nur im ersten Fünfjahresplan (1953–1958) das zentralistische sowjetische Modell zu kopieren; danach setzte sie verstärkt auf die Initiative der Regionen. Dieser besondere chinesische Weg trieb dann in der Kulturrevolution seine schillerndsten Blüten, als am Ende auch die leninistischen Parteistrukturen zerschlagen wurden. Im neugebildeten Zentralkomitee stellten die regionalen Kräfte einen starken Block, und selbst Mitglieder des Politbüros stützten sich häufig auf regionale Einflusssphären, die Viererbande z.B. auf ihre Machtbasis Shanghai.

Nach dem Ende der Kulturrevolution schien es fast, als ob die Regionen ihren Übermut teuer bezahlen müssten. Die Regierung erließ damals das Dekret, dass „die von der Zentrale gemachten Fehler nur von der Zentrale kritisiert werden dürfen". Aber diese Verordnung zielte nur auf die unteren Kaderränge, die führenden Kader der Regionen berührte sie nicht, da sie immer noch die Hälfte der Macht in der Zentrale in ihren Händen hielten und außerdem zum Großteil Kommandeure von Militärbezirken waren.

In China wird versucht, die staatliche Ordnung durch eine Regionalisierung der Zentrale und eine Zentralisierung der Regionen aufrechtzuerhalten. Diese Politik des Ausgleichs half zwar, die Einheit des Reiches über einen gewaltigen Zeitraum hinweg zu bewahren, doch verhinderte sie gleichzeitig eine genaue Definition der Rechte der einzelnen gesellschaftlichen Kräfte. In einer grotesken Verkehrung der wahren Verhältnisse haben

die Kommunisten die Periode seit der Vereinigung Chinas als „Feudalzeit"
bezeichnet. In der europäischen Feudalgesellschaft war die Macht des Ho-
fes, des Adels, der Kirche und der freien Städte klar definiert, garantiert
und explizit in Chartas festgehalten, und die Akteure auf dem Spielfeld der
Politik konnten sich an gültigen Regeln orientieren. Nur diese Geschichte
der Teilung von Macht und der Konkurrenz um die Macht ließ moderne
pluralistische Demokratien und regionale Autonomie entstehen.

Genauso fremd wie die westliche Küche erscheint den Chinesen das
westliche Konzept einer Gesetzesherrschaft: „Warum vom Nutzen sprechen", heißt es bei Menzius, „wo es doch auch Menschlichkeit und Rechtschaffenheit gibt. ... Wenn obere und untere Klassen miteinander um den
Nutzen kämpfen, ist der Staat in Gefahr." Wo solche Weisheiten gelten,
müssen alle so tun, als ginge es ihnen stets um das Wohl des Ganzen. Wenn
Partialinteressen nicht legitim sind, müssen alle, die nach Macht und per-
sönlichem Vorteil streben, sich als Verfechter von Orthodoxie und Gerechtigkeit ausgeben, und ihre Gegner als Spalter und Saboteure an Ruhe,
Stabilität und Geschlossenheit denunzieren. In der Regel galt der, der das
Zentrum kontrollierte, als einziger und legitimer Vertreter der „Interessen
der Allgemeinheit". Despotie war die zwangsläufige Folge. Im Kaiserreich
hatten nicht einmal die Gelehrtenbeamten dem europäischen Feudaladel
vergleichbare gesetzlich garantierte Rechte vor dem Herrscher. Chinesische
Beamte, die ihren Herrscher angreifen wollten, mussten daher ihre Erge-
benheit und Loyalität beteuern und so tun, als seien sie mit allem einverstanden. Erst dann konnten sie es wagen, den Herrscher in Einzeldingen zu
kritisieren oder ihn unter Druck zu setzen. Damit begaben sie sich natürlich von vornherein in die Defensive. Manche griffen als letztes Mittel gar
zu der Strategie, den Kaiser durch Selbstmord zu ermahnen.

Zeiten der Ordnung wechselten in China immer wieder mit Zeiten
des Chaos ab. Im Chaos sind viele Menschen hilflos und wissen nicht,
was sie an die Stelle der verlorengegangenen Harmonie setzen sollen, die
öffentliche Ordnung zerfällt, niemand denkt mehr an die Interessen der
Allgemeinheit, und die sonst unterdrückten Partikularinteressen dringen
an die Oberfläche. Da sie von der chinesischen Kultur immer für illegal
erklärt wurden, äußern sich beispielsweise die Regionalinteressen nicht in
Bestrebungen nach Autonomie oder einer Föderation, sondern in Form
von Separatismus. Ähnlich wie die regionalen Interessen gelten auch die

Interessen Einzelner als tabu. In Zeiten der „Großen Ordnung" ist das Volk rechtlos und wird von oben beherrscht. Wenn die staatliche Ordnung zusammenbricht, kommt es zu unkontrollierten Ausbrüchen von Gewalt.

Neben Volksaufständen ist noch ein zweiter Faktor für das periodische Auseinanderbrechen des Reiches verantwortlich: die Militarisierung der lokalen Gentry. In Zeiten des Niedergangs trieben die Dynastien die Militarisierung zum Schutz der Zentralgewalt voran; in der Praxis aber diente sie oft den aufstrebenden und sich formierenden lokalen Interessen. Da aber die Vorstellung einer Dialektik von Einzel- und Gesamtinteressen jenseits des Horizonts der lokalen Machthaber lag, kannten sie nur zwei Strategien: entweder sie versuchten defensiv, ihr Gebiet vom Reich abzutrennen, oder sie nahmen den Kampf um Macht und Thron des ganzen Reiches auf.

Dieser Zerfallsprozess konnte nur dadurch aufgehalten werden, dass einer stark genug war, um die anderen Militärmachthaber auszuschalten, wodurch er die Legitimation errang, allein die Interessen der Gesamtheit zu vertreten. Chinesen bezeichnen China oft voller Stolz als „Land der Etikette und der Rechtschaffenheit", in der chinesischen Politik aber gilt die Regel: „Die Macht kommt aus den Gewehrläufen."

Tatsächlich ist die Polarität von „Ordnung" und „Chaos" in der chinesischen Geschichte nur der Ausdruck eines Phänomens der kulturellen Tiefenstruktur, das auch den chinesischen Charakter bestimmt: Normalerweise unterwirft er sich der Fremdbestimmung und verliert seine Individualität und alle Rechte. Fehlt aber die äußere Kontrolle, gibt es keine Disziplin und keine Regeln mehr. Eine weitere grammatikalische Regel der Tiefenstruktur hängt unmittelbar damit zusammen. Sie besagt, dass klare Grenzen zwischen dem Einzelnen und seinen Mitmenschen vermieden werden sollen. Ähnlich wie im *taiji* sich *yin* und *yang* gegenseitig durchdringen, ähnlich wie ich in Dir und Du in mir enthalten bist, so durchdringen die Regionen die Zentrale, während umgekehrt die Zentrale in den Regionen residiert, so dass zwischen ihnen die Rechte und Pflichten nicht klar getrennt sind. Diese Einstellung hat es den Chinesen erleichtert, sich zusammenzuschließen und beim Aufbau des neuen Staates die Orientierung nicht zu verlieren. Sobald aber das Werk des Aufbaus vollendet war, verhinderte diese Einstellung, dass Einzelne oder Teile ihre Rechte wahrnehmen konnten. Auf diese Weise aber können Ordnung und Frieden nicht langfristig garantiert werden.

DIE SOGENANNTE „REPUBLIK"

Nach dem Sturz der Monarchie in China 1911 nannten die Revolutionäre das von ihnen nach westlichem Vorbild gegründete Staatengebilde eine Republik. Das Wort „Republik" geht zurück auf das lateinische „res publica", was „öffentliche Angelegenheit" bedeutet. Die römische Republik des Altertums ist aus einem Stadtstaat hervorgegangen, also sind mit „Öffentlichkeit" die Stadtbewohner gemeint. Hier trifft sich das lateinische „res publica" in der Bedeutung mit dem aus dem Griechischen stammenden Begriff „Politik", der ebenfalls die Angelegenheiten des Stadtstaates (polis) bezeichnet.

Das chinesische Wort für „Republik" (共和, *gonghe*) bedeutet wörtlich übersetzt „harmonisch (*he*) miteinander vereint (*gong*) sein", und auch im Chinesischen gibt es Parallelen zum Wort für „Politik" (政治, *zhengzhi*), das „regieren und ordnen" bedeutet. Beide Begriffe spiegeln eine Mentalität wider, die die Konkurrenz mehrerer Parteien nicht zulässt. 1913 bezahlte der junge Republikaner Song Jiaoren[8] seine Absicht, das amerikanische Zweiparteiensystem auf China zu übertragen, mit dem Leben. Dem Attentat lagen zwar primär politische Motive zugrunde (Song wurde auf Betreiben des Militärdiktators Yuan Shikai ermordet), doch im Rahmen der politischen Kultur hatte es symbolische Bedeutung. In der Tat bedeutete die Existenz zweier politischer Parteien in China immer Bürgerkrieg. Die Parteien, die das politische Leben der jungen Republik nach dem Ende der Monarchie bestimmten, gaben sich zwar alle den Anschein, Parteien westlichen Typs zu sein, in ihrem Wesen aber waren sie meistens traditionelle Cliquen, die das Reich in ihre Hände zu bringen suchten. Die *Guomindang* und die Kommunistische Partei bildeten keine Ausnahmen, und beide besaßen ihre eigenen Armeen. Es gab aber auch das umgekehrte Phänomen, dass sich eine Armee ihre eigene Partei zulegte: die 19. Armee zum Beispiel gründete ihre eigene „Produktionspartei". Die kleineren Parteien, die kein eigenes Heer aufstellen konnten – wie die Fortschrittspartei, die Demokratische Bauern- und Arbeiterpartei oder die Jugendpartei – versuchten entweder mit einem Warlord zu konspirieren oder aber eine bestehende Armee zu unterwandern. Das war übrigens die Strategie der *Guomindang*, als sie noch ohne eigene Streitkräfte war.

---

8 Song Jiaoren (宋教仁, 1882–1913) war ein chinesischer Revolutionär und Politiker sowie Mitbegründer der Guomindang, deren erster Vorsitzender er war. Er starb 1913 an den Folgen eines Attentats.

Im Westen stehen die Begriffe „Republik" und „Politik" für eine Tradition von lokaler Freiheit, Basisdemokratie und pluralistischer Machtbalance. In der chinesischen Tradition finden sich weder Ansätze zu lokaler Autonomie, noch zur Basisdemokratie. Auch freie Städte kannte China nicht. Chinesische Städte waren im Gegenteil immer Sitz der von der Zentralregierung entsandten Beamten.

Voraussetzungen für pluralistische Kontrolle und Machtbalance sind zum einen die Existenz von unterschiedlichen Interessen von Gruppen oder Individuen, zum anderen deren Recht, ihre Interessen vertreten und verteidigen zu dürfen. Beides erscheint Chinesen unannehmbar. Das Recht, seine Interessen vertreten zu dürfen, ist ohne den Begriff der Freiheit nicht denkbar. Das chinesische Wort für Freiheit (自由, ziyou) heißt wörtlich übersetzt „von sich selbst ausgehend" und hat dementsprechend die Bedeutung „machen, was man will". In einer Kultur, die nur durch Einheit zur Ruhe und damit zur Ordnung findet, muss diese Freiheit verdächtig erscheinen, da sie doch scheinbar „Chaos" begünstigt. Das Wort „Freiheit" weckt daher bei Chinesen keine positiven Assoziationen. In der Kulturrevolution wurde Freiheit sogar als „Feigenblatt des Kapitalismus" bezeichnet. Nach der Kulturrevolution änderte sich die Situation, und manche wagten, offen mehr Freiheit zu fordern. Dennoch sind selbst heute noch für die große Mehrheit der Chinesen Begriffe wie „Individualismus" und „Liberalismus" anrüchig. Die Machthaber in Taiwan teilten dieses Misstrauen; hinter solchen Begriffen vermuteten sie rebellische Gesinnung. Taiwan nannte sich zwar das „Freie China", doch beschränkte sich diese Freiheit auf die Freiheit vom kommunistischen System des Festlands.

Das Wort *dang* (党, Partei, Clique, Fraktion) klingt in chinesischen Ohren ebenfalls anstößig. Schon Konfuzius mahnte „Der Edle schließt sich keiner Partei an"; und Kaiser Yongzheng (雍正, 1678–1735) der Qing-Dynastie begründete mit seiner Abhandlung „Über Fraktionen" das strikte Verbot jeglicher Fraktionsbildung unter den Hofbeamten. Tatsächlich bedeutete das Auftauchen von Parteien oder Fraktionen in der chinesischen Geschichte immer ein schlechtes Omen, denn der Untergang einer Dynastie kündigte sich meist in solchen offenen Cliquenkämpfen innerhalb der herrschenden Schicht an. Daher mussten auch die nach 1911 entstandenen modernen Parteien sich als Vertreter der Interessen des Volkes darstellen. Ihre Gegner diskreditierten sie dann als „Cliquen, die sich selbst außerhalb des Volkes gestellt haben". Chinesische Politik ist ein Spiel, das nur einen Sieger kennt und den Verlierer zum Banditen macht.

Der Kampf um die Macht im Reich, an dem sich in der kurzen republikanischen Ära zunächst viele Fraktionen beteiligten, spitzte sich zum Schluss immer mehr auf einen Zweikampf zwischen Kommunistischer Partei und *Guomindang* zu. Da beide Seiten nur sich allein als wahren und rechtmäßigen Vertreter von Reichseinheit und Gesamtinteresse anerkannten, nahm der Zweikampf die Form eines Bürgerkrieges um Territorien an. Zunächst spalteten sich die Kommunisten mit den von ihrer Armee „befreiten Gebieten" vom Rest des Landes ab; heute schützt ein hochgerüstetes Taiwan seine isolierte Existenz vor dem Zugriff der Volksrepublik. Die übrigen kleineren Gruppierungen gerieten unter den Einfluss der beiden Hauptkontrahenten, die darauf achteten, dass diese Unterordnung „harmonisch" wirkte. So lud die *Guomindang* in den dreißiger Jahren unter der Parole „Rettung des Vaterlandes" alle Parteien ein, an einer „Politischen Konsultativkonferenz" teilzunehmen. Diese Konferenz war nicht mit einer westlichen Nationalversammlung zu vergleichen, denn in ihr sollten oppositionelle Parteien um ein starkes Machtzentrum versammelt und mit ihm verbündet werden. Da die Kommunisten nicht integriert werden konnten, musste sich die *Guomindang* mit unbedeutenden Parteien wie der Jugendpartei oder den Demokratischen Sozialisten zufriedengeben. Als sich die „Politische Konsultativkonferenz" auflöste, übernahmen die Nationalversammlung und das Parlament die Aufgabe, die übrigen Parteien zu integrieren.

Auch die Kommunisten richteten nach 1949 eine „Politische Konsultativkonferenz" und etwas später einen „Nationalen Volkskongress" ein. Beide dienten der Staatsmacht dazu, alle konkurrierenden politischen Kräfte zu integrieren. In westlichen Republiken ist das Parlament die Bühne der Auseinandersetzung zwischen pluralistischen Kräften; in den chinesischen Republiken dagegen ist das Parlament ein Instrument der Einheitsfrontpolitik eines monolithischen Machtzentrums.

In der Volksrepublik war ich einmal im Haus einer sogenannten „demokratischen Persönlichkeit" zu Gast, die örtlicher Vorsitzender einer der „demokratischen" Parteien und natürlich auch Mitglied der „Politischen Konsultativkonferenz" war. Er empfing gerade den Besuch von einigen Parteifunktionären, die sich von ihm Instruktionen erbaten. Sie kamen überein, dass sie bei der nächsten Versammlung besonders den „Geist der

Dritten Plenartagung des Zentralkomitees der Partei" betonen müssten. Dabei war nicht etwa von der eigenen Partei die Rede, sondern von der Kommunistischen Partei. Die sogenannten „Demokratischen Parteien" sind also in Wirklichkeit nur verlängerte Arme oder Filialen der Regierungspartei. Eine Existenzberechtigung in einer Einparteiendiktatur haben sie dadurch, dass es die Kommunistische Partei bei manchen Persönlichkeiten nicht für opportun hält, sie in ihre Reihen aufzunehmen, z.B. prominente Wissenschaftler oder Künstler, denen man ein Leben nach kommunistischen Organisationsprinzipien nicht zumuten möchte, oder Kandidaten mit einer verdächtigen Klassenherkunft. All diese Leute schickt man in die demokratischen Parteien, die nur dazu da sind, der Kommunistischen Partei bei der Durchsetzung ihrer „Generallinie" zu helfen. Auf der einen Seite verkörpern sie damit perfekt das konfuzianische Prinzip der absoluten Selbstlosigkeit, auf der anderen Seite aber werden sie für ihren Einsatz auch belohnt. Zum Neujahrsfest werden die „demokratischen Persönlichkeiten" im Dienstwagen zum Festbankett chauffiert, Boten bringen ihnen Eintrittskarten für Theater und Konzerte ins Haus, die normale Parteimitglieder nicht ergattern könnten. Die chinesische Menschlichkeit (仁, *ren*) ist eine Kunst: Sie verlangt, dass ein Stück von Dir in Mir, und ein Stück von Mir in Dir sein muss. Wer Herrscher über das Reich sein möchte, muss diese Kunst beherrschen, denn, so **Menzius**: „Der Menschliche hat keine Feinde." Die Kommunisten haben es dabei zu einer Meisterschaft gebracht, von der die *Guomindang* nur träumen kann.

In den chinesischen Republiken geht es darum, die Bevölkerung „durch Harmonie zu einen". Die Einheit ist deshalb weit wichtiger als Demokratie; so war das Anliegen der „Patriotischen Bewegung" der Überseechinesen nicht die Demokratie, sondern die Einheit des Landes. Die staatliche Einheit ist die Trumpfkarte der Regierung in Peking. Deng Xiaoping behauptete einmal: „Die Kommunistische Partei ist die einzige Partei, die die Einheit des Landes herstellen kann." Das Bedürfnis der Chinesen danach, „zusammen zu sein" ist so stark, dass sie jedes auch noch so undemokratische Regime akzeptieren, solange es die Einheit bewahren kann.

Erst wenn sich das chinesische Volk von dieser kulturellen Prädisposition emanzipiert hat, könnte eine Demokratiebewegung Aussicht auf Erfolg haben.

„KLEIN SEI DER STAAT, DAS VOLK GERING AN ZAHL!"

DIE KLEINBÄUERLICHE BASIS

Alle frühen chinesischen Denker waren sich einig in der Betonung der „großen Vereinigung". Konfuzius sprach davon, „das Chaos zu beseitigen und die Ordnung wiederherzustellen", Menzius' forderte die „Festigung im Einen".

Die Mohisten betonten die „Identifikation mit den Oberen", und die Legalisten begründeten die Theorie der zentralistischen Despotie. Nur die Daoisten hatten eine abweichende Meinung. Laozi[4] sagte: „Der beste Herrscher ist derjenige, den die Untertanen nicht wahrnehmen. Der zweitbeste ist derjenige, den sie lieben und lobpreisen. Dann kommt derjenige, den sie fürchten, und schließlich der Herrscher, bei dem sich die Untertanen Freiheiten erlauben." Damit verherrlicht er die kleinbäuerliche Gesellschaft, in der das Sprichwort gilt: „Bei Sonnenaufgang gehe ich an die Arbeit, bei Sonnenuntergang lege ich mich zur Ruhe; was kann mir des Kaisers Macht anhaben?" Sein Ideal beschreibt Laozi so: „Klein sei das Land, das Volk gering an Zahl. So viele Werkzeuge es gibt, gebraucht sie nicht! Lehrt das Volk den Tod scheuen und weites Wandern meiden! Gibt es auch Boote und Wagen, man besteige sie nicht; gibt es auch Harnisch und Waffen, man hole sie nicht hervor; das Schreiben schafft ab; lehrt die Menschen wieder Quippu-Knoten knüpfen; die Speise sei ihnen süß, die Kleidung schön, die Hütten bequem, die Sitten fröhlich. Die Nachbarstaaten liegen dicht beisammen, man hört die Hühner gackern, die Hunde bellen und doch verkehrt man bis zum Tode mit seinen Nachbarn nicht." Oberflächlich gesehen steht diese Tendenz im Widerspruch zur Tendenz der „großen Vereinigung"; in Wirklichkeit aber ergänzen und fördern sie einander, weil die chinesische Despotie auf einer kleinbäuerlichen Basis ruht.

Politik ist in China seit jeher nicht Sache des einfachen Volkes; die Oberen „ordnen" und „regieren" die Unteren. Das aber ist nur möglich, wenn die Untertanen in partikularistischer Vereinzelung leben und sich nicht um den Kaiser kümmern. Nur wenn die Gesellschaft einem „Haufen losen Sandes" gleicht, kann sich der Staatsapparat zum alleinigen Organisator der Gesellschaft aufwerfen und die Hegemonie über die Gesellschaft erringen.

Der bäuerliche Sozialismus der Roten Khmer schuf ähnliche Verhältnisse. Als sie in ganz Kambodscha die Macht errangen, siedelten sie die Stadtbewohner in die Dörfer um, wo sie keinen Kontakt mehr untereinander haben konnten. Dann schickte das Regime Aufseher in jede einzelne Einheit. Indem die Roten Khmer alle Elemente der modernen Gesellschaft beseitigten, beherzigten sie Laozis Rezept: „So viele Werkzeuge es gibt, gebraucht sie nicht! Lehrt das Volk den Tod scheuen und weites Wandern meiden! Gibt es auch Boote und Wagen, man besteige sie nicht; ... das Schreiben schafft ab, lehrt die Menschen wieder Quippu-Knoten knüpfen ..." Nach Marx soll die Gesellschaft den Staat überflüssig machen; der Sozialismus der Roten Khmer dagegen vernichtete die Gesellschaft durch den Staat.

Man täte den chinesischen Bauernrevolutionären Unrecht, wenn man sie auf eine Ebene mit den Roten Khmer stellte. Während ihrer kurzen Herrschaft verringerte sich die kambodschanische Bevölkerung auf die Hälfte, während die chinesische Revolution zumindest im Anfangsstadium die Lebensbedingungen der Bauern beträchtlich verbesserte.

Nicht alle bäuerlichen Revolutionen sind nur destruktiv. Potentiell aber sind alle gegen die Moderne gerichtet. Auch die kommunistisch geführte Bauernbewegung in China war nicht frei von dieser Tendenz. Die treibende Kraft beim Aufbau des neuen Staates war die Agrarrevolution. Die Kommunisten setzten eine Bodenreform durch, in der die Unterschiede zwischen Armen und Reichen eingeebnet und das Land an die Kleinbauern verteilt wurde. Die Zahl der selbständigen Kleinproduzenten vermehrte sich, gleichzeitig aber wurden damit die Voraussetzungen für eine neue Klassendifferenzierung in den Dörfern geschaffen. Um die Gleichheit zu bewahren, musste das Regime die Kollektivierung durch Volkskommunen fördern. Kollektivierung heißt Überwindung des kleinbäuerlichen Partikularismus; theoretisch hätte sie das Ende der zersplitterten bäuerlichen Kleinwirtschaft bringen sollen. Subjektiv wünschten sich die Führer der Kommunisten, die ja aus der Modernisierungsbewegung des 4. Mai 1919 hervorgegangen waren, eine „Vereinigung der Volksmassen" und eine „Wiedergeburt Chinas". Doch die Tiefenstruktur der traditionellen Kultur erwies sich letzten Endes als stärker und verkehrte ihre ursprünglichen Ziele ins Gegenteil. Durch eine „permanente Revolution" schufen die Revolutionäre „Chaos unter dem Himmel", und mit der Bildung von Volkskommunen verwirklichten sie das Ideal der Verkleinerung des Staates und der Reduzierung der Bevölkerung.

Für jeden unterentwickelten Kontinentalstaat, der vor der Aufgabe der Modernisierung steht, ist die Bauernfrage das zentrale Problem. Die Sowjetunion entstand zwar aus einer proletarischen Revolution, doch beerbte sie ebenfalls einen auf der bäuerlichen Kleinwirtschaft basierenden despotischen Staatsapparat. Die sowjetische Strategie bestand darin, die Dörfer durch die Städte zu unterwerfen. Gleichzeitig war sie geleitet vom Glauben an die Allmacht von Schwerindustrie und Mechanisierung. Mit Traktorenstationen suchte der Staat die einzelnen Kolchosen und Sowchosen zu kontrollieren.

In der chinesischen Revolution wurden „die Städte von den Dörfern umzingelt"; man setzte größeres Vertrauen in die Eigeninitiative der Bauern und tendierte dazu, das bäuerliche Handwerk zu mythisieren. Tatsächlich haben in China die Bauern im Partisanenkrieg die modernen Streitkräfte besiegt. Aus diesen Gründen wurden in den Volkskommunen die bäuerliche Handarbeit und die „eigene Kraft" betont.

Das Ideal der Volkskommune war die Vereinigung von Staat und Gesellschaft; sie sollten Industrie, Landwirtschaft, Verteidigung, Erziehung in sich vereinigen, sich selbst versorgen, sie sollten „klein, aber komplett" sein. Während in der Sowjetunion die Dörfer ausgesaugt wurden, um die Schwerindustrie zu finanzieren, wurde in den Volkskommunen die Bevölkerung organisiert und mobilisiert, um mit den Methoden der Manufaktur ihre Umwelt umzugestalten. Mit der „Kraft ihres Herzens" hatten bäuerliche Partisanen die „Kraft der Dinge" besiegt. Diesem Vorbild wollte man nun auf dem Gebiet der Wirtschaft folgen. Die Tendenz, das „menschliche Herz" und den „Geist des Volkes" über die „Instrumente" (das heißt, die materielle Technik) zu stellen, ist ein Ausdruck der Tiefenstruktur der chinesischen Kultur und gleichzeitig ein Charakteristikum des chinesischen Bauernsozialismus.

Die Aufgabe der national einheitlichen Parteiorganisation war es sodann, die autarken Einheiten zusammenzufassen. So ergänzten sich die Prinzipien der „großen Vereinigung" und der „Verkleinerung des Staates und Reduzierung der Bevölkerung". In der Kulturrevolution wurden dann Reduktion und Verkleinerung auf Kosten der einheitlichen Kontrolle betont. Die Parteiorganisation wurde zerschlagen, und die antikapitalistische Linie der „Ultralinken" führte dazu, dass der Markt, der die Mobilität und den Kontakt förderte, zum Erliegen kam. Nach dem Bruch mit der

Sowjetunion wurde in China, das nun isoliert war, das Prinzip des „Vertrauens auf die eigene Kraft" auf die Spitze getrieben. China sollte nicht nur als Ganzes autark werden, sondern auch die Bezirke, Betriebe und Kommunen sollten nach Autarkie streben. Man sah darin eine Wiederbelebung des vielbeschworenen „Geistes von Yan'an". Am Ende kehrten die Dörfer zur primitiven Form der Naturalwirtschaft zurück, und Techniken mussten neu erfunden werden, die in den Nachbardörfern schon lange eingeführt waren.

Heute wird wieder die wirtschaftliche Rolle der privaten Haushalte betont. Dadurch wurden die Märkte zwar wiederbelebt, gleichzeitig aber wurde die Zersplitterung der bäuerlichen Kleinproduzenten gestärkt.

Unterscheidet sich die Situation in den Städten wesentlich von der auf dem Land?

In meiner ehemaligen Universität auf dem Festland gab es damals einen Lesesaal für ausländische Zeitschriften, den die Studenten normalerweise nicht betreten durften. Nur Lehrkräften und Ausländern war der Zutritt gestattet. Nebenan befanden sich das Büro und die Bibliothek einer Fakultät, in der die gleichen ausländischen Zeitschriften auslagen. Ein amerikanischer Student fragte den Dekan der Fakultät, wieso sie Zeitschriften abonnierten, die schon beim Nachbarn auslägen. Es zeigte sich, dass der Dekan nichts von der Existenz dieses Lesesaals für ausländische Zeitschriften wusste.

Die Beispiele für die Tendenz zur Selbstisolation sind zu zahlreich, um sie hier aufzuzählen. Verblüffend ist aber, dass sich auch Studenten in ihren sozialen Kontakten nach diesem Prinzip richteten. An meiner ehemaligen Universität hatten Studenten aus unterschiedlichen Fakultäten keinen Kontakt zueinander, und Studenten aus der gleichen Fakultät pflegten nur mit denen aus ihrem Jahrgang Umgang. In den Wohnheimen wurden nur Student(inn)en einer Fakultät, eines Jahrgangs und desselben Geschlechts in einem Raum untergebracht, und so gab es Fälle, wo sie nur mit ihren Zimmergenoss(inn)en in Kontakt standen.

Anfänglich vermutete ich, dass diese Tendenz auf die Hochschulen beschränkt sei. Als ich aber später Gelegenheit hatte, mit Arbeitern zu sprechen, entdeckte ich, dass auch sie nur mit den Kollegen aus der eigenen Abteilung Kontakt hatten. Als ich fragte: „Esst ihr nicht gemeinsam in einer Kantine? Lernt ihr dort nicht manchmal andere Leute kennen?" erhielt ich zur Antwort: „Wenn du dich ohne besonderen Grund an einen Tisch mit Leuten setzt, die du nicht kennst, und dich unterhältst, dann hält man dich für verrückt!"

Der Kreis des gesellschaftlichen Umgangs ist auf dem Festland relativ eng; er umfasst häufig nur die eigene Familie, die nächsten Arbeitskollegen oder die Schul- oder Studienkollegen. Zu „polnischen Zuständen" konnte es daher kaum kommen.

DURCH WÄLLE UND MAUERN STRENG GETRENNT

China ist wahrscheinlich der einzige Staat in der Weltgeschichte, der sich nicht nur nach außen mit einer Mauer schützte, sondern auch alle seine Städte und Märkte mit einer Mauer umgab.

Im westeuropäischen Feudalismus hatten die Burgen der Feudalherren hohe Mauern und es gab Städte mit und ohne Stadtmauer. Ähnlich war es im vormodernen Japan. In der Heian-Zeit (794–1185) besaß nicht einmal die Hauptstadt Kyoto Stadtmauern.

Es mag zunächst absurd erscheinen, dass im alten China, einem einheitlichen Reich, in dem die Harmonie als höchstes Ideal galt, nicht nur Städte und Märkte mit Mauern umgeben, sondern auch Dörfer mit Lehmwällen befestigt waren. Man sollte aber nicht vergessen, dass in China „die politische Macht aus den Gewehrläufen kommt", und daher Gewalt der einzige Weg war, die „große Ordnung" herzustellen.

Außerdem liebt man es in China, Kreise und Zirkel um sich zu ziehen, eine Tendenz, die eng mit der Vorliebe für Rangstufen und Hierarchien verknüpft ist. Die erste Voraussetzung dafür ist eine klare Trennung von innen und außen. Auf das Ausland übertragen, leitet sich daraus der Gedanke eines Schutzwalles zwischen China und den Barbaren ab. Aber auch auf die eigenen Landsleute wird diese Grundregel der chinesischen kulturellen Grammatik angewandt, und so bilden sie kleine Gruppen, Zirkel und Fraktionen und „verbünden sich mit Gleichartigen gegen die Andersartigen".

Lässt man diese Kreise und Rangstufen immer weiter zusammenschrumpfen, gelangt man am Ende zum „egoistischen Herzen", das sich nicht um das Ganze und um die Interessen der Gemeinschaft zu kümmern braucht. Egoismus und Selbstlosigkeit stellen keinen Widerspruch dar, sondern sie sind komplementär, so wie „Spaltung" und „Zusammenschluss" einander wechselseitig bedingen. So sehr man auch die „Harmonie" betont, muss man doch gleichzeitig schlau und berechnend und immer auf der Hut vor den anderen sein. Daher sind Chinesen auch unter dem großen Schirm von Einheit und Harmonie immer darauf bedacht, sich mit Mauern und Wällen vor den anderen zu schützen.

Auf dem chinesischen Festland überwog bis zur Reformpolitik ab Ende der 1970er Jahre das „Volkseigentum". Die staatlichen Einrichtungen und Betriebe aber schlossen sich wie die reichsritterlichen Territorien im „Heiligen Römischen Reich" nach außen ab. Das Eingangstor jeder Einheit glich einer Zollstation. Wer hinein wollte, musste seinen Ausweis zeigen, in eine Liste seinen Namen und den Namen desjenigen, den man besuchen möchte, eintragen, den Grund des Besuches, die Ankunftszeit und das voraussichtliche Ende des Besuches angeben. Beim Betreten und Verlassen meiner ehemaligen Universität galten dieselben Regeln. Die Hochschulangehörigen mussten sich natürlich nicht jeden Tag in die Liste eintragen, aber sie mussten ihr Abzeichen tragen und ihren Ausweis vorzeigen. Ausländische Studenten, die schon ein paar Jahre auf dem Campus wohnten, waren den Pförtnern bekannt und durften passieren. Manchmal aber mussten auch sie sich diesem Verfahren unterziehen und ihren Ausweis vorlegen, was immer wieder zu Auseinandersetzungen führte.

Seit der „Kulturrevolution"[19] hat sich zwar die Kontrolle beträchtlich gelockert, doch auch in den ersten Jahren nach 1976 wurde die Bevölkerung in den Zeitungen aufgefordert, die Hauseingänge und Innenhöfe streng zu bewachen. Rentner und Rentnerinnen kontrollierten die Eingänge, um zu verhindern, dass sich „Feinde" einschlichen, und alle sollten ihre Wachsamkeit vor dem „Klassenfeind" erhöhen.

Die Tendenz, sich durch Mauern voreinander zu schützen und abzugrenzen, ist eine notwendige Ergänzung des Harmoniestrebens. Nur wenn man sich deutlich von den „Außenstehenden" abgrenzt, kann man klar erkennen, wer zu den „eigenen Leuten" zählt. Man legt seine Hand auf Dinge, die Fremden nicht zustehen, um den „eigenen Leuten" damit einen Gefallen zu tun; damit zeigt man, dass man sich des Unterschieds zwischen Verwandten, Freunden und Fremden bewusst ist. Ein Mitglied des eigenen Zirkels wird dir daher zu all dem Zugang verschaffen, was anderen verschlossen bleibt, auch wenn er damit der Gemeinschaft schadet. Der Haupteingang ist „mit Mauern und Schutzwällen befestigt", während die

Hintertüren offenstehen und durchlässig sind, vorausgesetzt, man kennt die einem Fremden verborgenen Zugänge.

JEDER AUF SEINE WEISE

Eine japanische Studentin, die auf dem Festland studierte, sagte: „China ist um ein Vielfaches größer als Japan. In Wirklichkeit aber gibt es unzählige kleine Chinas." Zwar wird überall die „Einheit des Denkens" gefordert, doch nach meinem Eindruck beschränkte sich die Einheitlichkeit bis Ende der 1970er Jahre auf die offizielle Ideologie und die Kleidung. Alles übrige war und ist nicht einheitlich.

Es ist bekannt, dass die kommunistische Partei Verordnungen erlassen kann, und dass regionale und örtliche Behörden sie abändern können. Diese „örtlichen Gepflogenheiten" können ungestraft gegen Gesetze verstoßen. Das Ehegesetz legte zum Beispiel achtzehn Jahre als Mindestalter fest, aber jede Region konnte dieses Alter nach Belieben um acht oder zehn Jahre heraufsetzen.

Bei Reisen auf dem Festland bemerkte ich damals, dass Hotels in verschiedenen Gegenden, für die eigentlich einheitliche Preise galten, von diesen Preisen abwichen. Als ich einmal mit einem Amerikaner und zwei Japanern in eine abgelegene Provinzstadt kam, entdeckten wir, dass die reduzierten Hotelpreise für ausländische Studenten abgeschafft waren und der Preis von sechs auf fünfzehn Yuan erhöht worden war. Mit meinem Status als Hongkong-Chinese bezahlte ich nur neun Yuan, die beiden Japaner folgten dem Prinzip der Harmonie und wollten nicht feilschen. Der Amerikaner aber begann zu diskutieren, bis ihm der Hotelmanager die amtlichen Dokumente des Finanzministeriums und des Erziehungsministeriums zeigte. Obwohl darin die neuen Preise schriftlich festgelegt waren, mussten wir am Ende alle nur neun Yuan bezahlen. In einer anderen Stadt der gleichen Provinz war nie die Rede von einem neuen Erlass.

Bei Reisen mit dem Zug geschah Ähnliches. Ausländer zahlten damals bei Zugreisen normalerweise den doppelten Preis. „Landsleute" aus Hongkong oder Macao zahlten dasselbe wie Einheimische und auch ausländische Studenten kamen in den Genuss dieser Ermäßigung. Diese Bewertung einer Person nach ihrem Rang und ihrer „Entfernung", die für Chinesen normal erschien, kam einem zwar zunächst merkwürdig vor, doch gewöhnte man sich mit der Zeit daran. Lästig wurde es nur, wenn man sich nicht darauf verlassen konnte, dass diese Einstufung auch überall galt. Die Ermäßigung für ausländische Studenten gab es seit mehreren Jahren, doch einmal passierte es in einem Zug, dass der Fahrkartenverkäufer die Karten an die ausländischen Studenten unbedingt zum Preis für ausländische Touristen verkaufen wollte. Es kam, wie vorherzusehen war, zu einem Streit, bei dem der Fahrkartenverkäufer sich aber stur auf seine Bestimmungen berief. Nach einiger Zeit gelang es, ihn dazu zu überreden, gegen die Vorschriften zu verstoßen, doch die Frage, warum die Bestimmungen hier anders waren als anderswo, blieb ungelöst.

So regelt jeder seine Angelegenheiten auf seine Weise. Damit setzt man sich nicht unbedingt in Opposition zur Partei, sondern folgt der persönlichen Interpretation des „Geistes der Zentrale". Wie der „Vorfall von Tianmen" in der Provinz Hubei zeigte, kann die eigene Interpretation auch in das genaue Gegenteil des ursprünglichen „Geistes" umschlagen. Deng Xiaoping verlangte damals eine „Korrektur und Reorganisation" des Chaos in der Wirtschaft. Die Dorfkader im Kreis Tianmen aber verstanden darunter eine „Berichtigungskampagne" im Stil früherer politischer Kampagnen, und das führte dazu, dass acht Personen getötet und über hundert beim Verhör gefoltert wurden.

Diese Art, die Politik der Zentrale umzusetzen, ist oft eine Folge der schlechten Kommunikationskanäle. Manchmal sind es flexible Korrekturen der regionalen Behörden an den Erlassen der Zentrale, aber mitunter lässt sich auch der Verdacht nicht von der Hand weisen, dass man sich „äußerlich fügt und insgeheim widersetzt", um seine eigenen Ziele zu verfolgen. Das kann zu ernsthaften Konsequenzen führen.

Während des chinesisch-japanischen Krieges von 1895 zum Beispiel konnte das riesige chinesische Reich letzten Endes deshalb vom Zwerg Japan geschlagen werden, weil nur die Nordflotte der Provinz Hebei gegen die Japaner kämpfte und allen anderen Provinzen der Krieg gleichgültig war. Noch kurz vor Kriegsausbruch hatten zwei Flotten der südlichen Guangdong-Flotte mit der nördlichen Flotte gemeinsame Manöver abgehalten. Beide Flotten wurden während des Krieges von den Japanern beschlagnahmt. Daraufhin setzte sich der Generalstab der Südarmee mit den Japanern in Verbindung und forderte die Herausgabe der Schiffe mit der Begründung, sie hätten nichts mit diesem Krieg zu tun.

NIVELLIERUNG UND EGALITARISMUS

DIE IDEE VOM „HÖCHSTEN FRIEDEN"

Die wirtschaftliche Grundlage der chinesischen Gesellschaft war die kleinbäuerliche Produktion. Ihre Sphäre ist seit Jahrtausenden ein kleines Stück Land, das in einfacher Handarbeit ohne differenzierte Arbeitsteilung bebaut wurde. Besondere Techniken oder Kunstfertigkeiten waren nicht nötig, und so gab es auch keine Entwicklung zur Differenzierung. Unzählige kleine Grundstücke lagen nebeneinander, auf denen zwar jeder für sich und auf seine Weise arbeitete, aber im Prinzip waren sie gleichartig. In diesem homogenen Raum konnten größere Abweichungen und Vielfalt nicht zugelassen werden. Freilich kam es in der chinesischen Geschichte phasenweise zur Konzentration von Land in den Händen Einzelner, doch unter dem gewaltigen Bevölkerungsdruck auf die natürlichen Ressourcen wurde die Konzentration des Grundbesitzes zum Ziel periodisch auftretender Nivellierungsbewegungen, und die „Nivellierung" (铲平, *chanping*) des Landbesitzes war das Hauptmotiv für periodisch ausbrechende Bauernaufstände.

Der Tendenz zur Nivellierung liegt der Gedanke zugrunde, dass die natürlichen Ressourcen gleichmäßig verteilt werden müssen, um Frieden im Reich zu schaffen. Dieser Zustand wurde in China als „Höchster Frieden" (太平, *taiping*) bezeichnet. Erst wenn im Reich der Zustand der Gleichheit (平均, *pingjun*) herrscht, kann es Frieden (和平, *heping*) und Harmonie (和谐, *hexie*) *geben*.

Auch den Beamtengelehrten war dieses Gleichheitsdenken nicht fremd. Beispielsweise heißt es bei Konfuzius: „Nicht die Armut macht mir Sorge, sondern die Ungleichheit" (**Gespräche**) und noch bei Sun Yatsen finden wir den Gedanken der gleichmäßigen Landverteilung und die Forderung: „das Land dem, der es bebaut". Im Grunde aber entspringt die Idee vom „Höchsten Frieden" der kleinbäuerlichen Lebensweise und dem Bedürfnis, die einfachen Anbaumethoden, die Homogenität, die Monotonie, die Isolation und Dezentralisation zu erhalten.

Wie ein roter Faden zieht sich das „*taiping*"-Ideal durch die Bauernaufstände der letzten zweitausend Jahre – vom Aufstand der Gelben Turbane[1]
im zweiten Jahrhundert unserer Zeit bis zur Taiping-Rebellion[2] am Ende
der Mandschu-Dynastie. Die Gelben Turbane folgten der Losung „gelber
Himmel, höchster Frieden", sie wollten den „blauen Himmel" durch den
„gelben Himmel" ersetzen und hofften, so den „Höchsten Frieden" zu
erreichen. Wang Xianzhi (王仙芝, –878), ein General und Rebell aus der
späten Tang-Zeit nannte sich „großer Feldherr der himmlischen Gleichheit", und der Aufständische Huang Chao (黄巢, 835–884) bezeichnete
sich als „großer Feldherr zur entschlossenen Verteidigung der Gleichheit".
Zu Anfang der nördlichen Song-Zeit forderten Wang Xiaobo(王小波,
–994) und Li Shun (李顺, –995)[3] bei ihrem Aufstand „Nieder mit der
Ungleichheit von Arm und Reich, es ist an der Zeit, sie euretwegen zu
beenden". Gegen Ende derselben Dynastie stand auf den Fahnen des
Aufstands von Fang La[4]: „Für Gleichheit, kein oben, kein unten." Die
Aufständischen unter Zhong Xiang[5] im Gebiet des Dongting-Sees zu Beginn der Südlichen Song-Zeit riefen: „Edle und Gemeine, Arme und Reiche, macht sie gleich!" Die Parolen der großen Bauernaufstände am Ende

---

1   Die Rebellion der „Gelben Turbane" (黄巾之乱, Huangbu zhi luan) war eine religiös-
daoistisch gefärbte Aufstandsbewegung, die von Zhang Jiao (张角 bis 184) geführt wurde
und vom ehemaligen Staate Qi (齐国) in der heutigen Provinz Shandong, ausging. Mit der
Farbe gelb drückten die Aufständischen ihre Verehrung für den Gelben Kaiser (皇帝, *Hu-
angdi*) aus. Sie forderten vor allem soziale Gleichheit. Der Aufstand wurde im Jahr 184 u.Z.
niedergeschlagen, doch leitete er den endgültigen Zusammenbruch der Han-Dynastie ein.

2   Die Taiping-Rebellion (太平天国运动, 1851–1864) unter Hong Xiuquan (洪秀全,
1814–1864), der sich nach Kontakten mit christlichen Missionaren für einen Messias hielt,
brach 1850 in einem Dorf in Guangxi aus. Die nationalistisch (also anti-mandschurisch)
gesinnten Kämpfer für den „Großen Frieden" beherrschten zeitweise große Teile Süd- und
Mittelchinas. Der Aufstand zog sich 15 Jahre hin und zählte mit einer Bilanz von 20 Millionen Toten zu den größten der chinesischen Geschichte. Eine Allianz aus chinesischen und
westlichen Truppen beendete schließlich das Reich der Taiping.

3   Li Shun und Wang Xiaobo führten 993 bis 995 den Aufstand der Brokathandwerker in
Sichuan an. Sie strebten eine wirtschaftliche Autonomie der Provinz an, da die Handwerker
ihre Lebensgrundlage durch Produkte aus anderen Provinzen bedroht sahen.

4   Der von Fang La (方腊, –1121) geführte Bauernaufstand des Jahres 1120 wird der ma-
nichäisch beeinflussten Sekte der „Teufelsdiener" zugeschrieben.

5   Zhong Xiang (钟相, –1130) und Yang Mo (杨麽, 1108–1135) waren die Anführer einer
zerstörischen und egalitären Revolte am Ende der Südlichen Song-Dynastie. Sie brach im
Jahr 1130 aus und wurde 1135 niedergeschlagen.

der Mongolenherrschaft lauteten: „Der Himmel schickt dämonische Krieger, um die Ungleichen zu töten; Ungleiche töten Ungleiche, die Ausrottung der Ungleichheit bringt den höchsten Frieden". Deng Maoqi[6], ein Aufständischer der frühen Ming-Zeit, gab sich den Titel „König der Gleichmacherei", und etwas später begleiteten Parolen wie „die Reichen schröpfen, die Armen unterstützen, gleiches Land, ohne Abgaben, Gleichheit im Handel" die Erhebung von Li Zicheng[7]. Der letzte Bauernaufstand der Kaiserzeit gründete ein „himmlisches Reich des höchsten Friedens" und verkörperte damit ein weiteres Mal das *„taiping"* (太平)-Ideal. Die Forderung nach gleichmäßiger Landverteilung wurde im Reich der Taiping-Aufständischen in einem Agrargesetz konkretisiert.

Die geschichtliche Rolle der Idee vom höchsten Frieden ist schwer zu bewerten. Im Kaiserreich führte sie in periodischen Abständen zu einer Neuverteilung des Landbesitzes; indem sie den Boden den Bauern zurückgab, erfüllte sie eine positive Funktion. Aber indem sie die Homogenität, Monotonie und Dezentralisation der agrarischen Kleinproduktion erhielt, trug sie dazu bei, den Fortbestand der auf ihr lastenden despotischen Imperialmacht zu sichern. In der modernen Zeit verhinderte dann diese Tendenz die Entwicklung einer neuen kapitalistischen Produktionsweise, die soziale Differenzierung und Kapitalkonzentration voraussetzt. In einer Gesellschaft mit egalitären Tendenzen muss der despotische Staat die Aufgabe der Entwicklung einer modernen Ökonomie übernehmen. Das aus einer Agrarrevolution hervorgegangene kommunistische Regime versuchte, der Aufgabe gerecht zu werden.

In der Revolution und nach der Gründung des neuen Staates spielten die egalitären, nivellierenden Tendenzen jedoch nicht nur eine positive Rolle. In der Zeit des Jiangxi-Sowjetgebiets (1931–1934) kam es unter dem Einfluss von Wang Ming zu ultralinken, egalitaristischen Auswüchsen. Im Rahmen einer Bewegung zur „Untersuchung des Grundbesitzes" wurden

---

6   Deng Maoqi (邓茂七, ?–1449) war der Anführer einer großen Revolte von Bauern und Bergarbeitern in den Provinzen Zhejiang und Fujian (1448–1449).

7   Missernten und Hungersnöte am Ende der Ming-Dynastie führten zu großen Revolten und Erhebungen im Norden Chinas, an deren Spitze sich schließlich Li Zicheng 李自成, 1606–1644 bzw. 1645) stellte. 1644 marschierten die Aufständischen in Peking ein. Dies stellte das Ende der Ming-Dynastie dar, doch wurden die Aufständischen noch im gleichen Jahr von den Truppen der Mandschuren geschlagen.

viele mittlere und arme Bauern, Landarbeiter und andere Berufsgruppen als Grundherren oder reiche Bauern eingestuft und enteignet. Die Kriterien zur Bestimmung der Klassenzugehörigkeit waren zu jener Zeit recht ungewöhnlich. Vielerorts genügte es, gelegentlich ein paar Pfennige gegen Zins verliehen zu haben, um als reicher Grundbesitzer geächtet zu werden. Auch wer nie andere ausgebeutet hatte und lediglich etwas mehr Land besaß, wurde in manchen Fällen als reicher Bauer attackiert. In einigen Gegenden wurden Bauern, die viele Jahre als Landarbeiter oder Handwerker gearbeitet hatten, in die Kategorie „Grundherren und Wucherer" eingestuft, und ihr Grund und Vermögen wurden konfisziert, allein weil sie gelegentlich Geld verliehen und Pacht eingenommen hatten. Manchmal wurde sogar der Besitz der Familien von Arbeitern, Bauern oder Angehörigen der Roten Armee beschlagnahmt, und am schlimmsten traf es Bauern, die irrtümlich der falschen Klasse zugeordnet und liquidiert wurden. Lehrer und Ärzte aus den Städten und Marktgemeinden der Sowjetgebiete wurden schematisch als Grundherren oder reiche Bauern eingestuft, da sie in der Regel aus Familien stammten, die als „Ausbeuter" galten. Sie durften nicht mehr unterrichten oder praktizieren, und nicht einmal als Buchhalter oder kleine Angestellte arbeiten. Diese Bewegung unterminierte die Grundfesten des Sowjetgebiets und erschwerte die Abwehr der Einkesselungsfeldzüge durch die Truppen Chiang Kaisheks.

Nach 1949 wurden die Fehler der dreißiger Jahre wiederholt, nun aber in viel größerem Maßstab. Obwohl man in den 1958 gegründeten Volkskommunen auch mit dem Mikroskop kaum einen „reichen Bauern" hätte finden können, kam es im Zug der kulturrevolutionären Kampagne der „Beschneidung der kapitalistischen Schwänze" immer wieder dazu, dass effizient arbeitende Bauern als „bourgeoise Emporkömmlinge" und Intellektuelle und Techniker als Angehörige der Bourgeoisie angegriffen wurden. Nicht einmal unter den armen Bauern waren solche extremen Maßnahmen beliebt. Der Verdacht liegt daher nahe, dass es sich dabei um eine Idealisierung der bäuerlichen Tradition des „höchsten Friedens" in den Köpfen einiger marxistisch geschulter Parteiführer gehandelt haben könnte. Sie hatten sich bewusst auf die Seite der Armen gestellt und glaubten, deren spontane Forderungen zu „konzentrieren" und „auf die Ebene der Theorie heben" zu müssen. Aber die Armen Chinas sind nicht die Proletarier des Westens und an ihren spontanen Wünschen ist vieles rückständig. Durch die „theoretische Konzentration" wurden diese rückständigen Faktoren noch verstärkt. Die chinesische Kleinbauernwirtschaft lässt Arbeitsteilung bei der Feldarbeit und die Anwendung hoch entwickelter Techniken nicht zu. Daher konnten sich weder unterschiedliche Kenntnisse und Fähigkeiten, noch vielfältige gesellschaftliche Beziehungen entwickeln. Der Horizont der Bauern blieb zwangsläufig beschränkt, und so betrachten sie die Arbeitsteilung, die Vielfalt der Berufsgruppen in der modernen Gesellschaft und die daraus resultierende Differenzierung und Komplexität, den Glanz und die lebhafte Zirkulation des modernen Lebens mit Abneigung.

Nach den Vorstellungen der Kleinbauern sollten die Unterschiede zwischen Stadt und Land, Arbeitern und Bauern, geistig und körperlich Arbeitenden eingeebnet werden. Verstädterung, die Industrialisierung der Landwirtschaft und die Intellektualisierung sind ihnen zuwider. Die Stadt ist für sie der Inbegriff der Verderbnis; die Ignoranz auf den Dörfern gilt ihnen als die „unverdorbene ländliche Art", zu der man zurückkehren sollte. Zwar erlitten die Großstädte in China nicht das Schicksal der kambodschanischen Städte unter Pol Pot, doch gibt es viele Symptome einer „Ruralisierung" der Städte. In Nanjing zum Beispiel hatten Ende der 1970er Jahre viele Straßen und Plätze keine Asphaltdecke, die Hauswände waren häufig noch aus Lehm. Wenn dort am Abend die Straßenlampen erloschen, herrschte Stille, man konnte meinen, man wäre in einem Dorf. Auch Großstädte wie Shanghai waren düster und eintönig geworden; nach acht Uhr abends wirkten manche Viertel wie Geisterstädte. Die bestimmende Farbe war grau, überall lagen Abfallhaufen und Kot, und nirgends entging man dem allgegenwärtigen Toilettengeruch.

KONFORMISMUS

Das höchste soziale und politische Ideal der chinesischen Kultur ist die „große Gleichheit" (大同, *datong*). Wie sieht eine Gesellschaft aus, in der dieses Ideal verwirklicht ist? Auf dem Festland war mir einmal in meinem Zimmer recht heiß und ich holte damals den zur Einrichtung gehörenden Ventilator vom Schrank. Es war noch zeitiges Frühjahr. Als mich bald darauf ein jüngerer Lehrer besuchte, war das erste, was er sagte: „Was, der Ventilator ist schon in Betrieb? Die anderen benützen ihn doch auch noch nicht!"

Da ich aus dem Ausland kam, kannte ich damals viele Regeln nicht, die für die Kleidung galten und zog mich anders an als die Einheimischen. An einem wärmeren Tag im Frühjahr ging ich im kurzärmeligen Hemd einkaufen. Schockiert rief die Verkäuferin: „Was? Um diese Jahreszeit schon kurzärmelig?"

Eine Kommilitonin vom Festland erläuterte mir später die damaligen einschlägigen Bräuche: Vor Beginn der Saison würde sie nie wagen, im Rock aus dem Haus zu gehen. Wie alle anderen würde sie dann Hosen tragen. Einmal sei es ihr lästig gewesen, sich wegen einer kleinen Besorgung umzuziehen, worauf sie prompt angesprochen worden sei: „Meine Güte, wie kann man jetzt schon einen Rock tragen?" Darin zeigt sich auch die Rolle des unmittelbaren emotionalen Kontakts, der die Trennungslinie zwischen mir und den anderen aufhob; die anderen können für dich Temperaturen empfinden und nehmen an, dass du genauso empfindest wie sie. Die Chinesen sollten nicht nur im Denken, sondern auch im Fühlen „vereinheitlicht" werden, so dass sie im eigentlichen Sinn des Wortes „ein Herz und eine Seele" waren. Die schon erwähnte Kommilitonin erklärte mir auch die einzelnen Schritte der jahreszeitlichen Umstellung der Bekleidung. Zunächst erfolge der Übergang vom Mantel zum langärmeligen Hemd bzw. zur langärmeligen Bluse, dann erst zu kurzen Ärmeln. Niemand überspringe je eine Stufe, und Frauen dürften Röcke nur an wirklich heißen Tagen tragen. In der Mittelschule habe niemand in ihrer Klasse sich getraut, im Sommer als erste zur leichteren Bekleidung überzugehen, so dass im Juli noch alle im Mantel umherliefen. Schließlich sei das einem Lehrer aufgefallen, er habe ihnen eine Standpauke gehalten, und am nächsten Tag seien alle in sommerlicher Bekleidung erschienen.

Eine Kommilitonin aus Norwegen meinte: „Alle Chines(inn)en ziehen an einem festgelegten Datum ihre langen Unterhosen aus." Leider konnte ich bis jetzt nicht herausfinden, wie sie sich auf einen Termin einigen.

Der Anpassungsdruck führte zum Beispiel auch dazu, dass Frauen, die sich hübsche Kleider genäht hatten, sich nicht trauten, sie auf der Straße zu tragen. Lippenstift und Make-up legten sie nur im Haus auf; wenn sie zur Türe hinaustraten, schminkten sie sich ab und kleideten sich wie die anderen.

Ein wirksames Mittel zur Nivellierung ist die Furcht vor Gerede. Wenn jemand, ohne anderen weh zu tun, sich in seiner Lebensweise und seinem

Stil von der Masse abhebt, werden Leute, die sich als Sprecher der Menge aufspielen, mit dem Finger auf ihn deuten und ihm seinen „schlechten Charakter" vorwerfen. Den Charakter eines Chinesen definiert der Mund der Menge, daher setzt sich das Schriftzeichen für „Charakter" (品, *pin*) aus drei „Mündern" (口, *kou*) zusammen.

„WENN ICH ES ZU NICHTS BRINGE, SOLL ES DIR NICHT ANDERS GEHEN"

Alle Werktätigen begannen bis in die 1980er Jahre hinein auf dem chinesischen Festland mit einem Gehalt von ungefähr vierzig Yuan (元), und jeder konnte damit rechnen, dass es sich bis zu seiner Pensionierung auf etwa achtzig Yuan erhöhen würde. Eine Wirtschaftspolitik, die eine Beschäftigungsgarantie bei niedrigem Lohnniveau gewährleistete, führte zu geringer Effizienz; die Klügsten waren nicht effizienter als die Dümmsten, und so hieß „Nivellierung" Angleichung an das niedrigste Niveau. Damit wurde gleichzeitig sichergestellt, dass niemand sich hervortun konnte. Die Entfaltung der Persönlichkeit wurde strukturell unmöglich, und wer sich nicht entfalten kann, gönnt das auch keinem anderen.

Marx sagte einmal, die Verwirklichung des Kommunismus auf der Basis von Armut führe zu einer Verallgemeinerung des Neides. Das traf in besonderem Maß auf China zu. Ein Arbeiter aus Shanghai erzählte mir, dass Deng Xiaoping nach dem Sturz der „Viererbande" echte materielle Anreize einführte. In Shanghai gab es aufgrund seiner industriellen Traditionen einen schnellen Aufschwung, und die Arbeiter erhielten hohe Prämien. In den Inlandprovinzen aber ging die Entwicklung nicht so schnell voran, man wurde neidisch und fand, dass es Prämien für alle geben sollte. In einem Staat, in dem immer noch die Ideologie das Primat behauptete, war so etwas leicht durchzusetzen. Also verteilte man die Prämien an alle, mit dem Ergebnis, dass sie kaum noch der Rede wert waren und der Eifer der Shanghaier Arbeiter wieder nachließ.

Diese Neid-Mentalität ist nicht nur im System angelegt, sondern auch fest in der Kultur verwurzelt. Wo das Konzept der individuellen Entwicklung fehlt und die Trennlinie zwischen dem anderen und mir nicht klar ist, darf eine Karriere nicht auf eigener Leistung und eigenem Können beruhen; man kann besser durch Beziehungen und Herkunft Karriere „von oben" machen. Wer sich nicht entfalten kann, braucht die Schuld nicht bei sich selbst zu suchen, sondern kann die anderen dafür verantwortlich machen.

An verschiedenen Universitäten auf dem Festland fiel mir auf, dass begabte Student(inn)en, die gute Noten erhielten, lebhaft und engagiert waren und noch dazu aus besseren Familien stammten, Gegenstand von Neid und Missgunst wurden. Die Neider waren oft diejenigen mit den engsten Kontakten zur Partei, z.B. die Klassensprecher oder die politischen Instrukteure. Das Motiv war simpel: Sie (er) war besser und darüber hinaus noch anders. Das ist nicht Schuld des Marxismus, denn ähnliche Verhaltensweisen sind mir auch in Taiwan begegnet. An den dortigen Universitäten gab es Studenten, die mit der *Guomindang* zu tun hatten. Die meisten hatten bei der Militärpolizei gedient und waren älter als der Durchschnitt. Ihre Leistungen waren offensichtlich schwächer als die der anderen Studenten, doch suchten sie die Schuld nicht bei sich, sondern ließen die Kommilitonen den Ärger über das eigene Versagen spüren. Nagte der Neid zu sehr an ihnen, versuchten sie durch eine „Gefühlsoffensive" Freunde zu finden, die sie dann für ihre eigenen Interessen ausnutzen konnten. Für solche Charaktere gab es in Taiwan die Möglichkeit, sich in der Partei zu engagieren, denn für Karrieristen standen die Türen der Partei immer offen. In der Kommunistischen Partei mag zwar der Anteil der Idealisten größer gewesen sein als bei den Nationalisten, doch am Ende stellten sich dort ähnliche Zustände ein. Oft erzählte man mir von Student(inn)en mit schwachen Leistungen, die sich in der Partei oder im Jugendverband engagierten. Wenn sie später die Vorgesetzten ihrer früheren Kommilitonen waren, drehten sie den Spieß um und behinderten sie in ihrer beruflichen und persönlichen Entwicklung.

UNIVERSALISIERUNG DES NEIDES

Auf diesem Hintergrund wird verständlicher, warum in der Kulturrevolution begabten Musikern die Finger gebrochen, Schauspielern das Gesicht zerkratzt oder Tänzern die Beine gebrochen wurden. Die früher in ihrem Schatten gestanden waren, nutzten die Gelegenheit, dass es nun als revolutionäre Tat galt, ihre Konkurrenten zu „nivellieren" und sie den anderen gleichzumachen. Diese Beispiele sind nur die Spitze des Eisberges, denn in der Kulturrevolution wurden fast alle gepeinigt, die in ihrem Beruf oder ihrem Fachgebiet erfolgreich waren. Sie bekamen die Rechnung dafür, dass sie es gewagt hatten, ihren Kopf über das allgemeine Niveau zu heben. Dem berühmten Pianisten Liu Shikun (刘诗昆, *1939) brachen seine Neider aus der Musikhochschule die Finger. Die Darstellerin der „Dritten Schwester Liu" im gleichnamigen Film, die Millionen von Menschen mit ihren Liedern begeistert hatte, wurde in einen Käfig gesperrt den Massen auf den Straßen der Stadt Guilin vorgeführt. Die Hauptdarstellerin des Films „Ashima", eine ungewöhnlich hübsche Schauspielerin, wurde durch körperliche und psychische Folter entstellt.

Es gibt eine Art von Psychose, die sich darin äußert, dass die Kranken Kunstwerke zerstören. In einer Kultur, die die Individualität auslöscht, kann das zu einem kollektiven Wahn werden; dort, wo die Entfaltung der Persönlichkeit nicht zugelassen ist, ist eine entwickelte Persönlichkeit ein Dorn im Auge der anderen. In einer Kultur, in der „Hässlichkeit eine Ehre" ist, gilt Schönheit als unmoralisch. Wo sich das Individuum nicht entfalten darf, wird das Leben unterdrückt, und wer sich selbst kein Leben zugesteht, verhindert auch, dass die anderen leben. So kam es z.B. vor, dass ein Erfinder, der einen Staatspreis erhalten hatte, von seinen Kollegen in den Wahnsinn getrieben wurde. Hochbegabte Studenten werden hinter ihrem Rücken verleumdet und denunziert. Auf dem Festland hört man oft den Satz: Talente gibt es genug, aber bei uns können sie es zu nichts bringen. Oft werden Chinesen, die im eigenen Land einer unter vielen waren und sich nicht auszeichnen konnten, auf ausländischem Boden zu Koryphäen.

PRIVILEGIEN UND VERGÜNSTIGUNGEN

DIE DIALEKTIK VON GLEICHMACHEREI
UND VERGÜNSTIGUNGEN

Die nivellierenden Tendenzen waren in China wohl nie so stark wie vor Beginn der Reformpolitik. Hohe und niedrige Kader, Beamte und einfache Leute trugen alle den gleichen sogenannten „Volksanzug" (allerdings aus unterschiedlichen Stoffen und unterschiedlich geschnitten). Andererseits ist allgemein bekannt, dass es unzählige Privilegien für Kader und deren Familien gab. Ob die Privilegierung heute stärker ist als früher, lässt sich schwer entscheiden. Möglicherweise fällt sie in einem System, das sich selbst als „Volksregierung" bezeichnet, nur mehr auf.

Alle Formen von Vergünstigungen aufzuzählen, wäre ermüdend, denn sie sind zu vielfältig. Ich will deshalb versuchen, das Phänomen der Privilegierung in seinem Zusammenhang mit der kulturellen Tiefenstruktur zu erläutern.

Nivellierung und Privilegierung stehen nicht nur im Widerspruch zueinander, sondern ergänzen einander auch. Das Prinzip der Nivellierung lautet: Einheitlichkeit und Gleichheit. Das Prinzip der Privilegien lautet: Differenzierung in Nähe und Ferne, innen und außen, hoch und niedrig, vornehm und gemein oder alt und jung. Diese „Grammatik" ist ein notwendiges Produkt einer Kultur mit geringen individualistischen Tendenzen. In einer individualistischen Kultur sind Unterschiede legitim; jeder soll sich durch Selbstorganisation und Selbstentfaltung unterschiedlich entwickeln, nicht aber auf dem Rücken anderer Vorrechte für sich beanspruchen. Daher existieren weder das Problem der Nivellierung noch das der Privilegierung im selben Ausmaß wie in China. Vielmehr können sich auf der Grundlage der Gleichberechtigung der Persönlichkeit Vielfalt und Differenz entwickeln. In einer Kultur dagegen, in der man nur in formalisierten Bahnen als Mensch agiert, fehlt der Begriff der Gleichberechtigung der Persönlichkeit. Der einzige Inhalt des Menschen sind sein Rang, sein Status und sein Alter, die seinen Platz innerhalb der sozialen Beziehungen bestimmen, und jeder Einzelne muss in diesem Beziehungsnetzwerk seinen Platz finden. Privilegien sind daher nicht zufällige, vorübergehende und korrigierbare Ausnahmezustände, sondern zentrale Ausdrucksformen der gesamten kulturellen Struktur. Auch die Macht, andere zu kontrollieren, hängt von Rang, sozialem Status und vom Alter ab. Was in der einen Position nicht möglich ist, ist in der anderen Position möglich, ja sogar obligatorisch, um den eigenen Status zu definieren. Wo das Ich von den anderen definiert werden muss, ist die Nivellierung aller die Voraussetzung für die Privilegierung weniger.

Pedantische Anhänger eines reinen „Chinesentums" wie der zeitgenössische Philosoph und Historiker Qian Mu[1] sehen in der chinesischen Geschichte seit der Song-Zeit eine Entwicklung in Richtung zunehmender sozialer Gleichheit. Diese „egalitäre Gesellschaft" verwechseln sie gern mit der westlichen Demokratie. Doch der Begriff „egalitär" (平民, *ping min*) impliziert Nivellierung und Gleichschaltung. Die Nivellierung bzw. Befriedung des Beiches (平天下, *ping tianxia*) setzt die „Gleichschaltung der Bevölkerung" (齐民, *min*) voraus, und diese wiederum beginnt mit der „Gleichschaltung der Familie" (齐家, *qi jia*). Diejenigen, die andere nivellieren und gleichschalten dürfen, sind natürlich selbst nicht Opfer dieses Prozesses: Beamte und einfaches Volk sind zwei strikt getrennte Kategorien. Der Begriff „einfaches Volk" (老百姓, *lao baixing,* die alten hundert Familiennamen) bezieht sich ausschließlich auf die Untertanen und wird noch heute in diesem Sinn verwendet. Nur wenn vom „Volk" (人民, *renmin*) die Rede ist, sind die Kader einbezogen.

Maos Kulturrevolution war auch ein Versuch, diesen Zug der kulturellen Tiefenstruktur zu verändern. Damals verloren viele Funktionäre ihre Privilegien; gleichzeitig wurden aber die Privilegien von Mao, Lin Biao und den Mitgliedern der „Viererbande" ausgeweitet. Am Ende war der Bereich der Nivellierung gewachsen, aber auch die Privilegien nahmen ungeheure Ausmaße an.

Die Kulturrevolution konnte also das Problem nicht lösen, und noch heute betrachtet das einfache Volk auf dem Festland die Kader oder Funktionäre als eine andere Kategorie von Menschen. Manche meinen, gewisse Vorteile seien das natürliche Recht der Kader. In neueren Erzählungen vom Festland finden sich Beschreibungen von Leuten, die sich über

---

[1]   Der Historiker Qian Mu (穆谦, 1895–1990) gilt als einer der wichtigsten Vertreter der „Neuen Konfuzianischen Schule".

geringfügig bessere Lebensbedingungen von Freunden oder Nachbarn ärgern, aber nie ein Wort daran auszusetzen haben, dass hohe Kader im Luxus leben.

„DER MAGISTRAT ALLEIN DARF FEUER LEGEN, DAS VOLK DARF KEINE KERZE ANZÜNDEN"

Bis in die 1980er Jahre hinein waren manche Dinge auf dem Festland oft nicht deshalb knapp, weil nicht genügend produziert wurde, sondern weil sie nur gewissen Rängen zustanden. So wurden nur wenige ausländische Filme öffentlich vorgeführt. Kader und ihre Verwandten und Freunde dagegen durften unzensierte Filme aus dem Ausland sehen, nicht selten auch sogenannte pornographische Filme. Diese Filme wurden in „internen" Sälen gezeigt, zum Beispiel innerhalb der Areale der Bezirks- oder Stadtverwaltungen.

Sogar die internen Buchläden waren noch in verschiedene Kategorien eingeteilt. Die unterste Stufe waren die, zu denen Ausländer und Überseechinesen keinen Zutritt hatten. Für die der nächsten Stufe bedurfte es einer gehobenen Position und besonderer Beziehungen. Auch sie waren meist in den Arealen der Administration zu finden. Verbotene Bücher konnte man dort bekommen, und Bücher, die verboten waren, waren dort zuerst im Angebot, das vom klassischen chinesischen erotischen Roman bis zu Sex- und Agentenromanen reichte.

Viele hörte ich damals darüber klagen, dass die Behörden dem einfachen Volk keine Tanzsäle oder Diskotheken zugestanden. Zur Zeit der Kulturrevolution wagte man nicht einmal in der eigenen Wohnung zu tanzen. Anfang der 1980er Jahre begannen sich die Verhältnisse zu lockern, und auch Einheimische durften, wenn sie Geld hatten, die Bars und Diskotheken in den Touristenhotels besuchen. Die Kader freilich verfügten vor der Kulturrevolution noch über ihre eigenen Tanzsäle. Inzwischen können Chinesen den früheren Wohnsitz von Mao Zedong besichtigen und seinen privaten Tanzsaal bestaunen.

Vor allem Frauen waren empört über das ausschweifende Sexualleben bestimmter führender Funktionäre, während gleichzeitig die einfachen Leute jeder Möglichkeit beraubt wurden, ihre sexuellen Bedürfnisse zu befriedigen. Das gesamte Gesellschaftssystem (die Einmischung der

Vorgesetzten, der Neid der Kolleg(inn)en und die mangelnde Privatsphäre) schienen darauf angelegt zu sein.

Früher verhinderten die Funktionäre jeden Kontakt mit Ausländern, während er noch in den 1980er Jahren zwar möglich, aber zunächst noch mit Schwierigkeiten und Risiken verbunden war. Funktionäre aber konnten ungehindert mit Ausländern Kontakt haben, und manche prahlten sogar damit, dass sie „hohe ausländische Gäste" begleiten durften.

Die Logik hinter diesen Beispielen ist deutlich: Wenn die einfachen Leute mit diesen Dingen in Berührung kommen, werden sie infiziert. Die Kader aber sind immunisiert, durch Schulung und Erfahrung gestählt und haben die ideologische Prüfung bestanden, so dass sie sehen dürfen, was vor dem Volk verborgen werden muss. Besonders der ansteckende Kontakt mit Ausländern war also nur etwas für starke und nicht leicht irrezuführende Personen.

„ETIKETTE REICHT NICHT HERAB ZUM EINFACHEN VOLK, STRAFE NICHT HINAUF ZU DEN BEAMTEN"

Wo es keine persönliche Gleichberechtigung gibt, kann die Vorstellung einer Gleichheit vor dem Gesetz nicht entstehen. Schon im **Buch der Riten** heißt es unter „Etikette": „Etikette reicht nicht herab zum einfachen Volk, Strafe nicht hinauf zu den Beamten." Damit ist die Gesellschaft in zwei Menschenkategorien eingeteilt.

Im Westen ist für das Rechtswesen ein „Justizministerium" zuständig, im alten China war es ein „Strafenministerium". Rechtspflege war also identisch mit der Verhängung von Strafen. Ihr Opfer waren allein die Untertanen. Privilegierte Personen erhielten für die gleichen Vergehen nicht dieselben Strafen wie das niedere Volk, und es gab sogar eine Vorschrift, die es ermöglichte, je nach Rang eines Beamten die Strafe zu mildern oder zu erlassen. In den **Riten von Zhou** sind detaillierte Richtlinien für Fälle verzeichnet, bei denen die Richter mild urteilen durften; die sogenannten „acht Einwände" nennen folgende Umstände: 1. Verwandtschaft (d.h. Mitglieder der kaiserlichen Familie), 2. Bekanntschaft (d.h. Angehörige der herrschenden Elite), 3. Pflichtbewusstsein (d.h. unbestechliche Beamte), 4. Befähigung (d.h. wichtige Gelehrte und Spezialisten), 5. Verdienst (d.h. diejenigen, die große Taten vollbracht haben), 6. Nobilität (d.h. hohe

Beamte), 7. Fleiss (d.h. Beamte, die sich bemühen), 8. Gast (d.h. Ausländer). Im Kommentar von Zheng Xuan[2] heißt es dazu, dass im Fall des Zu-
treffens eines dieser acht Umstände das Vergehen nicht nach dem Straf-
gesetz beurteilt zu werden brauchte, sondern die Strafe auf dem Weg der
Diskussion festgelegt werden sollte und also milder ausfiel.

Diese Sonderrechte existieren mehr oder weniger heute noch. Auf Taiwan gab es mehrere Fälle, die unter die achte Kategorie fielen. In den fünfziger Jahren verwies man einen Amerikaner, der einen Chinesen ermordet
hatte, des Landes. Gegen Ende der sechziger Jahre hörte ich, dass ein amerikanischer Offizier, der ein Barmädchen erwürgt hatte, dazu verurteilt wurde, Taiwan zu verlassen.

Ausländer genossen früher in China häufig die gleichen Vorrechte wie
die einheimische herrschende Schicht, und so gab es im Recht zwei Kategorien von Menschen, die milder bestraft wurden als das Volk, die einheimischen und die ausländischen Mandarine. Einmal wurde der Bürgermeister von Taipei wegen Bestechlichkeit angeklagt. Wäre er, als Mitglied der
Guomindang verurteilt worden, hätte das ihre Chancen bei den nächsten
Bürgermeisterwahlen verringert. So wurde das Verfahren eingestellt und
er blieb im Amt. Auf dem Festland, das noch weniger vom bürgerlichen
Rechtsdenken infiziert ist, waren solche Fälle früher die Regel. Shanghai,
so meinen manche, bildete eine gewisse Ausnahme, weil dort schon einmal
kapitalistische Verhältnisse geherrscht hatten. Lässt sich ein Kader etwas
zuschulden kommen, kommt er nicht vor Gericht, sondern erhält ein par-
teiinternes Disziplinarverfahren, z.B. eine „Verwarnung", eine „ernste Verwarnung" oder „ein Jahr Parteiausschluss auf Bewährung". Die Härte der
Maßnahme variiert mit der Stellung in der Hierarchie und der Schwere des
Tatbestandes.

So wirkt im Grunde die Vorschrift aus dem Kaiserreich weiter, dass die
Beamten nach einem Sonderrecht beurteilt werden. Der „Viererbande"
und den Anhängern von Lin Biao wurden Verbrechen vorgeworfen, auf die
Todesstrafe steht, doch wurden nur wenige zum Tod verurteilt. Ihre Untergebenen dagegen waren sofort hingerichtet worden. Die gleiche Logik galt
für die Behandlung hochrangiger Kriegsgefangener aus der *Guomindang*.

---

2   Zheng Xuan (郑玄, 127–200) war ein einflussreicher Kommentator der klassischen
konfuzianischen Schriften und konfuzianischer Gelehrter der Han-Dynastie.

Manche von ihnen hatten hohe Positionen im Geheimdienst, andere waren für Massaker an Tausenden von Kommunisten verantwortlich. Weil sie als Persönlichkeiten von hohem Rang und Ansehen galten, wurden sie begnadigt. Mit kleinen Gutsherren und Dorftyrannen verfuhr man weniger nachsichtig.

Materieller Schaden zählt viel, Menschenleben zählen wenig bei der Bewertung eines Verbrechens. So wurden Kader, die Gelder von Staatsbetrieben veruntreut hatten, hingerichtet. Andere dagegen, die den Tod von Menschen verschuldet hatten, kamen mit leichten Strafen davon. Die Verantwortlichen des „Tianmen-Vorfalls" in Hubei, die den Tod von acht Menschen auf dem Gewissen hatten, erhielten lediglich ein Parteiverfahren und behielten ihre Ämter. Im Übrigen ist es in einem Land, das Totenkult betreibt und vom Volk verlangt, weder Schmerz noch Tod zu fürchten, nicht verwunderlich, dass ein Menschenleben, besonders das eines Untertanen, nicht viel zählt. Auf dem Festland gibt es den Spruch: Ein Amt ist ein Schutzanzug. Hat man sich etwas zuschulden kommen lassen, zieht man ihn aus und sich aus der Affäre. Wenn einfache Leute ohne diesen Schutzanzug in die Hände des Gesetzes fallen, zieht man ihnen das Fell ab.

5
DAS CHINESISCHE VERHÄLTNIS
ZUR AUSSENWELT

DIE MENTALITÄT DER VERSCHLOSSENEN TÜR

GEOGRAPHISCH-HISTORISCHE VORAUSSETZUNGEN

In der chinesischen Kultur geht es vor allem darum, die Stabilität zu erhalten. Man hält sich daher an die Strategie: „Halte die Herzen des Volkes unter Kontrolle. Halte es frei von Wissen und frei von Begierden, so wird es nicht auf Aufruhr sinnen." **(Laozi)** Alles, was neu ist und von außen kommt, gefährdet die Existenz dieser Struktur. Da die chinesische Kultur keine Transzendenz kennt, kann sie sich den Raum nur als endlichen vorstellen. Wenn sich aber der Raum ins Unendliche auszudehnen scheint, müssen die Menschen ihn künstlich begrenzen durch eine Mauer, die das Reich umschließt.

Damit soll nicht behauptet werden, China hätte sich gegen alle Einflüsse von außen gewehrt, doch wurden Elemente fremder Kulturen nur dann übernommen, wenn das eigene Wertesystem zusammengebrochen war. Die Assimilation des indischen Buddhismus im Altertum und die Übernahme des Marxismus-Leninismus in der Neuzeit fielen mit solchen Umbruchzeiten zusammen. Der fremde Einfluss konnte die chinesische Kultur ergänzen, sogar grundlegend verändern, am Ende aber wurden die fremden Elemente immer so weit assimiliert, dass sie dem statischen, auf die unmittelbare Realität orientierten und „ultrastabilen" System dienten.

Die Tendenz zur Isolierung hat neben dem strukturellen auch geographische und historische Gründe. Im Altertum hatte China keine hochentwickelten Kulturen zur Nachbarschaft, mit denen es zu Konflikten und Austausch hätte kommen können. Die Bewohner dieses Reiches empfanden sich daher als Mittelpunkt der Welt, und die Beziehungen zu den Nachbarn waren die des einzigen Kulturvolkes zu Barbaren, nicht die zwischen verschiedenen Kulturen.

Ethnozentrismus entsteht, wenn das Wertesystem der eigenen Kultur absolut gesetzt wird. Im Mittelmeerraum, im Vorderen Orient und in Indien gab es schon sehr früh die Tendenz, sich als ein Kontinuum mehrerer Kulturen zu betrachten. Die meisten europäischen und indischen Sprachen sind aus der indo-europäischen Sprachfamilie hervorgegangen, und Teile Indiens wurden mehrmals von Herrschern aus dem Vorderen Orient erobert. Die Kulturen Chinas, Japans, Koreas und Vietnams liegen außerhalb dieses kulturellen Kontinuums; sie bildeten eine eigene Kultur-sphäre mit China, der alles andere überragenden „Himmelsdynastie", als ihrem Zentrum.

Vor dem Opiumkrieg war dieser Kulturraum mit kaum einer der an-deren großen Weltkulturen aus eigenem Antrieb in Kontakt gekommen. Wenn man sich chinesische Lehrbücher über Geschichte ansieht, fällt auf, dass China über einen Zeitraum von mehreren tausend Jahren bis 1840 außer mit Indien anscheinend mit keiner anderen hochentwickelten Kul-tur zu tun hatte. Als die ersten Europäer nach Ostasien kamen, waren sie für die Chinesen wie Wesen von einem anderen Stern. Im Grunde betrach-ten sich die Chinesen auch heute noch nicht als Teil der übrigen Welt. Die chinesische Geschichte war nie Teil der „Weltgeschichte", und auf dem chinesischen Festland wird Weltgeschichte noch heute als die Geschichte der anderen definiert. Tatsächlich wurde China nicht freiwillig Teil dieser neuen, gewalttätigen Welt, sondern musste dazu gezwungen werden, und vielen Menschen erscheint noch heute alles, was außerhalb der Grenzen Chinas liegt, als barbarisch und pervers.

DIE PERVERSE WELT DER BARBAREN

Im Allgemeinen ist die Haltung einer Kultur zur äußeren Welt ihrer Hal-tung zur eigenen Bevölkerung analog. In der chinesischen Kultur gilt die Regel, dass jeder Mensch, mit dem man in Beziehung tritt, zunächst ein-deutig einer bestimmten Kategorie hinsichtlich Verwandtschaft, Herkunft und Alter zugeordnet werden muss, damit der Einzelne seine Rolle rich-tig definieren kann. Völlig Fremde können in keine Kategorie eingeordnet werden und es ist unmöglich, sich ihnen gegenüber selbst zu definieren; infolgedessen ist es oft auch nicht nötig, ihnen gegenüber als Mensch zu agieren. Fremde müssen daher zuerst von Bekannten vorgestellt werden und werden dadurch zu „Gästen". Kennt man einander nicht, will aber etwas vom anderen, dann müssen zuerst Beziehungen geknüpft werden, so dass der andere in den Kreis der „eigenen Leute" aufgenommen werden kann. Dann erst kann man miteinander verhandeln. Andernfalls „stimmen die Namen und Begriffe nicht und die Sprache ist konfus. Ist die Sprache konfus, so entstehen Unordnung und Misserfolg." (**Gespräche**) Zwi-schenmenschliche Harmonie und Ordnung können nur aufrechterhalten werden, so die chinesische Vorstellung, wenn alle Dinge an ihrem Platz sind. Nur wer dies beachtet, verkörpert den „Weg des Menschen" (人之道, *ren zhi dao*).

Da Chinas Nachbarvölker in chinesischen Augen primitiv waren und den „Weg des Menschen" noch nicht erreicht hatten, galten sie historisch gesehen als wilde Tiere. Diese Haltung zeigte sich darin, dass die Namen bzw. Schriftzeichen für diese Völker als Radikale die Zeichen für „Raubtier" oder „Wurm" enthielten.

Im Verhältnis zu Völkern, die wie die Chinesen Ackerbau betreiben, wandte man die „Riten" an. Das „Ministerium der Riten" (礼部, *libu*) war daher früher zugleich für die auswärtigen Beziehungen zuständig. Außerdem war es zuständig für die Beamtenprüfung und für die Opfer an die Götter und Geister der Flüsse und Berge. Die Verknüpfung all dieser Aufgaben zeigt, dass Riten und Etikette die Ordnung und Harmonie des Himmels, des Reiches und auch der auswärtigen Beziehungen bewahren sollten.

Tatsächlich sind die Einstellungen der Chinesen zum Himmel, zu den Menschen, zu sich selbst und zur äußeren Welt lediglich verschiedene Ausdrucksformen derselben Mentalität. Um die Harmonie der Himmelsordnung zu bewahren, muss der Kaiser den Göttern und Geistern der Flüsse und Berge Ränge verleihen und ihnen entsprechende Opfer bringen. Erst wenn diese Beziehungen korrekt bezeichnet sind, kann Harmonie zwischen Natur und Menschen herrschen. Durch das System der Prüfungen, für die das Ritenministerium zuständig war, wurden den Beamtengelehrten (der chinesischen Aristokratie) je nach ihren Fähigkeiten bestimmte Titel und Ränge verliehen. Dadurch sollte die Harmonie zwischen der Zentralregierung und der Peripherie hergestellt werden.

Galt es, Harmonie zwischen China und dem Ausland herzustellen, konnte dafür ebenfalls nur das Ritenministerium zuständig sein. Zunächst legte China, die „himmlische Dynastie", den jeweiligen Grad von Nähe oder Ferne eines Landes fest, der sich nach der Qualität der gegenseitigen Beziehungen bemaß. Dann wurde das jeweilige Land mit einem entsprechenden Rang belehnt. Erst wenn die äußere Welt säuberlich klassifiziert ist, haben alle Dinge ihren richtigen Platz; erst wenn Beziehungen korrekt definiert sind, kann man richtig mit ihnen umgehen. Unterscheidet man Nähe und Ferne nicht, geraten die Ränge durcheinander, die Dinge sind nicht an ihrem Platz, und es entsteht Unordnung. Die irdische Ordnung muss den harmonischen Lauf der himmlischen Ordnung widerspiegeln. Deshalb haben Faktoren, die Chaos erzeugen, keinen Platz in dieser Welt. Wenn man aber die Faktoren der Unordnung nicht einordnen kann, muss man sie ignorieren.

Rebellen und Unruhestifter bezeichnete man im Chinesischen als „*fei*" (匪). Im Altertum hatte dieses Wort eine ähnliche Bedeutung wie das Verb „*fei*"(非, nicht existieren). Die Volksrepublik existiert inzwischen seit mehr als siebzig Jahren. Die Regierung in Taiwan aber nahm deren Existenz lange Zeit nicht zur Kenntnis, da sie sich als das einzige legitime Regime betrachtete, und nannte sie „kommunistische Banditen" (共匪, *gong fei*). Die Regierung auf dem Festland revanchierte sich dafür mit der Bezeichnung „Chiang-Banditen" (蔣匪, *Jiang fei*) für das Regime von Chiang Kaishek.

Aufgrund der gleichen Mentalität nennt man Ausländer „Barbaren" (夷, *yi*). Ausländer können nicht in die chinesische Kultur integriert werden. Ihre Existenz ist geradezu die Verkörperung des ewigen chaotischen Urzustandes. Daher verschließt man am besten die Augen vor ihnen. **Laozi** sagt: „Das Auge sieht es nicht, ihr nennt es unsichtbar (*yi*)." In der Erklärung des Zeichens *yi* im Wörterbuch **Shuowen**[1] heißt es: „*yi: ebnen*", und so besitzt „*yi*" neben der Bedeutung „unsichtbar" auch die von „austilgen" oder „einebnen".

Um die Dinge korrekt zu bezeichnen, werden „Banditen" und „Barbaren" als Verkörperung ewiger Unordnung der Kategorie der Nicht-Wesen zugeordnet. Man sieht sie als gleichwertig an und behandelt sie gleich. Im Opiumkrieg zum Beispiel nannte man den eigenen Truppeneinsatz gegen die Engländer eine „Strafexpedition gegen Rebellen". Das auf Konfrontation ausgerichtete Verhalten von Rebellen und Barbaren passt nicht in die harmonische Ausgewogenheit von *yin* und *yang* und daher gelten sie als verkehrt und pervers.

Harmonie ist für Chinesen eine Art religiöser Erfahrung, die an die Kultur und den Kulturraum gebunden ist und an der nur Menschen mit den gleichen kulturbedingten Verhaltensweisen teilhaben können. Diese religiöse Erfahrung verwirklicht sich, anders als in allen anderen Religionen, im Diesseits. Daher verkörpern nur die den „Weg des Menschen", die ihrer

---

1 Das *Shuowen Jiezi* (说文解字) war das erste Zeichenlexikon der chinesischen Schrift, veröffentlicht während der Han-Dynastie im Jahr 121.

Auffassung vom richtigen menschlichen Verhalten folgen. Alle anderen leben als „Dämonen" außerhalb der Welt der Menschen. Im **Zishuo** des Wu Dacheng² wird das Wort „Barbaren" (夷, yi) folgendermaßen erläutert: „Dem alten Zeichen für yi entspricht das heutige Zeichen für *chi* (魑), dem alten Zeichen für *chi* entspricht das heutige Zeichen für *si* (死, sterben) ... die Barbaren im Norden verharren in einem Zustand ohne Riten und Rechtlichkeit. Da sie nicht das mittlere Reich bewohnen, verhalten sie sich zu Chinesen wie *chi* zu Menschen. Sie gehören einer ähnlichen Art an und sind doch nicht gleich." *Chi* bedeutet in diesem Zusammenhang „Dämon".

Die chinesische Tendenz zur Selbstisolierung gründet sich auf dieses religiöse Gefühl, das die gesamte Kultur durchdringt und Religion und Politik vereint. In noch stärkerem Maß als die jüdische Religion, die außerreligiöse Strukturen anerkennt und nicht identisch ist mit der Sphäre der Kultur, ist die chinesische religiöse Erfahrung von Obskurantismus und Exklusivität geprägt. So kann ein moderner Jude auch aufhören zu glauben und Kosmopolit werden, ohne sich damit aus der Gemeinschaft der Juden auszuschließen.

In der chinesischen Religiosität ist der menschliche Faktor das Primäre, und sie erweist sich allein durch ihre Anwendung im täglichen Leben als wahr. Konfuzius sagt: „Der wahre Mensch kann das Wissen vom Weg vermehren, doch das Wissen vom Weg vermehrt noch nicht die wahren Menschen." (**Gespräche**) Trotz des Einflusses modernen wissenschaftlichen Denkens wird lautlos und unbemerkt das Verhalten weiter von dieser Haltung geprägt, und es ist sehr schwer, sich ihrem Einfluss zu entziehen. Wer sich selbst außerhalb der Gemeinschaft der Chinesen stellt, indem er gegen die Verhaltensmuster der eigenen Kultur verstößt, wird zum Ketzer.

Da Politik, Religion und Gesellschaft nicht voneinander getrennt sind, gelten häufig auch die, die weiter die kulturellen Verhaltensregeln einhalten, aber den geographischen Rahmen dieser Kultur verlassen, als Verräter. Während europäische Länder zu Beginn der Neuzeit überseeische

---

2   Wu Dacheng (吴大澂, 1835–1902) hatte hohe Posten im Militär und in der Zivilverwaltung inne. Er war u.a. Gouverneur der Provinzen Guangdong und Hunan und Generaldirektor der Wasserbauprojekte am Gelben Fluss und am Großen Kanal.

Kolonien gründeten und ihre ausgewanderten Landsleute als Vorhut der eigenen Expansion ansahen, betrachtete man im kaiserlichen China die nach Südostasien ausgewanderten Landsleute als die „Ausgestoßenen der Himmelsdynastie".

DIE EINTEILUNG DER WELT IN RÄNGE, SCHICHTEN UND KATEGORIEN

Wenn die Chinesen von ihrem Blickwinkel aus die äußere Welt betrachten, sehen sie sich selbst als Zentrum und teilen die Welt nach Verwandtheitsgrad und Entfernung in Ränge und Schichten ein. Damit geht häufig eine Einteilung in eine hierarchische Ordnung einher.

Im Abschnitt „Reden der Zhou" des *Guoyu* (国语) ist mit der ‚Fünfteilung' (der Welt) ein solches Konzept ausgeführt: „Gemäß der Ordnung des ersten Königs ist das Staatsinnere der königliche Herrschaftsbereich. Fürstentümer umgeben das Staatsgebiet und sind selbst von den Gebieten unterworfener Völkerschaften, die jetzt das Reich schützen, umgeben. Dahinter liegen die von den Wilden und Barbaren bewohnten Territorien, und mehr als 2500 *li*[3] von der Hauptstadt entfernt liegen die Gebiete der Barbaren im Norden und Westen." Damit wurde in fünf konzentrischen Kreisen mit dem eigenen Land als Zentrum eine Ordnung festgelegt, die der von Verwandtschaftsbeziehungen ähnelt.

Die Unfähigkeit, sich die äußere Welt als homogenen Raum vorzustellen, besteht auch heute. Formal gibt es im heutigen China zwar ein Außenministerium, aber diese Auffassung manifestiert sich immer noch in Einstellungen und Verhaltensweisen. Unter der letzten Dynastie zeigte sich die Gewohnheit, die Welt in Kategorien einzuteilen, noch darin, dass mehrere Organe die Auslandsbeziehungen regelten. Für die Beziehungen zwischen China und den anderen Ländern Ostasiens war das Ritenministerium zuständig. Die Bedingungen in diesen Ländern waren den eigenen vergleichbar, daher konnten sie den konfuzianischen Kanon übernehmen, und man konnte mit ihnen auf der Grundlage der Riten verkehren. Die Beziehungen zur Mongolei und zu Tibet fielen in die Zuständigkeit des „Ministeriums für die Verwaltung der Grenzgebiete". Die Kultur dieser Nomadenvölker

---

3   Ein li (里) entspricht ca 500 Meter.

galt als relativ niedrig und sie zählten wie die Mandschurei vor ihrer Eingliederung ins Reich zu den Grenzgebieten. Protokollarisch wurden sie weniger respektiert als das übrige Ausland, doch zählten sie noch zu den „eigenen Leuten". Als die ersten Europäer nach China kamen, behandelte man sie zunächst als Tributpflichtige. Nachdem China ihnen jedoch unterlegen war und sogar zur Unterzeichnung „ungleicher Verträge" gezwungen wurde, konnte man sie nicht länger als Vasallen behandeln. China musste, entsprechend den modernen Gepflogenheiten, eine weitere Institution, das ‚Ministerium für ausländische Angelegenheiten', einrichten. Damit war die Welt in drei Sphären geteilt.

Unwillkürlich gerät bei diesem Stichwort die moderne chinesische „Theorie der drei Welten" in den Blick. In den ersten Jahren nach 1949 teilte man die Welt in das sozialistische Lager (die „eigenen Leute") und das „imperialistische Lager" (den „Feind") ein. Die Gebiete außerhalb der beiden Lager bezeichnete man als „Dritte Welt" und betrachtete sie als potentielle Verbündete.

Als es zu Beginn der sechziger Jahre zum Bruch mit der Sowjetunion kam, schwenkte China auf einen noch „linkeren" Kurs ein. In der Außenpolitik isolierte sich China in einem Ausmaß, wie es seit dem Opiumkrieg nicht mehr der Fall war. Während der Kulturrevolution wurde die „Drei-Anti-Bewegung" (三反运动, *san fan yundong*) propagiert, die den Kampf gegen Imperialismus, Revisionismus gegen die „Reaktionäre aller Länder" propagierte. Man fühlte sich von allen Seiten belagert und meinte, die ganze Welt habe sich gegen China verbündet. Der Kreis der „eigenen Leute" schrumpfte zunehmend, bis Albanien als einziger Verbündeter übrigblieb. Alle anderen Länder wurden zu Feinden.

Nach der Kulturrevolution, besonders nach dem chinesisch-sowjetischen Grenzkonflikt am Ussuri, empfand China die Notwendigkeit, seine Isolation aufzugeben und die äußere Welt neu zu definieren. Als Grundlage für eine neue „revolutionäre Außenpolitik" stellte man die „Theorie der drei Welten" auf. Danach bildeten die USA und die Sowjetunion die Erste Welt, Europa, Kanada, Neuseeland, Australien und Japan wurden zusammengefasst zur Zweiten Welt, während die Länder der Dritten Welt dieselben blieben. Die daraus entwickelte Strategie sah China als Teil der Dritten Welt. Damit galten alle anderen Länder dieser Kategorie als potentielle Verbündete; mit den Ländern der Zweiten Welt sollte man sich zusammenschließen oder sie wenigstens neutralisieren, um am Ende die beiden Staaten der Ersten Welt zu isolieren.

Diese „antihegemonistische" Taktik klang in der Tat revolutionär; dass China sich selbst zur großen Kategorie der Länder der Dritten Welt zählte, sollte zeigen, wie ernst man es mit der Politik der sogenannten Massenlinie nahm. Allerdings waren unter denen, die man nun zu den „eigenen Leuten" rechnete, auch einige reaktionäre Regimes, die von Marxisten als „Lakaien des Imperialismus" hätten eingestuft werden müssen.

Im Rahmen der „Drei-Welten-Theorie" schätzte die chinesische Außenpolitik andere Länder mit einem ähnlichen System ganz einfach danach ein, ob seine Beziehungen zu China gut waren oder nicht. Demnach waren Nordkorea, Albanien, Vietnam bis zum sino-vietnamesischen Krieg, Laos, Kambodscha unter Pol Pot, Rumänien und Jugoslawien (seit den siebziger Jahren) sozialistische Länder. Verschlechterten sich die Beziehungen, so verlor das jeweilige Land, auch wenn sich an seinem Wirtschaftssystem nichts geändert hatte, seine Zugehörigkeit zum sozialistischen Lager. Die Einordnung erfolgte also mit den chinesischen Interessen als Maßstab.

Dem Modell der drei Welten lag keine marxistische Analyse der globalen Lage oder des Charakters der Staatsformen zugrunde. Vielmehr war es der Versuch, alle Länder der Welt je nach der Enge ihrer Beziehungen zu China in das Schema von drei konzentrischen Kreisen mit China im Zentrum einzuordnen. Damit unterstützte dieses Modell weder die Weltrevolution noch die Befreiungsbewegungen von Ländern der Dritten Welt, sondern diente nur noch als Schema, nach dem man entscheiden konnte, wie ausländische Gäste in China protokollarisch behandelt werden sollten.

Der offizielle Film über die Trauerfeierlichkeiten nach Maos Tod wurde so geschnitten, dass die ausländischen Diplomaten in dieser Reihenfolge kondolierten: zunächst kamen die Vertreter Albaniens und Nordkoreas, dann die Diplomaten aus Indochina und den anderen Ländern der Dritten Welt; ihnen folgten die Vertreter von Ländern der Zweiten Welt. Der sowjetische Geschäftsträger und die Vertreter der osteuropäischen Länder wurden gemeinsam mit Botschaftern aus westeuropäischen Ländern gefilmt. Danach erschienen Vertreter der palästinensischen Befreiungsfront und zuletzt private Trauergäste aus den USA.

Auch nach Maos Tod folgte man dem „Drei-Welten-Modell", doch wandte sich China mehr und mehr den USA, den Ländern Westeuropas und Japan zu. Auf einmal wurden Besucher aus diesen Ländern als hohe Gäste geehrt, während die Länder der Dritten Welt auf den dritten Rang zurückfielen.

Die Vorliebe der Chinesen für eine klare Einteilung der Welt in Kategorien ist so stark, dass die Roten Garden in der Kulturrevolution den Bezirk von Peking, in dem die Botschaften westlicher Staaten lagen, „Bezirk des Antiimperialismus" nannten. Der Stadtbezirk mit den Botschaften der osteuropäischen Länder und der Sowjetunion wurde umbenannt in „Bezirk des Antirevisionismus". Wurden Botschaftsangestellte krank, so mussten sich die einen im „Krankenhaus des Antiimperialismus" behandeln lassen, während für die anderen das „Krankenhaus des Antirevisionismus" zuständig war.

Das moderne Völkerrecht sieht alle Länder ungeachtet ihrer Größe als gleichberechtigt an, auch wenn sie ungleich stark sind. Damit wird die westliche Vorstellung, nach der die Menschen zwar unterschiedliche Anlagen haben, aber persönlich gleichberechtigt sind, auf die Ebene von Staaten ausgeweitet. In China werden auch unter den „eigenen Leuten" klare Rang-, Alters- und Verwandtschaftsunterschiede gemacht. Die oben beschriebenen Absurditäten sind die Folge der Übertragung dieser Mentalität auf die internationale Ebene.

In zwischenstaatlichen Kontakten geht es um Interessen; mit manchen Staaten sind die Beziehungen besser, mit anderen schlechter. Das sollte jedoch nicht auf die ganze „Art" (类, *lei*) übertragen werden. Da Chinesen sich aber gern mit der „Art" identifizieren, teilen sie auch alle anderen in „Arten" ein, mit denen sie sie identifizieren. Im **Buch der Wandlungen** heißt es: „Die Menschen werden in Arten gruppiert, die Dinge werden in Klassen unterschieden."

In den heutigen internationalen Beziehungen ist es nicht mehr nötig, seine Interessen durch „mitmenschliche Gefühle" zu verschleiern. Für Diplomaten gibt es feste protokollarische Vorschriften, und gegenüber Privatpersonen kann jeder selbst entscheiden, ob er sie sympathisch findet oder nicht. Chinesen aber müssen den „eigenen Leuten" gegenüber als „gute Menschen" agieren. Übertragen auf die internationalen Beziehungen wird daraus eine Art programmierter Freundschaft, deren Programm aber häufig, je nach den Umständen, umgeschrieben werden muss.

„DIE HERZEN ANDERER VÖLKER MÜSSEN ANDERS SCHLAGEN"

Im chinesischen Alltag zeigt sich die positive Seite der kulturellen Tiefenstruktur darin, dass Menschen sich gegenseitig helfen. Sie zeigt sich von ihrer schlechten Seite, wenn sie einander manipulieren und missbrauchen. In der Politik zeigt sie ihre positive Seite in der Fürsorge der Herrschenden für das Volk, und sie entfaltet ihr negatives Potential, wenn die Herrschenden die Liebe zum Volk als Taktik missbrauchen und eine Autokratie errichten. Sie misst der Individualität keine Bedeutung bei, und so fühlt sich der Einzelne schwach, braucht Fürsorge und lässt sich im Extremfall freiwillig unterdrücken. Andererseits veranlasst sie Menschen, sich gern um andere zu kümmern, sich in ihr Leben einzumischen und sie zu kontrollieren.

Herrschaft tritt in einer „Herz-Kultur" häufig als Fürsorge in Erscheinung, und für den Schwachen oder den, der als Mensch agiert und daher Rücksicht auf das Gesicht der anderen nimmt, gibt es keine Möglichkeit, sich gegen Kontrolle oder „Fürsorge" zu wehren. Der „Menschliche" (仁者, *renzhe*) hat innerhalb der Kulturgemeinschaft keine Feinde. Im Kontakt mit Ausländern scheitert diese Taktik häufig. Bleiben nämlich menschliche Gefühle unerwidert, weil sich der Partner keine Schranken auferlegen lässt, so vermutet ein Chinese, dass in seinem Herzen etwas nicht stimmt.

Die chinesischen Behörden begegnen ausländischen Gästen mit ehrlich freundschaftlichem Empfinden und Fürsorge. Lange Zeit gewährte man zum Beispiel den Ausländern Dinge, die den eigenen Landsleuten nicht gewährt wurden; sie wurden bevorzugt bedient, fanden eine perfekte Organisation vor, und man richtete für sie spezielle Kaufhäuser und Vergnügungsstätten ein. Nach chinesischer Sitte muss sich ein guter Gastgeber seinem Gast gegenüber herabsetzen. Er erwartet aber, dass sein Gegenüber sich dafür revanchiert.

Ausländer reagieren nun keineswegs immer mit Dankbarkeit darauf, dass ihnen die besten Wohnungen in den besten Gegenden zur Verfügung gestellt werden. Vielmehr beschweren sie sich ununterbrochen über die behördlichen Vorschriften. Ihr Missfallen richtete sich dabei nicht dagegen, dass die Behörden versuchten, alles perfekt zu regeln, sondern gegen den Verlust ihrer Bewegungsfreiheit dadurch, dass viele Teile Chinas für Ausländer gesperrt waren. Ausländer beschweren sich nicht nur gern, sondern diese „amoralischen Subjekte" wollen auch noch stur ihren Weg gehen und scheuen sich nicht, offen mit ihren Gastgebern zu streiten.

Eine „Herz-Kultur" empfindet dieses Verhalten als Weigerung, demjenigen Gesicht zu geben, der Mitmenschlichkeit gezeigt hat. Dadurch verliert der Ausländer selbst sein Gesicht und ist als nunmehr Gesichtsloser keines Blickes mehr würdig. So bewahrheitet sich die Definition des Barbaren als „einem, der gesehen, aber nicht angesehen wird". Von einem Menschen, der gastfreundlich empfangen wird, aber dem Gastgeber kein Gesicht gibt und stattdessen sein Land auskundschaften und es kontrollieren will, sagt man, dass sein Herz gewiss anders schlägt. Einer Kultur, die sich dem leiblichen, nicht dem geistigen Wohlbefinden verschrieben hat, ist es unverständlich, dass ein Mensch die Sorge für sein leibliches Wohl ausschlagen und sich stattdessen auf eigene Faust durchschlagen will, um seine Neugier zu befriedigen. Leicht entstehen Zweifel an der Erziehung solch eines Menschen. Auf jeden Fall ist er ein Unruhestifter, vielleicht handelt er sogar im Auftrag. Der Verdacht auf Spionage liegt nahe.

Auch die „eigenen Leute" werden nach diesen Kriterien beurteilt. Mi Beginn der Reformpolitik sicherte die Regierung die Lebensmittelversorgung, garantierte Arbeitsplätze und zeigte der Bevölkerung auf unterschiedlichste Weise ihre Anteilnahme. Wer ihr dann immer noch nicht sein Herz öffnen und gehorchen wollte, und auch durch „ideologische Überzeugungsarbeit" nicht umgestimmt werden konnte, der musste dafür besondere Beweggründe haben. Wer anders sein will als alle anderen, dem haftet in China der Makel des Besonderen an (特别, *tebie*), und das Besondere ruft in den Mitmenschen unwillkürlich die Assoziation zu Spionage (特务, *tewu*) hervor.

Wie sieht es in dieser Hinsicht in Taiwan aus? Taiwan hat sich kapitalistisch entwickelt und gehört zur Einflusssphäre der USA. Es war daher weniger verschlossen als die Volksrepublik. Dennoch gab es Parallelen. Als ich am Ethnologischen Institut der *Academia Sinica* arbeitete, weilte dort eine Ethnologin aus den USA zu einem Forschungsaufenthalt. Sie reiste auf eigene Faust in ein Fischerdorf im Süden Taiwans, um Feldforschung zu betreiben. Der örtlichen Polizei kam es seltsam vor, dass eine feine Dame aus Übersee nicht zufrieden war, sich in Luxushotels an Touristenorten aufzuhalten, sondern in dieses arme und entlegene Dorf kam. Gewiss handelte sie in speziellem Auftrag.

Natürlich gibt es in jedem Land Angst vor Spionage. China litt daran jedoch in einem Ausmaß, wie es allenfalls noch in der Sowjetunion erreicht wurde. Diesem Wahn lag auf dem Festland nicht nur die Überzeugung zugrunde, dass die „Herzen anderer Völker anders schlagen". Ein weiterer wichtiger Faktor war die „Verstaatlichung des Gewissens". Lange Zeit war in China die Gesellschaft selbst verstaatlicht. Jeder Einzelne war daher ein Teil des Staates. Wurde ein Chinese ins Ausland geschickt, war er dort ein verlängerter Arm seines Staates, nicht seiner Gesellschaft. Da viele Chinesen sich selbst in erster Linie als Teil ihres Staates betrachteten, sahen sie auch in den Bürgern anderer Staaten einen verlängerten Arm ihrer Regierung. Kurz nach der Ankunft eines sudanesischen Kommilitonen in China, riet ihm der in seiner Einheit für ihn Zuständige, er solle fleißig arbeiten, um „die freundschaftlichen Beziehungen zwischen China und dem Sudan zu fördern".

Ein Chinese konnte sich kaum vorstellen, dass ein gewöhnlicher Ausländer neben seiner staatlichen noch eine eigene Identität besitzt, die nichts mit dem Staat zu tun hat. Geradezu unvorstellbar war für ihn, dass Frauen und Männer, die öffentliche Ämter bekleideten, eine Lebenssphäre außerhalb ihrer dienstlichen Existenz hatten. Als ich im Wohnheim für ausländische Studenten wohnte, plante eine Überseechinesin, die als Englischlehrerin nach China gekommen war, eine Halloween-Party. Das Fest sollte im Studentenwohnheim stattfinden, und sie hatte dazu außer ihren Studenten auch alle in der Stadt lebenden Amerikaner, darunter auch den Konsul, eingeladen. Sie hatte damals schon über ein Jahr in China gelebt, kannte die chinesischen Vorschriften und hielt sie gewöhnlich sehr genau ein. Doch dieses Mal hatte sie gewisse chinesische Empfindlichkeiten übersehen. Als die Universitätsleitung erfuhr, dass auch Diplomaten eingeladen waren, untersagte sie allen chinesischen Lehrern und Studenten, am Fest teilzunehmen. Dann besuchte ein Abgesandter der Leitung die Gastgeberin, erklärte ihr, dass die Feiertage der beiden Länder unterschiedlich wären und überredete sie, zur Party nur ausländische Studenten einzuladen. (Da Halloween in Wirklichkeit ein Fest der Geister ist, sollten daran ohnehin nur Geister und Dämonen teilnehmen.)

In amerikanischen Augen kann ein Diplomat so frei über die Zeit nach Feierabend verfügen wie alle anderen Menschen. In chinesischen Augen dagegen ist ein Beamter immer ein Beamter, so wie ein einfacher Bürger immer ein einfacher Bürger bleibt. Niemals darf sich ein Beamter so verhalten wie das einfache Volk (ausgenommen wenn beispielsweise ein hoher Funktionär mit Arbeitern Tischtennis spielt, um Volksnähe zu demonstrieren). Außerdem gab es eine Bestimmung, die einfachen Chinesen den unbeaufsichtigten Kontakt mit ausländischen Diplomaten verbot. Wenn aber Diplomaten auch nach Feierabend zur Kategorie der Diplomaten zählen, kann man unkontrollierte Kontakte zu chinesischen Lehrern und Studenten in ihrer Freizeit nicht erlauben. Für Chinesen gibt es keine individuelle Persönlichkeit jenseits des Status und des Rangs einer Person.

DIE MENTALITÄT DES GROSSEN ZIRKELS

Für Streit ist in der harmoniebetonten chinesischen Kultur kein Platz. Der Welt droht das Chaos, wenn die Politik die „Große Ordnung" nicht mehr bewahren kann. Die gleiche Struktur zeigt sich, wenn ein Chinese mit einem anderen keine harmonische Beziehung schaffen kann. Er tendiert schnell dazu, den anderen, da er nicht sein Freund sein kann, als Feind oder zumindest nicht als Mitmensch zu behandeln. Bei der Einteilung der Umwelt nach Verwandtheitsgraden und Rängen geht man von der eigenen Person aus. So entstand im chinesischen Bewusstsein allmählich der Typus des „Fremdkörpers" (异己分子, *yiji fenzi* – das von mir verschiedene Objekt). Im Alltag kann ein Fremdkörper jemand sein, der nicht zur Gruppe der eigenen Leute gehört, oder jemand, der sich für „Mitmenschlichkeit" nicht revanchiert.

In der Politik gelten die Gegner der eigenen Partei als Fremdkörper, ebenso diejenigen, die das Angebot, sie in die eigene Gruppe aufzunehmen, nicht annehmen. Auf internationaler Ebene sind Fremdkörper einerseits die nicht freundlich gesonnenen Länder, andererseits die Länder, die auf ihrer unfreundlichen Haltung beharren, obwohl China ihnen gegenüber Gesten der Freundschaft vollzogen hat, mit anderen Worten also alle die, mit denen man sich nicht in einer harmonischen Beziehung verbinden kann.

Im Westen ist davon weniger zu spüren. Dort kann man eine andere Meinung haben, ohne dass einem deshalb feindliche Gesinnung unterstellt wird. In pluralistischen Gesellschaften kann sich jeder offen, ja sogar aggressiv, für seine Interessen einsetzen, ohne damit die Gefühle anderer zu verletzen. Die Gegner der Regierungspartei bilden eine Opposition, ohne dass ihnen das als „boshafte Attacke" ausgelegt würde. Natürlich kann jeder Feinde haben, doch sollte das nicht von der Zugehörigkeit zu einer Gruppe abhängen, sondern von der Sympathie oder Antipathie der anderen Person gegenüber.

Chinesen aber müssen immer Kreise und Zirkel um sich ziehen. Die Größe eines solchen Zirkels hängt ab von den zeitlichen und örtlichen Umständen sowie von den jeweils geltenden Normen. Im alten China galten Aufrührer natürlich als Verbrecher, die aus der Gruppe ausgeschlossen wurden. Ergaben sie sich aber und wurden mit einer Amnestie und einem Titel belohnt, wurden sie wieder in die Gruppe aufgenommen.

In der revolutionären Ära der Kommunisten umfasste der Kreis der „eigenen Leute" die große Mehrheit der Bevölkerung. Indem sie „dem Volke dienten", versuchten die Kommunisten, die Unterstützung der „Massen" zu gewinnen. Die *Guomindang* hatte das einfache Volk nie als zum eigenen Zirkel gehörig betrachtet und brauchte sich ihm gegenüber auch nicht „menschlich" zu verhalten. Ihr Kreis der „eigenen Leute" schrumpfte immer weiter, bis sie am Ende die Unterstützung der Bevölkerung verlor.

Die Kommunisten dagegen propagierten in den sechziger Jahren die „Weltrevolution". Sie dehnten den Kreis der „eigenen Leute" soweit aus, bis er auch viele andere Länder der Dritten Welt umfasste. Obwohl Mangel herrschte, hieß es, den Gürtel enger zu schnallen und diese Länder (Vietnam, Albanien und Tansania etc.) zu unterstützen.

Die für die Gruppenzugehörigkeit gültige Norm war die Haltung zur Revolution, deren Zentrum China war. Damit wurden gleichzeitig die meisten Länder der Erde, große Teile der chinesischen Gesellschaft und sogar einige Parteimitglieder zu Fremdkörpern erklärt. Im Lauf der Kulturrevolution entdeckte man sogar innerhalb der Partei immer mehr Feinde, und so schrumpfte der Kreis wieder. Bald galt nicht nur der Rest der Welt als Feind, sondern auch alle Überseechinesen wurden als Spione verdächtigt. Heute gilt die Parole „Hauptsache, es sind Patrioten"; die Kriterien für die Aufnahme in den Kreis der „eigenen Leute" sind lockerer geworden und alle Auslandschinesen gehören wieder „zu uns". Im Zug wurden sie sodann wie die eigenen Leute behandelt, während Ausländer den doppelten Preis zahlen mussten.

DER SCHUTZWALL ZWISCHEN CHINA UND DEN BARBAREN

Wirklicher Universalismus setzt die Anerkennung der Individualität und Persönlichkeit des anderen voraus; Freundschaft muss auf gegenseitiger Achtung und Sympathie beruhen, unabhängig von der Staatszugehörigkeit. Der chinesische Brauch, sich als Gruppe nach außen abzugrenzen, schließt eine universalistische Haltung aus. Bisweilen umfasste die Gruppe der eigenen Leute auch andere Länder, doch als Kriterium dafür galt, ob sie den eigenen Interessen nützten. Man musste ihnen gegenüber zwar „menschlich agieren", zu einer aufrichtigen Freundschaft konnte das Verhältnis jedoch nicht werden.

Auch wenn Nichtchinesen zum Schein als Menschen behandelt werden, bleiben sie doch stets von ihnen unterschieden, und echte Harmonie ist nicht herstellbar. Wenn wahres Menschsein nur zwischen zwei Menschen entfaltet werden kann, der andere aber darauf beharrt, ein Einzelwesen zu bleiben, wird er zur Verkörperung des ewigen chaotischen Elements, ähnlich dem „Chaos" (混沌, *hundun*), das vor der Entstehung der geordneten Welt bestand. Nach dem chinesischen Mythos verbannte der heilige Kaiser Shun die „vier Missetäter" in die vier Gebiete am Ende der Welt. Ihre Nachkommen waren die Barbaren, die die Gebiete im Süden, Westen, Norden und Osten Chinas bewohnten. Diese Wesen standen außerhalb der Welt der Menschen und mussten daher als „Dämonen" (鬼, *gui*) bezeichnet werden. Um zu verhindern, dass sie die himmlische Ordnung störten, musste man sich durch einen unüberwindbaren, tiefen Graben vor ihnen schützen.

Wie aber soll man mit Dämonen umgehen, wenn sie nach China kommen? Kamen sie nicht in kriegerischer Absicht, dann interpretierten die Chinesen das als Zeichen dafür, dass die chinesische „menschliche" Herrschaft sogar über die Grenzen der Zivilisation auf die Barbaren in den vier Himmelsrichtungen ausstrahlte. Da diese Ausländer nicht in kriegerischer Absicht in ihre Welt vordrangen, waren sie keine Feinde und man konnte sie mit Menschlichkeit umgarnen.

So die Wunschvorstellung; weil aber Ausländer anders denken, akzeptieren sie nicht immer diese „Logik der Mitmenschlichkeit". Für diese Fälle hielt man die Strategie der Trennung von Innen und Außen bereit. Man respektierte die Dämonen, hielt sie aber auf Distanz und versuchte, sie unter Kontrolle zu halten.

Als am Vorabend des Opiumkrieges Europäer nach China kamen, meinte man am Kaiserhof zunächst, sie seien gekommen, um dem Kaiser Tribut darzubringen. Als die Beamten aber erkannten, dass sie nur auf ihren Vorteil aus waren, vermieden sie jeden direkten Kontakt mit ihnen und beauftragten die Kaufleute als unterste soziale Schicht, mit ihnen zu verhandeln. Außerdem musste unter allen Umständen vermieden werden, dass sie bis nach Peking, in den Mittelpunkt des Reiches, kamen. Nicht einmal die Stadt Kanton durften sie betreten; man stellte ihnen Villen außerhalb der Stadt zur Verfügung, versorgte sie mit allem und gab ihnen chinesische Bedienstete.

Leider dankten ihnen die Fremden diese Fürsorge nicht, sondern gingen ihre eigenen Wege. Der Opiumkrieg begann, und China erlitt eine vernichtende Niederlage. Die ursprüngliche Ungleichheit des Tributverhältnisses wurde durch die neue Ungleichheit der sogenannten „ungleichen Verträge" ersetzt.

Als Folge der Niederlage verschwand seltsamerweise der Graben zwischen Chinesen und Barbaren nicht. Stattdessen zogen die chinesischen Behörden in Erfüllung der Wünsche der Fremden neue Grenzen um die Gebiete, die die Europäer bewohnten und nannten sie „Konzessionsgebiete". Diese exterritorialen Gebiete existierten, solange China unter ausländischer Herrschaft stand. Sie wurden erst aufgelöst, als in China ein moderner Nationalstaat entstand. Seine Funktion war wie früher, das Land vor den Fremden zu schützen.

Wenn Ausländer ins Land kamen, wurden sie stets bevorzugt behandelt, um sie zu isolieren, und spezielle Ausländerbüros sollten sich um sie kümmern. Das hatte einerseits damit zu tun, dass ein Mensch in China ohne die Fürsorge seiner Einheit kaum existieren konnte. Andererseits diente sie aber auch dazu, China vor den Fremden zu schützen. In dem Studentenheim, in dem ich damals wohnte, waren auch einige vertrauenswürdige chinesische Studenten untergebracht. Vor ihrem Einzug hatten sie die Anweisung erhalten, dass sie sich zu den Ausländern nicht zu abweisend, aber auch nicht zu freundlich verhalten sollten.

In einigen für ausländische Studenten offenen Universitäten waren die Ausländerwohnheime von hohen Mauern umgeben. An der Universität Nanjing herrschten ursprünglich die liberalsten Verhältnisse von allen Universitäten hinsichtlich des Kontaktes zwischen chinesischen und ausländischen Studenten. Plötzlich aber wurde eine Mauer gebaut, die Semester um Semester wuchs, bis das ganze Wohnheim von der Außenwelt abgetrennt war. Die ausländischen Studenten wollten sich nicht derart von ihren chinesischen Kommilitonen isolieren lassen. Außerdem waren sie empört, dass sie jetzt wie ansteckende Kranke behandelt wurden. Aus Protest hängten sie ein Schild über den Eingang, auf dem „ausländisches Konzessionsgebiet" stand. Nach ein paar Stunden wurde das Schild bemerkt und entfernt.

Ein ähnliches Ziel wurde mit der Vorschrift für Ausländer verfolgt, sich nicht überall frei bewegen zu dürfen. Viele Städte ließen Landkarten drucken, in die die Grenzen eingezeichnet sind, innerhalb derer Ausländer sich aufhalten durften, und einen großen Teil der chinesischen Städte und Landkreise durften Fremde nur mit Sondergenehmigung besuchen.

Die Politik der verschlossenen Tür war keine absichtliche Schikanierung von Fremden, sondern nur die Anwendung der für die eigenen Untertanen geltenden kulturellen Regeln auf andere. Auch im Ausland hielten sich Chinesen daran. Als in der Kulturrevolution Techniker zur Entwicklungshilfe ins Ausland geschickt wurden, durften sie nur an den sozialen Aktivitäten innerhalb der Gruppe teilnehmen. Kontakte mit der einheimischen Bevölkerung waren verpönt.

VERBOTENE KONTAKTE ZUM AUSLAND

In China wurde sogar „verbotener Kontakt zum Ausland" (里通外国, *litong waiguo*) als Straftatbestand eingeführt. Landesverrat oder Kollaboration mit dem Feind galten überall als Verbrechen, aber es ist unüblich, dass der bloße Kontakt mit dem Ausland illegal ist. Kontakt zwischen innen und außen ist gefährlich, wenn man sich „anstecken" kann. Diese Furcht vor Ansteckung war in China zu einem Kollektivwahn geworden. Beim „verbotenen Kontakt zum Ausland" handelte es sich nicht um einen Fachausdruck für Kollaboration mit dem Feind; er schloss selbst diplomatische Kontakte, Außenhandel, Auslandsstudium, längere Aufenthalte oder ein Leben im Ausland, Heirat mit Ausländern und verwandtschaftliche Beziehungen ins Ausland ein.

Vom Sommer 1957 bis zum Ende der Kulturrevolution galten in der Volksrepublik briefliche Kontakte mit dem Ausland – Hongkong eingeschlossen – als Verbrechen. Natürlich wurde nicht jeder Brief geahndet. Wenn es aber darum ging, in einer Kampagne ein Opfer zu finden, dann reichte auch ein Briefwechsel für eine Anklage aus. Bekam man Besuch von ausländischen Verwandten oder Freunden, führte das bei milder Behandlung nur zu einem Vermerk in der Personalakte. Man konnte aber auch seine Anstellung verlieren oder versetzt werden. Sollte jemand gemaßregelt werden, der weder Briefe ins Ausland schrieb, noch ausländische Besucher empfing, dann konnten auch Verwandte im Ausland zu einem Verbrechen werden.

Im Allgemeinen werden Auslandskontakte seit Beginn der Reformpolitik liberaler gehandhabt, doch hängt das immer noch von den Gepflogenheiten in jeder einzelnen Einheit[2] ab. Besonders streng waren Schulen und Universitäten. Alle Briefe aus dem Ausland wurden von der Parteiorganisation geöffnet, und auf Umwegen wurde auf den Empfänger Druck ausgeübt, den Kontakt abzubrechen.

Auch wer im Ausland gelebt, oder eine(n) Ausländer(in) geheiratet hatte, galt als Verbrecher. Ein chinesischer Matrose, der vor 1949 nach Australien geflohen war, dort eine Familie gegründet hatte und sogar Mitglied der kommunistischen Partei wurde, kehrte nach 1949 voll patriotischer Begeisterung zurück. Nach kurzer Zeit wurde er verhaftet und verbrachte die nächsten zwanzig Jahre im Gefängnis. Erst dann wurde er freigelassen und durfte seine australische Frau und seinen inzwischen erwachsenen Sohn wiedersehen. Sein einziges Verbrechen hatte darin bestanden, dass er sein Land verlassen und in der Fremde eine Familie gegründet hatte.

Auch die bloße Heirat mit einem Ausländer konnte bitter enden. Eine Frau, die aus der Sowjetunion in die USA geflüchtet war, erzählte mir die Geschichte ihrer Freundin, die in den fünfziger Jahren in die Volksrepublik geschickt worden war. Sie heiratete einen Chinesen und blieb auch im Land, als sich die Beziehungen zur Sowjetunion verschlechterten. In der Kulturrevolution wurde ihr Mann von den Roten Garden festgenommen und zu Tode geprügelt. Sie selbst wurde mit ihren Kindern aus dem Land gejagt.

Vielen wurde ein Auslandsaufenthalt oder ein Studium im Ausland als Verbrechen angerechnet. Nach der „Anti-Rechts-Bewegung" im Jahr 1957 galten viele Fachleute, die aus dem Ausland zurückgekehrt waren, um in China zu arbeiten, als Spione. Zahlreiche Ärzte, Ingenieure und

Wissenschaftler, die sich in den USA einen Namen gemacht hatten, kehrten in den fünziger Jahren in das Land ihrer Vorfahren zurück, um sich in den Dienst des Aufbaus des Landes zu stellen. Manche von ihnen wurden kurz nach ihrer Rückkehr als ausländische Agenten eingesperrt.

Handelte es sich dabei in den fünziger Jahren noch um Einzelfälle, wurde es in der Kulturrevolution zur Regel. In der Shanghaier Akademie der Wissenschaften beispielsweise wurden alle Wissenschaftler, die aus dem Ausland zurückgekehrt waren, als Spione verdächtigt. Je nach dem Zeitpunkt, an dem sie zurückkamen, waren sie entweder sowjetische oder amerikanische Agenten. In einem Forschungs-Institut im Nordwesten, in dem sich Ähnliches ereignete, berichtete das Parteikomitee voller Stolz: „Ohne das Institut zu verlassen, ohne Fahrgeld zu vergeuden, haben wir eine ganze Schar von Spionen gefasst."

Auch in Taiwan stieß man auf das Phänomen, dass Menschen, die mit der Welt außerhalb Chinas in Berührung gekommen waren, als Agenten verdächtigt wurden. In den sechziger Jahren gab es eine Kontroverse zwischen der Fraktion der Verwestlicher und der Fraktion der Nationalen. Die Verwestlicher hatten keine eigene Theorie entwickelt, und so stützten sie sich in ihrer Argumentation vor allem auf amerikanische Studien über China. Die Nationalen sahen dahinter „verbotene Kontakte zum Ausland". Der führende amerikanische Sinologe war damals John K. Fairbank, daher wurden die Verwestlicher von den Nationalen „Fairbank-Clique" genannt. Fairbank unterstützte wie Teile der damaligen amerikanischen Regierung die Unabhängigkeit Taiwans und zählte im politischen Spektrum zu den Liberalen. Liberalismus galt den taiwanesischen Behörden schon als links, und so wurde aus Fairbank ein Kommunist. Die Verwestlicher wurden verdächtigt, für den CIA zu arbeiten und die taiwanesische Unabhängigkeitsbewegung galt als Teil einer internationalen kommunistischen Verschwörung.

Gleichzeitig wurden Wissenschaftler, die aus den USA zurückgekehrt waren, attackiert, weil sie angeblich den Verlockungen des Westens erlegen waren. Tatsächlich hatten sie Elemente westlichen Lebensstils angenommen, und ihr Denken hatte sich verändert. Agenten waren sie deshalb noch lange nicht. Für die damalige nationale Fraktion galten nur die extrem antikommunistischen Staaten nicht als suspekt. Selbst die USA sahen sie schon mit dem kommunistischen Virus infiziert, und so nimmt es nicht wunder, dass sie in den Heimkehrern Agenten einer internationalen Verschwörung argwöhnten.

Die Mentalität der Nationalen war nur eine extreme Form einer weit verbreiteten Strömung. Man betete das Fremde an und lehnte es gleichzeitig ab. Deshalb wollten sehr viele Taiwanesen in den USA studieren oder arbeiten. Wer reisen konnte, fühlte sich seinen Landsleuten überlegen, wer bleiben musste, griff zu den traditionellen Mechanismen des Egalitarismus und verteufelte alle, die mit dem Ausland zu tun hatten. Die Regierung schmeichelte einerseits den USA, andererseits produzierten parteieigene Filmgesellschaften der Nationalisten Filme wie „Zu Hause in Taibei". Darin verliebt sich ein chinesischer Wissenschaftler in eine amerikanische Blondine und vergisst seine Herkunft und seine Frau; zum Vergnügen der Zuschauer wird er dann von seinem alten Kumpel zusammengeschlagen. Da Taiwan aber im Prinzip proamerikanisch war und sich weniger abkapselte als das Festland, konnten solche Tendenzen nie zur Hauptströmung werden, und ebensowenig gab es von oben gesteuerte Kampagnen zu diesem Thema.

In der Volksrepublik gab es sogar Zeiten, in denen Außenhandel als Vaterlandsverrat galt. So wurde in der Kulturrevolution das Außenhandelsministerium als „Ministerium für internationalen Ausverkauf" attackiert. Aber auch in der relativ offenen Phase zu Anfang der sechziger Jahre war man vor derartiger Kritik nicht sicher. Ein ehemaliger Angestellter des Ministeriums für Außenhandel erzählte mir, dass er damals mit einem westeuropäischen Geschäftsmann im Ministerium eine halbe Stunde lang in Anwesenheit seines Vorgesetzten geschäftliche Dinge besprochen hatte. Trotzdem tauchten in seiner Personalakte belastende Informationen über jenes Treffen auf.

Ähnliches ereignete sich im Kaiserreich. Als am Vorabend des Opiumkrieges Europäer nach Kanton kamen, wollte die Regierung nichts mit ihnen zu tun haben und befahl den dortigen großen Handelshäusern, Kontakt mit ihnen aufzunehmen. Als der Gouverneur Lin Zexu[4] dann in Kanton den Opiumhandel verbot, waren diese Kaufleute seine ersten Opfer. Ihr

---

4   Der wegen seiner Aufrichtigkeit und Loyalität als Beamter berühmt gewordene Lin Zexu (林则徐, 1785–1850) wurde vom Qing-Kaiser 1839 nach Guangzhou (Kanton) gesandt, um dort das Problem der illegalen Opiumeinfuhr durch englische Kaufleute zu lösen. Mit der Vernichtung ihrer Opiumvorräte lieferte er den Anlass zum Beginn des Opiumkrieges.

Verbrechen hieß „verbotene Kontakte zum Ausland". Kein Beamter war bereit gewesen, mit den infektiösen Fremden in Kontakt zu treten, und so machte man diese Pechvögel, die nur die Befehle ausführten, zu Sündenböcken. Es ist daher nicht verwunderlich, dass nach dem Opiumkrieg niemand am Kaiserhof als Diplomat ins Ausland gehen wollte. Schließlich musste im Jahr 1867 der ehemalige amerikanische Gesandte in China, Anson Burlingame, zum „Beauftragten des Ministeriums für Auswärtige Angelegenheiten" ernannt werden. Ihm wurden ein englischer Botschaftsangestellter und ein Angestellter der Zollverwaltung zur Seite gestellt. So sah die Delegation aus, die in die USA entsandt wurde, um Verträge zu unterzeichnen.

1876, als diplomatische Kontakte mit dem Ausland unvermeidlich wurden, schickte die Qing-Regierung zum ersten Mal einen Chinesen als Gesandten nach England und Frankreich. Der Betroffene, der damals die Befehle ausführen musste, war Guo Songtao.[5] Ihm standen wahre Höllenqualen bevor, und schließlich schlossen ihn seine Landsleute gar aus dem Kreis der zivilisierten Menschen aus. Einer seiner Landsleute aus Hunan widmete ihm folgende Schmähverse:

„Aus der Art zu schlagen und

sich über die Allgemeinheit zu erheben

ist in der Welt von Yao und Shun

nicht erwünscht.

Er kann kaum für Menschen sorgen

auch nicht den Geistern dienen

was verlässt er das Land seiner Eltern!"

Dieser historische Hintergrund macht verständlich, warum die Besuche des Außenministers Chen Yi und des Staatspräsidenten Liu Shaoqi[6] in

---

5   Guo Songtao (郭嵩燾, 1818–1891) war erster Gesandter des chinesischen Kaiserreiches in Großbritannien und gleichzeitig erster dauerhaft akkreditierter chinesischer Gesandter im westlichen Ausland.

6   Liu Shaoqi (刘少奇, 1898–1969) rückte bereits vor Gründung der Volksrepublik in die oberste Parteiführung auf. Von 1959 bis zur Kulturrevolution war er Staatspräsident und konnte den gesamten Parteiapparat unter seine Kontrolle bringen. Weil er damit Maos Position gefährdete, wurde er 1967 als erstes prominentes Opfer der Kulturrevolution ins Gefängnis geworfen, wo er 1969 starb.

Indonesien während der Kulturrevolution auf einmal als Verbrechen galten. Wang Guangmei (王光美, 1921–2006), die Frau von Liu Shaoqi, hatte in Indonesien mit Sukarno getanzt. Sie wurde nicht nur „verbotener Kontakte zum Ausland" angeklagt, sondern sogar als unmoralisch kritisiert.

AUSLÄNDISCHE TEUFEL UND FREMDE MANDARINE

Lu Xun schrieb in einem Essay: „Von jeher kennen Chinesen nur zwei Bezeichnungen für fremde Völker: ‚wilde Bestien' und ‚Majestät'. Nie nannten wir sie ‚Freunde', nie sagten wir, sie seien wie wir." (**Heißer Wind**) In der Tat schließt die chinesische Kultur die Möglichkeit aus, dass Fremde als gleich betrachtet werden, weil jeder Einzelne die Gruppe als Stütze braucht und sich nur im Kreis der eigenen Leute sicher fühlt. Ein selbstbestimmter Mensch dagegen fühlt sich auch als Einzelner nie so schwach. Er kann auf andere zugehen, und wenn er einen Menschen kennenlernen will, braucht er sich weder für dessen Staatsangehörigkeit noch für Rasse oder Status zu interessieren. So gesehen ist Individualität die Voraussetzung für Universalität.

Chinesen tendieren dazu, die anderen in feste Kategorien einzuordnen. Der Gedanke der Gleichberechtigung der Person ist ihnen fremd. Ihr Verhalten richtet sich nach Status und Rang. Deshalb gibt es auch nur zwei Arten von Beziehungen zwischen ihnen und Angehörigen einer anderen Kategorie oder Rasse. Entweder sie stehen höher, oder sie stehen niedriger.

Vor dem Opiumkrieg standen alle Länder in einem Tributverhältnis zur chinesischen „Himmelsdynastie". Nach chinesischen Niederlagen in mehreren Kriegen mit den europäischen Mächten wurde China zum Abschluss der ungleichen Verträge gezwungen. So folgte eine Ungleichheit der anderen. Während vor dem Opiumkrieg die Menschen aus dem Westen als „ausländische Teufel" (洋鬼子, *yang guizi*) galten, sah man sie später gleichzeitig als „ausländische Teufel" und „ausländische Mandarine" (洋大人, *yang daren*). Diese schizophrene Haltung ist die Kehrseite der „Mentalität der verschlossenen Tür". Je nachdem, welchen Status ein Ausländer hat, gilt er nur als „ausländischer Teufel" oder auch als „ausländischer Mandarin". So bedienen heute Verkäufer in Hongkong westliche Kunden zunächst fast unterwürfig, um sie dann als „ausländische Teufel" (kantonesisch: *gwailo*) zu bezeichnen.

In den siebziger Jahren engagierten sich viele Studenten aus Hongkong und Taiwan in den USA in der sogenannten patriotischen Bewegung, weil sie sich als Einzelne unsicher und den Ausländern unterlegen fühlten. Versteckt und geborgen in einer Milliarde Menschen verwandelte sich ihr Minderwertigkeitskomplex in ein Gefühl der Überlegenheit. Lu Xun sagt, Chinesen hätten keinen individuellen Stolz, sondern nur einen Stolz als Teil einer Nation. Die gleichen Leute, die, wenn sie unter sich sind, die Ausländer verachten, werden sich einzeln einem Ausländer gegenüber unterwürfig benehmen. Die gleichen Leute, die sich mit ihrem „großen Vaterland" identifizieren, würden viel darum geben, Amerikaner zu werden. Während sie eine unbeschränkte Aufenthaltsgenehmigung beantragen, spüren sie, dass sie in den USA zu einer Minderheit gehören werden, und so versuchen sie, sich noch stärker mit ihrer Heimat zu identifizieren.

In der Volksrepublik drückte sich diese schizophrene Haltung darin aus, dass man vor Fremden die eigenen Landsleute erniedrigte und die Ausländer privilegierte; gleichzeitig wurden die eigenen Landsleute insgeheim angewiesen, diese fremden Teufel zwar zu „respektieren, aber ihnen nicht zu nahe zu kommen".

Die Filme aus der Volksrepublik aus jener Zeit spiegeln diese Haltung wider. In den meisten Filmen, die nach 1976 gedreht wurden, traten Ausländer auf. Dadurch gewann der Film an Attraktivität und die Produzenten an Ansehen. Die Ausländer hatten darin entweder als Kulisse für Glanz und Luxus oder für Korruption und Dekadenz zu dienen.

Viele Chinesen vom Festland würden am liebsten nach Amerika gehen. Das Regime versucht, durch seine Propaganda die westliche Welt schlechtzumachen und damit der Anbetung alles Fremden zu begegnen. Andererseits schicken seine hohen Funktionäre ihre Söhne und Töchter mit Vorliebe zum Studium nach Amerika und fühlen sich geehrt, wenn sie Gäste aus dem Ausland begleiten dürfen.

DER REALITÄTSSINN DER CHINESEN

HARMONIE VON MENSCH UND HIMMEL

In der chinesischen Kultur ist die Wirklichkeit an sich mit der Welt identisch, die den Einzelnen unmittelbar umgibt. Die Erlösung besteht deshalb allein darin, in dieser Welt gut zu leben und ein Auskommen zu finden. Unsterblichkeit erlangt man entweder durch den leiblichen Fortbestand der Familie oder dadurch, dass sich die Nachwelt dank seines tugendhaften Charakters, dank seiner Lehren oder dank seiner Verdienste an den Verstorbenen erinnert. Deshalb stellt die Bewahrung der Harmonie unter den Menschen die höchste religiöse Erfahrung der Chinesen dar. Dem entspricht das Konzept des Paradieses: es ist ein Himmelreich auf Erden, in dem „Ewiger Friede" und „Große Gleichheit" (大同, datong) herrschen, und das Streben nach diesem Ideal ist die einzige Form religiöser Handlung. Daher spielte die Beamtenschicht die Rolle, die in anderen Kulturen die Priesterkaste spielt.

Der chinesische Himmel (天, *tian*) ist, im Gegensatz zu anderen höher entwickelten Religionen kein jenseitiger Gott, sondern nur Element der Totalität aus „Himmel, Erde und Mensch", die daher auch nicht von einem Gott geschaffen wurde. Der Begriff eines Schöpfergottes existiert in der chinesischen Kultur nicht, und daher wird die Welt nicht als Schöpfung begriffen, sondern als eine Art Synthese von Schöpfer und Schöpfung.

In allen anderen hochentwickelten Religionen gibt es eine unüberbrückbare Kluft zwischen der immanenten Welt und dem transzendenten Gott. Der Mensch kann sich nach dem Jenseits sehnen, aber nie selbst Gott werden. Allein in der traditionellen Himmelslehre der Chinesen wird eine „Einheit von Himmel und Mensch" angestrebt. Zu diesem Zweck muss der „Himmelsweg" (天道, *tiandao*) auf die Ebene des „Menschenweges" (人道, *rendao*) geholt werden. In der **Chronik des Staates Lu** heißt es, dass „die Wege des Himmels fern, die der Menschen nah sind" (**Zuo-Kommentar**), und Konfuzius fragt: „Wer nicht einmal den Menschen dienen kann, wie sollte der den Geistern dienen? [...] Wer das Leben nicht kennt, wie sollte der über den Tod Bescheid wissen?" (**Gespräche**)

Der „Himmelsweg" ist also zugleich der „Menschenweg", und beide spiegeln im Grunde das Ideal der Harmonie zwischenmenschlicher

Beziehungen wider. Wer sich um Harmonie bemüht, der folgt dem Weg des Himmels. Geht die Harmonie verloren, gerät der „Himmelsweg" aus dem Gleichgewicht. So wird der Mensch zu einem aktiven Faktor im Prozess der Evolution von Himmel und Erde. Zu einem organischen Teil dieser Totalität wird er dadurch, dass er „das Himmelsprinzip bewahrt und die menschlichen Begierden auslöscht". Er muss also die Grenzen seines Ichs auslöschen und seine Wünsche und Begierden kanalisieren und neutralisieren, um die Harmonie nicht zu gefährden. Die Vorstellung, „Du bist in Mir enthalten, ich bin in Dir enthalten", entspricht der Ontologie von *yin* und *yang*, derzufolge im *taiji yin* und *yang* einander durchdringen und ineinander enthalten sind. So wie der Himmel als *yang* und die Erde als *yin* untereinander harmonieren, um das Gedeihen der „Zehntausend Lebewesen" zu fördern, müssen auch die Wünsche und Begierden im zwischenmenschlichen Bereich kanalisiert werden, um der leiblichen Existenz zu dienen. Im **Buch von Maß und Mitte** heißt es: „Kommen keine Gefühle der Freude, des Zorns, der Trauer oder des Glücks auf, kann man das den Zustand der Ausgeglichenheit nennen. Kommen sie auf, verhalten sich aber im rechten Maß, dann kann man von einem Zustand der Harmonie sprechen. Die Ausgeglichenheit ist die große Urwurzel, aus der alle menschlichen Handlungen wachsen, und die Harmonie ist der universelle Pfad, dem alle folgen sollten. Herrschen perfekte Ausgeglichenheit und Harmonie, dann werden sich Himmel und Erde in einer Ordnung des Glücks befinden und alle Dinge werden blühen und gedeihen."

Daher muss, wer das „himmlische Schicksal" (天命, *tianming*) erkennen möchte, die ihm zugeordnete Rolle in der Generationsabfolge spielen und, wenn er seinen Platz in der sozialen Ordnung gefunden hat, ihn so ausfüllen, als wäre er ihm von einem himmlischen Schicksal zugewiesen worden. Das Schicksal, das die chinesische Kultur jedem zuweist, ist die Gründung einer Familie und die völlige Unterordnung. Das geschieht dadurch, dass der Einzelne sich als Element der sozialen Beziehungen oder als Teil eines Kollektivs sieht und mit allen Mitteln die Harmonie zu bewahren sucht.

Wenn man dem Postulat von der „Bewahrung des Himmelsprinzips und der Auslöschung der menschlichen Begierden" folgt, um die Harmonie in der Gruppe aufrechtzuerhalten, bedeutet das, dass jeder sein Ich auslöschen und seine eigenen Wünsche hintanstellen muss. In der traditionellen

Terminologie heißt das: „Sich selbst beherrschen und Anstand und gute Sitten wahren." (Gespräche) Im heutigen China dagegen wird von den Untertanen gefordert, „dass sie die Bedürfnisse der anderen über die eigenen stellen"; in der Familie bringen die Eltern den Kindern von klein auf bei, dass „zuerst die anderen kommen".

Diese Tendenz, primär für andere da zu sein, umfasst auch – auf die Interessen der Allgemeinheit bezogen – den Gedanken des Märtyrertums für eine gerechte Sache. Opferte man sich in früheren Epochen aus Loyalität gegenüber dem Herrscher, so gab man in der volksrepublikanischen Epoche sein Leben für das Kollektiv hin. Diese Gesinnung der Selbstlosigkeit, die schon die traditionellen Beamtengelehrten dazu bewegte, sich der Aufgabe der „Befriedung des Reichs" zu widmen, spielte in den revolutionären Bewegungen der Neuzeit eine zentrale Rolle. Diese Bewegungen waren zwar inspiriert vom Marxismus-Leninismus, und es gelang ihm, diese Opferbereitschaft zu einer geistigen Macht zu schmieden; insgesamt aber hatte das Gebot, das „Himmelsprinzip zu bewahren, und die menschlichen Begierden auszulöschen" immer das Ziel, „die Herzen des Volks zu kontrollieren, es ohne Wissen und ohne Begierde zu lassen, so dass in seinem Herzen keine Verwirrung ist". Daher führten diese Bewegungen nicht wie in Japan zu einer Stärkung des Kollektivs, sondern nur zu einer weitgehenden Schwächung jedes einzelnen Individuums.

Auch das „Himmelsprinzip" des gegenwärtigen Systems fordert eine Auslöschung: die Auslöschung der Lebenskraft des Einzelnen. Jeder wird als fungibles Versatzstück betrachtet, das beliebig eingesetzt und ausgetauscht werden kann, denn nach der Logik dieses Systems dient es überall dem sozialistischen Weg oder dem Vaterland. Wer das ganze Leben lang von anderen verwaltet wird, kann seine Interessen und Fähigkeiten nicht entwickeln. Seine ganze Lebenskraft wird erstickt oder sinnlos verschwendet.

Aber auch die Chinesen, die nicht direkt in diesem menschenfressenden Kollektivismus leben müssen und aus Liebe zum Leben ihre Vitalität umfassend entwickeln wollen, werden von diesem Himmelsprinzip unterjocht. Sein wichtigster positiver Aspekt ist, dass es einer Milliarde Menschen das Leben unter einem politischen System ermöglicht.

DIE BEAMTENGELEHRTEN ODER: „DIE POLITIK ÜBERNIMMT DAS KOMMANDO"

Im China der Kaiserzeit hielten es die Beamtengelehrten für ihre Pflicht, sich um alle Lebewesen im Reich zu kümmern und auch dem einfachen Volk eine Existenzgrundlage zu sichern.

Das Buch **Menzius**, das am besten die Ideologie der Beamtengelehrten wiedergibt, behandelt vor allem das Problem, wie die „menschliche Regierung" aussehen soll, und ihr Kern ist die Volkswohlfahrt. Laut Menzius gibt es nur für den Herrscher keine Feinde, der den Idealzustand, dass „für alle gesorgt ist", verwirklicht. Das Wort „Fürsorge und Ernährung" (养, *yang*) steht deshalb im Zentrum der chinesischen Politik.

Doch ist diese Forderung nur ein Ideal, das meist nur dazu diente, die Herrschaft zu legitimieren. Dennoch kann niemand bestreiten, dass manche Beamten ehrlich daran glaubten. Die Einsichtigsten unter ihnen waren sich bewusst, dass es Aufstände, Unruhen und Chaos herbeiführte, wenn nicht „die Alten bis an ihr Ende versorgt sind, die im reifen Alter keine Beschäftigung haben und die Kinder nicht mit allem Nötigen versorgt sind, und wenn sich niemand um die Verwitweten, die Waisen, die kinderlosen Greise, die Schwachen und die Kranken kümmert". (**Buch der Riten**)

Einen Zustand, in dem „die Alten und die Schwachen in den Gräben und Kanälen liegen, und die Jungen und Starken in alle Himmelsrichtungen zerstreut sind" (**Menzius**), galt es zu vermeiden.

Deshalb war dieses Ideal einerseits darauf gerichtet, die Existenzgrundlagen zu sichern, andererseits darauf, die Harmonie im zwischenmenschlichen Bereich zu bewahren, zwei Ziele, die einander bedingen. Neben „Fürsorge und Ernährung" ist ein weiteres Schlüsselwort der chinesischen Politik die Erziehung. Alle Regierungen in der chinesischen Geschichte hatten die Aufgabe der Indoktrinierung bzw. der Erziehung. So kam es, dass die Regierung oft mit Eltern verglichen wurde.

Der Kaiser wurde als „väterlicher Fürst" bezeichnet, und die Provinz- oder Kreisbeamten nannte man „elterliche Beamte". Die Untertanen wiederum galten als „Volkskinder".

Der heutigen Volksrepublik ist es am ehesten gelungen, dieses Ideal in die Realität umzusetzen. Sie hat einer Milliarde Menschen Essen und

Arbeit gegeben und ein System der sozialen Fürsorge eingerichtet. Daneben sieht der Staat sich auch noch für die politische Erziehung zuständig, wobei er früher diejenigen, die nicht folgsam waren, „durch körperliche Arbeit umerziehen" wollte. Deshalb bringt Sun Yatsens Definition: „Kommunismus – das ist das Prinzip der Volkswohlfahrt" das Wesen des chinesischen Kommunismus viel treffender zum Ausdruck als alle ausländischen Definitionsversuche. Chiang Kaishek fasste den Inhalt von Suns Prinzip der Volkswohlfahrt in vier Zeichen zusammen: Schutz, Verteidigung, Erziehung und Ernährung.

Die „Herstellung von Ordnung im Reich" ist das traditionelle Ideal der Beamtengelehrten, die „die ersten in der Welt des Leidens und die letzten in der Welt der Freuden sein wollten". Daher waren sie in der chinesischen Kultur die einzigen, die ein Streben nach Transzendenz kennzeichnete, das aber nicht auf die Überwindung des Diesseits gerichtet war, sondern darauf, die Gleichgültigkeit der Mehrzahl zu überwinden. Ihr Ziel war Frieden und Sicherheit im Reich, und um dieses Ziels willen stellten sie sich manchmal auch in Opposition zum herrschenden Regime – um Einheit zu schaffen, kann Kampf legitim sein –, auch wenn sie damit ihr eigenes Leben gefährdeten.

Wenn wir alle gesellschaftlichen Kräfte im vormodernen Zeitalter, die für sich den Zugang zur Wahrheit und zum Jenseits beanspruchten, als Priesterschicht im weiteren Sinn definieren, so sind auch die chinesischen Beamtengelehrten eine Art Priesterschicht, allerdings mit dem Unterschied, dass es für sie kein Jenseits gab und Religion sich als politisches Verhalten äußerte und dass sich bei ihnen eine spezielle Art der Vermischung von Politik und Religion herausbildete. Das einfache Volk kannte nur die Ebene der sozialen Beziehungen und vermochte daher lediglich für die Familie zu sorgen. Die Beamtengelehrten hingegen mussten sich sowohl um die Familie als auch um die Angelegenheiten des Staats kümmern, wobei die Politik à la Chinoise nur eine Übertragung des Verhaltens in der Familie auf den Staat darstellte. Diese „erweiterte Familie" bildete den Staat, oder wörtlich: die „Landesfamilie" (国家, *guojia*).

Dieses traditionelle Primat der Politik kommt in der Gegenwart im Sendungsbewusstsein der Intellektuellen zum Ausdruck, die bereit waren, sich für ihr Land oder die Revolution zu opfern. Dieses Sendungsbewusstsein war einer der Faktoren, die die Gründung eines modernen Staates ermöglichten, während die stagnierende Entwicklung in Indien möglicherweise mit der Weltabgewandtheit der traditionellen indischen Kultur und deren Priesterschicht zusammenhängt. Das Primat der Politik aber ist eine Form der Transzendenz. Es wurde leidenschaftlich Politik betrieben, jedoch auf Kosten anderer wichtiger Lebensbereiche wie der Kunst, der Literatur und der Philosophie, die zu einem Anhängsel der Politik degradiert wurden. Doch selbst unter idealen Bedingungen vermochte die Politisierung der chinesischen Intellektuellenschicht nur ein despotisches System mit gewissen paternalistischen Zügen zu schaffen.

Heute hat diese Tendenz jede positive Funktion verloren. Das Ziel der Demokratiebewegung der 1970er Jahre war nicht (wie vor 1949) die staatliche Wiedervereinigung, sondern ein pluralistisches System. Die traditionelle wie die moderne Priesterschicht werden daher früher oder später einem modernen, pluralistischen Professionalismus und modernen Interessensverbänden weichen müssen.

KEIN JENSEITS UND KEINE ERLÖSUNG
FÜR DIE UNTERTANEN

Unter den Intellektuellen, deren beschränkte Transzendenzvorstellungen bereits charakterisiert wurden, fühlte sich jedoch nur eine Minderheit persönlich für den Staat verantwortlich. Den meisten ging es nur um einen Posten als Beamter, letzten Endes also um persönliches Glück im Diesseits. Etwas sympathischer wirken die Mitglieder der Intellektuellenschicht, die sich unter dem Einfluss daoistischer Gedanken aus dem öffentlichen Leben zurückzogen. Sieht man aber genauer hin, erkennt man, dass der Rückzug in die Einsamkeit meist dem Ressentiment über eine missglückte Karriere entsprang.

Dieses Oszillieren der Beamtengelehrten zwischen *yin* und *yang* – zwischen daoistischer Weltabgewandtheit und konfuzianischer Diesseitigkeit – findet man schon bei ihren geistigen Vätern, so etwa bei Konfuzius, der sagt: „Ich habe keinen Erfolg mit meinen Lehren. So will ich mich auf ein Floß begeben, um ans Meer zu fahren." **(Gespräche)** Das ist der *yin*-Aspekt, der Rückzug in die Einsamkeit. Der *yang*-Aspekt der Beamtenkarriere kommt in folgenden Sätzen zum Ausdruck:

„Der Edle strebt nach dem rechten Weg. Nicht um Wohlstand geht es ihm. Wer ackert, muss deshalb nicht auch gut leben können. Wer hingegen lernt, findet schon ein gutes Auskommen." (**Gespräche**)

Derselbe Gedanke kommt auch in den Worten von **Menzius** zum Ausdruck:

„Die einen verrichten geistige Arbeit, die anderen körperliche Arbeit. Die geistig Arbeitenden regieren; die körperlich Arbeitenden werden regiert. Die regiert werden, ernähren die anderen; die regieren, werden ernährt."

In Wirklichkeit waren die meisten Intellektuellen der chinesischen Geschichte – von einigen wenigen Idealisten abgesehen – entweder Postenjäger oder Schmarotzer.

Waren schon die Ideale der herrschenden Elite so ausschließlich diesseitsbezogen, ist es nicht verwunderlich, dass sich der Lebensinhalt der übrigen Bevölkerung im Streben nach *fu* (福, Glück), *lu* (禄, Karriere) und *shou* (寿, langes Leben) erschöpfte. Alle drei Formen der Erlösung sind diesseitig. So wurden die Chinesen zum Volk mit der geringsten Neigung zur Metaphysik.

Dieser Realismus bzw. Pragmatismus ist auch in der Volksreligion sichtbar. In ihr treten die drei Ideale Glück, ein Beamtengehalt und langes Leben in göttlicher Gestalt auf, und man verehrt den Gott des Reichtums und die „Söhne schenkende Göttin". Die buddhistischen Gottheiten bittet man um Rettung aus der Not. Ein japanischer Buddhist bemerkte, nachdem er buddhistische Tempel in China besucht hatte: „Im Vergleich zum japanischen Buddhismus ist der chinesische Buddhismus zu realistisch." Diese Tendenz führt dazu, dass viele Chinesen ihre Erlösung nur über die Befriedigung der unmittelbaren Lebensbedürfnisse zu erlangen suchen. Was nicht direkt damit zu tun hat, wird ignoriert.

Heute interessiert man sich in China wegen der langen Selbstisolation sehr für die Verhältnisse in anderen Ländern. Neun von zehn Fragen, die ausländischen Besuchern gestellt werden, beziehen sich auf das materielle Leben. Man fragt: „Wieviel verdienen Sie?" „Wieviel verdient ein Professor?", man erkundigt sich nach den Regeln des alltäglichen Verhaltens und den Lebensbedingungen. Eine norwegische Sinologin, die viel Kontakt zu Chinesen hatte, erzählte mir von einer chinesischen Familie, die nach Amerika ausgewandert war: Sie interessierte sich nur für die materielle Seite ihrer Existenz – für Häuser, Autos und Ähnliches. Nie sei ihr in den Sinn gekommen, eine der kulturellen Veranstaltungen zu besuchen, die in ihrer Heimat nicht zugänglich waren, oder Bücher zu lesen, die dort verboten waren. Das schien ihr umso verwunderlicher, als alle Mitglieder gehobene Berufe ausübten. In Wirklichkeit handelt es sich dabei um das gegenseitige Unverständnis zwischen zwei Kulturen mit unterschiedlicher Tiefenstruktur. Die Norwegerin war lutherisch erzogen worden, und deshalb bedeutete für sie Erlösung vor allem die Entfaltung der eigenen Persönlichkeit, im Gegensatz zu den Chinesen, für die die Sicherung der Existenz im Zentrum steht.

Auch die Elite der Intellektuellen aus Hongkong und Taiwan, die in Amerika studiert, versucht in erster Linie, sich dort eine Existenz zu schaffen. In den sechziger und siebziger Jahren empfanden viele amerikanische Jugendliche eine geistige Leere und waren des Wohlstands überdrüssig. Sie wandten sich mystischen Religionen aus dem Fernen Osten zu oder engagierten sich politisch gegen das „Establishment". Ihre chinesischen Altersgenossen in den USA hingegen strebten nur nach Reichtum oder einer Green Card, ohne jemals das Gefühl der Entfremdung kennenzulernen. In der chinesischen Kultur konzentriert sich jeder Einzelne darauf, im Schoß der Gruppe eine möglichst feste und angenehme Heimstatt für Herz und Leib zu finden. So bestand für die meisten das Ideal darin, die leibliche Existenz in den USA zu sichern und gleichzeitig „das Vaterland im Herzen zu tragen".

Chinesen tendieren dazu, sich den äußeren Umständen anzupassen und vermeiden jede Art von innerem Konflikt, da sie der Überzeugung sind, dass das dem metaphysischen Gesetz der gegenseitigen Harmonisierung von *yin* und *yang* entspricht. Man muss daher immer ausgeglichen und zufrieden sein, und der Zustand der Entfremdung ist von vornherein ausgeschlossen. Daher kennt die chinesische Kultur das existentialistische Problem der „Entfremdung" nicht. Wie steht es aber mit der Form von Entfremdung, die Marx unter dem Aspekt der „entfremdeten Arbeit" analysierte?

Auch im Westen sind sich die meisten Werktätigen nicht bewusst, dass sie nicht selbst über die Früchte ihrer Arbeit bestimmen und die Waren ihnen als fremde Macht gegenüberstehen. Entfremdung äußert sich eher in einem Gefühl der Langeweile und der Beschränkung. Der kostbarste Abschnitt des Lebens wird nicht zur Entwicklung der vielfältigen Talente der Menschen genutzt, sondern in monotoner und mechanischer Tätigkeit verschwendet. In den Vereinigten Staaten habe ich gesehen, wie sich Berufstätige am Morgen mit Haschisch betäuben mussten, um die Eintönigkeit ihrer Arbeit ertragen zu können.

Gibt es in China eine ähnliche Vorstellung vom Wert des Menschen? Gibt es ein ähnliches Gefühl des Überdrusses? Arbeit ist dort natürlich ebenso entfremdet, doch lässt sich die Bevölkerung anscheinend eher mit materiellen Entschädigungen abfinden. Aus diesem Grund stellt sich das Problem der Entfremdung auf dem sozialistischen Festland in schärferer Form als im kapitalistischen Hongkong. Auf dem Festland betrug der Anfangslohn in den 1970er Jahren für jeden ungeachtet seiner Qualifikationen zwischen vierzig und sechzig Yuan. Bis zum Ruhestand stieg er dann allenfalls auf einhundertfünfzig Yuan. In vielen Betrieben waren die Beschäftigten zwar verpflichtet, jeden Tag zum Dienst zu erscheinen, die effektive Arbeitszeit betrug aber höchstens zwei Stunden. In der übrigen Zeit wurde Zeitung gelesen und geplaudert.

In Hongkong dagegen schuftete man von neun Uhr früh bis fünf Uhr abends; danach bildete man sich weiter, um sich für bessere Stellungen zu qualifizieren. Um im Konkurrenzkampf bestehen zu können, opferten viele ihre Jugend, ihre Träume und Wünsche und alle kulturellen und geistigen Interessen, die nicht direkt der Karriere dienten, wurden vernachlässigt. Aber nur sehr selten konnte ich dort die Symptome von Frustration, Labilität, Nervosität und Ressentiment beobachten, die ich aus den USA kannte. Da der Mensch für Chinesen nur Leib und nicht Seele ist, fällt es ihnen viel leichter, das Problem der entfremdeten Arbeit zu bewältigen. Vertreter des sogenannten Modernen Konfuzianismus[1] haben die erfolgreiche kapitalistische Entwicklung in Hongkong, Taiwan und anderswo in Ostasien auf die konfuzianische Ethik zurückgeführt. Meines Erachtens

---

[1] Den „Modernen Konfuzianismus" (*Xin Rujia*) vertritt eine Gruppe von in Hongkong, Taiwan und den USA lebenden chinesischen Gelehrten, die in einer Neubewertung der konfuzianischen Tradition eine Perspektive zur Überwindung von Entfremdung und anderen negativen Begleiterscheinungen der Moderne sehen. Wichtige Vertreter des modernen Konfuzianismus waren die Philosophen Qian Mu, Tang Junyi (唐君毅, 1909–1978), Mou Zongsan(牟宗三, 1909–1995) u.a.

muss die Ursache dieser Erfolge eher in der „somatisierten" Existenzweise gesehen werden, die das Gefühl der Entfremdung nicht kennt.

In der Volksrepublik vor Reformbeginn gelangte der paternalistische Despotismus chinesischen Typs zu seiner vollsten Ausbildung. Die pragmatischen Tendenzen der Chinesen dagegen kamen in Hongkong zur höchsten Entfaltung. Von Jugend an denkt man dort in den realistischen Kategorien der Erwachsenen, und alles dreht sich darum, Geld zu verdienen, eine Familie zu gründen, eine Wohnung zu kaufen und die Kinder ins Ausland zu schicken, und an diesen Maßstäben misst sich das Ansehen einer Person. Stolz darf der sein, der mehr Geld als andere verdient; wer eine Wohnung besitzt, kann herabschauen auf die, die sich keine leisten können. Wer nicht genug Geld besitzt, um seine Kinder ins Ausland zu schicken, muss befürchten, von denen, die es sich leisten können, verachtet zu werden. Kann eine Familie nur ein Kind ins Ausland schicken, fühlt sie sich anderen gegenüber minderwertig.

Auch im Verhältnis zwischen den Geschlechtern kann man dieses Denken in pragmatischen Kategorien beobachten. Eine Beziehung zwischen Mann und Frau kann allein die Heirat zum Zweck haben, sie kann eine reine Liebesbeziehung sein oder eine Vermischung der beiden Motive. Überall auf der Welt werden bei einer Heirat neben dem Faktor Liebe auch materielle Faktoren ins Kalkül gezogen, aber mit unterschiedlicher Gewichtung. In der chinesischen Kultur überwiegt normalerweise das Motiv der leiblichen und seelischen Sicherheit, und romantische Liebesbeziehungen sind selten. Bevor man eine Beziehung aufnimmt, muss daher ihre soziale Funktion festgelegt werden. Es ist nicht üblich, sich spontan auf eine Beziehung einzulassen und sie dann erst aus eigener Initiative zu gestalten, denn das würde ein gewisses Maß an Individualität voraussetzen.

Vor einiger Zeit war in Hongkong und Taiwan noch die Auffassung verbreitet, die Frauen aus dem Westen seien Huren – wahrscheinlich, weil im Westen vorehelicher Geschlechtsverkehr sogar mit mehr als einem Partner akzeptiert ist.

Aufgrund meiner begrenzten Erfahrungen habe ich den Eindruck, dass „Liebesbeziehungen" auf dem chinesischen Festland und in Taiwan häufiger sind als im „somatisierten" Hongkong. Frauen in Hongkong geben sich gern als „Mamas brave Tochter", und sogar ihre Figur ist von diesem kulturellen Ideal strukturiert. In Wirklichkeit aber ist ihre Naivität nur eine Pose, um sich durch den Schein der Unwissenheit und Unberührtheit Vorteile zu verschaffen. Auf die Frage eines Journalisten, ob sie Nacktaufnahmen machen ließe, meinte ein weiblicher Filmstar aus Hongkong: „Niemals! Ich will ja schließlich noch heiraten."

Aber auch auf dem chinesischen Festland mit seiner alles durchdringenden Atmosphäre der „Mitmenschlichkeit" ist die Heirat seit der Kulturrevolution immer mehr zu einem bloßen Geschäft geworden. Voraussetzung für eine Ehe ist heute der richtige gesellschaftliche und wirtschaftliche Status des Partners; der Bräutigam musste früher die komplette Wohnungseinrichtung –einen Ventilator, einen Fernseher und andere Geräte – heute eine Eigentumswohnung in die Ehe mitbringen. Es ist eher zynisch, wenn diese Art der Eheschließung auf dem Festland als „Preisliste" kritisiert wird, denn die Gesellschaft und die staatlichen Stellen sind es selbst, die den Kontakt zwischen Jugendlichen verschiedenen Geschlechts und die Entwicklung einer natürlichen und normalen Sexualität verhindern. Diese Verhältnisse zwingen die jungen Leute dazu, unter nicht gerade idealen, von anderen bestimmten Bedingungen zu heiraten, und man meint gar, nur so könnten soziale Verantwortung und Moral garantiert werden. In Wirklichkeit wird die Ehe zu einem Tauschgeschäft auf dem Heiratsmarkt, bei dem es oft genug Fälle von Heiratsbetrug gibt.

Der Pragmatismus zeigt sich auch in der traditionellen Gleichgültigkeit gegenüber der Politik. Seit jeher war Politik in China eine Sache der Oberen. Für die Untertanen galt: „Der Himmel ist hoch, der Kaiser ist weit: Was kann mir da der Kaiser anhaben?" In Japan gibt es zwar ebenfalls keine demokratische Tradition, aber alle vom Samurai bis zum Gemeinen empfanden die Verpflichtung, sich der „Güte des Staats" würdig zu erweisen. Das war die Voraussetzung dafür, dass die ganze Nation sich in der Konfrontation mit den Herausforderungen der Moderne geschlossen in eine Art militärischer Schlachtordnung eingliederte.

Im alten chinesischen Reich glich die Gesellschaft der zahllosen ländlichen Kleinproduzenten einem Haufen loser Sandkörner. Die Aufgabe der Regierungen war seit jeher, egal ob unter fremden oder einheimischen Herren, diesen Sandhaufen zu organisieren, während die Untertanen sich nur für ihre tägliche Portion Reis interessierten. In Notzeiten aber geriet das Reich in Unordnung, und die einfache Bevölkerung wurde ins politische Geschehen gerissen; doch wirkten solche Unruhen eher wie

Naturkatastrophen, die das alte System wegspülten. Das neue System, das dann errichtet wurde, lastete nicht weniger schwer auf den Rücken der Untertanen. Deshalb erfolgte auch die Reaktion Chinas auf den Eintritt in die Moderne langsamer als die Japans. Anfangs war sie auf die Schicht der Beamtengelehrten beschränkt. Nachdem ihre Reformpläne gescheitert waren, mussten die neuen Intellektuellen die Aufgabe der „Rettung der Nation" übernehmen. Die meisten politischen Bewegungen der chinesischen Neuzeit wurden von dieser städtischen Intellektuellenschicht angeführt. Andere städtische Schichten wie etwa das Bürgertum spielten nur eine untergeordnete Rolle, so dass sich in China keine urbane Gesellschaft entwickeln konnte. Stattdessen wurde die traditionelle Einheit von Politik und Religion von einer neuen Priesterkaste in einer neuen Gestalt wiederbelebt.

China durchlief in der Zeit von der Agrarrevolution über den Widerstandskrieg gegen Japan und den darauffolgenden Bürgerkrieg zwischen der Nationalen Partei und der Kommunistischen Partei Chinas bis zur Gründung des neuen Staats im Jahr 1949 den Prozess des Zusammenwachsens zu einer Nation, der in Japan schon mit der Meiji-Restauration in der zweiten Hälfte des neunzehnten Jahrhunderts begann. In den fünfziger Jahren war das Ansehen der Kommunistischen Partei so hoch, dass die ganze Bevölkerung bereitwillig einem starken Zentrum folgte. Damals glich die Gesellschaft am ehesten dem japanischen Vorbild einer militärischen Schlachtordnung.

Diese wachsende Macht des Staates wurde jedoch bald durch die Kette der politischen Bewegungen – von der Anti-Rechts-Bewegung des Jahres 1957 bis zur Kulturrevolution – unterminiert, und die erneute Entpolitisierung von heute ist ein Resultat des Versuchs, in der Kulturrevolution die Bevölkerung zu politisieren.

Teile der Kommunistischen Partei unter der Führung von Mao Zedong wollten nicht nur einen Staat aufbauen, sondern auch durch wiederholte politische Bewegungen die Teilnahme der Bevölkerung am politischen Entscheidungsprozess zu einer Selbstverständlichkeit machen. Sie hatten erkannt, dass Gehorsam gegenüber einer mit Autorität versehenen Staatsmacht keine wirkliche Politisierung darstellt. Damit versuchten sie in der Tat, die Tiefenstruktur der Kultur zu revolutionieren. Die in der Kulturrevolution praktizierte Methode, das eine Extrem durch ein anderes Extrem zu korrigieren, führte jedoch zu einer Verkehrung des chinesischen

Realismus in sein Gegenteil: die Realität wurde verleugnet, und man verlangte von der ganzen Bevölkerung einen „Großen Sprung" in die Richtung der utopischen Ziele der Zukunft.

Dieser Versuch, das Bestehende zu transzendieren, sollte jedoch innerhalb der konkreten Geschichte stattfinden und musste daher auf die vorhandene Mentalität der chinesischen Bevölkerung Rücksicht nehmen. Der Versuch der Herrschenden, das Volk am Ethos der politischen Verantwortung teilhaben zu lassen, scheiterte. Die Kulturrevolution vermochte die überkommene Fügsamkeit der Bevölkerung nicht zu überwinden; noch beim Rebellieren verlangten die Führer Gehorsam gegenüber den „Worten des großen Lehrers" – wer sich nicht unterordnete, musste mit Repressalien rechnen.

Dennoch war die Kulturrevolution die Negation der traditionellen pragmatischen Haltung, die nur „vor der eigenen Tür kehren" wollte. Sie stellte alles Bisherige auf den Kopf, so auch die bestehende politische Ordnung, und musste deshalb zur „großen Unordnung im Reich" führen. Doch schon in der Frühphase der Volksrepublik, als die idealistische Richtung noch die Oberhand hatte, versuchten die Revolutionsgegner in der Bürokratie, durch „ökonomistische" Taktiken Anhänger zu gewinnen. Als deutlich wurde, dass die Bevölkerung sich wieder nach der alten Ordnung sehnte, gewann die von Zhou Enlai und Deng Xiaoping repräsentierte Politik der Modernisierung die Oberhand.

Heute hofft die neue, auf der Welle der Sehnsucht nach Ordnung an die Macht gelangte Machtelite, durch die Propaganda für „Einigkeit, Ruhe und Ordnung" die Atmosphäre der goldenen fünfziger Jahre Wiedererstehen zu lassen. Doch die damalige Einmütigkeit scheint unwiederbringlich verloren. Politische Apathie ist allgemein, und wieder kümmert sich die Bevölkerung nur um ihre unmittelbaren Interessen.

Meine Bekannten auf dem Festland wunderten sich immer wieder, wenn ich politische Themen anschnitt, und meinten: „Ihr Chinesen im Ausland interessiert euch anscheinend mehr für unsere Politik als wir. Wir haben von Politik die Nase voll."

In Hongkong, wo nur noch die sogenannte „kleine Tradition" lebendig ist, ist politische Lethargie der Normalzustand. Wenn sich die alte chinesische Gesellschaft aus einem Meer von ländlichen Kleinproduzenten zusammensetzte, dann ist Hongkong ein Meer von Kleinhändlern. Beide

Gruppen interessieren sich nur für ihren unmittelbaren Vorteil. Sie sind zufrieden, wenn sie ihre tägliche Portion Reis bekommen, und kümmern sich nicht darum, ob sie von einheimischen oder von fremden Herrschern regiert werden.

CHINESISCHE REALITÄTEN UND PHANTASIEN

Dem pragmatischen Denken im Allgemeinen ist der Widerspruch immanent, dass er sich zwar bei ökonomischen Aktivitäten an der Realität orientiert und so die ungeheure Produktivkraftentwicklung des modernen Kapitalismus ermöglicht, unter dem Aspekt einer längerfristigen Sicht der Realität jedoch die dadurch hervorgerufene Zerstörung des ökologischen Gleichgewichts jeglicher Rationalität und jeglichem Realitätssinn widerspricht.

In einer ähnlichen Weise kann in der chinesischen Lebenswelt, die womöglich stärker als jede andere von Pragmatismus geprägt ist, der Sinn für das Mögliche und für die Realität dazu führen, dass man die Augen vor ihr verschließt. Motiviert von „somatisierten" Lebenszielen und gehalten von einem Netz zwischenmenschlicher Beziehungen fühlt sich der Einzelne leiblich und seelisch geborgen. Die Kinder haben genug zu essen, die Erwachsenen haben Arbeit, und für die Alten wird gesorgt. Viel seltener als im Westen beobachtet man in China innere Unruhe, Nervosität oder das Gefühl der Ungeborgenheit. Chinesen vermeiden den Konflikt mit der Umwelt und empfinden sich als Teil eines von innen nach außen reichenden Kontinuums. Diese psychische Struktur verhindert die Entstehung eines klar umgrenzten Ich; im Kontakt mit der Umwelt wird man versuchen, Spannungen zu reduzieren und Kummer zu meiden. Mit der Realität konfrontiert sucht man Wärme und Geborgenheit. Der Kampf des Einzelnen mit der Wildnis ist kein chinesischer, sondern ein ausgesprochen westlicher, wenn nicht amerikanischer Topos.

Im Westen wird im Prozess der Persönlichkeitsbildung der Bruch betont: Zwischen jeder Entwicklungsphase liegt ein deutlicher Einschnitt. In den USA zeigt sich diese Tendenz am extremsten. Auf die Trennung von den Eltern folgen immer neue Trennungen, und so ist jeder in der Jugend, als Erwachsener und im Alter bis zum Tod ganz allein für sich selbst verantwortlich. Die Zeit des Übergangs vom Kind zum Erwachsenen ist eine

Zeit der Krisen. Die Selbstmordrate unter Jugendlichen ist relativ hoch, und viele suchen bei Sekten seelischen Trost. Darauf folgt die *midlife-crisis*, oft in Form einer gescheiterten Ehe. Das Alter ist die Krise par excellence, und in Kursen lernt man, wie man mit dem Tod umgeht. Die amerikanische „Kultur der Psychotherapie" zeigt, wie hoch der Preis der Selbstbestimmung ist.

Chinesen haben als Jugendliche ihre Eltern als Zuflucht, als Erwachsene die zwischenmenschlichen Beziehungen und im Alter ihre Kinder. Lebenskrisen kommen zwar vor, doch sind sie nicht wie in den USA ein allgemein kultureller Topos. Aber welchen Preis müssen Chinesen dafür bezahlen?

Wer in der Jugend Geborgenheit und Zuflucht bei der Familie sucht und findet, verlängert damit künstlich die Kindheit. Die Sexualität kann sich physiologisch wie psychologisch nur unvollständig entwickeln. Der Antrieb, auch die romantischen Seiten des Lebens zu kosten, wird geschwächt. Leidenschaft fehlt gänzlich, und stattdessen versucht dieser Charakter, eine feste Position im Geflecht der sozialen Beziehungen zu erlangen, um sich sicher zu fühlen und durch Nachkommen seine Pflichten gegenüber den Ahnen zu erfüllen.

Wenn Erwachsene Zuflucht und Trost bei anderen suchen und finden, wird die Kindheitsphase über die Jugend hinaus verlängert. So gleichen die Beziehungen von Ehepaaren oft einer Mutter-Sohn- oder Vater-Tochter-Beziehung. Als Folge davon kommt es im gesamten kulturellen Milieu zu einer Reduktion der horizontalen und zu einer Erweiterung der vertikalen, hierarchischen Beziehungen. Der Herrscher ist eine Projektion des Vaters, die Nation eine Projektion der Mutter, und damit wird der Spielraum für Demokratie, Selbstbestimmung und Gleichberechtigung in der kulturellen wie in der psychologischen Sphäre zusätzlich verringert.

Konfrontiert mit Alter und Tod suchen Chinesen Trost und Zuflucht bei der Jugend. Alte Menschen sind in China meist mild und gütig, im Gegensatz zu Amerikanern und Amerikanerinnen, die im Alter schrullig werden. Stellt man sich auf den Standpunkt eines Charakters mit genitalem Primat, wie zum Beispiel dem der Amerikaner, dann kann nur Jugend auf Jugendliche attraktiv wirken. Die Jugend fürchtet den Kontakt mit dem Tod und meidet deshalb die Beschäftigung mit ihm. Jeder Mensch wird einmal alt und muss sterben, doch darf er die anderen nicht damit behelligen.

Jedesmal, wenn ich vor chinesischen Zuhörern versuchte, eine objektive Bilanz dieser beiden unterschiedlichen Haltungen zu ziehen, war die Reaktion typisch chinesisch, d.h. man war unfähig, auf einer prinzipiellen Ebene zu diskutieren, und ausschließlich auf die eigenen „leiblichen" Interessen bezogen. So wurde ich z.B. gefragt: „Sie sind also dagegen, dass man das Alter respektiert. Was werden Sie machen, wenn Sie selbst einmal alt sind?" Die Sorge, die dieser scheinbaren Anteilnahme zugrunde liegt, bringt zum Ausdruck, dass man die Sicherheit im Alter für wichtiger hält als die Reize der Jugend.

Wie gehen Chinesen mit anderen Aspekten der Realität um? Das Thema des „sexuellen Erwachens" beispielsweise wird in der chinesischen Literatur nur selten behandelt. Das Problem existiert zwar, doch versucht man, möglichst schnell darüber hinwegzugehen, und es konnte daher nie zu einem kulturellen Topos werden. Wenn die Sexualität ihrer Kinder erwacht und die Eltern sich darüber Gedanken machen müssten, tun sie so, als bemerkten sie es nicht und verdrängen das Problem. Sind die Kinder erwachsen, zeigen sie ihre Sorge, indem sie ihnen in ihre Essgewohnheiten und Kleidung hineinreden und versuchen, sie dadurch zu kontrollieren. Viele Aspekte der Realität stellen sich Chinesen als Erweiterungen der Familie dar; das ist ein Grund für ihre Hilfsbereitschaft und Verlässlichkeit. So sehr sie sich im Leben auch abmühen, im Stillen sehnen sie sich nach der paradiesischen Geborgenheit der Kindheit und überlassen lieber anderen die Entscheidungen. Auch die Idealisierung der Eltern ist ein Ausdruck dieser Sehnsucht. „Realität" ist ein Produkt der Kultur. In Amerika folgt eine Trennung der anderen, und jeder muss sich bemühen, sich selbst zu bestimmen. Diese Unfähigkeit, sich auf andere zu verlassen, führt oft zu Verfolgungsphantasien, auch unter engsten Bekannten und Verwandten, und die so kulturell determinierte „Realität" gleicht einer bedrohlichen Wildnis.

Die Geborgenheit in der Realität hingegen, in der Chinesen leben, beruht vor allem auf gegenseitigem Vertrauen, wofür man gern einen Großteil der eigenen Persönlichkeit opfert und sich von anderen bestimmen lässt – auch auf Kosten der eigenen Interessen. Ein Mensch, der im Westen aufgewachsen ist, hat im Gegensatz zu Chinesen wenig Skrupel, eine Bitte abzuschlagen. Chinesen vermeiden solche Situationen, indem sie leere Versprechungen machen. Wenn sie nichts versprechen wollen, aber auch nicht nein sagen können, erwarten sie, dass der andere seine Bitte gar nicht äußert. Äußert er seinen Wunsch doch, und ist man unfähig, mit dieser Situation umzugehen, entstehen daraus Aggressionen: Man gibt dem anderen die Schuld dafür, dass man in dieses innere Dilemma gebracht wurde und ist unfähig, damit fertig zu werden.

Um solche direkten Konfrontationen mit der Realität zu vermeiden, suchen Chinesen Umwege, die zwangsläufig über andere, oft sogar völlig unbeteiligte Personen führen. Hat einer zum Beispiel vergessen, ein ausgeliehenes Buch zurückzugeben, wäre es das Einfachste, dies dem anderen direkt zu sagen. Das wäre aber eine unerträgliche Situation. Er wird sich also innerlich über den anderen ärgern und ihn vielleicht gar vor anderen schlechtmachen. So führt die Scheu vor der Konfrontation mit der Realität oft dazu, dass aus einer Mücke ein Elefant wird. Für Chinesen ist es sehr schwer, eine kritische Distanz zu ihrem idealisierten Selbstbild, ihrem vermeintlichen Altruismus, ihrer Großzügigkeit und Tugendhaftigkeit zu gewinnen. In vielen Fällen könnte das Dilemma vermieden werden, indem man einen Wunsch abschlägt oder eine Beziehung abbricht. Das ist aber aus kulturellen Gründen meistens unmöglich, und so muss man, um der eigenen seelischen Ausgeglichenheit willen, dem anderen die Schuld zuschieben, indem man alle möglichen Missetaten und schlechten Eigenschaften erfindet. Dann erst kann man handeln. Oft ist es gar nicht einfach, herauszufinden, dass Bescheidenheit, Großzügigkeit und die Verschwommenheit in finanziellen Dingen in Wirklichkeit ein Weg sein können, sich vor der eigenen Verantwortung zu drücken.

Die Realität, die Chinesen sich schaffen, ist häufig von Phantasien geprägt, insbesondere von Omnipotenzphantasien. Wenn ich zum Beispiel bestimmte Wünsche hege und hoffe, dass die anderen sie erfüllen, dann versuche ich nicht, aktiv die Umwelt zu beeinflussen, sondern indirekte Andeutungen zu geben, ohne „am Tatort" zu sein. Reagiert die Umwelt nicht so, wie ich es erhofft habe, dann ist sie daran schuld. Das entspricht dem „Narzissmus" eines Säuglings, der versucht, seine Umwelt durch Passivität, durch „Handeln durch Nicht-Handeln" zu manipulieren. Ich meine damit nicht eine wirkliche Regression in den Säuglingszustand, sondern, dass dies, als kulturelles Verhalten, die Fähigkeit schwächt, die eigene Umwelt zu kontrollieren und manchmal sogar den Wunsch nach einer Rückkehr ins frühkindliche Stadium hervorruft.

Was Chinesen als „Friedfertigkeit" interpretieren, ist für westliche Psychologen ein „verwöhnter Charakter". Amerikanische Studien zum Charakter der Chinesen aus den fünfziger Jahren zeigen, dass Chinesen die Beziehung zwischen Frau und Mann zu einer Mutter-Sohn-Beziehung umfunktionieren, und dass chinesische Männer ihre Ängste vor sexuellen Kontakten abwehren durch den Wunsch der Regression zur oralen Phase. In ihren sexuellen Phantasien wünschen sie sich eine idealisierte Frau, die ihre sexuellen Bedürfnisse befriedigt, ohne dass sie selbst aktiv zu werden brauchen. In Trivialromanen aus Hongkong und Taiwan sind die männlichen Hauptrollen meistens mit solchen Personen besetzt. Sie präsentieren gleichgültig, asketisch und leidenschaftslos wirkende Helden, die aber in Wirklichkeit polygame Sehnsüchte haben, narzisstische Charaktere, die sich nicht selbst um die Befriedigung ihrer Bedürfnisse bemühen wollen. Überträgt man diese idealisierte Projektion wieder in die Realität, dann äußert sie sich in Zurückhaltung, einem Mangel an starken Affekten und in dem Bestreben, durch eine Aura von Melancholie und Passivität den Mutterinstinkt in den Frauen zu wecken, damit diese die Initiative ergreifen. Wenn man die Entscheidung der Partnerin überlässt und sich selbst als Opfer einfangen lässt, so ist man für die Beziehung nicht verantwortlich. Das heißt nicht unbedingt, dass der Mann die Frauen beliebig wechseln kann, sondern dass er emotional distanziert bleibt; oder aber, dass der Mann sich in einer Ehe, die nur eine soziale Funktion erfüllt, aus allem heraushält und von seiner Frau erwartet, dass sie sich wie eine selbstlose Mutter um alles kümmert. Seit den sechziger Jahren spielten solche Figuren in der Literatur Hongkongs und Taiwans eine geringere Rolle, während sie auf dem Festland nach der Kulturrevolution en vogue waren.

In der modernen Gesellschaft muss sich der Einzelne zunehmend auf sich selbst verlassen, dennoch bezweifle ich, dass dies die Haltung der Chinesen zur „Realität" grundlegend verändern konnte. So ist in chinesischen Gemeinschaften in Hongkong, Taiwan und Nordamerika der Glaube an Geomantik, Geister und Wahrsager nicht schwächer geworden, und seit einigen Jahren sind magische Praktiken und religiöse Geheimbünde wieder in Mode. Wenn zum Beispiel durch eine außereheliche Affäre die Ehe gefährdet ist, kann man zu einem Wahrsager gehen, der herausfindet, dass der Grund für das Unheil des letzten Jahres die falsche Farbe der Kleider war. Der Mann ist also unschuldig, und der Streit ist beigelegt. In Fällen, wo man selbst die Konsequenzen seines Verhaltens tragen müsste, kann man die Schuld bannen, indem man an einer bestimmten Stelle in der Wohnung einen Spiegel oder eine Flöte aufhängt. Wenn ich sage, dass es in der chinesischen Kultur keine Vorstellung von einem jenseitigen Gott in Menschengestalt gibt und man nicht zur Metaphysik tendiert, heißt das nicht, dass die Rationalität umso entwickelter ist.

In der chinesischen Kultur darf keine Spannung zwischen der objektiven Welt und dem Einzelnen auftreten. Bei der geringsten Disharmonie kommt es zu unkontrollierten Ängsten, und daher versucht man solche Situationen zu vermeiden. Chinesen, die im Ausland aufgewachsen sind, verschweigen ihren Bekannten, wenn sie sich von ihrem Partner getrennt haben. Der innere Konflikt, den Chinesen dabei erleben, ist dem Dilemma vergleichbar, das eine Amerikanerin erlebt, wenn sie überlegt, ob sie eine Vergewaltigung anzeigen soll. Wenn sie es tut, so deshalb, weil sie bereit ist, sich der erfahrenen Realität zu stellen und im Bewusstsein, dass innere Wunden eitern. Dass sich ein Paar getrennt hat, kann nicht lange verborgen bleiben. Weshalb sollte man sich nicht zu einem neuen Lebensabschnitt bekennen?

Probleme wie Alkoholismus, Geisteskrankheit, Kindesmisshandlungen und Inzest werden im Westen viel seltener geheim gehalten als in China. Wenn dergleichen bei Chinesen im Ausland passiert, wenden sie sich nicht an die zuständigen sozialen Einrichtungen.

In Geldangelegenheiten nehmen es Chinesen unter Freunden nicht so genau. Sie wollen nicht vorher klarstellen, wer wieviel zu bezahlen hat, mit der Folge, dass die Freundschaft im Streit abgebrochen wird. Würde man anerkennen, wie es sich tatsächlich verhält, würde man Gefahr laufen, das Selbstbild von Großmut und Großzügigkeit zu „dekonstruieren". Bewegt man sich jedoch im Medium des chinesischen kulturellen Verhaltens, ist es schwer, diesen Widerspruch zu erkennen, und daher kann auch die Rationalität in diesem Medium nicht gedeihen. Ähnlich verhält es sich mit dem Bemühen, Kindesmisshandlungen und Inzest nach außen geheim zu halten. Ohne eigenen Standpunkt und unreflektiert schützt man damit den Täter und nicht das Opfer. Unter Chinesen gibt es nur wenige Konservative mit festen Prinzipien und klaren Standpunkten. Sie sind Konservative *by default*, die mit allen Mitteln Konflikte mit ihrer Umwelt zu vermeiden suchen. Daran aber scheitert die Entwicklung humanistischen Denkens.

VERKÜMMERTE NEIGUNG ZU REFLEXION UND KRITIK

In der „Neuen Welt" besteht eine intellektuelle Tradition der offenen und unbefangenen Diskussion und Infragestellung der eigenen Werte und der Mentalitäten. Amerikanische Intellektuelle setzten sich kritisch mit dem puritanischen Ethos wie mit dem Geist der Pionierzeit, mit der Erbarmungslosigkeit des Wettbewerbs ebenso wie mit der Fremdbestimmung des Charakters in der modernen Massengesellschaft oder dem Narzissmus in der heutigen Konsumgesellschaft auseinander.

Eine ähnlich lange Tradition der Auseinandersetzung mit der eigenen Kultur, mit gelegentlich sogar obsessiven Zügen, besteht auch unter japanischen Intellektuellen. Davon zeugen die zahllosen in den letzten Jahren erschienenen Bücher über den japanischen Nationalcharakter (*nihonjin ron*). In China ist die Bereitschaft zur Auseinandersetzung mit der eigenen Kultur oder dem Nationalcharakter gering. Weder das Verhältnis der Generationen zueinander, noch das Geschlechterverhältnis, weder die Formen der chinesischen Sexualität, noch die massenpsychologische Bedeutung gewisser Modeerscheinungen, weder die Haltung zum Tod, noch die Frage, ob es in der chinesischen Kultur „dionysische" oder „dämonische" Elemente gibt, waren jemals Themen einer bewussten Auseinandersetzung oder Diskussion.

Dies soll nicht heißen, dass es in China keine Kultur- und Gesellschaftskritik gäbe, doch hatte dort alle Kritik an den bestehenden Verhältnissen etwas vom Pathos einer „moralischen Wiederaufrüstung" an sich. Die „Verderbnis der Sitten" sollte korrigiert und das Volk sollte „erzogen" werden, wobei die Kulturkritik von der konservativen Prämisse ausging, dass die „alten Zeiten der Gegenwart überlegen" seien.

Eine Ausnahme bildet allenfalls die oben erwähnte Bewegung des 4. Mai, die eine Reaktion auf den Zusammenbruch des Kaiserreichs und die Herausforderung durch die westliche Kultur darstellte. Nur eine solche Zeit des Umbruchs konnte eine Gestalt wie Lu Xun hervorbringen, dessen Kritik sich schon in seinen frühen Schriften nicht nur gegen soziale Ungerechtigkeiten richtete, sondern auch direkt die kulturellen Grundfesten der chinesischen Gesellschaft attackierte. Seine Werke zeichnen sich durch einen treffsicheren und durchdringenden Blick auf den Umgang des Einzelnen mit Leben, Tod und dem Phänomen des Bösen aus.

Im Zuge der späteren Verschärfung der revolutionären Auseinandersetzung sowie der Sinisierung des Marxismus wurde jedoch Gesellschaftskritik als Mittel des politischen Kampfes instrumentalisiert, und die Kulturkritik wurde zum Medium der ideologischen Auseinandersetzung von verfeindeten politisch-militärischen Cliquen. Damit wurde die Kritik zwar praktisch wirksam, doch gleichzeitig verengte sich ihr Horizont, und die Reflexion verkam zu einer Art ritueller Übung.

Die Auseinandersetzung der 4. Mai-Bewegung mit dem chinesischen Nationalcharakter blieb oberflächlich, und in den dreißiger Jahren wurde das Thema der Tiefenstruktur der chinesischen Kultur in einer weiteren Verengung nur noch als Resultat angeblicher feudaler Einflüsse diskutiert. Indem man den spezifischen Charakter der chinesischen Kultur und Gesellschaft mit einer universell gültigen historischen Entwicklungsphase identifizierte, die unter der Führung der revolutionären Kräfte überwunden werden müsse, wurde das Besondere der chinesischen Entwicklung unterschlagen.

Die Symbolik der chinesischen Kultur kennt den grundsätzlichen Antagonismus von „Gut" und „Böse" nicht; der Faktor des „Dämonischen" ist unbekannt; an seine Stelle tritt das Ungleichgewicht von *yin* und *yang,* d.h. der Verlust von Harmonie und Stabilität. Wahre Kulturkritik aber tritt, von Prometheus, der den Göttern das Feuer stahl, bis hin zu Mephisto, der die göttliche Ordnung störte, als verneinende Kraft auf, denn Ordnung und Gleichgewicht müssen gestört werden, bevor ein neues Gleichgewicht auf einer höheren Stufe hergestellt werden kann. Die einzige Figur der chinesischen Legende, die eine prometheische oder mephistophelische Rolle spielt, ist der Affenkönig Sun Wukong aus dem Roman **Die Reise nach dem Westen**. Doch ist auch Sun Wukong keine wirklich dämonische Gestalt und daher auch nicht der Gegenspieler Gottes im Sinne einer dualistischen kosmischen Ordnung.

Wirklich große Kulturkritik muss die bestehende Moral negieren, wenn sie die „Umwertung aller Werte" erreichen, die bisherige allgemein akzeptierte Moral als Unmoral entlarven und stattdessen das, was bisher als Unmoral galt, als höchste Moral etablieren will. Chinesische Kulturkritiker treten immer als Vertreter einer höchsten Moral auf.

Vermutlich sind die Diffusion der Spannung zwischen dem Menschen und seiner natürlichen oder sozialen Umwelt sowie die Unterentwicklung des Privaten für die Unterentwicklung der Fähigkeit zur Reflexion ebenso verantwortlich wie dafür, dass Sinn für Ironie und Zynismus in China selten sind. Zynismus hat seine positiven und negativen Seiten. Die Tatsache, dass er in den USA so weit verbreitet ist, weist auf ein mangelndes gegenseitiges Vertrauen gerade unter einander nahestehenden Menschen hin. Doch die Spannung gegenüber einer feindlichen Umwelt schärft die Kritikfähigkeit.

Chinesen können zur Regierung eine ähnliche Beziehung entwickeln wie zu ihren Eltern. Wenn aber eines Tages die Illusion der väterlichen Regierung zerbricht, schlägt diese Haltung in einen extremen Zynismus um, der jedoch, weil er der Enttäuschung naiver Erwartungen entspringt, nicht zur Entwicklung der Kritikfähigkeit beitragen kann.

Fähigkeit zu Kritik und Selbstkritik ist die Voraussetzung der ironischen Haltung. Ironie weist auf die Unstimmigkeiten einer Aussage hin und stellt den eigenen Standpunkt in Frage. Im chinesischen Denken jedoch, das sich von der konfuzianischen Forderung nach der „Berichtigung der Bezeichnungen" leiten lässt, ist jegliche Ironie verpönt. Die chinesische Religion richtet sich nicht auf eine Überwindung des Diesseits, sondern auf die Ordnung menschlicher Beziehungen; dadurch schuf sie eine totemistische Verehrung des sozialen Status beziehungsweise der diesem entsprechenden Bezeichnung. Die sozialen Verhältnisse sind vollständig auf den Bezugspunkt „Mensch" ausgerichtet, so dass der Einzelne außer der Sphäre des Unbewussten über kein privates Ich verfügt, das sich der Kontrolle der Gesellschaft entziehen könnte. Widerstand gegen die Forderung nach einer „Berichtigung der Bezeichnungen" äußert sich daher meist als Zynismus und nicht als Ironie.

Einem jungen amerikanischen Sinologen, der an einem chinesischen Museum über Orakelknochen aus der Shang-Dynastie arbeitete, fiel nach einigen Wochen auf, dass seine chinesischen Freunde und Bekannten von einem Tag zum andern kein Wort mehr mit ihm wechselten. Nach einiger Zeit fand er die Erklärung: Die Parteiführung hatte gerade die „Kampagne gegen geistige Verschmutzung"[2] eingeleitet, und die Leitung des Museums hatte alle Mitarbeiter angewiesen, ihn zu meiden. Als dann kurz vor seiner

---

2   Die „Kampagne gegen geistige Verschmutzung", auch Kampagne gegen „bourgeoises Denken", wurde 1983 in China durchgeführt und richtete sich vor allem gegen „modernistische" Tendenzen in Kunst und Literatur sowie gegen Bestrebungen für eine stärkere Unabhängigkeit der Presse.

Abreise der Sturm vorüber war, machten ihm zwei Kolleginnen Heiratsanträge, in der Hoffnung, mit ihm in die Vereinigten Staaten auswandern zu können. Solche Erfahrungen illustrieren eine grundlegende Unfähigkeit zu Selbstreflexion und zu einer ironischen Haltung. Man folgt lieber den Anweisungen von oben und schwimmt auch gegen besseres Wissen mit der Hauptströmung, als zu widersprechen oder Widerstand zu leisten. Das Hauptmotiv des Handelns ist stets die Erhaltung der Harmonie mit der Umgebung; niemand sieht die Ironie in diesem Verhalten, und auch der Diskrepanz zwischen den beiden Verhaltensweisen scheint sich niemand bewusst zu sein.

Wenn ein Individuum immer darauf bedacht ist, in Harmonie mit seiner Umwelt zu leben, wird es entweder nur „vegetativ" oder aber als Chamäleon leben. Die Fähigkeit zur Reflexion dagegen speist sich aus einer ständigen Spannung zwischen dem handelnden Subjekt und seiner Umwelt. Doch so unentwickelt die Individualität und Reflexionsfähigkeit auch sein mögen, kann es doch zu Situationen kommen, in denen sich der Einzelne unter dem Druck widersprüchlicher Forderungen der Gesellschaft für den einen oder anderen Weg entscheiden muss, und er in einen Konflikt gerät. Wer den Konflikt zu entschärfen sucht, indem er seine Empfindungen gegenüber der Quelle des Konflikts präventiv steuert und die Auseinandersetzung verweigert, der entwickelt mit dieser psychischen Abwehrhaltung zwar auch ein Ich, allerdings nur das somatisierte Ich-Bewusstsein der Daoisten.

Manchmal scheint es, als seien die konfuzianischen Ideale in Japan mit mehr Erfolg realisiert worden als in China. Dies schlägt sich beispielsweise in der hohen Disziplin und Ordnung der japanischen Gesellschaft nieder. Doch bestehen in Japan unter dem konfuzianischen Mantel kulturelle Strukturen fort, die auf die Traditionen der primitiven Stammesgesellschaften zurückgehen, beispielsweise des schintoistischen Animismus, des Kults der Geschlechtsorgane und der Potenz. In Japan existiert neben einer Kultur der Arbeit, die den Menschen kaum zur Ruhe kommen lässt, eine höchst verfeinerte erotische Kultur. Dabei treibt man in Japan sowohl die Arbeit wie den Genuss, sowohl die Disziplin wie Disziplinlosigkeit ins Extrem, ohne dass das eine das andere beeinträchtigte. In China dagegen nehmen öffentliche und private Interessen gleichermaßen Schaden; während der Arbeit denkt man ans Vergnügen, beim Vergnügen an die Arbeit.

Nie scheinen die Menschen auch gefühlsmäßig bei der Sache zu sein, nicht einmal beim Sexualverkehr. So bleiben die auf das „Nähren des Körpers" bedachten Chinesen im Grad der Bewusstheit und Kenntnis ihrer Körperlichkeit, mit Ausnahme des Geschmackssinns, weit hinter den Japanern zurück.

Die Wahrnehmung des eigenen Körpers ist die Grundlage jeder Wahrnehmung. Bereiche, die nicht sinnlich wahrgenommen werden, entziehen sich der Erkenntnis. Erkenntnis aber bildet die Grundlage jeglicher Kritik. Wenn nun außer der oralen Wahrnehmung alle übrigen Sinne verkümmert sind, dann wird zwar der Geschmackssinn überaus verfeinert, die gesamte übrige Urteilsfähigkeit aber bleibt unterentwickelt.

„DIE PRAXIS IST DAS ALLEINIGE KRITERIUM DER WAHRHEIT" (DENG XIAOPING) UND DER METAPHYSISCHE ÜBERSCHWANG

Die chinesische Haltung zu abstrakten Prinzipien illustriert ein Spruch von Konfuzius: „Der Mensch kultiviert das Dao, nicht das Dao den Menschen." (**Gespräche**) Daher der Seufzer seiner Schüler: „Des Meisters Worte, wir hören sie und verstehen doch nichts!" (ebd.) Auch die Daoisten mit ihrer Vorliebe für esoterische Wahrheiten waren der Ansicht, dass das „sagbare Dao nicht das ewige Dao" und der „nennbare Name nicht der ewige Name" sei. (**Laozi**) Beiden Aussagen gemeinsam ist der Gedanke, dass das Dao lediglich „leiblich erfahren" (体会, *tihui*), nicht aber kognitiv verstanden werden könne.

Angesichts der konventionellen Haltung, für die „das Dao des Himmels weit, das Dao des Menschen nahe" ist, ist es nicht weiter verwunderlich, dass sogar das Dao des Himmels dem Primat der Praxis untergeordnet wird. Es sollte dem Alltagsleben nicht zu weit entrückt sein, und daher ist es überflüssig, über abstrakte Prinzipien zu disputieren, geschweige denn, sie zum Leitfaden des eigenen Lebens zu machen. So bildet die menschliche Praxis das alleinige Kriterium der Wahrheit; spekulativem Denken wird tiefes Misstrauen entgegengebracht, und metaphysische Theorien stoßen auf kein allzu großes Interesse.

Diesem Desinteresse an metaphysischer Spekulation entspricht die Tatsache, dass die traditionelle chinesische Kultur keine theoretische Wissenschaft

hervorbrachte. Auf der anderen Seite bewiesen die Chinesen vor dem An-
bruch der Moderne eine unübertroffene Meisterschaft in praxisbezogener
Technologie, wie die von Chinesen immer wieder voller Stolz erwähnten Er-
findungen des Schießpulvers, des Kompasses, des Buchdrucks, der Papier-
herstellung u.a.m. belegen. Nach Joseph Needhams Urteil war China im 14.
Jahrhundert dem Westen technologisch weit überlegen (Vgl. Needham
1979)

Doch obwohl in China raffinierte praktische Technologien entwickelt
wurden, waren die technischen Zeichnungen stets ohne einheitlichen Maßstab, mit dem Ergebnis, dass die Proportionen der einzelnen Bauteile mitunter recht seltsam anmuten. Sie unterscheiden sich grundsätzlich von
westlichen technischen Zeichnungen, die beispielsweise gepunktete Linien
verwenden, um die innere Konstruktion eines Werkstücks anzudeuten. In
China dagegen war alles auf Praktikabilität, auf die konkrete Funktion, auf
das „Gestalthafte" orientiert, eine Haltung, die sich auch in der Unfähigkeit äußert, aus den Menschen in ihren konkreten Rängen und Schichten
ein „Wesen des Menschen" zu abstrahieren.

Die Abneigung gegen abstrakte Prinzipien spiegelt sich in der Haltung
zur Religion wider. Die chinesische Geschichte kennt so gut wie keine
Glaubenskriege und religiöse Verfolgungen, und wenn in seltenen Fällen
eine Glaubensgemeinschaft verfolgt wurde wie in der Tang-Zeit, als die
buddhistischen Klöster enteignet wurden, so lag das Motiv vor allem in
den wirtschaftlichen Interessen der kaiserlichen Regierung. Im Gegensatz
zum Westen, wo oft eine geringfügige Abweichung vom Dogma genügte,
um jemanden als Ketzer auf den Scheiterhaufen zu bringen, betonten chinesische Denker die „Einheit der drei Religionen" Konfuzianismus, Daoismus und Buddhismus. Obwohl diese drei Systeme sowohl in der Form als
auch im Inhalt große Unterschiede aufweisen, hielt man sich auch hier an
das Kochrezept, nach dem erst die Kombination verschiedener Ingredien-
zien ein schmackhaftes Gericht ergibt. In diesem Fall war die Tendenz zur
Harmonie positiv, doch wurden der allumfassenden Sehnsucht nach Harmonie auch die abstrakten Prinzipien geopfert. Von wahrer Toleranz allerdings konnte in der traditionellen chinesischen Kultur keine Rede sein. Im
Bereich der Ideen wurde zwar eine Haltung des *laissez-faire* gepflegt, im
realen Leben aber äußerte sich das Harmoniestreben in einem überwälti-
genden Druck zur Konformität.

In der traditionellen Kultur wurde auf korrektes Verhalten ein gewichtigerer Akzent gelegt als auf korrektes Denken. Der frühe Konfuzianismus beispielsweise zeigt keine Ansätze zur Konstruktion eines metaphysischen Systems und entwickelte auch keine religiösen Ideen. Konfuzius sagte: „Der Edle in der Welt richtet seinen Sinn weder auf etwas, noch gegen etwas, sondern hält sich an die Rechtschaffenheit." **(Gespräche)** Das soll heißen: es existieren keine verbindlichen Verhaltensmaßregeln, wie eine Angelegenheit zu erledigen wäre; das oberste Prinzip besteht darin, dass es in vernünftiger und angemessener Form geschieht. Der Mensch war sowohl Ausgangs- als auch Mittelpunkt seiner Lehre, und dementsprechend besteht sein Werk ausschließlich aus Anweisungen zum richtigen Verhalten.

Dieses Postulat findet auch in Wang Yangmings These von der „Einheit von Wissen und Handeln" seinen Ausdruck. Das Wissen verschmilzt mit dem Handeln, und deshalb wird ihm keine vom Verhalten unabhängige Existenz zuerkannt. All dies ist dem Denken Spinozas diametral entgegengesetzt, der seine Ethik aus einigen *a priori* gegebenen Prinzipien ableitete, ebenso dem Denken Kants, der auf der Grundlage der Kritik der Vernunft seine Moralphilosophie entwickelte.

Ein hervorragender Proponent der der chinesischen Tradition eigentümlichen Tendenz, dem Handeln Priorität über das Denken einzuräumen, ist Sun Yatsen. Er formulierte den verblüffenden Satz: „Der Wissende besitzt die Fähigkeit zu handeln, doch der Unwissende besitzt diese Fähigkeit ebenfalls" – eine Version der alten Maxime, dass „Handeln leicht, Wissen aber schwer" ist. Auf der Basis dieses Satzes formulierte später Chiang Kaishek seine sogenannte „Philosophie des kraftvollen Handelns", in der dunkel blieb, was getan werden sollte.

Die Kommunistische Partei war vielleicht die am stärksten theoretisch orientierte Bewegung der chinesischen Geschichte. Doch auch sie erhob Mao Zedongs Abhandlung „Über die Praxis" zu ihrer zentralen Doktrin. Nach dem Ende der Kulturrevolution lautete der neue Leitspruch: „Die Praxis ist das alleinige Kriterium der Wahrheit." Eine Geisteshaltung, die abstrakte Prinzipien ablehnt, verhilft zu Flexibilität; ebenso groß ist aber die Gefahr des Opportunismus. In China lassen sich diese beiden Begriffe nur schwer voneinander trennen. So wird Konfuzius als der „Heilige der rechten Zeit" bezeichnet, der „mal im Amt, mal im Verborgenen, mal geduldig, mal geschwind, und all dies zur rechten Zeit" war. Die Haltung von

Konfuzius ließe sich durchaus noch als geistige Flexibilität bezeichnen. Bei Liang Qichao dagegen, der von sich sagte: „Mein heutiges Ich zieht gegen mein gestriges zu Felde", lässt sich kaum noch unterscheiden, ob es sich dabei um besondere Flexibilität oder um Opportunismus handelte. Sun Yatsen wiederum erklärte vor Vertretern konservativer Gruppierungen: „Meine Lehre von den ‚drei Volksprinzipien' setzt die orthodoxe Tradition der mythischen Herrscher Yao, Shun, Yu und Tang, der Könige Wen[3] und Wu (−1043 v.u.Z.), des Herzogs von Zhou[4] und Konfuzius fort"; vor Japanern nannte er seine Lehre „panasiatisch", und in der Sowjetunion identifizierte er seine „drei Prinzipien" plötzlich mit dem Kommunismus. Bei einem Vorbild wie Sun Yatsen ist der Opportunismus seiner Gefolgsleute Chiang Kaishek und Wang Jingwei[5] nicht mehr verwunderlich. Wang Jingwei war manchmal „links", manchmal „rechts". Zunächst wäre er beinahe ein Märtyrer der Revolution geworden, schließlich endete er als „Vaterlandsverräter". Chiang Kaishek verehrte den Revolutionär Sun Yatsen und den Konservativen Zeng Guofan[6], war Mitglied der „Grünen Gilde", einer berüchtigten Shanghaier Unterweltorganisation, und vertrat in der *Guomindang* sowohl rechte wie linke Positionen; mal propagierte er das Bündnis mit der Sowjetunion, mal zeigte er seine Bewunderung für den Faschismus, er war Vorsitzender der „Konfuzianischen Studiengesellschaft" und gleichzeitig Methodist.

Dass Chinesen im Allgemeinen abstrakten Prinzipien gegenüber eher abgeneigt sind, heißt nicht, dass sie überhaupt unfähig zum abstrakten Denken wären. Tatsächlich hat es in China zwei Perioden „metaphysischen Überschwangs" gegeben. Beide waren gekennzeichnet von einer Krise, in der der Verlust des Vertrauens in die eigene Kultur zusammentraf mit dem Eindringen fremder kultureller Einflüsse. Gerade weil in der

---

3 Wen war ein Führer des Stammes der Zhou im 11./12. Jhdt. v.u.Z. und Vater von König Wu, dem Gründer der chinesischen Zhou-Dynastie.

4 Berühmter chinesischer Staatsmann im 11. Jhdt. v.u.Z.

5 Wang Jingwei (汪精卫, 1883–1944) wurde wegen eines misslungenen Attentats auf den Premierminister der Qing-Regierung zum Volkshelden. Chiang Kaishek, mit dem er später um die Führung der Guomindang rivalisierte, entfernte ihn aus seinem Amt, woraufhin er den Posten eines Premiers der von den Japanern gestützten Marionettenregierung annahm.

6 Zeng Guofan (曾国藩, 1811–1872) war bis zu seinem Tod der „starke Mann" Chinas. Seine Macht gründete sich vor allem darauf, dass es ihm mit der von ihm gegründeten und geführten Hunan-Armee gelungen war, den Taiping-Aufstand (s.d.) niederzuwerfen.

chinesischen Kultur die Metaphysik ein Schattendasein führte, rief die Übernahme einer vollkommen neuen Art des Denkens einen „metaphysischen Überschwang" hervor.

Die erste der beiden Epochen war die Zeit, in der der Buddhismus in China eindrang. In der Ausweglosigkeit der damaligen Verhältnisse erschien eine Religion, die eine Überwindung des Diesseits predigte, als attraktive Alternative. Die Begeisterung ging so weit, dass manche Gläubigen gegen die traditionelle Doktrin, die jede Verletzung des eigenen Körpers als „pietätlos" anprangerte, verstießen und sich selbst verbrannten. Dieser metaphysische Überschwang übte eine enorm stimulierende Wirkung auf das chinesische Denken aus. Der Buddhismus, ursprünglich aus Indien kommend, erlebte in China eine stürmische Entwicklung und erreichte auf theoretischem Gebiet seine Blütezeit. Die erkenntnistheoretischen und metaphysischen Spekulationen der Huayan-Schule (华严宗)[7] und der „Schule des reinen Bewusstseins" beispielsweise besaßen eine hohe begriffliche Abstraktion und beträchtliche philosophische Tiefe. Dies beweist, dass den Chinesen nicht die Fähigkeit, sondern die Neigung zum abstrakten Denken abgeht.

Der Zen-Buddhismus, ein anderer chinesischer Beitrag zum Buddhismus, brachte das eigentliche Anliegen chinesischen Denkens wieder zur Geltung. Die Zen-Anhänger forderten nicht nur, die Sutren zu verbrennen, sondern lehnten auch jede Theoriebildung ab. Ihrer Ansicht nach genügte es, die Wahrheit der Zen-Worte im praktischen Leben zu erfahren. War der Buddhismus ursprünglich eine jenseitsorientierte Lehre, die der diesseitigen Existenz jeglichen Wert absprach, verkehrte er sich im Zen-Buddhismus in sein Gegenteil: Das Jenseits wurde beiseitegeschoben, übrig blieb allein das Diesseits.

Die zweite Epoche eines „metaphysischen Überschwangs" ist die Gegenwart mit der Hinwendung zum Marxismus-Leninismus. Dabei galt jedoch das Hauptaugenmerk der chinesischen Kommunisten stets der Rolle der Praxis. Mao Zedongs Abhandlung „Über die Praxis" ist das Ergebnis einer langen Auseinandersetzung mit den Dogmatikern innerhalb der KPCh. Die „internationalistische" Fraktion wollte dogmatisch die Doktrinen der Komintern befolgen, die den realen Verhältnissen in

---

7 Im 7. Jhdt. gegründete Schule des chinesischen Buddhismus.

China nicht entsprachen. Die Anhänger des „chinesischen Kommunismus" unter Führung Maos verdammten diesen „metaphysischen Überschwang" und entwickelten eine den chinesischen Verhältnissen besser angepasste Strategie, die sich auf die Errichtung bewaffneter befreiter Gebiete auf dem Land, die „Massenlinie" und die „Vereinigung des Volkes" stützte. Der Marxismus war ursprünglich eine Theorie des Klassenkampfs und tendierte daher zur Polarisierung. Damit stand er in diametralem Gegensatz zur chinesischen Betonung der „Harmonie". Nach der Gründung der Volksrepublik hätte eine konsequente Durchsetzung der marxistischen Lehren zu einer wachsenden Entfremdung der Theorie von der chinesischen Realität geführt, die durch das dem Marxismus eigene utopische Element leicht in die Nähe gefährlicher Realitätsblindheit hätte geraten können.

Als Mao im Jahr 1958 begann, die „Theorie der permanenten Revolution" zu propagieren, erwachte der Dogmatismus zu neuem Leben. Zunächst führte er zwar die „Massen" in den Kampf, um die Kulturrevolution zu entfachen, doch am Ende trennte ihn eine tiefe Kluft von seinem Volk. Schließlich verkündete er sogar: „Gegen den Strom zu schwimmen ist ein marxistisches Prinzip" und meinte: „Wie soll es bei 800 Millionen Menschen ohne Kampf abgehen?" Die Kulturrevolution tendierte zunehmend zu einem „Primat der Ideen", sinnfällig in der Parole: „Die Korrektheit oder Falschheit der politischen Linie entscheidet alles." Dieser „metaphysische Überschwang" rief eine Gegenreaktion hervor, in der „die Praxis" zum „alleinigen Kriterium der Wahrheit" wurde.

Kein anderer kommunistischer Staat hat so oft und so flexibel seine „marxistische Analyse" der „objektiven Realität" revidiert. Wer gestern noch „Imperialist" war, ist heute vielleicht schon „Verbündeter", was gestern noch „Sozialismus" war, gilt heute als „Imperialismus". Bruderparteien, mit denen freundschaftliche Beziehungen bestehen, werden als „sozialistisch" apostrophiert, verschlechtern sich die Beziehungen, wird ihnen dieses Prädikat sofort aberkannt. Jugoslawien, das zunächst noch als „Renegat" galt, wurde zum „Vorbild, von dem man lernen" sollte. So wurde die „Wirklichkeit" ständig entsprechend den eigenen Bedürfnissen revidiert. Politische Kurswechsel gibt es auch in anderen Ländern, in China aber geht jede Kursänderung mit einer Revision fundamentaler Prinzipien einher. Einerseits werden damit die Gefahren des Dogmatismus vermieden, andererseits macht dies deutlich, dass abstrakte Prinzipien in China keine allzu große Verbindlichkeit besitzen; sie werden nach Belieben den praktischen politischen Erwägungen untergeordnet.

Die Verbindlichkeit der abstrakten Prinzipien nimmt, wie die Erfahrungen der letzten Jahre zeigen, immer weiter ab. Kurz nach Maos Tod war es noch üblich, Probleme im Rahmen der marxistischen Doktrin und in den Begriffen des Maoismus zu formulieren. Später blieben nur noch die sogenannten „Vier Grundprinzipien" übrig, und heutzutage ist der „Patriotismus" die letzte ideologische Stütze. Es herrscht wieder ein Zustand, in dem allein verlangt wird, dass sich jeder konform verhält, damit „Ruhe und Ordnung" bewahrt werden.

DIE PHANTASIEWELTEN DER CHINESEN

In Hongkong ist, wie mir scheint, die Tendenz zur Somatisierung am weitesten fortgeschritten. Doch auch hier wendet man sich, wenn die körperlichen Bedürfnisse gestillt sind, zeitweilig den immateriellen Sphären und Phantasiewelten zu.

Diese Welt besteht aus Filmen, Fernsehen, Kungfu- und Liebesromanen. Auch wenn es sich dabei nicht um eine geistige Welt im eigentlichen Sinn handelt, zeigt dies doch, dass das Bedürfnis nach Traum und Illusion auch in der „kleinen Tradition" des Volkes vorhanden ist. Dass die „große Tradition" der chinesischen Kultur geistige Bestrebungen kannte, ist daher nicht weiter verwunderlich. Auch wenn man sich keine Vorstellung von einem „Himmel" jenseits dieser Welt machte, bestand dennoch das Bedürfnis, der Welt zu entfliehen. Dieses Bedürfnis führte zu einer „Vergeistigung" der Natur. Sogar die „somatisierte" daoistische Philosophie betrachtete die Natur als geistiges Prinzip; es war eine mystifizierte Natur, eine Inkarnation des aus sich selbst seienden Dao, eines Dao, das „entsteht und doch nicht existiert", „hervorbringt und doch nicht wahrnehmbar" ist. Diese Natur war der Ort, auf den sich die Wünsche und Sehnsüchte der weltflüchtigen Daoisten richteten. Sie öffnete dem geschwächten Individuum einen Raum, an dem es sich, sei es auch eingeschränkt, entfalten konnte, und wurde Zur Quelle ästhetischer Inspiration. So wurden Berge und Gewässer, Bäume und Steine, Insekten und Vögel die zentralen Themen der Lyrik und Malerei.

In der chinesischen Kultur spielte neben dem Faktor Leib der Faktor Herz eine besondere Rolle. Das Herz bildete, wie der folgende Satz aus dem **Buch der Riten** zeigt, die Quelle jeder künstlerischen Äußerung: „Die Töne werden vom menschlichen Herzen hervorgebracht." So konnte sich in China eine Literatur entwickeln, die die „Gefühle beim Betrachten der Natur und die Melancholie beim Betrachten der Dinge" thematisierte. Es ist nicht übertrieben zu behaupten, dass die chinesische Literatur in der Gestaltung von Gefühlen und melancholischen Empfindungen von kaum einer anderen Literatur übertroffen wird.

Da die chinesische Schrift ähnlich schwer zu erlernen ist wie ägyptische Hieroglyphen, blieb es fast ausschließlich den Beamten und Gelehrten (士大夫, *shidafu*) vorbehalten, in diese Welt der Gelehrsamkeit einzudringen. Wie die ägyptischen Priester waren die *shidafu* eine Priesterkaste, die Politik betrieb; in der chinesischen Form des Cäsaropapismus waren Politik und Religion identisch. Daher bestand das Hauptmotiv der geistigen Bildung der Beamten und Gelehrten darin, mit der „Literatur das Dao zu fördern". Jede künstlerische Äußerung wurde in den Dienst einer mit kultischen Zügen ausgestatteten Politik gestellt.

Im **Buch der Riten** heißt es: „Menschlichkeit und Musik liegen nahe beieinander." Kultur kann, ähnlich der „Menschlichkeit" in den zwischenmenschlichen Beziehungen, durch „gegenseitige Erregung und Durchdringung" (**Buch der Wandlungen**) die Grenzen zwischen den Einzelwesen überwinden. Aus diesem Grund kommt den kulturellen Aktivitäten die Funktion zu, die gesellschaftliche Harmonie zu fördern. Mitunter aber lässt sich die „gegenseitige Erregung" nicht unter Kontrolle halten; dann führen das Streben nach materiellen Gütern und Freizügigkeit in den zwischengeschlechtlichen Beziehungen zum „Chaos". Daher warnt das **Buch der Riten:**

> „Wenn der Mensch allzu sehr von den Dingen erregt wird, wenn des Menschen Liebe zur Verderbtheit ungezügelt bleibt, dann wird der Mensch zum Ding. Ist ein Mensch zum Ding geworden, so zerstört er die himmlische Ordnung und gelüstet danach, die ‚anderen' Menschen ins Unglück zu stürzen."

Aus diesem Grund war die „Sittlichkeit" (礼, *li*) unabdingbar, um die Erregung zu kontrollieren:

> „Die Musik schafft Gemeinsamkeit, die Sittlichkeit schafft Unterscheidungen. Gemeinsamkeit bewirkt Nähe, Unterscheidungen bewirken Respekt. Musik im Übermaß bewirkt Zerfließen, Sittlichkeit im Übermaß bewirkt Trennung. Die Empfindungen zu harmonisieren, das Antlitz zu verschönern, dies ist Aufgabe von Sittlichkeit und Musik." (ebd.)

Nur unter der Kontrolle der Sittlichkeit kann die „Ordnung von Alt und Jung, edel und niedrig, vertraut und fremd, männlich und weiblich in der Musik Gestalt annehmen."(ebd.) So ist die Musik gewissermaßen die Kraft, die die Harmonie unter den Menschen schafft, während die Sittlichkeit diese Kraft in die korrekten Bahnen der gesellschaftlichen Hierarchie lenkt und damit gewährleistet, dass die „Vereinigung" „harmonisch" und nicht „chaotisch" abläuft.

Sittlichkeit und Musik haben beide zivilisierende Funktion. Ziel ist die Schaffung zwischenmenschlicher Harmonie und Einheit. Dabei ergänzen sie in ihrer Wirkung die „Politik", die die Gleichheit in der Gesellschaft fördert und abweichendes Verhalten ahndet.

> „Daher sind es die Sittlichkeit, die den Willen lenkt, die Musik, die ihre Töne in Harmonie bringt, die Politik, die das Verhalten einheitlich macht, die Strafe aber ist es, die das Böse verhindert. Sittlichkeit, Musik, Politik, Strafe: In ihrem Äußersten sind sie eins, sie vereinen die Herzen des Volkes und bewirken den rechten Weg der Herrschaft."(ebd.)

Es ist offensichtlich, dass eine von den Herrschenden kontrollierte Kultur eine immense Bedeutung für die Zivilisierung des Volkes haben kann. Diese Funktion wird im **Buch der Riten** so ausgedrückt:

> „Durch die Musik kann das Herz des Volkes verbessert werden, sie vermag die Menschen tief zu berühren und die Sitten zu berichtigen. Aus diesem Grunde zogen die alten Könige reichen Nutzen aus ihr."

Daher, so der gleiche Text, müssen die Herrschenden „der Musik wohlgesonnen sein, damit sie Wirkung zeigen kann; wenn die Musik erklingt, wird das Volk auf die rechte Bahn gelenkt, und die Tugend wird sichtbar." Auf diese Weise kann das Reich geordnet werden: „Der Klang der Musik klärt die Hierarchien, berichtigt die Sitten, und es herrscht Friede unter dem Himmel." (ebd.)

Aus der Feststellung, dass Kunst und Literatur großen Einfluss auf „die Herzen der Menschen" haben, folgt, dass man sie auf keinen Fall ohne Rücksicht auf ihre gesellschaftliche Wirkung ungeregelt sich selbst überlassen darf. Die Herrschenden müssen sie in die richtige Bahn lenken, so dass sie der „politischen Erziehung" dienen können. Der Gedanke der Verstaatlichung der Kultur konnte im alten China noch nicht konsequent durchgesetzt werden. Im Kaiserreich wurde die sogenannte hohe Kultur vor allem dadurch unter Kontrolle gehalten, dass nur die Beamten und Gelehrten, die die Schrift monopolisiert hatten, Zugang zu ihr hatten. Gegenüber der „niederen" Volkskultur (Legenden, Volksopern, umgangssprachliche Romane und Erzählungen) ließ man vergleichsweise Milde walten. Außerdem lag die Betonung auf konformem Verhalten, nicht auf ideologischer Gleichheit, so dass der Volkskultur ein gewisser Spielraum blieb.

Zu Anfang der zwanziger Jahre, als sich viele chinesische Intellektuelle zum Marxismus bekehrten, bestand das Dao, das die Literatur fördern sollte, lediglich aus dem Protest gegen die bestehende Realität. Gegen Ende der zwanziger Jahre aber wurde gefordert, die Literatur müsse ein realistisches Spiegelbild des marxistisch definierten Zeitalters sein. In den dreißiger Jahren schließlich sollte die Kunst der „Generallinie" der kommunistischen Avantgarde dienen. Seither ist jegliche Form von Kunst nur noch Instrument politischer Erziehung.

Diese Tendenz führte dazu, dass die Freiräume für das kulturelle Leben in der Volksrepublik immer kleiner wurden. Zur Zeit der Kulturrevolution war die Kultur vollends in der Sackgasse angelangt: Jeder Roman und jedes Drehbuch bestand nur noch aus behördlich festgelegten Formeln; die Rolle der Autoren bestand lediglich darin, die vorgegebenen Formeln mit unterschiedlichen Menschen, Zeiten und Orten auszufüllen. Heute, nach der Kulturrevolution, herrscht auch unter Parteiideologen eine beträchtliche Verwirrung der Begriffe. Daher lässt sich die einstige Intoleranz nicht mehr konsequent aufrechterhalten. Phrasen wie „die Führungsrolle der Partei", „der sozialistische Weg" und dergleichen mehr haben heutzutage keinen geistigen Gehalt mehr, sie sind nurmehr das Kriterium des Gehorsams des ganzen Landes der Zentrale gegenüber. Als Deng Xiaoping im Jahr 1980 begann, die letzten Relikte der Kulturrevolution zu beseitigen und seine innerparteilichen Gegner kaltzustellen, wurden sogar diese Maß-stäbe gelockert. Nachdem aber die liberale Phase ihre Aufgabe erfüllt hat-te, wurden die Kunstwerke und literarischen Produkte dieser Periode kri-tisiert: Die Künstler und Autoren hätten die soziale Funktion ihrer Werke nicht bedacht, die sich „nachteilig auf die Ruhe, Ordnung und Einigkeit ausgewirkt" hätten. Es scheint, als würde von der Kultur heute wie im tra-ditionellen China nur gefordert, dass sie der gesellschaftlichen Harmonie dient, allerdings mit dem Unterschied, dass eine moderne, straff geführte Parteiorganisation dieser Forderung mehr Nachdruck verleihen kann.

ZEITTAFEL

VOR UNSERER ZEITRECHNUNG:

3. Jahrtausend	Regierungszeit der legendären Herrscher Yao, Shun und Yu
21.–16. Jh. (?)	Xia-Dynastie
16.–11. Jh.	Shang-Dynastie
11. Jh.–221	Zhou-Dynastie
722–481	Chun-Qiu-Periode
481–221	Periode der Kämpfenden Reiche (Zhanguo)
221–207	Qin-Dynastie
206–8 u.Z.	Frühere Han-Dynastie

IN UNSERER ZEITRECHNUNG:

25–220	Spätere Han-Dynastie
221–280	Drei Reiche
265–119	Westl. und Östl. Jin-Dynastie
420–588	Liuchao-Zeit
589–618	Sui-Dynastie
618–906	Tang-Dynastie
907–960	Fünf Dynastien
960–1279	Nördl. und Südliche Song-Dynastie
1280–1367	Yuan-Dynastie (mongol.)
1368–1644	Ming-Dynastie
1644–1911	Qing-Dynastie (mandschur.)
1839–1842	Erster Opiumkrieg
1898	Hundert-Tage-Reform
1900	Boxer-Aufstand
1911	Sturz der Qing-Dynastie
1912	Gründung der chinesischen Republik
1919	Große Erneuerungsbewegung des 4. Mai
1921	Gründung der Kommunistischen Partei
1934–1935	Langer Marsch

1937–1945	Widerstandskrieg gegen Japan
1946–1949	Bürgerkrieg zwischen Guomindang und KP
1949	Gründung der Volksrepublik China; Flucht von Chiang Kaishek nach Taiwan
1956–1957	Hundert-Blumen-Bewegung und Kampagne gegen Rechtsabweichler
1958–1959	Großer Sprung nach vorn
1966–1976	Kulturrevolution
1978	Beginn der Reform- und Öffnungspolitik

BIBLIOGRAPHISCHE HINWEISE

a) Für die Übersetzung der Zitate aus klassischen Werken wurden folgende Publikationen zu Rate gezogen:

Aufzeichnungen des Großhistorikers:
Edouard Chavannes, *Les Mémoires Historiques de Se-ma Ts'ien*, Paris 1969.

Buch der Urkunden:
S. Couvreur (Übers.), *Chou King, Texte Chinois avec une double Traduction en Francais et en Latin*, Sien Hsien 1934.
James Legge (Übers.), *The Chinese Classics*, vol. III, *The Shoo King or the Book of Historical Documents*, Shanghai 1935.

Buch der Riten:
James Legge (Übers.), *Li Chi. Book of Rites*, New York 1967.

Buch der Wandlungen:
Richard Wilhelm (Übers.), *I Ging. Das Buch der Wandlungen*, Düsseldorf/ Köln 1980.

Buch vom Fürsten Shang:
J. L. L. Duyvendak (Übers.), *The Book of Lord Shang*, London 1928.

Buch von Maß und Mitte und **Große Lehre:**
James Legge (Übers.), *The Chinese Classics*, vol. I & II, *Conjucian Analects, The Great Learning, The Doctrine of the Mean, The Works of Mencius.* Shanghai 1935.

Chronik des Staates Lu und Zuo-Kommentar:
James Legge (Übers.), *The Chinese Classics*, vol. V, *The Ch'un Ts'ew with the Tso Chuen*, Shanghai 1935.

Drei-Zeichen-Klassiker:
Herbert A. Giles (Übers.), *San Tzu Ching*, Cambridge 1910 (Nachdruck Taibei 1984).

Gespräche:
James Legge (Übers.), *The Chinese Classics*, vol. I & II, *Confucian Analects, The Great Learning, The Doctrine of the Mean, The Works of Mencius.* Shanghai 1935.
Konfuzius, *Gespräche* (übers, von Ralf Moritz), Leipzig 1982.

Laozi:
Ernst Schwarz (Übers.), *Laudse, Daudedsching*, Leipzig 1978.
Richard Wilhelm (Übers.), *Laotse, Tao TeKing*, Jena 1941.

Menzius:
D. C. Lau (Übers.), *Chinese Classics: Chinese English Series, Mencius,* 2 Bde., Hongkong 1979.
James Legge (Übers.), *The Chinese Classics*, vol. I & II, *Confucian Analects, The Great Learning, The Doctrine ofthe Mean, The Works of Mencius.* Shanghai 1935.

Mozi:
Helwig Schmidt-Glintzer (Hrsg.), *Mo Ti,* Schriften, Düsseldorf/Köln 1975.
Burton Watson (Übers.), *Mo Tzu: Basic Writings*, New York and London 1963.

Zhuangzi:
A. C. Graham (Übers.), *Chuang-tzu. The seven inner chapters and other wirtings fom the book Chuang-tzu*, London 1981.
Burton Watson (Übers.), *The Complete Works of Chuang Tzu*, New York 1968.
Richard Wilhelm (Übers.), *Dschuang Dsi – Das wahre Buch vom südlichen Blütenland*, Düsseldorf/Köln 1969.

b) Einige weitere zitierte Werke:

Bo Yang, *Choulou de Zhongguoren* (Der häßliche Chinese), Changsha 1986.
Takeo Doi, *The Anatomy of Dependency, Tokyo* 1973.
Georg W. F. Hegel, *Geschichtsphilosophie*, 1. Teil, in drs., *Sämtliche Werke*, Bd. 11, Stuttgart 1961.
Francis L. K. Hsu, *Under the Ancestor's Shadow:* Kinship, Personality and Social Mobility in China, Stanford 1971.

Kang Youwei, *Die Große Gemeinschaft. Eine Anleitung zum Weltfrieden.* Hrsg. und mit einer Einleitung versehen von T. Heberer. Esslingen 2021.

Simon Leys, *Chinese Shadows,* New York 1977.
Lu Xun Quanji (Lu Xun Sämtliche Werke), 10 Bde., Beijing 1956–1958. (Übersetzungen in: Yang Xianyi u. Gladys Yang, *Lu Xun. Selected Works.* 4 Bde., Beijing 1980;Wolfgang Kubin, *Die Methode, wilde Tiere abzurichten,* Berlin 1979; Hans Christoph Buch, Wong May, *Der Einsturz der Leifeng-Pagode,* Reinbek bei Hamburg 1973.)
Mao Tse-tung, *Ausgewählte Werke,* 4 Bde., Beijing 1968–1969.

Joseph Needham, *Wissenschaftlicher Universalismus. Über Bedeutung und Besonderheit der chinesischen Wissenschaft,* Frankfurt/M. 1979.